「政党建设与国家发展研究」丛书

关系空间再造的政治逻辑

——中国共青团组织形态创新研究

郑长忠 著

天津出版传媒集团

天津人民出版社

图书在版编目（ＣＩＰ）数据

关系空间再造的政治逻辑：中国共青团组织形态创新研究 / 郑长忠著. -- 天津：天津人民出版社，2020.9

（政党建设与国家发展研究丛书）

ISBN 978-7-201-12137-6

Ⅰ.①关… Ⅱ.①郑… Ⅲ.①中国共产主义青年团—组织—研究 Ⅳ.①D292

中国版本图书馆 CIP 数据核字(2018)第 286352 号

关系空间再造的政治逻辑
GUANXI KONGJIAN ZAIZAO DE ZHENGZHI LUOJI

出　　版	天津人民出版社
出 版 人	刘　庆
地　　址	天津市和平区西康路35号康岳大厦
邮政编码	300051
邮购电话	（022）23332469
电子信箱	reader@tjrmcbs.com

策划编辑	王　康
责任编辑	郑　玥
装帧设计	明轩文化·王烨

印　　刷	天津新华印务有限公司
经　　销	新华书店
开　　本	710毫米×1000毫米　1/16
印　　张	37.5
插　　页	2
字　　数	500千字
版次印次	2020年9月第1版　2020年9月第1次印刷
定　　价	138.00元

总　序

　　所谓政治，就是指通过建构和运用公共权力处理公共事务，以推动社会发展和建构社会秩序的人类实践。而围绕公共权力而形成的作为统治和管理机构的国家，在人类社会发展到一定阶段，伴随着文明的出现而生成，国家的出现也使政治实践的重心由此围绕着国家而展开。这就意味着，推动社会发展和建构社会秩序就成了政治存在与发展的目的与使命，而公共权力的建构和应用以及公共事务的处理就成了政治实践的前提和内容，也成了国家建设的中心内容。

　　任何国家和任何社会都应该紧紧围绕推动社会发展和建构社会秩序而展开政治实践，这就是邓小平之所以强调"发展是硬道理"和"稳定压倒一切"的道理所在。而要推动发展和建构秩序，就必须通过建构和运用公共权力来处理公共事务，但是公共权力的建构和运用，以及公共事务的处理方式，在不同历史时期和不同的国家和社会中，其实现方式存在着差异。由此，从时间维度上来看存在着古代、现代和未来的不同，从空间区域上来看存在着东西方的差异。

　　虽然时空差异存在，但是政治规律却可把握。这些规律，既体现为人类文明发展的一般性逻辑，也反映在不同国家自身发展的历史逻辑中。对于每个国家来讲，不同时期的公共权力建构运行和公共事务处理方式的具体实现形式，正是以上两方面逻辑共同演绎的结果。这一特点也在政党现象中得以体现，即作为现代政治文明的产物，政党发展具有其一般规律的，然而政党在不同国家中功能及其所起到作用的具体形式却存在着差异。

　　马克思主义认为，从人的交往方式和生存形态来看，在古代社会，人们是以共同体化形态存在着的，人与人之间的交往也呈现存在于不同区域的分散和区隔的方式。公共权力的建构和运用以及公共事务的处理,包括血缘在内的组织逻辑在这其中起到很大的作用,于是处理好国家和包括家族在内的各类传统共同体之间的关系就成为古代国家建设中很重要的内容之一。

随着生产力的发展,人类社会开始从古代社会向现代社会发展,而资本和技术是推动现代社会生成的两个关键性因素。于是,在资本主义发展和工业化社会形态的出现背景下,人的交往方式和生存形态也发生了重大变化,人们开始从共同体化形态向原子化形态转变,工业化生产方式又将原子化社会成员以符合机器生产和现代经营的模式,将人们重新在经济领域中组织起来,由此,社会的生产力得到了极大提高,并在资本和技术的推动之下,世界突破了许多自然的障碍,开始走向全球化。

随着生产力和生产关系的变化,作为上层建筑的公共权力的建构方式和公共事务的处理方式,也在这个过程中受到了挑战。随着人类文明进入现代时期,国家建设与社会发展之间能否形成同频共振,就成了现代国家建设和现代社会发展的重要命题。

然而在现代文明刚刚出现之际,不论是国家建设还是社会发展都尚未从整体发展的角度形成内在有机化,在那些率先进入现代文明的国度中,经济和社会已经按现代方式进行组织,社会成员已经开始原子化,阶级分化和多元社会已经出现,但是在国家建设方面,依然遵循着传统社会的逻辑。由此,国家和社会之间的冲突开始出现,社会内部冲突也无法得到有效协调。正是在这一博弈过程中诞生了现代政党,从此以后,现代政党就成了将社会组织起来并进入国家、驾驭政权的现代组织化政治力量,政党也因此成了联系国家和社会的制度性的组织载体。因此,在现代政治条件下,政党就成了关系到国家建设和社会发展的核心因素。

劳动和资本是现代社会中具有中轴性意义的一对要素。在现代社会条件下,工人是劳动的人格化代表,资本家是资本的人格化代表,双方的集合体分别是工人阶级和资产阶级。而在现实的博弈过程中,政党成为将无产阶级和资产阶级有效组织起来的政治力量和基本方式。于是,资产阶级政党和无产阶级政党就成了现代政党的两种基本类型。

由于资产阶级政党是在资本主义发展的背景下生成的，其目的在于组织社会以影响国家，并与资本主义国家代议制度相伴随而生存和发展的。在资本主义国家条件下，在认同资本主义国家制度前提条件下，政党建设是为了服务资本主义国家制度的，为了适应资本主义国家竞争性选举制度的需要，就催生出多党制的政党制度。因此，在原发性资本主义国家，政治形态建构是以制度机制为中轴而实现的，而作为组织机制的政党更多是服从政治建构这一逻辑的。

无产阶级政党的建立，其目的是要改变资本主义社会，甚至要推翻资本主义国家建立社会主义制度，为共产主义的实现创造条件。这就使无产阶级政党，特别是经过列宁主义改造之后的新型无产阶级政党，在组织化程度上比资产阶级政党来得更加体系化和严密化，有着更强的组织力。在价值上，以人民为中心的整体性建构逻辑以及在工具层面上的较强组织力特征，使无产阶级政党特别是新型无产阶级政党，更加适合于后发国家推动其从前现代向现代转型过程中的国家建设和社会发展的需要。也就是说，在国家尚未建构成型的基础上，国家制度逻辑无法起到主导作用，这就使以政党为中轴的组织建构成为这一类国家推动国家建设的有效方法和现实路径。因此，许多后发国家在现代文明建构的过程中，或是从整体上选择了新型无产阶级政党作为领导国家和社会的核心力量，或是在工具性层面上选择了具有较高组织性的政党类型，通过政党力量来组织动员人民，进而建立现代国家，推动现代社会发展。

从上述的分析中我们可以看到，在现代文明生成过程中，现代政党与现代国家和现代社会之间有着紧密关系，现代国家和现代社会通过现代政党实现有机联系，这就意味着现代政党实际上是现代政治文明形态实现有机化的重要制度性安排和组织性载体。因此，从现代文明生成逻辑上来看，政党、国家和社会之间关系有着其内在的一般规律，不过在具体的实现过程，特别是在不同国度中和不同条件下，政党建设以及政党、国家和社会之间的关系的具体实现形式却有着相应的特殊逻辑。中国共产党建立、在推动现代文明在中国发展过程中所起到的作用及其与国家和社会之间的关系，就充分体现了政党发展的这一规律。

中华民族是人类最早之一进入文明阶段而至今没有中断过自身文明的唯一文明体。在古代和古典时期，中华民族创造了与每个阶段相适应的政治文明形态，从而为中华文明持续发展创造了条件和奠定了基础。然而1840年鸦片战争的爆发，标志着起源于西方的现代化浪潮开始对中国产生冲击，伴随着古典文明的崩溃，中华民族也走向了衰落。中华民族意识到只有建立现代文明，才能实现民族复兴。然而虽经努力，却依然无法推动古典文明向现代文明顺利转型，最终只能以暴力革命方式终结了古典政治文明形态。

1911年辛亥革命之后，随着作为古典时期整合和组织社会的古典国家力量——封建王朝覆灭，中国社会也陷入了一盘散沙的境地，为了实现民族独立、国家统一和现代化建设，就需要有一种组织化力量将社会有效组织起来。于是经过选择，作为现代条件下在价值理性上具有现代性，在工具理性上具有组织力的现代政党就登上了中国历史舞台。在孙中山先生领导和努力下，中国人民探索出了一条用政党力量领导人民、驾驭军队、建立国家、推动社会发展的现代文明建构的中国路径。然而阶级特性以及派系林立等政党自身原因，导致国民党未能履行其应有职责。经过人民选择，领导人民建设现代化事业以实现中华民族伟大复兴的使命，历史性地落到了中国共产党身上。

作为新型无产阶级政党，在价值理性上，中国共产党在马克思主义指导下，以整体推动人民的全面发展和民族的全面进步为诉求，符合中华文明由古典向现代转型过程中国家主权建构、国家政权统一和现代化建设等方面的内在需求；在工具理性上，中国共产党以民主集中制为组织原则，以高度组织性为基本特征，符合民主革命和现代化建设对组织化的诉求。因此，在中国共产党领导之下，中国人民取得了新民主主义革命的胜利，建立了中华人民共和国，确立了社会主义制度，并着手探索构建面向未来的人类现代文明中国形态，中国共产党也成为了领导社会主义现代化建设的核心力量和驾驭国家政权的执政力量。而这些事业的取得，其前提和基础在于党的建设，为此，中国共产党将党的建设称为伟大的工程。

新中国成立以后，为了克服现代化建设对组织化的诉求与社会"一盘散沙"的现状之间的矛盾，在中国共产党领导下，我们国家宏观上建立了以国家政权为主导的计划经济体制，微观上建立了以基层党组织为核心的单位社会体制，从而为社会主义现代化建设奠定了组织化基础。为了获得社会主义现代化建设可持续发展的内在动力，中国共产党作出了改革开放的决定，并走出了中国特色社会主义道路。

在推动中国特色社会主义事业发展过程中，党的十四大作出了建立社会主义市场经济的决定，标志着现代社会基因植入了中国；党的十五大做出了依法治国的决定，标志着现代国家建设全面推进；党的十六大提出了"三个代表"重要思想，标志着现代政党建设开始全面适应市场经济和现代国家建设的需要；党的十七大提出了建设和谐社会，标志着现代社会在中国生成。至此，作为现代政治文明形态的结构性要素的现代市场、现代社会、现代国家和现代政党在中国基本生成。

然而由于上述现代政治文明形态的要素是在较短时间内生成，存在各要素功能发育不足以及各要素之间内在有机化不足等问题。为此，党的十八届三中全会决定基于顶层设计，全面深化改革，推进国家治理体系和治理能力现代化，以完善中国特色社会主义制度，推动面向未来的人类现代文明的中国形态从要素生成阶段向形态整体发展阶段转型。在此基础上，党的十九大作出了中国特色社会主义进入新时代的判断，形成了习近平新时代中国特色社会主义思想，部署了新时代中国特色社会主义事业发展方略，规定了新时代中国特色社会主义事业建设任务，并指出要实现新时代的任务，就必须推动作为领导核心的中国共产党进行自我革命，明确了新的伟大工程的方向和内容。

从不同维度对现代政治形态进行分析，我们可以看到其内部存在着不同结构，从主体结构维度来看，现代政治形态包含有政党、国家和社会等三个主体性要素；从机制结构维度来看，现代政治形态，包含有价值、制度和组织等三个机制性要素。如果基于上述两个结构分析视角，现代政党实际上就是现代政治形态的主体结构要素的一个组成部分，政党与国家和社会之间的互动关系是通过价值、制度和组织三个机制来得以实现的。因此，对任何政党发展来讲，要发挥作用，其自身建设就必须围绕上述两个维度展开。正如前文所提到的那样，政党的作用及其发展的具体实现形式，在不同历史条件下和在不同国家、社会背景下,政党与国家和社会之间的关系即是现代政治形态的主体结构实现形式存在着差异。同时,作为三者之间联系机制的价值、制度和组织的具体实现形式,也存在着各自特色。

现代文明发展过程中,一个很重要的特征就是全球化。虽然在现代文明条件下,围绕公共权力而形成的全球关系,更多的是政府间的外交关系。而政党发挥作用的空间,主要是在国家内部围绕着公共权力的建立和运行而展开的。但是在现代文明发展过程中,政党之间也存在着一定程度的交往,主要是围绕着共同意识形态的政党多边交往和不同国家的政党间双边交往。随着现代文明进一步发展特别是网络社会生成,不同地区、不同种族、不同国家、不同社会的人之间,越来越形成了命运攸关的共同体。为了推动人类命运共同体的建构,需要人们通过更好的沟通来形成共识,这就要求我们在政府间交往之外,还需要发挥政党间交往的作用。于是,新型政党关系就成为构建人类命运共同体的重要机制。

综上所述,作为现代文明产物和现代政治形态的主要组成部分,政党不仅在一个国家内部,而且在国际交往中都发挥着重要作用。作为现代政治核心要素,政党诞生对现代政治文明发展产生着重大影响,而作为文明诞生的主要标志,国家是政治运行的中心内容,这就意味着在现代条件下要研究国家不能脱离政党,而政党建设也必将对国家发展产生影响。然而政党发展也同时受到政治的整体形态与各个要素的影响,因此我们要把握政党,不能就政党研究政党,需要基于历史维度,将政党放在现代政治整体形态以及全球范围来把握,并根据新的条件变化来理解其变迁方向。

正是基于以上认识,我们决定推出"政党建设与国家发展研究"丛书,通过研究政党建设内在逻辑以及政党建设与国家发展和社会进步之间关系,以期从政党研究视角来理解包括国家在内的现代政治发展特别是中国政治发展的内在规律。

郑长忠

2019 年 1 月 20 日于复旦大学

目　录

第二部分　现代文明建构、中国青年发展与团青关系演进

第三部分 关系空间变迁、全面深化改革与共青团组织形态重塑

第四部分　青年化社会、新关系空间生成与复合型团青关系构建

第二十章　青年化社会背景下共青团使命:网络时代中国政治的新命题 / 173

第二十一章　与青春约会 / 186

第二十二章　新关系空间生成的政治逻辑:青年自组织与共青团发展 / 188

第五部分　复合型团青关系、组织形态创新与共青团发展

第一部分　组织特性、职能与共青团发展内在根据

第一章　守护着的共青团：
应该如何把握共青团职能*

前一阵子，一位长期在政府职能部门工作调整到共青团领导岗位的同志，在与我交谈时告诉我说："长期以来，我一直以为共青团工作没有什么专业知识需要掌握。但是来共青团工作几个月后，我越来越觉得共青团有很多知识需要学习，首先最让我困惑的是共青团的职能是什么？实在无法把握。"随后，他就希望我向他推荐一些共青团研究方面的理论书籍，以便于他进行"恶补"。共青团职能问题，不仅是这位新团干的困惑，实际上，在我担任专职团干以及从事共青团理论研究的二十多年时间里，我听到了大批团干部追问过这一问题。因此，当看到张华的《中国共产主义青年团职能研究》一书时，我就深刻感受到了其强烈的现实意义。由于张华长期担任专职团干，并且担任过团中央组织部组织处处长，我想，团干部们的困惑，他应该首先感受到，并且可能比一般团干部体会更深，因此才会有此书的出现。下文借读张华博士著作之际，一方面阐述一下我对共青团职能的一些思考，另一方面也谈谈我对该书的一些读后感。

第一节　共青团究竟是干什么的？

对于中国共青团职能，许多从事专职共青团工作的人员感到困惑，甚至许多从事共青团理论研究的人员也感到困惑。这种困惑主要体现在以下五

---

* 刊载于《青年学报》，2015年第1期。

个方面：

一是对共青团是否存在感到困惑。这种困惑，从共青团建立之初就已经存在，甚至一度还导致了所谓共青团"取消主义"的出现。后来，这种困惑在不同历史时期都以不同形式存在过，诚然持这种观点的人的动机与认识存在着差异，但是对于共青团有无必要存在的怀疑却是共同的，即都认为共青团的功能可以由其他组织来替代，无需存在，因此对其职能根本不认同。

二是对共青团属性定位感到困惑。这种困惑，是对共青团存在持肯定态度或不对其存在与否作出判断的前提下，对共青团属性产生困惑，进而对其具体职能理解把握不清。具体来说就是搞不清楚共青团究竟是属于政党性的、政府性的，还是属于社会性的。

三是对共青团职能具体表述的理解感到困惑。由于对共青团属性的理解有困惑，导致对党中央与团中央所提出的共青团职能的以下表述内容理解不清："充分发挥党的助手与后备军作用、国家政权的重要社会支柱作用、党和政府联系青年群众的桥梁和纽带作用；从增强共青团在青年中的吸引力和凝聚力入手，切实做好组织青年、引导青年、服务青年和维护青年合法权益的工作。"特别是对"国家政权的重要社会支柱作用"理解不清，以及对"党和政府联系青年群众的桥梁和纽带作用"中党联系青年的桥梁、纽带与政府联系青年的桥梁、纽带是否有区别等感到困惑。

四是对不同历史时期共青团的职能定位把握不清。在这一问题上，存在着四种现象：第一种是对共青团整体职能基本能够理解，但是对不同历史时期共青团的职能把握不清；第二种是认为共青团不存在一贯的职能，不同历史时期具有不同职能；第三种认为共青团存在着一贯的职能，但是不存在着不同历史时期的具体职能；第四种是认为共青团既存在着一贯职能，又存在着不同时期的具体职能。

五是对共青团职能的实现方式把握不清。基于对上述几方面的理解不清，导致对共青团职能的实现方式把握不清。

由于共青团职能问题，不是单纯的学术或理论问题，而是与共青团发展明确相关的实践性命题，因此对共青团职能认识不清，直接带来的后果就是使共青团组织发展受到影响，具体有以下三个方面的表现：

一是直接关系到共青团存废。任何组织的存在都是以相应的功能与职能为基础的,一旦这些功能与职能受到质疑或是把握不清,就会对组织进一步发展产生重大影响,或是导致组织废除,或是影响组织形态创新方向,或是对组织运作方式产生影响。其中,最严重的就是关系到组织的存废。在共青团历史上,曾经就因为共青团职能定位问题以及统一战线需要等因素,而被改造并停止工作过。历史教训告诉我们,在新的历史条件下,必须十分重视对共青团职能定位的把握。

二是直接关系到共青团组织形态创新的方向。如果对共青团组织基于其属性而形成的职能理解不清,就会导致共青团组织形态创新沿着不同方向发展,具体来说,如果将共青团理解成具有政府性的组织的话,那么就可能推动其向政府化或者变相的政府化方向发展,这样就导致其行政化倾向加强。如果将共青团理解成社会性的组织的话,就可能推动其向非政府组织化方向发展,那么就会使其政治性下降。如果将共青团直接理解为政党组织一部分的话,就会使其群团组织特殊性丧失。

三是直接关系到共青团的工作方式。对于共青团组织属性与组织职能的理解差异,不仅关系到组织形态发展方向,而且关系到组织运作和工作的方式。比如有人认为在和平建设年代,中国共产党作为执政党,政党与政府不分,于是共青团作为党和政府联系青年的桥梁与纽带,就应该按照政府方式予以运行,而现实上的行政化倾向就是由此而来的。如果认为在市场经济背景下,应该向非政府组织化方向发展的话,其运作方式就完全不同。

之所以造成人们对共青团职能的困惑,主要原因有以下三个方面:

一是由对中国政治发展历史逻辑把握不清所导致。之所以会对共青团职能产生困惑,最根本原因,是人们没有从中国政治发展历史逻辑入手对共青团进行把握。因为共青团是在现代政治逻辑与中国政治发展逻辑共同作用下而生成与发展的,所以其职能也同样必须放在上述两个逻辑框架之内来把握。由于中国现代政治发展内在逻辑比较复杂,很难用简单几句话说清楚,因此没有受过系统训练或是对中国政治缺少较深刻理解的人,是比较难把握其中奥妙的,这就导致对共青团职能的深刻理解存在着一定难度。

二是由共青团干部个人因素所导致。由于共青团干部流动比较快,许多共青团干部或是比较年轻,或是从其他岗位转到共青团岗位的。不同的岗位经历使其对共青团职能理解带有既有阅历的影响,因此常常有困惑之处。例如,一位刚从政府领导岗位转来的共青团领导,曾经就向我反映说,他不适应共青团工作不像政府那样边界明确,因此他总是想共青团也能够像政府那样有比较明确的具体可操作的工作。

三是由现代社会科学学科视角差异性所导致。由于共青团职能是需要诠释的,因此如何从理论上进行把握就很重要。正是基于此,改革开放以来特别是近些年,一大批社会科学学者或是受过社会科学系统训练的团干部,就有意识地加入到对共青团职能的研究与解释工作中来。然而不同学科视角和关注点的差异,使不同人对共青团职能理解的侧重点乃至对其属性把握都存在着较大差异。

第二节　应该如何来把握共青团职能?

必须从两个维度来把握共青团职能:一是从中国政治发展的历史逻辑,二是从共青团自身发展的政治逻辑。前者可以让我们从历史维度与政治关系维度把握共青团职能的生成与发展,后者可以让我们从组织维度与工作维度来把握共青团职能的生成与发展。

辛亥革命之后,随着中国古典政治文明的崩溃,传统整合社会的国家制度力量也随之消失,民族独立、国家统一和现代化建设的组织化诉求与中国社会一盘散沙局面的矛盾,使中国选择了以政党力量来组织社会并最终建立现代国家的路径。中国共产党诞生之后,就开始承担这一历史使命。基于革命逻辑与动员逻辑,中国共产党除了利用自身组织力量之外,还组建了一系列与其关系密切的外围组织,中国共青团就是其联系与动员青年的群众组织,起到了桥梁和纽带作用。这就意味着,共青团从其诞生之日起就扮演着党的助手的角色。由于青年代表着未来,因此共青团就成为了中国共产党发展的一个制度性安排的后备军。

在革命年代,中国共产党是为了获得国家政权而奋斗,因此作为助手的共青团也同样围绕这一目的而展开工作。新中国成立之后，中国共产党成为执政党，有效运行政权与维护政权就成为中国共产党的重要任务，因此作为助手的共青团就成为以中国共产党作为执政党的国家政权的重要社会支柱之一，成为党和政府联系青年群众的桥梁与纽带。由此，就必须增强共青团在青年中的凝聚力和吸引力，从而实现对青年的有效组织与引导。

这里需要说明的是，共青团之所以与政府发生关系，是基于其作为中国共产党的群团组织，而中国共产党是执政党的缘故，即是通过政党才与政府发生关系，而不是直接就与政府发生作用或其本身具有准政府职能。同时，为了能够有效凝聚青年，从而达到组织与引导青年的目的，就必须服务与维护青年权益，因此服务与维护青年权益，就与一般青年社会组织存在着差异，它有着强烈的政治目的。

以上主要是从中国政治发展的历史逻辑角度对中国共青团的职能进行了分析，以下我将从中国共青团组织自身角度对其职能进行分析。

如果对上述分析作进一步分析的话，我们会发现，中国共青团是处于多个权力关系之中的，其中，党团关系与团青关系是最重要的两对关系。实际上，这两对关系本是从属于党青关系之中的。同时，我们还发现，上述中国政治发展历史逻辑的视角，更多是从历史建构逻辑进入，青年乃至共青团都更多是起到工具性作用。如果我们转换视角，从共青团组织自身来看，对共青团职能理解就会有新的认识，青年主体性就可以得到凸显。

马克思主义认为，青年要获得发展，离不开大的历史背景和社会发展，因此组织与引导青年参加与时代主题相关的历史使命，是从宏观上和根本上服务青年与维护青年权利的。正是从这一角度来说，接受党的领导与维护青年权益具有内在一致性。然而毕竟青年存在还是特殊性存在，这种特殊性体现为青年作为一个群体存在以及作为个体存在着。作为群体存在，青年具有区别于全体人民的相对特殊的利益和需求。作为个体存在，青年也同样有其具体的利益与需求。这些利益与需求需要得到表达与维护，因此共青团作为其在政治体系内最具代表性的组织，就必须负责对这些利益与需求进行有效表达，并且要想方设法来服务青年与维护青年权益。由此，共青团作为"党的助手与后备军作用、国家政权的重要社会支柱作用、党和政府联系青年群众的桥梁和纽带作用"，就成为有效服务青年与维护青年权益的十分有利的条件和十分正当的理由。

对于共青团发展来说，上述两个逻辑实际上是交织在一起的，并且在不同历史时期的强调内涵和实现方式存在着差异，这种差异与不同时期的时代任务不同有关系。这就导致了共青团职能在表述上所强调的重点也有所区别，但本质是相同的。一旦我们从本质上理解了上述共青团的职能，那么我们就不会对共青团的组织属性、组织职能等产生困惑，对不同时期共青团职能表述差异也能够理解，同时，也能够对如何有效推进共青团组织形态创新与工作方式发展做到成竹在胸。

总之，共青团不仅起着桥梁与纽带的作用，而且还承担着双重守护的职责，只有如此，才能切实将上述两个逻辑有机统一起来，才能保证党的领导、青年发展与组织有效、有机统一起来。

第三节　需要从历史与理论两个维度把握共青团职能

张华的《中国共产主义青年团职能研究》一书，从历史和理论两个维度对中国共青团职能进行了深入研究，其所得出的结论与我的判断基本相同，并且在理论分析上与具体观点上，有许多可圈可点之处。

我认为，其中最值得肯定的是他对共青团职能的结构分析部分。他将共青团职能分为目的性职能、工具性职能与价值性职能。其中，目的性职能包括"做好党的助手"和"培养输送党的后备军"两方面内容；工具性职能包括"组织团结青年"和"教育引导青年"两方面内容；价值性职能包括"巩固党执政的阶级基础"和"扩大党执政的群众基础"。这一分析使我们对共青团职能的理解可以更加深入。

读了张华的著作之后，我想今后如果还有哪位团干部对共青团职能感到困惑的话，我就无须多费口舌，直接将该书推荐给他们即可了。

第二章　社会转型条件下共青团职能定位与实现途径*

任何政治组织在面对社会转型所提出的政治发展新任务时，都要采取相应的应对措施，其中包括发展自身的组织形态。对于这些政治组织来说，要推进组织发展，首先必须明确自身的职能定位，否则就可能导致组织发展受到挫折，重则使组织性质发生变化，导致组织衰亡或变异为其他性质的组织；轻则使组织发展不断脱离现实或不断受到挫折，导致组织功能无法获得有效实现。因此，改革开放深入发展和社会主义市场经济体制建立导致中国社会发生转型，需要中国共青团也必须作出回应，并在推动自身组织发展时，共青团必须明确社会转型条件下自身的职能定位及其实现途径。只有如此，才能保证共青团组织形态的顺利发展和组织功能的有效实现。

第一节　党团关系发展的历史逻辑：共青团根本属性形成的内在规定

任何政治组织的职能定位都是由该组织的根本属性和现实任务两个维度决定的，其中根本属性具有一般性意义。而任何政治组织的根本属性都是在历史过程中不断生成和获得巩固的，因此要了解中国共青团根本属性和职能定位，就必须从其生成的历史过程中进行把握。

中国共青团是在共产国际帮助下，在中国共产党领导下成立的。但是共

---

*　该文系与时任共青团上海市徐汇区团委书记袁罡合作完成，并刊载于《中国青年研究》，2008年第3期。

青团组织的根本属性并非在其创建之时就得以明晰，而是中国共产党和中国共青团双方经过互动，并吸收相关经验和教训后得以最终确立的。在党团创建初期，青年共产国际的影响、共产主义运动在中国发展的经验缺乏以及党团成员、对象和任务同构性等因素，导致了党团之间存在着一些微妙关系，并在党团内部出现了"取消主义"和"先锋主义"的两种倾向，影响了党团关系，甚至在一些地方和基层还造成了工作上的失误。这些问题，直到1936年青年团被改造为青救会后，才得以彻底解决。1946年决定重建青年团时，在充分吸取历史教训基础上，中共中央明确提出青年团不论在政治上，还是在组织上都必须服从党的领导。1949年重建青年团时再次重申了上述决定。1956年党的八大作出了以下规定："中国共产主义青年团在中国共产党领导下进行自己的工作。青年团中央委员会受党中央委员会的领导。青年团的地方各级组织同时受同级党组织和青年团上级组织的领导。"并明确了"共产主义青年团是党的助手"这一政治属性。同时，党的八大《关于修改党的章程的报告》进一步提出了青年团"是党的可靠的后备军和有力的助手"这一论断。[1]党的十二大正式将"中国共青团是中国共产党的助手和后备军"写入《党章》。

虽然中国共青团与中国共产党之间的关系曾经经历过一些波折，但是从中国共青团诞生的历史原因到青年团重建时的中共中央考虑，都证明了中国共青团是中国共产党为了保证自身历史使命完成，并使之能够后继有人的一个制度性安排。[2]因此，从这一角度来说，中国共青团的生存和发展都是以中国共产党的生存和发展为目的的，这是共青团最根本的使命。这一使命决定了中国共青团应该是协助和保证中国共产党领导和执政的青年政治组织，这是共青团的根本属性。

---

① 《中国共产党历次党章汇编》编委会：《中国共产党历次党章汇编(1921—2002)》，方正出版社，2006年，第236、282页。

② 郑长忠：《组织资本与政党延续——中国共青团政治功能的一个考察视角》，复旦大学博士论文，2005年。

第二节　中国共产党的双重身份：
共青团职能定位的内在依据

服务于中国共产党的生存和发展，是中国共青团的根本使命。中国共青团所有职能定位都应该围绕着这一使命而展开。这就意味着，共青团的根本属性决定了其职能的具体定位，必须由中国共产党在不同历史时期的职能定位来决定。因此，要明确共青团的职能定位，首先必须明确中国共产党在不同历史时期的职能定位。这是在社会转型条件下，我们对共青团职能定位作出判断的根本依据和具体把握的基本方法。

在社会主义改造完成之后，党的八大提出党的工作中心要从革命转向建设，并指出"中国共产党已经是执政的党，已经在全部国家工作中居于领导地位"，"执政党的地位，使我们党面临着新的考验"。①因此，大会还专门研究了执政党建设的问题。但是党的八大之后政治路线发生突变，执行了无产阶级专政下继续革命和以阶级斗争为纲的政治路线，使革命的逻辑得以延续。改革开放之后，党的工作中心重新实现转移，并实行了以"一个中心，两个基本点"为主要内容的基本路线，中国社会和经济因此都发生了较大变化。为了与发展了的社会、经济状况相适应，中国共产党在十六大上，再次提出了执政党建设的命题，使中国共产党重新获得了领导党和执政党的双重身份。

党的双重身份决定了中国共青团必须以服务党的领导和执政两方面内容作为自身定位的依据。从广义上来说，中国共产党领导是指通过保持领导地位，凭借政权力量来改造社会，并推动社会发展和人的解放，最终实现共产主义。从狭义上来说，中国共产党领导是指党对国家和社会的领导。对国家的领导，中国共产党主要是通过执政方式予以实现。对社会的领导，主要是通过对社会的整合，使社会成员对政党整体领导地位以及执政地位予以

---

① 中共中央办公厅编：《中国共产党第八次全国代表大会文献》，人民出版社，1957年，第74~75页。

支持。因此,中国共青团在当前的职能定位,从根本上来说,不论是服务于党的领导,还是服务于党的执政,都必须以巩固党对政权的掌握和领导为目标;从具体内容来说,就必须根据党领导和执政的内在规律和具体内容来确定自身的职能。

第三节　现代社会成长与现代国家建设:
转型条件下共青团职能实现的背景

中国共产党再次提出执政党建设使命时,与党的八大召开之时的社会发展状况和国家建设情况已经完全不同了。其中,最大变化在于党的十六大召开时,中国已经历了二十多年的改革开放,社会主义市场经济已经替代了计划经济成为中国基本经济形态,以单位体制为主要特征的社会结构已经为更为多元的社会结构所替代,同时以自由资本、自由劳动和自主个体为基本特征的现代社会已经在中国初步生成。在此基础上,现代社会兴起和中国共产党的自觉,共同推动了依法治国方略在中国的实施和完善,从而使现代国家建设获得了长足发展。

现代社会成长和现代国家发展,要求中国共产党对国家的领导必须遵循现代国家建设的内在规律,通过执政的有效性达到领导的可持续性;对社会的领导必须遵循现代社会的内在机理,通过有效整合社会为政党领导和执政提供社会支持。中国共产党领导和执政的逻辑变化,要求中国共青团职能定位的具体内容也应该随之进行调整:第一,要继续保持党的后备军的角色,服务于党的领导可持续性的需要。第二,在新的历史条件下,要切实履行党的助手的职责:一是要根据政党执政的需要,根据现代社会发展和现代国家建设的要求,为党的执政提供相应政策建议和具体帮助。二是根据政党领导社会的需求,根据现代社会发展的内在规律,协助政党整合青年,为党的领导和执政奠定青年基础,从而使中国共青团成为党的领导和国家政权的重要社会支柱。从上述分析中,我们可以得出以下结论:中国共青团所有事务都属于党的青年事务,是党的工作内容的一部分,具体内容中所包含的区别,主要是由服务于政党的领导角色和执政角色所引起的。

第四节　共青团行政化与非政府组织化：
需要防止的两种倾向

现代社会成长和现代国家发展所产生的各类新的社会和政治现象,以及对外开放过程中西方国家中的一些社会现象和制度安排的影响,使一些共青团干部和学术界人士,对共青团在新的历史条件下的职能定位感到茫然,并在推动青年工作的具体制度安排方面开始产生一些偏差,以下两种倾向是其中最典型的表现:

第一,共青团行政化倾向。这种倾向包括三方面内容:一是习惯于以行政化和封闭式的手段开展各项工作,导致共青团整合青年的目的无法实现;二是把协助政党执政简单理解为直接参与政府事务,将大量精力和时间用于完成政府其他部门职能范围内的工作和事务,既导致政府部门的不满,也使共青团没有时间和精力去实现整合青年的目的;三是没有从中国共产党创建共青团的战略意图出发,来考虑在新的历史条件下如何发挥共青团作为执政党的青年政治组织应有的作用和战略使命,而是简单参照部分西方国家和一些地区在政府体系中设立青年管理部门的做法,推动设立政府青年事务管理部门,从而为在战略上和制度安排上使共青团协助政党执政和领导的作用受到严重削弱提供了可能。

第二,共青团非政府组织化倾向。这种倾向主要是将共青团等同于一般非政府组织或非营利组织。造成这一倾向主要有以下三个方面原因:一是脱离中国政治自身逻辑,简单借用西方学术界的非政府组织理论,将共青团组织等同于一般社会组织;二是单纯从推动现代社会发展角度出发,希望政治较少干预社会,有意识地将共青团等同于一般社会组织,并在实际行动上推动这一变化;三是将共青团在组织创新和工作创新过程中采取的一些社会组织的具体形态以及一系列社会化手段,误判为共青团已经变成或是朝一般社会组织变化。共青团非政府组织化产生的最严重后果,就是使共青团政治属性受到削弱或是丧失，使其与共产党脱离了关系，或是关系密切度严重下降，从而导致中国共产党保证自身发展的相关制度失效以及整合社会的相关机制受损。

基于以上分析，我们认为，在社会转型条件下，为了保证共青团健康、有效发展，必须克服共青团行政化和非政府组织化这两种倾向。

第五节　组织创新、机制创新与行动逻辑转换：转型条件下共青团职能实现的路径选择

在社会转型的条件下，根据中国共产党所具有的领导党和执政党两重身份的要求，中国共青团在职能定位上必须遵循现代社会发展和现代国家建设的内在规律，继续扮演党的助手和后备军的角色，同时，还应该承担起国家政权的重要社会支柱的职责。我们认为，在新的历史条件下，要切实履行自身应有的职责，中国共青团必须做好以下三方面工作：

第一，以扩大覆盖范围为外在目标，以重建团青关系为内在追求，不断推进共青团整合青年的组织形态创新，从而为政党领导奠定青年基础。在计划经济时期，社会结构是以单位制为基础的。计划经济和单位体制使社会成员与政党以及青年与共青团之间存在着高度的利益相关性。因此，基层党组织可以通过传统的权力手段实现对社会成员的领导和整合，共青团也可以凭借同样的逻辑领导青年。但是市场经济体制建立和单位体制衰微，使包括青年在内的社会成员利益实现与党团组织之间的相关度严重下降甚至消失，这就使党团组织整合社会的传统手段和方式受到挑战。对于共青团来说，在新兴的社会领域和组织类型中，基层团组织开始出现边缘化现象，从而使共青团整合青年的能力开始下降，整合青年的范围出现萎缩。如果这种现象得以长期发展，将严重影响党的领导和执政的青年基础。

因此，我们认为，必须根据现代社会的内在规律，通过推进共青团整体组织形态创新来提升整合青年的能力。从基层层面来看，主要应该做到以下四个方面：一是激活基层团组织活力，主要办法是推进团内民主；二是调整

基层团组织设置,主要办法是强调区域性团建;三是整合团内资源,主要办法是打破团内职能部门以及条块之间的分割,以及通过流程再造,推动领导机关与基层互动,实现资源整合;四是再造团青关系的组织空间,主要办法是推进以整合和创建青年社团为基本内容的青年中心建设工作,扩大青年覆盖面。

第二,遵循现代政治规律,凸显执政党助手和国家政权社会支柱的角色,不断开发和创新协助政党推进青年事务的机制。为了提出相应对策,这里有三个政治学问题需要明确:一是共青团的根本属性决定了共青团存在是为政党服务的,共产党是中国的执政党,因此中国共青团必须支持共产党执政。二是中国共青团支持共产党执政,必须为共产党推动政府青年事务提供政策性建议,但不等于要共青团直接承担政府事务。否则,作为政府一部分,就必须为青年事务负全面责任,从而不利于赢得青年认同。三是中国共产党应该利用执政党身份保证共青团在政府青年事务中具有发言权和政策建议权,从而使共青团作为执政党的青年组织能够利用此优势达到不断壮大自身以及获取青年认同的目的。如果专门在政府部门中设立相应青年事务部门,就可能使共青团这一优势丧失,从而在逻辑上使共青团作用被削弱成为可能。

为此,我们认为,共青团协助政党青年事务可以通过以下机制获得实现:一是推动成立各级党政青年工作联席会议,并使之制度化。共青团组织具体承担办公室或秘书处工作,并借助联席会议的平台,推动青年发展政策的实施。二是利用各级共青团组织主要领导担任人大常委会委员这一角色,推动涉及青年问题的立法工作,以及借助人大的平台,监督和推进政府相关部门落实有关青年事务,从而使共青团作为青年利益代表的作用在国家层面获得发挥。三是利用共青团组织在各级政协常委会中的席位,充分发挥政协这一平台的作用,来监督和推进相关青年事务的落实。四是可以通过共青团创建的各类青年组织和相关事业单位来承接具体的政府事务,但不是以共青团名义来承接。由于前三个机制中都涉及青年事务政策和青年事务立法问题,因此建议共青团组织要进一步加强青年事务的研究工作,从而能够提出切实可行的政策,以及做到具体政策监督到位。

第三，遵循现代社会规律，以赢得青年认同为诉求，不断推进共青团行动逻辑的转换。

一是必须认识到传统团建逻辑所依赖的社会结构已经发生变化，共青团整合青年的工作模式必须遵循变化后的社会逻辑进行转换。传统团建逻辑是在计划经济体制和单位体制条件下，依靠政党对资源配置的整体性垄断和青年对政党以及其外围组织——共青团的依附性而形成的。但是随着改革开放和市场经济体制建设的深入，计划经济体制已经退出，单位体制也严重衰微，包括青年在内的绝大部分社会成员可以从市场中获得利益和个人需求的满足。这就要求共青团必须按照转型后的社会逻辑，来转换整合青年的工作模式。从这一意义上说，共青团基层组织边缘化现象的出现，就是这种转换不到位导致的后果。

二是必须改进领导青年的方式，共青团对青年的领导必须从支配性领导向主导性领导转变。所谓支配性的领导方式，就是通过控制资源配置权以及其他权力方式来达到社会成员或青年对政党或共青团服从的目的。然而市场经济的建立以及依法治国方略的提出，都要求政党或共青团必须遵循现代社会和现代国家的内在规律来运作政治，使其合法性不是建立在简单的权力运用基础上，而是建立在其执政或服务有效性的基础上。另外，绝大部分的社会资源是通过市场来配置，政党也已经无法实现对资源配置权的垄断，这就要求共产党和共青团必须通过有效的社会整合和社会服务，使社会成员对其产生认同感，从而获得其对社会的主导。这里很重要的一个内容就是必须与各类既有的社会组织建立合作性关系，通过尊重其主体性，从而赢得他们对政党或共青团的认同，最终达到对其整合和领导的目的。为此，在具体工作过程中，既可以采取由政党或共青团与其直接联系和合作的方式，也可以通过搭建去政治化的合作互动平台来实现。

三是必须认识到服务青年最好的办法就是将他们组织起来，由他们自己服务自己。最了解自身需求的人是青年本人，如果能够将那些具有同样需求的人组织起来，那么他们就能够根据自身需求生成和提供各类活动项目，来满足自身需求。因此，共青团工作目标要从简单提供活动项目转为帮助创建组织上来。实际上，长期以来共青团工作中常常出现所提供的项目并非是青年真正所需求的现象。为此,我们建议今后共青团工作应尽量围绕着各类组织创建而展开,或是通过提供项目、开展活动而将参加项目活动的人组建为相关组织,不能为活动而活动;或是将具体组织中已经证明有效的项目进行推广,并以此为中介壮大各类组织。

结　语

以中国共产党生存与发展作为自身根本使命,决定了中国共青团在任何时期都必须根据党的职能定位来确定自身的职能定位。在新的历史条件下,中国共产党具有领导党和执政党的双重身份,决定了中国共青团不但要继续扮演好党的助手和后备军的角色,还应该履行好国家政权重要社会支柱的职责。社会快速转型以及中国共产党作为执政党的角色,使一些人对共青团的具体职能定位产生了模糊认识,其中最典型的表现就是"共青团行政化"和"共青团非政府组织化"这两种倾向,而这两种倾向都可能导致共青团协助中国共产党领导和执政的能力受到削弱。为了适应社会转型的要求以及克服上述两种倾向的干扰,共青团必须根据现代社会和现代政治发展规律,大力推进自身组织形态创新、开发和创新协助政党推动青年事务发展机制,以及推进共青团行动逻辑的转换,使共青团应有的职能得以充分发挥、历史使命得以有效实现。

第三章　政党青年组织的政治性、先进性和群众性：共青团改革与发展的内在根据[*]

　　习近平同志在党的群团工作会议上指出："中国特色社会主义事业是亿万人民的事业，党的群团工作肩负着庄严使命。工会、共青团、妇联等群团组织一定要坚持解放思想、改革创新、锐意进取、扎实苦干，切实保持和增强党的群团工作和群团组织的政治性、先进性、群众性，组织动员广大人民群众更加紧密地团结在党的周围，把广大人民群众对美好生活的追求汇聚成强大动力，共同谱写实现'两个一百年'奋斗目标、实现中华民族伟大复兴中国梦的新篇章。"①这就意味着，"政治性、先进性和群众性"将是新时期群团工作与群团组织必须保持与增强的根本特征与基本属性，而作为政党的青年组织，共青团也同样必须保持与增强这些属性。由于任何组织发展都必须遵循其自身发展的内在规律，其中很重要的一方面就是使其基本属性得到充分发展，因此在国家治理现代化背景下，"政治性、先进性和群众性"也将成为共青团全面深化改革的内在根据。下文将就新时期共青团的政治性、先进性和群众性的内涵以及其与共青团全面深化改革之间的关系进行研究，以期为深入理解党的群团工作会议精神，推动共青团全面深化改革，提供一些理论思考。

---

　　* 该文以"共青团全面深化改革的内在根据——新时期政党青年组织的政治性、先进性和群众性研究"为题，刊载于《中国青年社会科学》，2015年第6期。

　　① 习近平：《群团组织要增强自我革新的勇气》，央视网，2015年7月9日。

第一节 新时期共青团的政治性、先进性和群众性的内涵与关系

要把握新时期的政治性、先进性和群众性与共青团全面深化改革之间的关系,首先必须把握政治性、先进性和群众性与共青团之间的内在关系以及"三性"的基本内涵和相互关系。在这一部分,我们将从组织理论与政治学理论两个维度,对此进行分析。

一、政治性、先进性和群众性:作为党的群团组织的共青团的基本属性

任何组织存在都需要解决两个方面内容:一是组织目标,这是组织存在的内在根据;二是权力关系,这是组织目标得以实现的现实基础。组织目标与权力关系的具体内涵与实现形式,是决定组织的基本属性的内涵的主要因素。因此,我们考察共青团的基本属性也必须遵循这一逻辑。

对于共青团来说,其建立的原因就是服务中国共产党及其奋斗目标,新中国成立之后,则发展为服务中国共产党发展与青年发展。这就意味着,当前共青团的存在主要是围绕中国共产党发展与青年发展两方面而展开。组织目标由价值追求与服务主体两方面内容组成,因此我们也可以从价值与主体两方面来把握共青团目标:从价值角度来看,共青团以政党追求的价值为根本诉求,同时为了有效联系青年,必须充分反映最大多数青年的时代性价值追求。从主体来看,共青团以服务中国共产党为根本目的,以服务青年为基本目的,以服务团员与维护共青团组织为中介目的。从上述组织存在目标所涉及的内容与关系来看,为了实现这些目标,就必须通过以下权力关系予以保证与落实:一是党团关系,二是团青关系,三是团组织与团员关系。其中,党团关系是根本,团青关系是基础,团组织与团员关系是保证。

共青团是以服务中国共产党获得以及长期拥有领导权与执政权为根本

诉求的,不论是党团关系、团青关系还是团组织与团员关系都服务于这个目标,包括团员与青年的发展也同样服务于此,这是共青团存在的第一原因。因此,对于共青团来说,政治性是其第一个基本属性。中国共产党领导与执政不是为了一部分人,而是为了民族复兴与人类发展,共青团服务于共产党,也就服务于这一价值追求,同时,共青团服务青年,反映和服务于青年的时代性价值追求,既是服务青年需求,又是反映党的阶段性价值内容的社会基础①。因此,先进性对于共青团来说,就成为其第二个基本属性。从上述分析来看,不论是组织存在目的,还是权力关系落实,都需要青年支持,因此群众性就成为了共青团的第三个基本属性,或者说是基础性属性。

二、新时期共青团的政治性、先进性和群众性的基本内涵

上一点,我们从组织理论角度论证了政治性、先进性和群众性是共青团的基本属性。在这一点中,我们将从政治学理论角度来分析新时期共青团的政治性、先进性和群众性的基本内涵。

所谓政治性是指通过建构与运行公共权力,处理公共事务,以实现社会秩序与发展。而在现代政治条件下,政党是政治核心,是以获得或参与政权为诉求的政治组织。因此,其直接关系到公共权力建构与运行以及公共事务的处理。中国共青团的政治性就是通过其与中国共产党的特殊关系而获得的,这是其政治性的第一规定。同时,不论是为了有效实现青年对政党认同的工具性目的,还是作为有效反映青年权益的价值性目的的青年政治组织,共青团都必须代表青年,并充分表达青年诉求以及服务青年需求,从而对公共权力建构与运行,以及公共事务的处理产生影响,这是其政治性的第二规定,从而界定了其作为青年的政治组织。

所谓先进性是指某一事物能够代表并引领发展方向的特性。从具体内容来看,先进在价值上能够代表发展方向,在能力上能够引领素质。共青团

---

① "三个代表"重要思想与"中国梦"的提出都具有这方面的机制性内涵。

作为政党的青年组织与青年的政治组织,其先进性由两方面决定:一是受政党的先进性决定,二是受青年的时代性决定。中国共产党先进性由两方面组成:一是作为工人阶级先锋队的马克思主义政党,共产主义作为人类发展的方向与价值,决定了中国共产党先进性与人类发展相联系。二是作为中国人民和中华民族先锋队的引领民族复兴的领导核心,中国特色社会主义理论、道路与制度作为中国发展的保证与基础,决定中国共产党先进性与中国发展相联系。由此,对于共青团来说,作为政党的青年组织,坚持共产主义与中国特色社会主义,是其先进性的第一规定。马克思主义认为,时代在进步与发展,共产主义运动是历史发展的内在规律呈现,是由每一历史时期的时代精神所组成的,而时代精神的具体内涵常常由青年率先呈现出来,因此不论是作为政党的青年组织还是作为青年的政党组织,共青团都必须能够代表青年发展的时代精神,这就成为共青团先进性的第二规定。这两方面都还是在价值层面上的说明,而先进性最终要能够得到实现,还需要有相应能力来支持与落实。

在马克思主义政治学话语体系中,在现代历史条件下,所谓群众是指通过马克思主义政党领导,作为历史发展主体的社会成员。因此,这些社会成员,相对于国家来说,称为社会,相对于政党来说,称为群众。对于马克思主义政党来说,要引领社会发展,即实现领导作用,一方面要代表社会发展方向,这就是其所谓的先进性;另一方面还要做到两点:一是使政党的观点和政策让群众认同与接受,二是要将群众有效组织起来,落实上述观点与政策,从而为社会发展提供物质性推动力量。因此,群众性就成为中国共产党的本质属性之一,长期以来党都非常强调与群众建立关系。作为政党的青年组织,政党群众性也就转化为共青团本质属性之一,因此巩固政党领导与执政的青年基础,围绕党的中心工作而组织与整合青年,从而为社会发展提供推动力量,就成为了共青团群众性的第一规定性。作为青年的政治组织,共青团必须有效维护与服务青年,只有如此才能使青年认同共青团和共产党,这就使反映、维护和服务青年,成为了共青团群众性的第二规定性。群众性两方面内容都要求,共青团必须与青年建立密切联系。

三、共青团的政治性、先进性和群众性的内在关系

马克思主义认为，人类社会发展存在着内在规律，呈现出从低级向高级发展的趋势，并最终进入共产主义社会。这也就是说，马克思主义是强调进步，反对退步的。马克思主义认为，人类社会由资本主义社会向共产主义社会过渡，需要经历社会主义阶段，而在社会主义社会阶段需要由马克思主义政党掌握政权，从而保证社会发展方向。在这一阶段，马克思主义政党，一方面需要通过政权制度形式，另一方面还需要通过政党组织形式，来组织群众，使其成为社会发展主体，并围绕社会进步方向，推动社会发展。同时，上述这一逻辑不是抽象存在着，而是在不同民族共同体中得以演绎的。因此，对于作为马克思主义政党的中国共产党来说，先进性是其存在的根据，政治性是先进性实现的关键，群众性是保证先进性与政治性实现的基础。

作为党的群团组织，共青团是政党组织群众，获得政权与运行政权，处理公共事务的重要组织支持体系内容之一。因此，对于共青团来说，服务政党发展的政治性是第一性，先进性与群众性都是为服务政治性而展开的。这是党的群团组织与政党自身区别所在，因为共青团是由共产党建立的，以服务于中国共产党及其奋斗目标。对于共青团来说，政治性要实现，就必须在先进性与群众性两方面予以支持，否则政治性就很难获得。而先进性实现，在社会主义条件下没有政权作支持就是一个空中楼阁，这就是马克思主义与无政府主义区别之一。对于共青团来说，还有很重要的一点就是可以通过其与执政党与政权的密切关系，为青年所体现的时代精神发展提供支持。不论是政党目的与政权目的都是要组织与服务群众，同时先进性的内容不受群众接受与认同，也依然只是抽象理论，对于共青团来说，时代精神不是抽象的，是通过青年行为呈现出来的，因此能否坚持群众性，决定了其能否代表与引领时代，影响青年。

第二节　新时期的政治性、先进性和群众性与共青团全面深化改革的根据

政治性、先进性和群众性，作为共青团的基本属性，不仅是共青团组织存在与发展的内在根据，在新的历史条件下，还将成为其他全面深化改革的内在根据。在这一部分中，我们将在理解政治性、先进性和群众性具体内涵基础上，重点对这些基本属性与共青团全面深化改革的内在关系与基本逻辑进行研究与分析。

一、新时期的政治性、先进性和群众性与共青团全面深化改革的根据

作为政党青年组织的基本属性，政治性、先进性和群众性是共青团存在与发展的根据，但是这种根据是内在的，要得到充分实现，需要共青团自身主观条件及其之外的客观条件的具备作为前提，只要主客观中的任何一方条件缺乏都可能影响到共青团基本属性的充分实现。虽然从整体来看，共青团的政治性、先进性和群众性，具有相对固定的内涵与要素，但是在不同历史时期，这些属性的内涵以及实现方式，却存在着较大差别。中国共青团建立至今已经九十多年了，经历了中国的革命、建设与改革的全过程。在这一过程中，每一阶段中国政治发展都对共青团属性实现提出了新的要求，同时也塑造了共青团权力关系运行的逻辑以及实现方式。

为了保证共青团基本属性能够持续实现，就必须不断调整共青团的主客观条件，这就要求党与团组织必须持续改革与创新。而由于经过30多年的改革开放，中国政治形态已经完成了所谓"摸着石头过河"的要素逐个生成阶段，进入到了所谓"基于顶层设计"的形态整体发展阶段，一方面市场化、全球化与网络化深度推进，另一方面中国政治发展也进入了全新阶段，对于党组织与共青团来说，就需要整体性重塑共青团发展的自身状况以及重塑

其与周围外在环境和工作对象的关系,这就是所谓的全面深化改革。而全面深化改革如何推进,就是以新时期的共青团政治性、先进性与群众性得以充分实现为根据:一是要分析新时期政治性、先进性与群众性内涵发展情况以及可能需要的新的实现方式;二是根据这种变化,来调整共青团权力关系的运行逻辑以及实现方式,从而使共青团基本属性的充分实现成为功能。

政治性、先进性与群众性作为共青团全面深化改革的内在根据,可以从整体角度以及从每一个属性与共青团全面深化改革的关系角度,进行分析与说明。这里主要是从整体角度进行分析,随后,我们将分别从单个属性角度进行具体说明。

二、基于公共权力与公共事务:政治性与共青团全面深化改革的根据

共青团的政治性首先来源于其与中国共产党的关系,因此维护共产党领导成为了其政治性的第一内容。在革命年代,中国共产党以获得公共权力为第一要务,新中国成立之后,对于中国共产党来说,巩固政权基础与有效处理公共事务是并重的两项任务。由此,对于中国共青团来说,革命年代是以领导与动员青年以支持中国共产党获得公共权力为政治性的主要内容,新中国成立之后,政治性内容就扩展为领导与组织青年以巩固党的领导基础与支持党的有效执政。然而在新中国成立之后的不同时期,由于政治、经济和社会条件变化,导致巩固党的领导基础与支持党的有效执政的具体实现方式发生了巨大变化。同样,作为青年政治组织,共青团在新中国成立之后,如何有效维护与服务青年权益,不论是在具体内容上,还是在实现方式上,也受政治、经济和社会条件变化的影响。

随着市场经济建立、法治国家提出、党建创新实施与社会建设推进,标志着中国现代政治形态的主体要素基本生成,开始进入到整体形态发展阶段。要实现这一阶段性跨越,对于整个政治形态来说,需要全面深化改革,推进国家治理现代化,对于共青团政治性实现来说,就必须根据国家治理现代化,适应中国现代政治形态整体发展需要,围绕着党的有效领导与执政以及

公共权力维护和实现形式与公共事务的有效处理，对自身建设及其与整体政治形态之间关系进行全面深化改革。

三、基于人类价值与时代精神：先进性与共青团全面深化改革的根据

在共青团三个基本属性中，先进性起到了两个很重要的作用：一是规定了组织方向，即强调了共青团必须以进步为追求，这是从价值倾向上给予了矢量；二是增加了时间维度，即强调共青团必须以发展为特征，这是从存在方式上给予了规定。实际上，二者是相互相辅相成的，以进步为诉求，标志着必须以社会发展方向与时代精神内容为引导青年的根据，从而保证组织具有引领青年的可能；而以发展为特征，标志着必须根据社会发展与时代精神而不断进行自我创新，使组织发展跟上时代发展，从而保证组织具有引领青年的能力。因此，以反映人类价值、中国追求与体现时代精神、青年特征相结合的共青团先进性，就从价值方向与存在方式上对共青团每一时期的发展予以了规定。

在中国政治形态实现阶段性跨越的背景下，先进性上述两方面作用及其四方面内容，对共青团全面深化改革提出了以下四个方面要求：一是全面深化改革必须使共青团在价值上有追求，成为推动社会进步、青年成长和民族发展的力量，而不能陷入工具主义，只是成为国家治理的单纯的工具。二是在价值内容上，必须同时体现人类价值、中国追求、时代精神与青年特征，而不能有所偏颇，从而失去引领的可能。同时，这些内容在新的历史条件下，与之前比较，已经有了较大发展，因此为了实现这些发展了的内容，就必须推动共青团全面深化改革。三是在重塑与政治形态其他要素关系的机制中，必须体现上述两方面要求，充分提升与体现共青团主体性，增强自身表达与呈现价值追求的能力，进而使共青团所坚守的先进性能够得以实现，同时，更重要的是必须对抑制新时期先进性内容实现的体制与机制进行全面深化改革。四是在重塑自身组织形态过程中，也必须体现上述第一与第二方面要求的内容，使共青团组织形态中各方面要素都必须体现价值内涵，使共青团

不仅是一个组织主体,而且还是一个价值主体。

四、基于发展力量与服务主体:群众性与共青团全面深化改革的根据

作为政党的青年组织,共青团领导与组织青年,一是为党的领导与执政巩固青年基础,即建构认同;二是围绕党的中心工作组织青年参与,即服务中心。在这两方面中,青年都是推动社会发展的力量。作为青年的政治组织,共青团组织与整合青年,一是服务青年的具体需求,即服务青年;二是表达与维护青年的权益,即维护青年。在这两方面中,青年都是被服务的主体。因此,不论是作为政党青年组织,还是作为青年政治组织,都必须与青年建立密切联系。然而问题是,如何才能与青年之间建立密切关系呢? 这是共青团群众性实现的关键问题。

随着市场化、全球化与网络化的不断深化,青年交往方式与生存形态,青年对政治的认知与理解,青年对社会治理参与的态度与动机,青年需求内容与层次,都发生了巨大变化,而共青团组织与整合青年以及服务与维护青年的方式与内容,也是历史性地存在着,更多的是受之前的历史条件影响,从一定意义上说,存在着许多不适应的地方,因此根据青年发展的需要,改进共青团组织与整合青年以及服务与维护青年的方式与内容,就成为了共青团全面深化改革的根据。

第三节　新时期的政治性、先进性和群众性与共青团全面深化改革的空间

新时期的政治性、先进性和群众性是共青团全面深化改革的内在根据,但是要落实到具体改革的对策与措施,还必须遵循共青团发展的内在规律。对于共青团来说,它的存在与发展,必须在两个空间内展开:一是共青团与中国政治形态及其结构要素之间的关系,二是共青团自身组织形态内部。由

于共青团的政治性、先进性和群众性所涉及内容,除了其相应倾向性外,很重要的一方面就是与上述两个空间之间有着很大关联性。因此,政治性、先进性与群众性,不仅成为了共青团全面深化改革的内在根据,而且还规定了共青团全面深化改革的具体空间。在这一部分,我们将从中国政治形态发展维度,来分析共青团政治性、先进性和群众性与共青团全面深化改革逻辑空间之间的关系。

一、共青团政治性、先进性和群众性与中国政治结构空间

对于共青团来说,其政治性包含两方面内容:一是作为政党青年组织,共青团存在首先与中国共产党联系在一起。而共产党在革命时期以获得国家政权为诉求,新中国成立之后不论是作为领导党,还是作为执政党,都与国家政权关系密切。因此,共青团与政党、国家政权之间就有着内在关联性。同时,还必须联系青年,因此共青团与社会之间存在着密切联系。二是作为青年政治组织,实现青年权益的表达与维护以及青年需求的服务与满足,需要共青团向中国共产党以及国家政权进行反映,以及推动政党与国家政权来满足青年这些要求。由此也决定了共青团必须与政党、国家政权之间建立联系。同样,共青团也必须充分了解青年,与社会建立密切联系。先进性涉及四方面内容:人类价值、中国追求、时代精神与青年特征。人类价值涉及中国共产党的价值追求;中国追求涉及中国共产党、国家和社会的价值追求,人类价值与时代精神,实际上增加了很重要的一个变量,就是时间维度;青年特征,一方面涉及青年,即社会内容,另一方面就是时间,因为青年既是一个主体概念,又是一个时间与时代概念。群众性,就是最大化到社会。由此可知,政治性、先进性和群众性涉及共青团与政党、国家政权、社会的关系,同时还涉及时间这一维度。

虽然要坚持中国特色社会主义道路,有我们自身特色与实现方式,但是作为现代政治文明成果,中国政治发展也同样遵循现代政治发展的基本逻辑。根据马克思主义政治学原理,现代政治形态由三个结构性要素组成:政

党、国家和社会，其中，社会又由狭义的社会与市场组成，因此有时也称为四要素，即：政党、国家、社会与市场。其中政党具有领导功能，只是在东西方，这种领导功能在实现方式上存在着差异。社会主义原则与党建国家逻辑，使中国共产党在中国处于核心地位，并且在领导内涵上与西方政治形态有着较大差异。因此，中国特色社会主义政治形态也同样是由政党、国家、社会三个要素或政党、国家、社会和市场四个要素组成。

由此可知，作为共青团组织属性，政治性、先进性和群众性所涉及范围与中国现代政治形态结构有着内在一致性，即共青团基本属性，是在与政党、国家、社会（相对于共青团来说，其中市场相关内容是以社会要素形式得以呈现，因此含在社会内）的关系互动中得以呈现的。不过，共青团基本属性还有一个很重要的变量就是时间与时代，当然中国政治形态也同样是动态的。因此，由共青团的政治性、先进性与群众性所决定的共青团存在与发展的空间，是一个多维度的关系空间。

二、国家治理现代化与中国政治形态空间重塑

既然共青团存在与发展的空间与中国政治形态结构空间有着内在一致性，这就意味着共青团全面深化改革的内在逻辑，也将受中国政治形态发展逻辑所影响。因此，为了把握共青团全面深化改革内在逻辑，就必须把握中国政治形态发展逻辑以及其空间重塑的内在机理。

辛亥革命之后，为了克服"一盘散沙"社会与现代化建设、民族独立与国家统一对组织化诉求之间的矛盾，历史选择了以政党领导人民、驾驭军队、建立国家的党建国家道路。经过历史选择，建立现代政治文明以实现民族复兴的使命最终落到了中国共产党身上。新中国成立之后，中国共产党建立了现代国家的基本框架，通过计划经济体制与单位社会体制，为现代化建设奠定了组织化基础，从而完成了现代化建设的第一阶段任务。为了给现代化建设提供可持续发展动力以及推动现代政治文明形态发展，中国共产党作出了改革开放的决定。在经过一段时间准备后，党的十四大作出了建立社会主义市场经济的决定，标志着现代社会基因植入了中国；党的十五大作出了建

立社会主义法治国家的决定,标志着现代国家建设进入实质发展阶段;党的十六大将"三个代表"重要思想写入党章,标志着中国共产党开始根据市场经济与现代国家建设需要推动自身创新与发展;党的十七大将和谐社会建设写入党章,标志着现代社会在中国进入快速发展阶段。至此,作为现代政治形态的结构性要素的现代市场、现代国家、现代政党与现代社会基本生成。但是各要素功能尚未充分发展,同时各要素之间有机化尚未生成。为此,党的十八届三中全会就提出了基于顶层设计的全面深化改革,推动国家治理体系与治理能力现代化。

党的十八届三中全会关于国家治理体系与治理能力现代化的提出,标志着中国政治形态发展从要素逐个生成阶段向形态整体发展阶段转变,其内涵包括两方面内容:一是推动政党、国家、社会和市场等要素的功能得到进一步充分发展,二是推动政党、国家、社会与市场等要素间关系进一步有机化。从另一角度来说,我们也可以认为国家治理体系与治理能力现代化是中国政治形态结构空间的一次重塑。

三、中国政治形态空间重塑与共青团全面深化改革

推动国家治理体系与治理能力现代化,以实现中国政治形态空间重塑,主要是通过全面深化改革,使政治形态要素功能得以充分发展,以及使政治形态各要素之间实现内在有机化。各要素功能充分发展,实际上是和后者分不开的。马克思在《费尔巴哈提纲》中曾经提到:"人的本质并不是单个人所固有的抽象物,实际上,它是一切社会关系的总和。"同样,政治形态要素功能也不是由其单个要素所决定的,而是在与其他要素的关系中确定的,因此要素功能充分发展与要素之间关系有机化是相辅相成的。这一判断对于共青团全面深化改革来说,具有两方面意义:

一是共青团全面深化改革必须与中国政治形态空间重塑结合起来,成为国家治理体系与治理能力现代化的一个重要组成部分。一方面作为党的青年组织,共青团全面深化改革是中国共产党自我创新与发展的一部分,而党的发展需要在与其他要素关系重新调整中得以发展,因此共青团全面深

化改革必须与中国政治形态空间重塑结合起来,必须在与国家、社会和市场关系的调整中来推动自身发展。另一方面作为青年的政治组织,伴随着互联网发展,青年化社会开始出现,青年问题已经成为整个政治发展的一个重要命题,因此青年问题是政党、国家、社会与市场都关注的内容,因此共青团必须与这些要素建立新的机制,使青年权益与需求受到各方重视,同时也使各方面运行机制适应青年化社会发展。

二是共青团全面深化改革以及政治性、先进性和群众性的实现,必须在中国政治形态各要素关系的调整过程中得以实现。全面深化改革,是中国现代政治形态实现整体升级和跨越的重要举措,对于共青团来说,一方面应该充分利用这一时机,推动自身发展,另一方面如果失去这一机会,未来整个政治形态的基本关系在相当长一个时期内将处于相对定型状态,共青团希望获得类似发展机会的可能就比较少。因此,共青团必须抓住这一机会,同时,要主动与政治形态各要素建立各类机制或者开发既有机制,使自身全面深化改革得以顺利进行,使其基本属性得以充分实现。

第四节　共青团全面深化改革与新时期的政治性、先进性和群众性的实现

作为共青团的基本属性,新时期的政治性、先进性和群众性,不仅成为了共青团全面深化改革的内在根据,而且还为共青团全面深化改革明确了逻辑空间。然而要使新时期的政治性、先进性和群众性得以实现,还必须由共青团通过现实的全面深化改革来落实。而共青团全面深化改革,同样也必须遵循政治运行的内在规律,因此在这一部分,我们将从政治运行逻辑角度,对共青团全面深化改革与新时期的政治性、先进性和群众性的实现之间的关系及内容进行阐述。

一、共青团全面深化改革与价值、制度与组织重塑

政治学认为，政治形态有两方面结构性内容：一是主体性结构要素，在现代政治条件下，包括政党、国家、社会和市场；二是机制性结构要素，包括价值、制度与组织。政治形态主体性结构要素内部运作以及政治形态内部各要素之间的关系构建，都是通过机制性结构要素的联系来起作用而实现的。这些机制性结构要素的作用分别如下：价值是指通过建构人们内在精神秩序而产生认同的机制，制度是指通过建构人们外在行动秩序而产生遵循的机制，组织是指通过嵌入组织网络与建构组织体系而保证人们行动相对一致性的机制。三者之间是相辅相成的，价值是内在秩序基础，制度是外在秩序基础，组织是保证上述两方面秩序的物质性力量，任何政治形态要有效运行就必须充分发挥上述三方面机制作用。因此，对于共青团全面深化改革来说，也同样是就共青团自身内部运行以及共青团与政治形态主体性结构要素之间，在价值、制度与组织三方面进行调整与重塑。从一定意义上说，共青团全面深化改革，也是重塑共青团的价值、制度与组织的过程，从而使共青团在新时期的政治性、先进性和群众性得以充分实现。

二、价值重塑与共青团政治性、先进性和群众性的实现

对于共青团全面深化改革来说，价值重塑最重要的就是明确新时期共青团的先进性价值诉求的内涵，并将这些内涵贯穿于其与政党、国家、社会等关系的构建之中。这里需要解决三方面内容：一是价值重塑中，先进性与政治性、群众性的关系如何？二是价值重塑中，先进性价值内涵如何贯穿于共青团与政党、国家、社会等关系之中？三是价值重塑中，价值内涵如何通过制度机制和组织机制来实现，以及价值机制与制度机制、组织机制在价值重塑中如何配合？这些内容是共青团价值建设与先进性实现的重要内容，由于篇幅限制，下文无法展开论述，将另文分析（同样，以下关于制度重塑与组织重塑也将限于篇幅，无法展开论述，需要另文分析，在下文中，也都只能是就

相应维度与要点作简单说明）。这里需要强调的是，价值重塑通过解决上述三方面问题，将从一个角度推进共青团的政治性、先进性和群众性的实现。

三、制度重塑与共青团政治性、先进性和群众性的实现

对于共青团全面深化改革来说，制度重塑最重要的就是梳理共青团政治性中涉及与政党、国家和社会等关系中的既有制度开发以及根据新时期政治性、先进性与群众性的发展要求，建立与运行新的制度，进而形成新的制度体系，并得到各方认同与执行。这里需要解决的问题有五方面：一是制度重塑中，先进性如何贯穿于政治性与群众性之中？二是制度重塑中，价值机制与组织价值如何配合制度机制建设？三是制度重塑中，如何处理既有制度开发与新制度建立之间的关系？四是制度重塑中，如何处理好共青团与政党、国家、社会之间的制度机制关系以及这些制度与共青团内部制度之间的关系？五是如何处理共青团内部制度之间的关系？制度重塑是推动共青团政治性、先进性与群众性实现很重要的一个维度，也是共青团全面深化改革的重点之一。

四、组织重塑与共青团政治性、先进性和群众性的实现

对于共青团全面深化改革来说，组织重塑最重要的就是梳理共青团政治性与群众性中涉及共青团组织形态构建，其中包括共青团与政党之间、共青团与社会之间以及共青团内部的组织以及组织形态的转型与创新。这里需要解决的问题有以下六方面：一是组织重塑中，如何将政治性、先进性与群众性勾连起来？二是组织重塑中，如何处理新建组织与推动既有组织之间的关系？三是组织重塑中，如何处理共青团内部组织与共青团之外组织之间的关系？四是组织重塑中，如何处理共青团与青年关系以及共青团与青年组织关系？五是组织重塑中，如何处理共青团与团员之间的关系？六是组织重塑中，如何利用互联网技术以及适应互联网背景下交往方式变化对组织的影响？组织重塑，是共青团政治性、先进性和群众性实现的基础，同样是共青

团全面深化改革的重点之一。

结　语

政治性、先进性和群众性是共青团的基本属性。在国家治理现代化背景下，共青团新时期的政治性、先进性与群众性不仅是共青团全面深化改革的内在根据，同时也规定了共青团全面深化改革的逻辑空间。从另一角度来说，共青团全面深化改革也是保证共青团新时期的政治性、先进性与群众性得以实现的重要举措，为此，共青团必须从价值、制度与组织三个维度予以重塑。

第二部分　现代文明建构、中国青年发展与团青关系演进

第四章　中国青年是实现中华民族伟大复兴的先锋力量*

习近平同志在纪念五四运动100周年大会上的重要讲话指出："五四运动以来的100年，是中国青年一代又一代接续奋斗、凯歌前行的100年，是中国青年用青春之我创造青春之中国、青春之民族的100年。""实践充分证明，中国青年是有远大理想抱负的青年！中国青年是有深厚家国情怀的青年！中国青年是有伟大创造力的青年！无论过去、现在还是未来，中国青年始终是实现中华民族伟大复兴的先锋力量！"这是对中国青年的充分肯定、深情寄语和殷切期望。新时代，广大青年要发扬五四精神，以实现中华民族伟大复兴为己任，把个人理想融入民族复兴伟大理想和中国特色社会主义思想，担负起时代赋予的光荣使命，奏响新时代的青春之歌。

第一节　中国青年在民族复兴进程中成为先锋力量

中华民族在长期的历史发展中创造了举世瞩目的文明成就，为人类文明发展作出了巨大贡献。但1840年鸦片战争以后，中国开始一步步沦为半殖民地半封建社会，中华民族面临救亡图存的历史重任。从那时起，实现中华民族伟大复兴就成为中华民族最伟大的梦想，而中国青年始终是实现中华民族伟大复兴的先锋力量。

青年是整个社会力量中最积极、最有生气的力量。1919年爆发的五四运

---

* 本文刊发于《人民日报》，2019年5月7日。

动,就是一场以先进青年知识分子为先锋、广大人民群众参加的彻底反帝反封建的伟大爱国革命运动。五四运动,以彻底反帝反封建的革命性、追求救国强国真理的进步性、各族各界群众积极参与的广泛性,推动了中国社会进步,促进了马克思主义在中国的传播,促进了马克思主义同中国工人运动的结合,为中国共产党成立作了思想上干部上的准备,为新的革命力量、革命文化、革命斗争登上历史舞台创造了条件,是中国旧民主主义革命走向新民主主义革命的转折点,在近代以来中华民族追求民族独立和发展进步的历史进程中具有里程碑意义。先进青年知识分子能在这样一场具有里程碑意义的伟大爱国革命运动中成为先锋力量,深刻表明中国青年为了改变国家和民族的前途命运、为了实现中华民族的伟大复兴,肩负起了自己的责任。

毛泽东同志 1939 年在《青年运动的方向》一文中指出:"'五四'以来,中国青年们起了什么作用呢? 起了某种先锋队的作用,这是全国除开顽固分子以外,一切的人都承认的。什么叫做先锋队的作用? 就是带头作用,就是站在革命队伍的前头。"五四运动以来的 100 年,中国青年运动总是围绕实现中华民族伟大复兴每一历史阶段的中心任务深入展开,广大青年又在参与革命、建设、改革的过程中实现自身发展。百年风云际会,中国青年英才辈出。中国青年以远大理想抱负、深厚家国情怀,勇于担当,不懈奋斗,把最美好的青春献给祖国和人民,为实现中华民族伟大复兴贡献青春力量,谱写了一曲又一曲壮丽的青春之歌。

第二节　坚持党的领导是
中国青年成为先锋力量的根本保证

实现中华民族伟大复兴,必须有一个坚强的领导核心,把包括青年在内的广大人民组织起来。1921 年,中国共产党成立。从此,实现中华民族伟大复兴就有了坚强的领导核心。对于中国青年运动来说,坚持党的领导使中国青年能够有效组织起来,为中国青年在实现中华民族伟大复兴的进程中担当历史重任提供了政治和组织保证。

坚持党的领导使中国青年运动始终与民族复兴伟业同频共振。中国青年能否围绕民族复兴进程中每一个历史阶段的中心任务发挥作用，不仅关系到中国青年能否为中华民族伟大复兴贡献青春力量，而且直接影响中国青年自身能否健康发展。中国共产党是先进的马克思主义政党，自诞生之日起就义无反顾肩负起实现中华民族伟大复兴的历史使命。为了实现中华民族伟大复兴，中国共产党将长期目标和阶段性任务有机统一起来，同时以严密的组织性和纪律性确保每一个阶段任务的落实。中国共产党成立后，中国青年运动就在党的领导下顺利发展，围绕中华民族伟大复兴每一历史阶段的中心任务而有效展开，始终与民族复兴伟业同频共振，从而保证了中国青年运动的正确方向和中国青年先锋力量的充分发挥。

　　坚持党的领导使中国青年运动有了组织和制度保证。如果说五四运动让中国青年展现出先锋力量，那么在中国共产党领导下，中国青年的这种先锋力量得到了最大程度的发挥。共青团是党的助手和后备军，是党的青年工作的重要力量。我们党通过共青团把广大青年组织起来，为青年成为先锋力量奠定了组织基础、提供了制度保障。长期以来，共青团发扬"党有号召、团有行动"的优良传统，为党争取青年人心、汇聚青年力量，在革命、建设、改革各个历史时期作出了积极贡献、发挥了重要作用，使中国青年在民族复兴进程中都能有组织地参与每一历史阶段的中心工作，为民族复兴持续稳定地发挥作用、贡献力量，并不断促进青年自身的健康发展。

　　坚持党的领导使中国青年运动与人民群众的伟大实践有机结合起来。历史是人民创造的，人民是真正的英雄。任何事业一旦脱离了人民、忽视了人民，就无法获得成功。中国青年是实现中华民族伟大复兴的先锋力量，其背后则是广大人民群众的支持。青年运动只有与人民群众的伟大实践相结合，才能保持正确方向、发挥重要作用。中国共产党一直强调青年运动必须与人民群众的伟大实践相结合，并在不同历史时期通过有效举措使中国青年运动融入人民群众的伟大实践，使广大青年始终同人民一道为实现中华民族伟大复兴而奋斗。

第三节　新时代呼唤中国青年担当起民族复兴大任

一代人有一代人的长征，一代人有一代人的担当。当前，中国特色社会主义进入新时代，中国人民拥有前所未有的道路自信、理论自信、制度自信、文化自信，中华民族伟大复兴正展现出前所未有的光明前景。习近平同志强调："新时代中国青年运动的主题，新时代中国青年运动的方向，新时代中国青年的使命，就是坚持中国共产党领导，同人民一道，为实现'两个一百年'奋斗目标、实现中华民族伟大复兴的中国梦而奋斗。"新时代中国青年要继续发扬五四精神，以实现中华民族伟大复兴为己任，不辜负党的期望、人民期待、民族重托，不辜负我们这个伟大时代。

国家的希望在青年，民族的未来在青年。今天，我们比历史上任何时期都更接近、更有信心和能力实现中华民族伟大复兴的目标，新时代中国青年既面临着难得的建功立业的人生际遇，也面临着"天将降大任于斯人"的时代使命。担当起民族复兴大任并不是一件容易的事。广大青年只有深入学习贯彻习近平同志对新时代中国青年提出的六点希望，树立远大理想，热爱伟大祖国，担当时代责任，勇于砥砺奋斗，练就过硬本领，锤炼品德修为，不断锻炼自己、提高自己、完善自己，才能担当起民族复兴大任。

青年不断成长成才、担当起民族复兴大任，离不开党和政府的引领、关心、支持。我们党自成立之日起，就始终把青年工作作为党的一项极为重要的工作，积累了十分宝贵的经验。新时代，各级党委和政府、各级领导干部以及全社会都要做好青年工作，主动走近青年、倾听青年，做青年朋友的知心人；真情关心青年、关爱青年，做青年工作的热心人；悉心教育青年、引导青年，做青年群众的引路人。共青团作为党的青年工作的重要力量，必须认真履行引领凝聚青年、组织动员青年、联系服务青年的职责，不断创新工作思路，增强对青年的凝聚力、组织力、号召力，团结带领新时代中国青年在实现中华民族伟大复兴中国梦的进程中不断开拓创新、奋发有为。

第五章　中国青年发展的政治逻辑

——党管青年原则与中国青年发展的关系研究*

2017年五四前夕,中共中央、国务院印发了《中长期青年发展规划(2016—2025年)》(以下简称《规划》)。这是新中国历史上第一个青年发展《规划》,在我国青年发展事业进程中具有重要里程碑意义。《规划》明确提出"坚持党管青年原则"。团中央书记处指出,"坚持党管青年原则"的提出,是党的青年工作理论的重大创新,是对马克思主义青年观的丰富与发展。坚持党管青年原则是我们党领导广大青年积极投身革命、建设、改革伟大实践的基本经验,是实现中华民族伟大复兴中国梦的时代需要,是推进新时期中国青年运动必须牢牢把握的基本遵循。本文拟从政治学角度,对坚持党管青年原则内在逻辑及其与青年发展、共青团建设等关系进行分析,供实务工作者与理论研究者参考。

第一节　中国共产党组织领导与政治意义上的青年出现

马克思主义认为,在传统社会条件下,社会成员是以共同体化方式存在着,作为生理性年龄的青年也依附于这些社会共同体之中。进入现代社会之后,传统的社会共同体开始解构,社会成员开始呈现出原子化倾向,各类现代社会、经济和政治组织,按照现代社会运行的逻辑,将这些分化了的社

---

　*　该文刊发于《青年学报》,2017年第4期。

会成员再次组织起来。青年人也在这一过程中再次被组织起来,从而成为了社会意义上的相对独立的青年群体,由此,作为社会性意义的青年开始出现。这也就是说,传统社会的解体和分化以及现代政治和社会组织力量的出现,是作为社会性意义上的青年出现的两个前提。这一逻辑也同样在中国现代社会发展过程中得以演绎,从而使中国共产党的出现,对现代社会在中国的建立和发展产生了重要的影响,也为作为社会意义和政治意义上的青年的出现,提供了重要的组织基础。

在传统的中国社会,社会成员依附于家族共同体,并以此为基础形成政治运行的方式。鸦片战争的爆发,标志着现代化浪潮对中国的冲击。辛亥革命的爆发,标志着以小农生产及家族共同体为基础社会,具有同构性的国家官僚体系与政治组织力量被推翻与解构。同时,大革命的爆发,也开始解构传统社会的社会结构与家庭结构。在这个过程中,社会成员与传统的家族共同体之间的关系开始发生变化,阶级对抗和阶级斗争日益凸显。在现代革命动员和现代文明建构的过程中,作为一种现代政治和现代社会的组织化与建构性力量,政党开始登上了中国的历史舞台。在各种政治力量的较量过程中,作为以马列主义为指导思想的无产阶级政党,中国共产党以其具有更彻底的革命性、更强的人民性以及更有效的组织性,成为了民主革命时期领导和组织中国革命的核心力量,不仅领导人民完成了革命任务,而且还承担起领导人民建立现代文明的使命。

在中国共产党领导之下,中国人民推翻了"三座大山",使传统的社会结构得到了颠覆性的解构,而依附于传统社会共同体之中的青年,也作为最具革命性的力量被解放出来,并在社会和政治两个层面上,按照现代社会和政治的方式被重新组织化。现代学校的出现,使青年人被聚集在学校之中,成为一种独立的现代社会力量和现代社会群体。而中国共产党及其外围青年组织——共青团的建立和发展,不仅使已经被聚集起来的青年人,而且使那些依然依附于家庭共同体的青年人,也在政治层面上被组织起来,从而使政治意义上的青年开始在中国出现。

第二节　党管青年原则是共青团建立与发展的政治基础

中华文明历史逻辑、现代文明发展逻辑和共产主义运动逻辑的共同演绎,使中国共产党成为了现代文明在中国建构的领导性力量和组织性力量。同时,上述三个逻辑也使中国共产党的组织与领导成为了政治意义上的青年出现与发展的重要前提。中国共产党能不能赢得作为最具有革命性与发展性的社会力量的青年,就成为了革命能否取得成功以及能否赢得未来的重要条件之一。因此,中国共产党对青年的领导与组织,即党管青年,既是青年发展的需要,也是中国共产党发展的需要,是由中国现代文明发展的内在逻辑所决定的。

党管青年是党与青年关系的一种本质规定,要将这一原则得以落实,就需要有相应的组织性和制度性的安排。而这些安排的具体形式,却是在实践发展过程中被历史性地生成与呈现出来的,并不断转化成为后来的体制性和结构性内容。为了实现对青年的组织和领导,除了利用自身的组织力量之外,中国共产党在建党之初,就成立了以先进青年为主体的青年团组织,作为党联系青年的桥梁与纽带。同时在革命的过程中,不断与各类青年组织建立关系,发挥其作用,并成立了以中国共青团为组织力量的青年联合会,作为党领导下的青年统一战线组织。

由上可知,党管青年的原则,既是共青团建立的政治基础,也是共青团发展的政治根据。共青团的建立与发展,必须遵循党管青年的原则并服务于这一目的。共青团是党管青年的重要组织载体与制度安排,为此,《中国共产党章程》专门规定了中国共产党与共青团之间的关系。这就意味着,作为权力关系的固定化模式,共青团组织的发展必须在党团关系与团青关系的两对权力关系的互动中得以实现。共青团的发展必须根据党的中心任务的转移而推进,同时也必须根据青年的生存状态而调整。

第三节 在政治与社会之间:党管青年与青年发展

马克思主义认为任何事物的功能和形态都是在历史性过程中生成与发展起来的。对于中国来说,作为社会性意义和政治性意义的青年,是在现代化浪潮冲击和传统社会-政治结构解体背景下生成和出现的,而青年从自发性出现到自觉性发展,政党的组织和领导起到关键性的作用。社会性意义的青年出现,使政党领导与组织青年成为可能,而政党的领导与组织使青年的发展有了保证。这就意味着,党管青年有着政治性和社会性两方面的意义,既关系到政党的发展,也关系到青年的发展。党管青年的政治性和社会性的意义,起源于其生成阶段,并作为一种逻辑力量贯穿于整个发展的过程,从而使党管青年成为了中国青年工作的一个重要原则。

党管青年的政治性意义,可以围绕着青年与政党两方面来分析。不论是革命年代,还是建设与改革时代,党管青年对于青年来说,都可以使已经或尚未组织起来的青年,能够通过党的领导与组织参与政治活动,表达政治意见,从而使青年的发展与整个政治发展有了内在的组织联系与制度通道,并使青年群体成为了一种重要的政治性和组织性力量;党管青年,对于政党来说,可以实现对青年的有效组织,使之转化为革命性力量,并成为具有生力军意义的面向未来的建设性力量。这就意味着,在党领导革命和党建国家的逻辑基础上,党管青年是由中国政治发展的内在逻辑决定的,不仅关系到政党发展,也关系到青年的政治发展和现代政治文明在中国的建立和发展。

党管青年的社会性意义,可以围绕青年与社会两个方面来分析。对青年发展来讲,党管青年,一是可以使尚未组织起来的青年有了组织性的网络;二是对已经组织起来的青年,通过党组织与共青团组织的组织网络,实现与其他组织化力量的对接,从而获得更多的发展性资源;三是党组织可以凭借其执政优势,来推动政府为青年发展,提供制度性和政治性的支持。对于社会发展来讲,党管青年,一是可以使尚未组织起来的青年获得组织以便服务社会;二是对已经组织起来的青年,通过政党组织和共青团组织的工作,围绕各个单位和社会发展的中心任务,发挥青年的作用;三是政党可以凭借其执政地位,推动政府以及其他社会性和政治性的力量,为青年服务社会提供支持、创造条件。

从上述分析中我们可以得出以下两方面判断:一是党管青年不仅有利于青年发展和社会发展,而且有利于政党发展和整个政治形态的发展;二是党管青年的政治性意义和社会性意义是相互建构和相互支持的。

第四节　青年发展、国家治理现代化与党管青年实现方式创新

作为面向未来的现代政治文明的中国形态,中国国家治理体系由政党、国家、社会和市场四个结构性主体要素组成,在马克思主义看来,社会和市场可以统称为广义的社会,因此也可以将上述四个要素概括为政党、国家和社会三个要素。其中青年主要存在于社会之中,而作为执政党的中国共产党与国家政权之间有着密切关系,共青团作为国家治理体系的重要组成部分和中国共产党青年组织,不仅与党组织和青年之间有密切关系,而且与国家政权也有一定的关系。因此,新中国成立之后,党管青年原则,在具体的实现方式上,就围绕着青年发展,以共青团为纽带,将政党、国家和社会有机联系起来。

改革开放特别是市场经济建立以后,随着全球化、市场化和网络化的发展,青年的交往方式和生存形态都发生了深刻的变化,这就要求党管青年的实现方式,也应该根据青年的变化而发展。党的十四大提出的市场经济,党的十五大提出的依法治国,党的十六大提出的"三个代表",党的十七大提出的和谐社会建设,标志了现代市场、现代国家、现代政党和现代社会在中国得以基本生成。为了推动上述四个主体要素功能的开发和彼此之间内在有机化的形成,党的十八届三中全会提出了基于顶层设计的全面深化改革,推动国家治理体系和治理能力现代化。国家治理现代化的提出,意味着党管青年的实现形式也应该因此而创新发展。

青年发展与国家治理现代化，要求党管青年的实现方式必须创新与发展，而对于党来说，除了自身的组织发挥作用之外，新中国成立以后，党管青年主要是通过共青团的组织作用和国家的制度作用来推进。因此，新的历史条件要求党管青年实现方式的创新与发展，需要围绕着推进共青团深化改革以及推动国家制度和政策创新而展开。

第五节　坚持党管青年原则与深化共青团改革：推动青年发展的组织逻辑

作为党管青年的组织化载体，共青团既是党和政府联系青年的桥梁纽带和国家政权的社会支柱，也是推动青年发展、推动青年服务国家和社会的重要组织化力量。作为国家治理体系的重要组成部分，共青团既是党的工作体系的重要组成部分，又是围绕青年问题而勾连国家治理体系各要素的组织网络和制度通道。这就意味着，共青团的发展，是在党的领导之下，根据青年发展和国家治理现代化的要求，遵循自身发展逻辑得以实现的。

新中国成立之后，为了克服现代化建设对组织化的诉求与小农社会"一盘散沙"状况之间的矛盾，我们建立了以国家政权为主导的计划经济体制和以基层党组织为核心的单位社会体制，从而为现代化建设奠定了组织化基础。在此过程中，传统的"一盘散沙"的社会被建构为一元一体的组织化社会，青年生存形态也呈现出单位化趋势，而同时作为国家治理体系的一个组成部分，共青团组织也被纳入了体制建构的范围之内，共青团的组织形态和工作机制都呈现出明显的计划经济体制的特征。

改革开放特别是社会主义市场经济建立之后，以公有制为主体的多元所有制结构开始形成，社会结构开始分化，并呈现出多样化倾向，青年群体也开始由单位化青年向原子化青年过渡，并在网络社会深层的背景下，呈现出自组织化倾向。随着全球化、市场化和网络化的发展，青年群体的生存形态多样并存开始成为一种常态。而国家治理体系和治理能力现代化，也要求共青团组织作为围绕青年问题而勾连国家治理体系各要素的制度通道与组织联系的功能应得到充分发挥。

与青年的发展与国家治理现代化的要求相比，共青团在组织形态和运行机制上不适应之处越发凸显，其中最典型的就是行政化、机关化、贵族化和娱乐化的倾向。为此，在全面深化改革的背景下，中共中央作出了群团改革的决定，在推动人员、机构和机制等改革的基础上，全面推进共青团的组织形态和运行机制的创新与发展，为党管青年在新的历史条件下的实现和落实，从而推动青年发展，创造更适应、更坚强和更有效的组织基础。

第六节　坚持党管青年原则与制定青年发展《规划》：推动青年发展的制度逻辑

作为执政党，中国共产党很重要的一个途径就是通过国家的制度性和政策性力量来推动青年发展。在每一个阶段，政府的有关部门都围绕青年问题出台了相应的政策。2017年五四前夕，中共中央、国务院印发了《中长期青年发展规划（2016—2025年）》，这是党中央通过国家的制度性和政策性的力量来推动青年发展的一个典型和集中的体现，也是一项重要的创新。

根据共青团中央书记处介绍，《规划》是在习近平总书记的关心下制定的，充分体现了党和政府对青年的关心、对青年工作的重视。《规划》起草工作始终在党中央统一领导下推进，中央政治局常委会会议、国务院常务会议、中央书记处会议研究审议《规划》稿，十二届全国人大四次会议审议通过的"十三五"《规划》纲要明确写入了"制定实施青年发展《规划》"，这些都为青年发展《规划》制定出台指明了方向，提供了遵循。在《规划》起草过程中，始终坚持全面、辩证、发展的马克思主义青年观，紧紧围绕为实现中华民族伟大复兴中国梦而奋斗的青年运动时代主题，深入贯彻习近平总书记系列重要讲话特别是关于青年工作的一系列重要指示精神，注重突出发展导向、问题导向、目标导向，全面体现创新、协调、绿色、开放、共享的新发展理念，充分照顾青年的时代特点和利益关切，努力让青年有更多获得感。

《规划》第一次鲜明提出"坚持党管青年原则、党和国家事业要发展，青年首先要发展"的理念,这是对马克思主义青年观的丰富与发展。对于未来十年的青年发展目标,《规划》注重结合"到 2020 年全面建成小康社会"这一奋斗目标,分为 2020 年和 2025 年两个时间节点,分别提出了要达到的总体水平和目标。《规划》聚焦当前我国青年成长发展迫切需要关注的核心权益,从思想道德、教育、健康、婚恋、就业创业、文化、社会融入与社会参与、权益保护、预防犯罪、社会保障 10 个领域,分别提出了每个领域的具体发展目标,并且针对每个领域青年发展面临的突出问题,有重点地提出发展措施。同时,从对国家发展、青年发展具有支撑作用的角度,提出了 10 个重点项目。在组织实施部分,明确了《规划》在党中央统一领导下推进实施,共青团中央具体承担协调、督促职责;同时设立推动《规划》落实的由 51 家成员单位组成的部际联席会议机制,办公室设在共青团中央。通过分析《规划》制定过程、《规划》的具体内容以及落实《规划》的相应机制,我们可以得出以下三方面判断:

第一,制定《规划》是党管青年的一个重要制度性和政策性的手段,也是落实党管青年原则的一项工作性创新。从原创性的角度,《规划》的制定成为了推动党管青年在制度性和政策性方面的创新手段;从社会背景的角度来看,《规划》的制定,体现了在全面深化改革的背景之下,党管青年的一项工作性创新。

第二,《规划》的内容既体现了围绕社会发展和时代进步背景下青年发展的需要, 也体现了党和国家的意志, 是党管青年在具体内容上的有机结合。《规划》的制定,其内容充分体现了以青年为中心的思想,既反映了长期以来在马克思主义青年观的指导下党和国家对青年问题的理解, 也积极将青年的各方面的需求,转化为可操作的多个项目和内容,体现了政党国家和青年之间的内在有机关系, 是中国特色社会主义青年发展道路的重要内容和体现。

第三,《规划》落实的机制,反映了国家治理体系与治理能力现代化的内在要求,在组织权力关系上为制度和政策的落实创造了条件。国家治理体系和治理能力现代化,要求充分开发政党、国家和社会的内在功能以及推动三者之间的内在有机化实现, 而共青团就是围绕青年问题而将上述三者有机联系起来的组织网络和制度机制。《规划》落实的机制既体现了上述要求,又是围绕着青年的发展和青年《规划》的落实所形成的具体安排,是共青团深化改革的一个重要组成部分。

第六章　新中国70年青年发展的历史逻辑*

习近平总书记指出:"无论过去、现在还是未来,中国青年始终是实现中华民族伟大复兴的先锋力量。"这意味着,在实现中华民族伟大复兴的整个过程中,中国青年都起着开风气之先的带头作用。其作用不仅体现在民主革命时期,也体现在新中国成立之后的社会主义建设和改革开放时期。

在党的领导下,中国青年在投身伟大民族复兴事业和现代化建设过程中,既发挥了作用,也随着社会进步实现了自身发展。这一逻辑在近代以来的中国历史中得到演绎,更在新中国成立发展过程中得到了体现。在现代化建设快速发展和中国社会巨大变迁的推动下,中国青年也经历了迭代性进步和跨越性发展。

第一节　现代文明、党的领导与青年发展

马克思主义认为,在古代社会条件下,人们是以共同体化形态存在着,个体依附于共同体之中,因此在古代和古典时期的中国,只有生理性意义的年轻人,而不存在作为完整意义的青年概念。

鸦片战争后,中华文明由古典向现代转型,并在清末出现了现代的企业和学校,部分青年开始离开家庭,被组织在企业和学校之中。为此,作为社会学意义上的青年群体开始被建构出来。五四运动爆发,使中国青年第一次登上了政治舞台,作为政治意义上的青年也因此出现。至此,完整概念的青年

---

* 来源于《中国青年报》,2019年12月16日。

在中国诞生了。

古典文明向现代文明转型的过程中，中华民族选择了中国共产党作为领导和组织人民进行民主革命和现代化建设的核心力量。在建党之初，为了有效领导、组织和动员青年，中国共产党就建立了中国共青团。在党的领导和共青团直接推动下，中国青年在全国范围被组织起来参与社会革命和政治革命。中国共产党的建立，为中国青年能够在民族复兴和现代化建设中发挥了作用，提供了领导力量和组织基础。

由于现代化建设是实现中华民族伟大复兴的必然要求，因此与现代文明在中国同时诞生，从性质上就决定了，中国青年扮演着民族复兴和现代化建设的先锋力量，在中国共产党领导下，发挥着开风气之先的带头作用。同时，也必将在与民族复兴和现代化建设同频共振过程中实现自身的发展。

第二节　现代化建设、社会变迁与青年发展

新中国成立后，在党的领导下，建立了计划经济体制和单位社会体制，构建了高度组织化的单位社会，告别了"一盘散沙"的社会局面，社会成员也从传统共同体化生存形态向现代单位化生存形态转变。中国青年因此被组织进各个基层单位之中，党团组织和单位组织成为组织青年的主导性力量。计划经济体制和单位社会体制建立，推动了中国青年从传统形态向现代形态实现第一次大转型和大发展。

为获得现代化建设可持续发展动力，党的十一届三中全会作出改革开放决定。改革开放特别是市场经济体制建立，使计划经济和单位社会退出，社会多样性、开放性和自主性日益增强。由于青年更能够适应社会变革，因此青年也更早走出单位化特征，体现出原子化倾向，生活方式和行为方式的多样性也更加凸显。这就推动了青年生存形态发生了第二次大转型和大发展。

随着市场经济的发展和网络社会的生成，社会成员的生存形态呈现出相向互动的倾向，原子化倾向进一步加强，同时新型组织化类型不断出现。

这种倾向在青年群体中体现得尤为明显，推动了中国青年生存形态的第三次大转型和大发展，而这一次的转型和发展还在持续之中。

青年诞生于现代文明出现之时，青年发展于现代文明建设之中，这种发展是朝着马克思"人的全面而自由发展"方向前进的。这种发展，不仅推动一代又一代青年的发展，而且推动一波又一波现代化的发展。

第三节　青年作用、社会发展与文明进步

流动、创新、迭代等特征是现代性的重要表现，这些特征与青年的最不保守、最富于创新精神具有高度的同构性，从而使青年最适应于现代社会。因此，青年不仅因现代文明的出现而诞生，也成为现代文明发展的先锋力量。

新中国成立后，在党的领导下，我们对传统社会进行彻底改造，建立了新社会和新国家。在社会改造时期，青年发挥着积极作用。在社会主义建设过程中，青年扮演着突击队和生力军角色。

改革开放实质上是对传统体制的突破。作为每个阶段改革发展"原住民"，青年人比中老年人更适应改革，而青年特性也是欢迎变革的。这就使青年总是能够在改革中起到先锋作用，积极响应，全力投入，并获得机会，得以发展。

科学技术是推动现代化发展的重要力量。改革开放后，全社会都重视科学技术，快速迭代的科技进步使青年优势凸显，特别是高科技领域，青年已成为主力军。不仅如此，信息革命还使青年能够通过网络增强其影响力。这意味着，网络社会使青年比过去任何一个时期都掌握了更多的社会权力，社会因此呈现出青年化倾向。

做好青年工作，过去是处理与下一代人的关系，现在则是建立与下一个时代的关系。因为社会迭代发展越来越快，青年的先锋作用就越发凸显。

第四节　新时代、民族复兴先锋力量与现代化强国建设

在党的领导下,开辟了中国特色社会主义道路,推动了中国特色社会主义进入新时代。进入新时代,标志着我国现代化建设已经取得了辉煌成就,我们比过去任何一个历史时期都更加接近中华民族伟大复兴。进入新时代,标志着我国现代化建设将面临更加艰巨的任务,我们必须引领时代,实现中华民族的复兴,推动人的全面发展。

习近平总书记指出:"青年是整个社会力量中最积极、最有生气的力量,国家的希望在青年,民族的未来在青年。"这意味着,进入新时代,国家更应该发挥青年的先锋作用,更需要推动青年的全面发展,因为这既是动力,也是目的。

"新时代中国青年运动的主题,新时代中国青年运动的方向,新时代中国青年的使命,就是坚持中国共产党领导,同人民一道,为实现'两个一百年'奋斗目标、实现中华民族伟大复兴的中国梦而奋斗。"习近平总书记的这个论断为中国青年在新时代的发展与作为明确了方向,规划了任务。

第七章 记录时代的青春年轮
——品牌活动与共青团发展

作为党的青年组织，共青团是党和政府联系青年的桥梁纽带，既要心向着党和政府，又要心系着团员青年，这就意味着，共青团既要围绕党和政府的中心工作，团结带领团员青年建功立业，又要围绕团员青年成长成才，整合各方面资源做好服务。

不论是建功立业，还是做好服务，都需要采取相应行动与开展必要活动才能得以实现，因此开展活动就成为共青团发挥作用的一种重要方式。其中，每个时期和每个组织都有许多得到各方认可的活动，于是这些活动就成为了具有一定影响的品牌活动。这些品牌活动，不仅在当时起到了作用，而且也作为一种历史产物，反映了一代代青年的生存形态、行为特征与具体贡献，从而成为了记录时代的青春年轮。

随着中国特色社会主义进入新时代，不论是党的历史使命和现代化建设的战略目标，还是社会的主要矛盾与青年的具体需求都发生了重大变化，从而要求共青团服务中心与服务青年的具体内容等也应该作相应调整，这就意味着，作为其具体实现方式的品牌活动也需要创新与发展。

第一节 生命律动的组织逻辑

马克思主义认为，在古代，人们是以家庭共同体化的成员方式存在着，年轻人是依附于家庭的，只有所谓生理意义上的年轻人，没有社会与政治意义上的青年人。

鸦片战争之后,中国开始被迫卷入现代化浪潮之中。清末民初,现代学校与现代工厂使一批年轻人离开家园,开始按照现代方式被组织化,这就使具有社会意义的青年群体出现了,由此具有相对独立的青年主体权益内容也被建构出来。

随着民主革命发展,特别是中国共产党的建立,开始大规模动员青年参与革命,并且建立了中国共青团作为中国共产党的青年组织,来专门负责青年工作,青年也因此作为全国性的政治力量登上了中国历史舞台,从而使作为政治性的青年出现了。至此,包含生理性、社会性和政治性三方面完整意义上的青年完成了自身生成的历史过程。

这就意味着,中国共青团是中国共产党为了联系青年而建立的,必须服从与服务党的领导。同时,中国共青团的建立,导致了作为完整意义上的青年得以在中国出现,使中国共青团与青年之间有着存在性与发展性意义上的关系,从而决定了中国共青团必须服务于青年的发展,青年发展也需要共青团的努力。随着中国共产党成为执政党之后,共青团与青年之间的这种关系就被进一步制度化建构与固定下来。

青年是现代化产物,而青年也是现代化的动力之一。现代化是以快速创新与发展、快速流动与变迁为特征的,而且青年也是最具可塑性与创新性、最具适应性与变动性的,青年的生命冲动与现代的社会律动有着同频共振的节拍。然而在现代,初入社会的青年,有着发展的可能、成长的冲动,但却需要社会的帮助、组织的支持。于是,团结带领青年服务现代化建设的中心任务,创造条件服务青年成长成才的现实需要,就成为了共青团工作的内容与服务的方向,这是作为中国特色社会主义的现代化建设与人的发展内在一致性的需要。

要做到上述的"双"服务,不能只是停留在文件上与口号中,而是必须采取行动,需要共青团通过开展各项活动来推动。通过开展活动,使青年组织起来,将力量汇聚到服务中心工作上;通过开展活动,使各方行动起来,将资源汇聚到服务青年发展上。正是通过活动的开展,青年生命的冲动转化为现代化建设的动力;正是通过活动的开展,社会进步的律动转化为青年发展的能量。于是,开展活动就成为了共青团组织存在的一种方式,开展活动就成为了共青团作用发挥的一个机制。

第二节　记录时代的青春年轮

马克思主义认为,实践与活动是人的存在方式,开展实践与活动,就要结合人与人之间的关系,由此,各种社会关系总和就成为了人的本质。对于青年来说,在服务中心工作与服务自身发展过程的实践工作中,也同样形成了各种关系,从而成为了青年生命存在的本质规定的一个重要组成部分。

在中国,共青团与青年的存在、发展有着密切关系,因此在新中国成立以来的推动青年服务中心工作与推动各方服务青年发展方面,共青团都起到了重要作用。这些活动有许多是由共青团来组织的,这就意味着共青团参与了青年的活动开展与青年的关系构建,从而在一定程度上影响了青年的本质实现。

由于实践与活动都是在特定条件下完成的,时空条件是其中的基本条件,因此不同时期、阶段和不同地区、单位的具体情况,就成为了决定青年活动的基本条件,而青年活动也就成为反映不同时期、阶段和不同地区、单位的基本特征。因此,由共青团推动与组织的相关活动,不仅反映了青年的存在方式、影响了青年的本质实现,而且也成为了记录时代的重要载体,从而成为了记录时代的青春年轮。

这些活动,对于每一个青年来说,都记录着他们青年时代的生命年轮,不过这些活动非常之多。虽然从逻辑上说,所有活动都可能被留在整个社会的历史空间之中,但是不论是在当时的具体作用,还是在历史的现实影响,不可能所有活动都会产生相同后果,肯定只有一些活动,成为了当时社会或所在单位的包括参与者、组织者与支持者以及其他人都认为有较大作用与一定影响并充分认可的项目,进而成为了所谓的品牌活动。

任何典型事物,都能够将该类事物的本质特征与相关要素得以充分反映出来,而所谓品牌活动,从表面上看是各方面都认可的有影响力的项目,而从本质上来看,实际上这些能够成为品牌活动的项目,一定是那些不论是在性质上还是在形式和效果上,都能够充分反映那个时期与单位或地区,由共青团推动青年服务中心工作与推动各方服务青年发展的活动。

这就意味着,这些品牌活动是最能反映当时和当地的青年与社会的典型与载体,于是,就成为了记录时代的青春年轮的代表。假如我们将不同时空中的这些品牌项目串起来的话,就能够将新中国成立以来的青年发展轨迹立体性呈现出来,从而铸就了一座记录共和国青春脉动的生命雕像。

第三节　成就大树的广阔天地

在中国共产党领导下,经过全国人民的共同努力,中国特色社会主义进入了新时代,这是一个具有社会革命性意义与文明跃升性意义的重大事件。

新时代的到来,对中国人民与中华民族的发展来说,不仅意味着社会主要矛盾发生了变化,而且还意味着人的生存形态出现了剧变;不仅意味着现代化发展,而且意味着文明形态跃升。这两方面变化,都将对中国青年发展以及青年工作产生重大影响,进而导致青年活动的内容与形态产生新的发展,从而为中国青年茁壮成长提供新的舞台与发展空间。

中国特色社会主义进入新时代,意味着社会主要矛盾将从日益增长的物质文化生活需要与落后生产力之间矛盾,向日益增长的美好生活需要与发展不平衡不充分之间矛盾转变。这意味着青年需求将发生重大变化,青年全面发展命题开始被提出。

中国特色社会主义进入新时代,意味着面向未来人类现代文明的中国形态,将从具体要素生成阶段向整体形态发展阶段跃升。这就意味着现代化建设的形态发展与具体目标都将发生新的变化,对青年发挥的作用将提出新的要求。

中国特色社会主义进入新时代,意味着全球化、市场化与网络化甚至智能化程度将进一步提高,人们生存的区域空间、体制空间与存在空间等都将发生新的变化。这就意味着青年生存形态与现代化建设条件将发生新的变化,从而导致青年发展与青年工作的各方面内容都将产生重大调整。

面对这些变化，作为推动青年服务中心工作与推动各方服务青年发展的重要载体与具体方式的共青团活动以及其典型的品牌活动也必将随之发展与创新，不论是在空间领域上，还是在时代特征上；不论是在实现方式上，还是在具体内容上。

我们相信，通过努力，各级共青团组织与广大青年团员们一起，在党的领导下，必将创造出更加丰富多彩的品牌活动与典型项目，为共和国发展增添新的青春年轮，强国一代的青年们也必将在这些青春年轮上留下一道道深深的印记，在助力实现中华民族伟大复兴的过程中，使自己也成长为参天大树。

第四节　深耕厚植的基础工程

中国特色社会主义进入新时代，使面向未来的人类现代文明的中国形态进入了整体形态发展阶段，也使现代化基本实现与社会主义现代化强国基本建成，作为具体目标得以确定。社会主要矛盾发生了根本性变化，人的全面发展与社会共同富裕也被提出，人类命运共同体构建任务也进入了实质推动阶段。

这些变化使青年发展与青年工作都进入了全新阶段，而作为"双"服务的具体载体与机制的，以品牌活动作为典型的各类活动的设计与开展，都被各方面予以了更多的期待与更高的要求。要使这些活动能够做到更好，就要求共青团组织以及共青团干部，必须在党的领导下，遵循新时代社会主义现代化建设与青年全面发展的内在要求与内在规律去做。

政治学的结构—功能理论告诉我们，要实现相应功能，就需要有相应结构，共青团要履行上述新时代的功能，就必须在结构上予以创新与发展，而群团改革就是在这样的背景下推动共青团发展与创新的一个重要举措。

从一定意义上说，作为群团改革重要组成部分的共青团改革，就是党中央为了推动共青团更好履行新时代应有功能，根据国家治理体系与治理能力现代化要求，遵循新时代社会主义现代化建设与社会发展的要求以及青年全面发展的需要,从供给侧层面推动共青团改革,以解决共青团推动青年服务中心工作与推动各方服务青年发展的能力的不平衡不充分的问题。

这就意味着,推动共青团改革,实际上也是推动青年服务中心工作与推动各方服务青年发展的重要载体和重要机制的品牌活动,能够有效适应新时代要求所采取的一项具有战略性意义的基础工程。

第八章　新中国成立以来
共青团荣誉制度变迁的研究

　　共青团是党的助手和后备军,是党和政府联系青年的桥梁和纽带。价值建构是共青团引领和联系青年的重要维度。国家的道德风尚和现代化建设需要价值体系的建构,共青团的价值建构就是这其中的一部分。这种建构除了一般的号召,更需要有形的载体和制度,其中很重要的就是荣誉制度。综观古今中外,荣誉制度是国家政治力量对社会进行导向性建构的有效方式,我们国家也于近年建立了有效的荣誉制度。作为党和国家荣誉制度体系的重要组成部分,共青团的荣誉制度遵循荣誉制度的总体发展规律,同时,作为党的青年组织的荣誉制度,它也有自己的发展逻辑,体现着共青团特点,是党通过共青团对青年实现引领的重要制度安排。本文希望对新中国成立以来共青团荣誉制度发展的内在逻辑和变化进行梳理,既从政党、国家、社会变迁的整体角度来把握和理解,也从共青团荣誉制度自身的制度变迁的逻辑来阐释和说明,以期对新时代共青团荣誉制度的建设提供理论参考。

第一节　青春的奖状:共青团荣誉制度的功能

　　共青团作为党和政府联系青年的桥梁和纽带,必须根据政党、国家以及社会的发展,在价值层面实现对青年的有效引导。荣誉制度便是这样一个有

　　作者简介:刘佳锜,复旦大学国际关系与公共事务学院政治学理论专业 2018 级硕士研究生,主要研究方向:群团组织建设、基层治理、文学与政治;郑长忠,复旦大学政党建设与国家发展研究中心主任,主要研究方向:党的建设、群团组织建设、国家治理、基层治理。

效的引导,一个实现意识形态建构功能的制度性安排。党的意识形态需要随着社会的不断发展进行导向性建构,这种建构需要一定的制度安排,这样的制度安排则需要一定组织来达到对某一部分群体的有效影响。荣誉制度是党和国家有效引领社会的意识形态建构的机制,这个机制需要通过不同的组织达到对不同群体的价值引领。由于共青团组织是党和政府联系青年的桥梁纽带,因此共青团成为党和国家对青年这一群体进行价值引领的组织化基础。而共青团荣誉制度则成为共青团引领青年、实现青年导向建构的重要机制。可以说,共青团的荣誉制度是党和国家颁发给青年人的一张"青春的奖状",并通过这一制度建构青年所应倡导的价值体系,引领青春奉献的方向。

一、社会导向建构的组织逻辑:荣誉本质与意识形态功能

荣誉的本质在于倡导特定的价值。"荣誉是一定社会或集团对人们履行社会义务的道德行为的肯定和褒奖,是特定人从特定组织获得的专门性和定性化的积极评价。"[①]从政治的价值、制度、组织三要素来看,荣誉是以一种组织层面上的方式,作为制度的补充,来倡导某种价值,从而实现政治的整体性发展。如美国政治学家戴维·伊斯顿所言,"政治是对社会价值的权威性分配"。从这个意义上来说,荣誉授予便是政治过程的一个重要部分、关键环节。

荣誉的授予体现并作用于政治意识形态的导向性。从我国古代的赐爵、授勋、旌表、诰命、赐姓等形式,到而今的"国家科技进步奖""中国青年五四奖章"等,无不体现了当时的意识形态特征,服务于特定的经济社会基础。荣誉本身代表着一种价值的导向,成体系的荣誉授予则是一种价值训练的过程。荣誉的表彰和奖励、获表彰的典型人物的宣传也让更多的社会个体逐渐习得政治体系所期望的政治态度和行为模式,从而作用于政治意识形态的建构。

---

① 简明伦理学辞典编委会:《简明伦理学词典》,甘肃人民出版社,1987 年,第 469~471 页。

荣誉的导向性有赖于权力关系的确认和组织基础的支撑。任何荣誉的授予和颁发都是有边界的,是存在于某个确定的社会、领域或者群体中的。它作为一种价值取向,需要由权力部门来确认和颁发,需要有组织基础去保障和执行。国家的荣誉授予是国家的公共权力对社会价值的导向性建构,是政治意识形态作用于社会的过程。国家政治力量通过各类组织基础的动员,确立、确保权威的政治意识形态被认可和接受,从而实现对多元社会群体的有效价值建构。

二、青年政治发展的组织基础:在党与青年之间的共青团功能

中国共产党领导国家和社会是当代中国政治的基本形态。"党政军民学,东西南北中,党是领导一切的。"从革命年代到中国特色社会主义新时代,中国共产党用其意识形态来引领和统合国家和社会的各个群体、各个部分、各个环节,塑造政治认同、凝聚政治团结、促进政治发展。而青年这个群体,毫无疑问是中国共产党引领的重要对象、团结的重要目标、执政的重要基础。中国共产党自建党之初就十分重视青年工作。

共青团为党组织对青年的引领提供了组织基础。党对特定群体的引领,需要通过一定的组织基础来实现。这样的组织基础,要在价值和意识形态上与党组织具有高度的一致性,讲政治性;也要契合相应群体自身的特点并具有亲和力,求契合性。具体来说,党要引领青年,要在青年群体中建构符合党和国家在每个历史时期的价值取向,引领青年遵守行业的行为规范和道德规范,就需要一个既心向党又心系青年的组织化载体。这个载体便是共青团。

共青团具有双重的组织联系性功能。从当代中国政治发展的历史逻辑来看,共青团是党的助手和后备军,是党和政府联系青年的桥梁和纽带。共青团有着强烈的政治目的,要在青年中引领政治理想、实现政治动员、扩大政治认同、增强政治团结。从共青团自身发展的历史逻辑来看,共青团是青年群体中的先进政治组织,反映青年这个特殊群体的利益与需求,维护青年权益、推动青年发展。共青团既是党的青年组织,也是青年的政治组织,是党

联系青年的组织载体，也是青年参与政治的组织载体，具有双重的组织联系性功能。共青团的建立使得青年成为青年，使其与政党和国家实现有机联系，也使得青年能够实现有效政治发展。

三、青年导向建构的组织机制：共青团荣誉制度的价值功能

共青团的荣誉制度构成了我们国家荣誉制度的组成部分。国家荣誉制度的内涵，有狭义和广义两种观点。狭义的观点认为，国家荣誉制度是"表彰国家最高级别荣誉的一种奖励制度，即国家最高荣誉的奖励制度"[①]。广义的观点认为，"表彰和嘉奖为国家和社会作出突出贡献的杰出人士，授予其永久性的荣誉称号，颁发不同层级的勋章、奖章，这种制度化和程序化的做法和过程即构成一个国家功勋荣誉制度的主要内容"[②]。本文所研究的共青团的荣誉授予建立在广义的国家荣誉制度的内涵的基础上。共青团作为我国承担重要政治功能的群团组织，其荣誉授予体系自然也构成了国家荣誉制度的一个组成部分。本文所讲的"共青团荣誉制度"，并非指落实到纸面上的规范性文件，而是指由共青团中央所颁发的荣誉称号以及在授予荣誉的现实实践和行动过程中形成的一系列政策性、习惯性做法。

共青团通过荣誉制度建构青年导向。前文讲到，荣誉是权威部门为了适应社会发展的需要对某个群体或共同体的人进行的价值倡导，带有很强的政治意识形态色彩。而共青团处于党和青年之间，是党引领青年、联系青年的桥梁纽带，也是代表青年权益、推动青年发展的政治先锋。因此，共青团的荣誉制度，便是通过政治性的价值倡导，实现党对青年的引领建构。正如党通过价值、制度、组织的维度对中国政治进行领导和建构，共青团亦通过价值、制度、组织的维度对青年进行引领和建构。荣誉制度是共青团对青年进行引领的重要过程，共青团则为荣誉的价值倡导功能提供了强有力的组织

---

① 钱宁峰：《论国家荣誉制度的宪法基础》，《西北政法大学学报》，2008 年第 5 期。

② 张树华、潘晨光、祝伟伟：《关于中国建立国家功勋荣誉制度的思考》，《政治学研究》，2010 年第 3 期。

机制。

共青团的荣誉制度兼具整体性和具体性。党的价值和意识形态建构,对于不同的历史时期、不同行业、不同群体而言,具有整体的一致性,也具有分别的具体性。其相应的标准和内容,整体来讲是一致的,都是要符合国家发展需要和时代进步需求的;但具体来讲又是有所区分的,需要根据不同的时间、行业、群体进行具体考量。相应地,共青团荣誉制度对青年导向的建构,也需要整体一致但具体区分的荣誉内容作为典范,表彰青年在各行各业各个领域的最佳规范,由此来建构青年导向,使其符合党的要求和时代的要求、符合不同行业职业青年群体的具体要求。

第二节　青年导向的时代年轮：共青团荣誉制度变迁的历史

出于统一性和方便性的考量,本文所研究的"共青团荣誉制度",指的是新中国成立以来由共青团中央所颁发的荣誉称号所形成的系列规范和体系。省级及以下级别的团组织所颁发的荣誉由于名目类别、记录材料等参差不齐,难以统一进行考量,故本文暂不将其列入考量范围。新中国成立以来,共青团荣誉制度的变迁,依据其自身生成和发展的过程,大致可以分为生成(1949—1956 年)、确立(1957—1965 年)、停滞(1966—1978 年)、恢复(1979—1991 年)、发展(1992—2009 年)、规范(2010 年至今)六个阶段,基本与不同历史时期国家的发展同声相应,与社会的进步同气相和,与时代的变迁同频共振。

一、共青团荣誉制度生成：1949—1956 年

1949 年 4 月,随着解放战争的普遍胜利,在党中央的决议下,中国新民主主义青年团召开第一次全国代表大会。之后自 1949 年 10 月新中国成立直到 1956 年完成"三大改造",我国处在新民主主义向社会主义过渡时期。

相应地,这一时期,青年团的主要任务是带领青年保卫和建设新中国、"巩固地向前发展"、为完成过渡时期任务而奋斗。这一时期,团组织成立了各类适应生产建设的组织,如青年突击队、青年节约队、志愿垦荒队、青年生产队、青年扫盲队等,可追溯的共青团中央授予的荣誉称号仅有"模范青年团员",表彰在这些生产建设活动中表现突出的青年。新中国成立以后的共青团的荣誉制度自此开始生成。

二、共青团荣誉制度确立:1957—1965 年

1957 年 5 月,中国新民主主义青年团召开第三次全国代表大会,决定把团的名称改为"中国共产主义青年团"。1964 年 6 月,共青团第九次全国代表大会召开,会议具体提出了团的任务:把中国建设成为具有现代农业、现代工业、现代国防和现代科学技术的社会主义强国。可以看到,在我国进行社会主义建设的这十年,相应地,共青团也在跟随共产党参与社会主义建设,把党的目标也作为自己的目标。

这一时期团中央授予的荣誉称号主要集中在生产建设方面,如奖励增产节约运动的成绩、颁发扫盲奖章奖旗等。

三、共青团荣誉制度停滞:1966—1978 年

1966 至 1978 年,受社会运动的影响,共青团的工作被迫停滞。1966 年 8 月 13 日,中共中央政治局常委李富春代表中共中央在一次红卫兵召集的群众集会上宣布了改组团中央书记处的决定。15 日,又召开团中央系统全体工作人员大会,由李富春正式宣布了中共中央的决定:"停止第九届团中央书记处的工作,成立临时书记处,主要负责总结共青团'九大'以来的工作,筹备召开共青团中央全会。"自此,共青团中央在实际上停止了活动,全国团系统的工作停滞不前,共青团的荣誉授予也暂时中止了。

四、共青团荣誉制度恢复：1979—1991 年

1978 年 10 月，共青团十大召开，团的工作开始全面恢复，共青团中央也恢复了荣誉授予。这之后的荣誉授予开始给社会更多的回应，大都按照固定的时间间隔进行评选和授予，逐渐走向了体系化和制度化。荣誉授予不再像之前一样依赖不定期召开的会议或发起的运动，整个体系逐渐恢复。

五、共青团荣誉制度发展：1992—2009 年

1992 年，随着社会主义市场经济体制改革，社会有了更多的活力，劳动分工进一步分化和发展，随之产生了各行业团体和社会群体。为了对其进行有效的引领和整合，团中央进一步设立了更多更细分的荣誉称号，如"中国青年科学家奖""中国十大杰出青年农民""中国杰出（优秀）青年科技创业奖"等。

六、共青团荣誉制度规范：2010 年至今

2010 年 1 月，共青团中央发布了《关于通报共青团中央保留的评比达标表彰项目的通知》，保留了"中国青年五四奖章""全国青年岗位能手""青年文明号""全国农村青年致富带头人""中国青少年科技创新奖""全国优秀少先队员"等 10 个荣誉称号，基本兼顾了青年群体的年龄特点和在分工细化情况下的群体特征，而其他的一些过渡性或重复性称号则或者留给了专门的协会去颁发或者被取缔。自此，共青团荣誉制度开始走向了规范化。

第三节 变化的奖状与不变的青春：
共青团荣誉制度变迁的特点

新中国成立以来，共青团的荣誉制度随着时代的变化而不断发展变迁，可以说是"变化的奖状"，总体来说，共青团荣誉制度的变迁呈现出三个方面的特点：从频率上来说，由"运动性"荣誉授予转变为"经常性"荣誉授予；从结构上来说，由"单一性"荣誉授予转变为"综合性"荣誉授予；从要求上来说，由"分散性"荣誉授予转变为"规范性"荣誉授予。虽然"这张奖状"上的设计或字迹有所变化，但其所表彰的都是一代代人为了社会主义现代化建设而奋斗的青春。共青团荣誉制度在不同时期所体现出来的特征及其发展脉络，统一于我们现代国家转型的伟大历史实践中。

一、从"运动性"到"经常性"：共青团荣誉授予的频率变化

新中国成立以来，共青团中央授予的荣誉称号经历了由运动性荣誉授予向经常性荣誉授予的转变。"运动性荣誉授予"是指零散的、非常规的、不定期的、随着政治运动而产生或变化的荣誉授予，例如在新中国成立初期的扫盲运动中，共青团中央向表现突出的青年积极分子颁发了扫盲奖章、奖旗。"经常性荣誉授予"则是相对于"运动性荣誉授予"而言的，定期的、经常的、具有延续性的、荣誉称谓相对固定的荣誉授予，例如自1997年开始颁发，至今已经持续了22届的"中国青年五四奖章"。

共青团中央最初的荣誉授予大多是运动性的。"运动性荣誉授予"具体又可以分为两类。第一类是对于英雄模范个人的单独的、不成体系的荣誉授予和表彰，具体表现为该模范个人在某一领域作出了突出的贡献之后，共青团中央给予其荣誉表彰，并且在该次表彰中通过发文或者召开表彰大会的形式只表彰该个体一个人。具体如下：

表 1　1949—1989 年团中央针对模范个体所授予的荣誉称号①

年份	荣誉称号	个体姓名	相关事迹
1951	模范青年团员	郝建秀	创造了科学细纱工作法(郝建秀工作法),对纺织工业作出贡献。
1952	模范青年团员	罗盛教	因救助溺水的朝鲜儿童而牺牲。
1966	模范共青团员	麦贤德	在对蒋舰的战斗中头部受重伤,但仍然坚持工作了三个多小时确保机轮正常运转。
1966	模范共青团员	刘英俊	为保护 6 个儿童的生命,制服惊马而牺牲。
1982	优秀共青团员	钟铧	身患白血病却始终保持革命乐观主义精神。
1983	优秀共青团员	张海迪	小时候因患血管瘤导致高位截瘫,自学了小学、中学的全部课程以及英语、日语、德语等,从事写作和翻译工作。

以上荣誉称号由笔者根据共青团中央网站和相关年鉴资料搜集而得。需要注意的是,虽然颁发的荣誉称号都是"模范青年团员""优秀共青团员",然而这两个荣誉称号并非是像如今一样常规性授予,而是基于特定的契机、特定的事迹,为某一位具体的青年单独颁发的。因此,笔者将其归纳为"运动性"的荣誉授予。

第二类是伴随着政治运动或社会运动而产生的成批次的特殊的荣誉授予。具体事例如下:

表 2　新中国成立以来共青团中央授予的运动性荣誉称号

年份	契机	相关荣誉表彰
1955	"争取做一个社会主义建设积极分子"	1955 年 9 月召开全国青年社会主义建设积极分子大会,颁发"青年社会主义建设积极分子奖章"。
1955	扫盲运动	团中央发布《关于奖励扫除文盲运动中的青年积极分子的办法》,奖励扫除文盲运动中表现突出的青年。
1957	增产节约运动	团中央颁发《关于奖励 1956 年在增产节约钢材、木材、水泥获有优秀成绩的青年的决定》。
1957	扫盲运动	团中央发布《关于颁发 1957 年扫盲奖章、奖旗的通知》,对于扫盲运动中表现突出的青年进行表彰。

① 马俊清、初纲:《青年思想工作实用手册》,吉林教育出版社,1992 年。

年份	契机	相关荣誉表彰
1979	少先队建队 30 周年	少先队建队三十周年之际，共青团中央发布关于表扬优秀少先队辅导员的通知。
1979	争当"新长征突击手"运动	1979 年 9 月，在新中国成立 30 周年时表彰了万名新长征突击手、155 名新长征突击手(队)标兵、十名新长征突击队红旗。
1980	"学雷锋、树新风"运动	1980 年 5 月，团中央表彰 11 名"学雷锋树新风模范青年"。
1980	全国煤矿青年掘进队"双上纲要"竞赛	1980 年 10 月，共青团中央、煤炭部联合发布关于表彰实现"双上纲要"的青年掘进队的联合通报。
1981	争当"新长征突击手"运动	1981 年 11 月，团中央召开了"全国新长征突击手、先进团支部代表会"，对优秀个体和集体进行表彰。
1982	"学雷锋、树新风""五讲四美"运动	1982 年 5 月，共青团中央作出决定，授予黄淑华、张新龙、魏世俊、罗从林、王玉梅以"优秀少先队员"的称号。
1985	争当"新长征突击手"运动	1985 年 1 月，共青团中央发出通知评选"新长征突击手"。
1995	争当"新长征突击手"运动	1995 年 4 月，共青团中央作出决定授予崔大庆、甘雷等人"见义勇为青年英雄"和"全国新长征突击手"称号。[①]

资料来源:《中国共青团史稿精编》[②]《改革开放 30 年共青团工作回顾与研究文集》[③]《中国改革大潮中的共青团 1978—1994》[④]

可以看出，最初共青团中央在荣誉授予方面是比较不固定且有些被动的，其荣誉授予的"运动性"特点突出体现在对个人英雄模范的零散性表彰和随着各类政治号召、运动而起伏变化的各类荣誉称号。改革开放之后，"新长征突击手"的荣誉虽然伴随着运动而产生，但是其持续时间较长，已在逐渐向经常性方向发展。1989 年 5 月，《共青团中央组织部关于颁布"优秀共青团员荣誉标记"的通知》出台，要求全国各级团委在对个体团员进行团内奖励时统一使用"优秀共青团员"的荣誉称号，并且规定了可以授予该荣誉称号的相应的 5 个等级。自此，从共青团中央到各级团组织，荣誉称号的授予

---

① 中华年鉴编辑部:《中国年鉴 1996》，中华人民共和国年鉴社，1996 年，第 594 页。

② 李玉琦:《中国共青团史稿精编》，中国青年出版社，2012 年。

③ 共青团中央青运史档案馆:《改革开放 30 年共青团工作回顾与研究文集》，中国青年出版社，2009 年。

④ 罗成全:《中国改革大潮中的共青团 1978—1994》，天津人民出版社，1996 年。

和颁发开始走上制度化的轨道。

二、从"单一性"到"综合性"：共青团荣誉授予的结构变化

新中国成立初期，共青团中央对荣誉的授予较为单一，仅有"模范青年团员"等很少的荣誉称号，即"荣誉泛化"：一种综合性的、笼统的、概括的荣誉授予。"荣誉细分"则是与"荣誉泛化"相对应的，有具体的专业程度和领域区分的成体系的荣誉授予，如授予"中国杰出（优秀）外来务工青年"的荣誉。最初共青团中央所授予的荣誉总体数量较少，且集中于"泛化"的荣誉授予，如"模范青年团员""青年社会主义建设积极分子"等。

进入 20 世纪 80 年代后，随着改革开放的不断深入，逐渐出现了共青团中央单独颁发或者与其他部门、单位联合颁发的相对专业性的荣誉。1984年，共青团中央与中央电视台等单位联合举办了评选"全国优秀青年厂长（经理）"活动，自此，共青团中央开始和其他部门、单位联合颁发荣誉称号以表彰在各行各业中作出突出成绩的青年。由表 3 内容也可看出，这些荣誉称号的类别较为丰富，分布领域也比较多元。

90 年代之后，共青团中央有意识地将各类多元荣誉称号进行了系统的整合，形成了相对较为完整的荣誉授予结构。1996 年，共青团中央发布《关于深化跨世纪青年文明工程的决定》（以下简称《决定》），要求"建立和完善发现、培养、评选、表彰优秀青少年的制度"。《决定》指出，共青团中央、全国青联和省级团委、青联组织设立"五四青年奖章"，形成包括"十大杰出青年"、各界杰出青年、新长征突击手、优秀团员、团干部以及"十佳少先队员"等重点奖项的青少年表彰体系。至此，共青团中央的荣誉授予体系初具雏形。结合下表可以看到，共青团中央有意识地将各界各类荣誉体系化、规范化，并且规定了权威的综合性荣誉，致力于建构一个综合性和具体性相结合的整合性的荣誉授予体系。

表3 20世纪90年代之后共青团中央所颁发的荣誉称号表

首届颁发年份	荣誉名称
1989	全国十佳少先队员
	2009年起改评"全国优秀少先队员""全国优秀少先队辅导员""全国优秀少先队集体"
1989	全国优秀共青团员后改为评选"全国优秀共青团员""全国优秀共青团干部""全国五四红旗团委(团支部)"
1990	中国十大杰出青年
1992	中国青年科学家奖
1994	全国杰出青年岗位能手
1994	青年文明号
1994	全国先进青年个体劳动者
1994	中国杰出(优秀)青年科技创业奖2004年更名为"中国青少年科技创新奖"
1996	中国十大杰出青年农民
1997	中国青年五四奖章
2001	母亲河奖(奖励环保方面)
2002	全国农村青年创业致富带头人
2004	中国青年创业奖
2005	中国青年企业家管理创新奖
2014	(全国百名)乡村好青年
2014	全国向上向善好青年(5个领域各20名)
不详	中国青年志愿者优秀个人奖、组织奖、项目奖

注:依据《中国共青团史稿精编》参照历年《中国共青团年鉴》《中国年鉴》《中国人物年鉴》以及中国共青团网 http://www.ccyl.org.cn/ 人工整理,可能会有遗漏。

表4 20世纪90年代以来共青团中央联合国家部委颁发的荣誉

时间	联合颁发主体	荣誉名称
1994	工商行政管理局、全国个体劳动者协会	全国先进青年个体劳动者
1994	科技部	中国杰出(优秀)青年科技创业奖
1994	中共中央组织部、国家科委、人事部	中国青年科学家奖
1996	农业部、林业部、水利部、财政部、全国青联	"中国十大杰出青年农民"
1996	国家经贸委、劳动部	全国杰出青年岗位能手

时间	联合颁发主体	荣誉名称
2000	全国绿化委员会、全国人大环境与资源保护委员会、全国政协人口资源环境委员会、环境保护部、水利部、农业部、国家林业局	母亲河奖
2004	劳动和社会保障部	中国青年创业奖
2005	劳动和社会保障部	全国农村青年创业致富带头人和服务农村青年增收成才奖

三、从"分散性"到"规范性"：共青团荣誉授予的要求变化

结合上述分析可以看到，新中国成立初期，共青团中央的荣誉授予是比较分散的。到了改革开放之际，虽然荣誉授予的主体、对象、类别、层级都有所增加，但仍然缺乏系统性的规范，这主要体现在两个方面：颁发主体的分散性和表彰内容的分散性。尤其是自90年代以来，共青团中央联合各界共同颁发的荣誉，呈现出明显的"分散性"的特征。一方面，共青团中央结合青年发展的各个群体、青年工作的各个方面，颁发相应的荣誉称号；另一方面，共青团中央不断联合国家部委，颁发对各行各业、各个领域青年的表彰。这一时期共青团中央的荣誉授予可以说是"喷涌而至"的，对应各个行业和门类都授予了荣誉表彰。

但与此同时，也出现了荣誉颁发主体不清晰、内容不明确甚至重复的问题。一些荣誉设置出现了表彰领域重复或表彰层级不够清晰明确等现象，如"中国青年五四奖章"和"中国十大杰出青年"，两者在表彰内容上并没有什么区别，也一度都被视为共青团中央颁发给青年的最高荣誉。再如"中国青年科学家奖"和"中国青少年科技创新奖"，在表彰领域上也有所重复，且无从区分哪一项才是青年科技创新领域的最高奖项。重复的荣誉表彰一方面增加了主办、评选机构的行政负担和财政支出，另一方面也影响了最高荣誉的权威和整个荣誉体系的效力。因此，荣誉表彰在分散多样的基础上，仍需

要进行规范和整合。

　　进入新世纪后,共青团中央逐渐对这些奖项的类别和层级进行调整,取消了"中国十大杰出青年"(2008年之后停办)、"中国青年科学家奖"(2006年之后停办)、"中国十大杰出青年农民"(2009年之后停办)、"中国青年企业家管理创新奖"(2007年之后停办)等一些重复性的奖项,使得荣誉授予的体系和门类设置更加规范化。2006年,国务院办公厅转发监察部等部门关于清理评比达标表彰活动意见的通知,各系统都开始有计划地梳理和规范荣誉表彰工作。2009年12月,根据全国清理规范评比达标表彰工作联席会议办公室的公布,共青团中央共保留了"中国青年五四奖章"等10个项目。2010年1月,共青团中央发文对此进行了公示,对于每个奖项的评比周期也都给出了明确的说明。可以看到,共青团的荣誉授予逐渐由"分散性"走向了"规范性",体系更加完善、规范、合理。

第四节　青春奖状背面的铭文:
共青团荣誉制度变迁的逻辑

　　共青团荣誉制度这张"青春的奖状",不仅有正面形式和内容的流变,更有背面意义深刻的铭文。而这铭文,正是共青团荣誉制度变迁的逻辑。共青团荣誉制度的变迁,根植于社会结构的深刻变革,因应于社会变革导致的价值取向的调整,遵循着自身制度发展的逻辑,亦来源于共青团自身的发展变迁。同时,共青团荣誉制度的变迁,体现着社会结构的深刻变化,体现着意识形态建构工作的制度化进程,也构成了国家制度化建设的重要组成部分。奖状虽易逝,青春却不朽。

一、社会变迁、价值调整与制度发展：共青团荣誉制度变迁的基本逻辑

政治社会的变迁要求社会整体价值取向的调整。经济基础决定上层建筑。经济社会结构的变化必然带来意识形态的相应变化。在不同的历史时期，生产力发展的历史阶段不同，经济社会的现实结构不同，相应政治意识形态的具体内容也不同。政治任务和社会建设任务的变化要求价值体系为之作出相应的调整，而每一次价值体系的调整也根源于经济社会的深刻变革。荣誉制度作为政治共同体的价值体系的一个重要部分和关键环节，其发展变迁也必然受到整个政治社会变迁的深刻影响。

价值取向的调整包括时间维度的变化和关系空间维度的分化。时间维度是就其整体的阶段性变迁来看的，而关系空间维度是就其内部各个部分和环节的生长变化来看的。从时间维度来看，价值体系的内容随着时代的变化而发生整体性变化。从关系空间维度来看，随着社会的多元分化，价值体系的内部也趋向分化，逐渐呈现出细分性、多样性的特征。价值体系需要在每个细分的领域作出细化的具体的规定，才能适应社会分化带来的专业领域、行业领域和社会结构的具体变化，也才能满足对共同体的各个部分、各个单元的价值取向和行为导向进行建构的需要。作为价值取向的一部分，荣誉授予的变迁，也基于此而呈现出整体性变迁和具体性分化的特点。

价值调整与制度发展有着深刻的内在联系和互动关系。"任何一种政治形态都包含两大成分：一是制度成分，二是价值成分。制度成分主要体现为政治形态为实现一定的目标或价值而形成的对制度的结构和功能的追求；价值成分则主要体现为政治形态对特定的道德和理性的追求。"[1]显然，制度成分和价值成分具有深刻的内在联系，并相互作用和影响。一方面，价值调整必须通过制度的方式来确立和巩固，同时也在制度发展的过程中体现和表达出来。另一方面，制度的生成和发展也有其自身的逻辑，它随着价值取

---

[1] 林尚立：《当代中国政治形态研究》，天津人民出版社，2000年，第221页。

向的变化而调整,也影响着社会整体价值取向的塑造。荣誉制度作为"价值"(荣誉)和"制度"的结合,必然在价值调整与制度发展之间,有其自身的运动逻辑。

共青团的荣誉制度的变迁,仍遵从共青团的生成和发展的基本逻辑。在对一般的荣誉制度的变迁进行讨论的基础上,要探讨共青团的荣誉制度的发展变迁,必须回到共青团的历史发展的基本逻辑上来。共青团是政党、国家和社会相勾连之处围绕着党的引领和青年的发展而形成的组织,它是党的青年组织,也是青年的政治组织。共青团为"荣誉制度"划定了价值引领的对象和群体的范围,也提供了行为导向的组织力量和现实基础。因此,对共青团荣誉制度的研究,要注重回归共青团的历史沿革和政治逻辑。

二、现代化发展、社会变迁与导向发展:共青团荣誉制度变迁的价值逻辑

现代化发展导致社会变迁,这种变迁体现在时间上的快速迭代和关系空间上的分化和调整。现代化的问题,根本上来说是如何使整个社会的生产方式由传统转向现代的问题。"实现从农业国向工业国转变的工业化,在本质上就是我们通常所说的现代化发展过程。"①这个过程伴随着国家和社会关系的深刻变化、经济社会结构的深刻变革、时代发展任务的不断变迁。新中国成立伊始我们尚在"革命型现代化"的道路上,通过革命扫清障碍、确立主体,运用广泛的政治动员快速推动生产建设;改革开放意味着我们转型为"市场型现代化"的道路,社会在市场的浪潮中孕育起内部关系空间的多元力量。市场经济体制确立之后,社会主体更加趋于多元,内部出现了更多维度的分化,国家尝试对其各个要素进行归拢和整合。这是新中国成立以来现代化发展的过程中社会变迁的大体脉络。

社会变迁带来价值取向的调整和社会导向的发展。如前所述,社会结构的发展变迁、中心任务的不断变化,会带来价值取向的整体性调整。在生产

---

① 林尚立:《当代中国政治形态研究》,天津人民出版社,2000年,第264页。

建设时期,社会导向就是十分单一而纯粹的"鼓足干劲,力争上游,多快好省建设社会主义"。改革开放之后,开始"解放思想,实事求是,团结一致向前看",社会开始有了自己的活力和自主性,总体价值导向开始恢复和发展,也逐渐开始回应社会内部的多样化的价值表达;社会主义市场经济体制确立之后,多元的主体、多元的思潮更加蓬勃兴起,整体社会导向在包容多样的同时还希望能够对其进行凝聚、整合和引领,倡导社会主义核心价值观。

共青团荣誉制度的变迁因应上述社会变迁和导向发展,其价值取向和内容体系均在发展和完善。荣誉授予随着时代价值的变化而变化,也随着市场的细分、取向的多元整合而经历了蓬勃多元和规范整合的过程。在生产建设的单一导向的时期,共青团的荣誉授予也非常单一和纯粹,倡导利他主义精神,仅仅围绕生产建设过程中的英雄模范人物进行表彰。改革开放之后,随着社会的恢复和发展,共青团的荣誉授予也开始恢复和发展,逐渐开始回应社会多样的诉求,荣誉的内容设置也开始多样起来。市场经济体制改革确立之后,随着市场分工的日益精细,荣誉授予的对象和种类需要照顾各个群体、各行各业的需要,因而更加细化和多样;随着多元主体的日益生成,荣誉授予的主体和标准更加多元而纷繁。在这种情况下,为了仍然发挥价值引领的作用,共青团的荣誉授予在回应分散多样性的同时,也应当对其进行整合和规范,确立种类明确、层次科学的荣誉授予体系,以更好地发挥价值引领的效力。

三、国家建设制度化逻辑、意识形态建构制度化进程与共青团建设制度化发展:共青团荣誉制度变迁的制度逻辑

共青团作为我国重要的群团组织,其自身的制度化发展进程必然与国家制度化建设的历史进程相统一。换而言之,我国国家建设的制度化逻辑从根本上决定了共青团建设制度化的发展。国家建设制度化的一项核心内涵在于实现意识形态建构的制度化。改革开放以来,我国在意识形态建构制度化上取得了显著的成效,国家荣誉制度体系的常态化、规范化明显提升。共

青团荣誉制度承担着凝聚青年、引领青年、激发青年、重塑青年的重要职责，是我国国家荣誉制度的重要组成部分。因此，改革开放以来，随着意识形态建构制度化的发展，共青团荣誉制度的制度化水平也在不断提升。因此，探究共青团荣誉制度变迁的逻辑成为理解国家建设制度化、意识形态建构制度化与共青团建设制度化之间关系的重要着眼点。

就共青团荣誉制度变迁的内涵而言，其荣誉授予体现出由零散性、运动性向常态化、规范化的转变。新中国成立初期，共青团的荣誉授予体现出零散性、个体性、被动性、运动性的特点，只能依据已经出现的典型人物对其进行荣誉表彰（如对纺纱工作作出重大贡献的郝建秀），或者是随着时代的政治运动的潮流进行表彰，以响应党的领导和号召（如响应党的号召表彰建设社会主义积极分子），其意识形态建构工作缺乏主动性和规划性。1978年10月共青团十大的召开，恢复了团的建制和工作。共青团的荣誉授予开始恢复并逐渐走向成熟，有了经常性的、定期的、制度性的荣誉称号的授予，如1996年共青团中央发布《关于深化跨世纪青年文明工程的决定》规定规范青少年荣誉表彰体系，明确相应表彰的评选周期。事实上也可以看到，各类荣誉的办法趋于稳定，如"全国优秀共青团员"，至今已评选了30届。这些都表明了共青团的荣誉授予的制度化水平的提高，同时也是意识形态制度化进程和国家建设制度化发展的重要体现。

就共青团荣誉制度变迁的方向而言，其荣誉授予呈现出整合多元、体系规范的特征。随着改革开放和市场经济的发展，荣誉授予呈现出细分化的趋势。当时所评选的如"中国杰出（优秀）青年科技创业奖""全国农村青年创业致富带头人"等奖项，都是针对各行各业的具体领域进行颁发和表彰的，这体现了荣誉授予、意识形态建构对社会多元发展的回应。荣誉授予在细分的同时，亦须进行多元整合。社会有了多元的发展，执政党和国家必然也有相应的回应。共青团中央没有放任各类荣誉随意颁发，而是对其进行了制度性体系性的规范，在行业分化的基础上进行了一定的整合，使得其体系更加完善、层级和内容更加规范。2010年1月，共青团中央发文公示了经过清理规范评比达标表彰工作之后团中央仍保留的10个项目。这10项仍被保留的荣誉称号体现了综合性（如"中国青年五四奖章"）与细分性（如致力环保的

"母亲河奖")相结合、层次清晰、内容完善不重复不遗漏的特点。这样的发展方向回应了意识形态建构制度化进程的需求，也是国家建设制度化逻辑的一个延伸。这背后反映了在国家和社会的互动过程中，国家的意识形态建构在互动、发展、规划中不断走向体系化和完善化，坚持引领和整合多元社会，争取最广泛的政治认同和政治团结。

结　语

　　共青团的荣誉制度可以说是一张"青春的奖状"，建构青年倡导的价值，引领青春的奉献方向。一张张"奖状"的发展变化的历史，好似青年导向的时代年轮，在不同的历史时期进行着价值引领和模范导向。"奖状"的正面，是流变的表彰内容：共青团荣誉制度经历了"运动性"到"经常性"、"单一性"到"综合性"、"分散性"到"规范性"的历史变化。"奖状"的背面，是背后的逻辑：共青团荣誉制度的变迁，根植于社会结构的深刻变革，因应于社会变革导致的价值取向的调整，遵循着现代国家制度发展的逻辑，亦来源于共青团自身的发展变迁。奖状易变，青春不朽。共青团荣誉制度的产生、发展、变革，均统一于我国社会主义现代化建设的伟大实践中。颁发好这一份奖状，做好共青团的荣誉授予工作，不仅能够让广大青年在建功立业中"与有荣焉"，更能促进党领导下的中国特色社会主义伟大实践"欣欣向荣"。

第九章　坚持中国特色社会主义法治道路与当代青年使命[①]

2017 年 5 月 3 日，习近平总书记在中国政法大学考察时强调："全面推进依法治国是一项长期而重大的历史任务，要坚持中国特色社会主义法治道路，坚持以马克思主义法学思想和中国特色社会主义发展理论为指导，立德树人，德法兼修，培养大批高素质法治人才。"同时，习近平总书记还代表党中央，向全国各族青年致以节日问候。在五四青年节来临之际，总书记强调了坚持中国特色社会主义法治道路，这既是对全社会提出要重视法治建设的号召，更是对青年在坚持中国特色社会主义法治道路中承载的使命寄予了期待。因为当代青年的实践与素质，将关系到中国特色社会主义法治道路发展，将关系到中华民族伟大复兴，将关系到中国智慧与中国实践为世界文明作出贡献。

第一节　中国特色社会主义法治道路与中华民族伟大复兴

任何一个共同体的存在都必须解决发展与秩序的问题，发展是目的，而秩序是基础。没有发展，秩序无法长期稳固；没有秩序，发展无法可持续获得。这就是邓小平同志所谓的"发展是硬道理，稳定压倒一切"。马克思主义认为，人类最早存在于社会共同体之中，于是形成了原始社会条件下的发展

---

① 中国青年网，2017 年 5 月 9 日。

与秩序建构模式,随着国家这一政治共同体出现,人们就开始同时存在于社会与国家之中,于是处理好社会共同体与国家共同体之间两种发展与秩序的实现方式的关系,就成为国家建设与社会建设的重要内容。

从秩序建构来说,社会共同体主要是以长期以来人们共同认同的伦理道德为主要建构力量与基础规范,国家共同体主要是以以公共权力为基础推动形成的法律制度为主要建构力量与基本规范。而法律制度必须与伦理道德相协调,国家法律也对社会共同体进行干预,同样伦理道德也对国家共同体运行产生影响。

中华民族是人类最早一批进入文明阶段并至今依然还持续发展的唯一的文明体,而国家出现是文明诞生的重要标志之一。在推动长期繁荣昌盛过程中,中华民族也积累了非常丰富的秩序建构的经验,不仅在伦理道德建设方面具有成熟的体系,而且在处理伦理道德与法律制度关系,以及运用二者来建构社会与国家秩序上都有深厚的历史沉淀。这就是习近平总书记所谓的"我们有我们的历史文化,有我们的体制机制,有我们的国情,我们的国家治理有其他国家不可比拟的特殊性和复杂性,也有我们自己长期积累的经验和优势"。

不论是从人类秩序建构一般原理来看,还是从中华民族自身经验来看,我们都必须在建构秩序过程中,充分重视与发挥法律制度与伦理道德两方面作用,这是从文明发展与政治发展的高度来把握的。因此,习近平同志指出:"中国特色社会主义法治道路的一个鲜明特点,就是坚持依法治国和以德治国相结合,强调法治和德治两手抓、两手都要硬。"由于秩序建构是民族共同体发展的基础,因此坚持中国特色社会主义法治道路,就成为实现中华民族伟大复兴的重要保证与基础,是遵循中华民族自身发展逻辑与人类社会发展一般规律的内在要求。

第二节　当代青年与中国特色社会主义法治道路发展

马克思主义认为，人是历史性地存在着。这里包含着三个方面内容：一是每个人的存在都与其所在共同体的历史联系在一起，并受历史所影响；二是每个人的存在都与其生存时代联系在一起，不能脱离时代，并受时代所影响；三是每个人的实践对未来都将产生着影响，建构着未来。人的历史性存在，不仅体现在发展问题上，更是在秩序问题上反映突出。因此，坚持中国特色社会主义法治道路也同样需要结合人的历史性存在的三个规定来思考。

中华民族是一个面向未来的古老而年轻的民族。古老，是因为我们历史悠久；年轻，是因为我们能够不断与时俱进；面向未来，是因为我们的文化重视为子孙后代造福。这是人的历史性存在，在中华民族中以整体性方式呈现出来的具体表现。对于中华民族来说，在三者中，我们最看重的是面向未来。而从人群结构来看，重视青年与发挥青年作用，就成为上述规律与特征的内在要求，因为青年既属于现在，更属于未来。

为此，习近平总书记强调："中国的未来属于青年，中华民族的未来也属于青年。青年一代的理想信念、精神状态、综合素质，是一个国家发展活力的重要体现，也是一个国家核心竞争力的重要因素。当今中国最鲜明的时代主题，就是实现'两个一百年'奋斗目标、实现中华民族伟大复兴的中国梦。当代青年要树立与这个时代主题同心同向的理想信念，勇于担当这个时代赋予的历史责任，励志勤学、刻苦磨炼，在激情奋斗中绽放青春光芒、健康成长进步。"

在坚持中国特色社会主义法治道路上，青年也同样承担着历史责任，因为他们的实践，不仅关系到当前社会秩序与国家秩序建构的问题，而且还关系到未来中国的秩序建构。况且，随着网络社会的到来，青年对社会和国家的影响力比过去任何一个历史时期都来得猛烈与深刻。而青年要承担起这一历史责任，就需要多方面共同努力，其中有三个重要方面：

一是党团组织的领导。正如习近平总书记所指出的那样："共青团是党的助手和后备军,要始终保持先进性,广大团员青年坚定跟党走,就是初心。不忘这个初心,是我国广大青年的政治选择,也是我国广大青年的人生航向。"

二是学校与教师的教导。正如习近平总书记所指出的那样,"高校作为法治人才培养的第一阵地",要"深入研究和解决好为谁教、教什么、教给谁、怎样教的问题","处理好知识教学和实践教学的关系","坚持立德树人,不仅要提高学生的法学知识水平,而且要培养学生的思想道德素养"。

三是青年个人的践行。正如习近平总书记所指出的那样,"要像海绵汲水一样汲取知识","无论在学校还是在社会,都要把学习同思考、观察同思考、实践同思考紧密结合起来,保持对新事物的敏锐,学会用正确的立场观点方法分析问题,善于把握历史和时代的发展方向,善于把握社会生活的主流和支流、现象和本质。要充分发挥青年的创造精神,勇于开拓实践,勇于探索真理"。这些要求既是对青年发展的整体要求,也是对青年践行中国特色社会主义法治道路的要求。

第三节　坚持中国特色社会主义法治道路与当代青年发展

亚里士多德说,人是政治动物。马克思说,人的本质是各种社会关系的总和。也就是说,人必须过政治生活与社会生活,这是人的本质规定。因此,一方面,政治共同体和社会共同体是由个体的人组成的,人的理解与实践规定了政治与社会的秩序;另一方面,政治共同体与社会共同体的秩序也规定了人的理解与实践,并成为一种力量规定着人的行为方式与生活方式,决定着人们的发展。

对于当代中国来说,中国特色社会主义法治道路的意义也是如此,正如习近平总书记所指出的那样:"全面依法治国是坚持和发展中国特色社会主义的本质要求和重要保障,事关我们党执政兴国,事关人民幸福安康,事关党和国家事业发展。随着中国特色社会主义事业不断发展,法治建设将承载更多使命、发挥更为重要的作用。"

同样,对于当代青年来说,一方面,其理解与实践影响着中国特色社会主义法治道路发展;另一方面,中国特色社会主义法治道路也塑造着青年的行为方式与生活方式,也规定着他们的发展与成长。于是,这里有两方面内容需要引起我们特别关注:

一是当前中国特色社会主义法治道路的理解及其实践,将关系到青年成长后对中国发展道路的理解与实践。习近平总书记指出:"广大青年人人都是一块玉,要时常用真善美来雕琢自己,不断培养高洁的操行和纯朴的情感,努力使自己成为高尚的人。"

从总书记这句话中,我们还可以得出以下推论,那就是,能不能用正确的理论教育青年,青年能不能在实践中把握中国特色社会主义法治道路的内在逻辑,都将关系到青年对国家发展与法治道路的理解与实践。

为此习近平总书记强调,我们不仅要"对复杂现实进行深入分析、作出科学总结,提炼规律性认识,为完善中国特色社会主义法治体系、建设社会主义法治国家提供理论支撑",而且要"深入研究和解决好为谁教、教什么、教给谁、怎样教的问题"。同时,"教师要坚定理想信念,带头践行社会主义核心价值观,在做好理论研究和教学的同时,深入了解法律实际工作,促进理论和实践相结合,多用正能量鼓舞激励学生"。

二是当前对中国特色社会主义法治道路的理解及其实践,将关系到未来中国发展的主体性的形成与发展。习近平总书记指出,"要以我为主、兼收并蓄、突出特色","努力以中国智慧、中国实践为世界法治文明建设作出贡献。对世界上的优秀法治文明成果,要积极吸收借鉴,也要加以甄别,有选择地吸收和转化,不能囫囵吞枣、照搬照抄"。

从总书记这一段话中,我们理解到,实际上,总书记是希望我们不仅在法学学科建设上要有主体性与创造性,而且在整个法治道路发展上也要体现"中国智慧、中国实践",不仅要吸收人类法治文明成果,而且要遵循我国发展的自身规律,做到"以我为主、兼收并蓄、突出特色"。

只有青年人在学生时代与年轻时候确立了主体性,形成了创造性精神,才能对坚持中国特色社会主义道路以及坚持中国特色社会主义法治道路，有信心与决心，这样中华民族的主体性与创造性才有了基础，中华民族伟大复兴与可持续发展才有了主体性与创造性的动力。正所谓，"天行健，君子以自强不息！"

第四节　面向未来的中国实践与世界法治文明建设发展

中华民族曾经创造过辉煌的包括法治文明在内的古代文明，为世界文明发展作出过巨大贡献。然而近代以来，中华文明开始走向衰落。在寻求民族复兴的过程中，中国人民选择了中国共产党作为从古代文明向现代文明转型并实现中华民族伟大复兴的领导核心。在中国共产党领导下，我们建立了社会主义国家，开启了现代化建设，推动了面向人类未来的现代文明的中国形态的建构。

在完成了现代政治文明形态基本要素生成阶段之后，党的十八届三中全会开启了现代政治文明形态整体发展阶段。在党的十八届四中全会上，我们党提出了全面推进依法治国的任务，一方面标志中国特色社会主义法治道路的发展进入到了一个新阶段，另一方面也标志我国将以法治力量全面型塑现代文明的中国形态。

习近平总书记指出："全面推进依法治国是一项长期而重大的历史任务，要坚持中国特色社会主义法治道路，坚持以马克思主义法学思想和中国特色社会主义法治理论为指导。"总书记还同时强调："我们有我们的历史文化，有我们的体制机制，有我们的国情，我们的国家治理有其他国家不可比拟的特殊性和复杂性，也有我们自己长期积累的经验和优势，在法学学科体系建设上要有底气、有自信。要以我为主、兼收并蓄、突出特色"，"努力以中国智慧、中国实践为世界法治文明建设作出贡献"。

这就意味着，坚持中国特色社会主义法治道路，推进全面依法治国，不仅要从中国实际出发，解决中国自身发展秩序问题，而且还应该为世界发展文明建设作出贡献。因为作为具有悠久文明,并在中华文明自身逻辑、现代文明发展逻辑与共产主义运动逻辑共同作用下,快速实现了现代文明形态建构的中国实践,其所创造的经验,所包含的智慧,不仅属于中国,而且也属于整个人类。其中作为秩序建构的重要方式与内容的中国特色社会主义法治道路与法治实践,所创造的经验与智慧,不仅构成了中国现代法治文明的内容,也成为了世界法治文明建设的一个重要组成部分。

这些经验与智慧,也期待着我们的青年去进一步创造!

这是中国的责任,也是中国青年的使命!

第十章 "将改革进行到底"与当代青年发展[*]

《将改革进行到底》专题片,聚焦党的十八大以来全面深化改革的实践,并从历史高度与现实影响的角度,阐述了这一场伟大改革的意义与价值。"全面深化改革,是一场具有新的历史特点的伟大实践",这些改革的实践和改革的思想,"夯筑着一个国家治国理政的基石","塑造着一个更具实力、引领时代发展的社会主义中国,也开辟了中国改革开放道路的全新境界","并正在成为人类文明的一部分"。

这就意味着,全面深化改革,不仅改变着当前中国社会,而且对中国的未来以及人类文明的发展都将产生深刻影响,而当代青年作为承前启后的一代,这些改革对他们来讲,将更具有深远意义。因此,对当代青年来讲,不仅要密切关注全面深化改革的情况,而且还应积极参加这一场伟大的历史运动,将改革进行到底。

第一节 "将改革进行到底"与
建构面向未来人类文明的中国形态

"中国,五千年灿烂文明孕育、滋养的国度。翻读她厚重的历史,似乎每一页,都在求索与抗争、奋斗与崛起的交织辉映中坚韧前行,磅礴不息。有人曾盛赞:凝视中国,如同欣赏一幅精心创作的画卷,无论局部还是整体,总有着升腾不屈的气势。"

---

* 中国青年网,2017 年 7 月 27 日。

作为最早之一进入文明而没有中断过自身历史的文明体，中华民族创造了辉煌的古代与古典文明，从而为人类文明发展作出了巨大的贡献。然而鸦片战争之后，在现代化浪潮冲击之下，古典文明开始崩溃，中华民族也日渐衰落。

因此，"实现中华民族的伟大复兴，就是中华民族近代最伟大的中国梦。因为这个梦想，它凝聚和寄托了几代中国人的夙愿，它体现了中华民族和中国人民的整体利益，它是每一个中华儿女的一种共同的期盼"。

而要实现中华民族的伟大复兴，就必须走现代化发展道路。通过建立现代文明，使中华民族这一古老文明体，拥有了新的文明内涵，为民族复兴奠定了文明的基础。

辛亥革命之后，经过了无数仁人志士的上下求索，终于在马克思主义指导下，经过中国共产党的努力，走出了一条用政党力量，领导人民，驾驭军队，建立现代国家，推动现代社会发展的现代文明建构路径。

新中国成立之后，我们建立了社会主义制度，为建立面向未来的人类现代文明的中国形态奠定了制度基础。同时，利用新建立的国家政权力量与革命时期所形成的政党组织力量，建立了计划经济体制与单位社会体制，从而为现代化建设奠定了组织化基础，并完成了社会主义现代化建设的基础阶段任务。

为获得现代化建设的可持续发展力量，中国共产党作出了改革开放的决定。随后党的十四大建立了社会主义市场经济体制，标志着现代社会的基因植入中国；党的十五大提出了依法治国，标志着现代国家建设全面推进；党的十六大提出"三个代表"，标志着党的建设开始适应现代国家和现代市场发展而创新；党的十七大提出和谐社会，标志着现代社会在中国生成。

经过"摸着石头过河"的改革，作为现代文明要素的政党、国家、社会和市场，基本生成。由于这些要素是在短时期内生成的，具体功能尚未得到充分发育，彼此之间内在有机化，也尚未得到充分实现。

为此，党的十八届三中全会作出了全面深化改革的决定，而所谓"全面深化改革，就是要统筹推进各领域改革，就需要有管总的目标，也要回答推进各领域改革最终是为了什么、要取得什么样的整体结果这个问题"。其内容就是要推动上述要素的功能发育以及彼此之间关系的有机化生成。

正如习近平总书记所指出的那样，党的十八届三中全会提出的全面深化改革总目标，是两句话组成的一个整体，即"完善和发展中国特色社会主义制度，推进国家治理体系和治理能力现代化"。前一句规定了根本方向，我们的方向就是中国特色社会主义道路，而不是其他什么道路。后一句规定了在根本方向指引下，完善和发展中国特色社会主义制度的鲜明指向。

这就意味着全面深化改革是中国特色社会主义现代文明形态从要素生成阶段向整体形态发展阶段转型的战略性举措，是推动面向未来的人类现代文明的中国形态走向定型的关键性任务，正如《将改革进行到底》专题片所提到的那样，全面深化改革，"塑造着一个更具实力、引领时代发展的社会主义中国，也开辟了中国改革开放道路的全新境界"，"并正在成为人类文明的一部分"。

因此，能不能将当前全面深化改革进行到底，就不仅关系到当前的具体改革任务完成的问题，而且关系到整个面向未来人类现代文明的中国形态，最后能不能以合理的方式实现有效定型，这一重大的历史性任务的完成。

第二节　全面深化改革与当代青年发展

全面深化改革，一是要全面，二是要深化。

所谓全面，一方面是改革涉及各个领域各个方面，而不仅仅是单点突破、"摸着石头过河"；另一方面更强调的是改革的整体性和协调性。因此，这就需要顶层设计，至上而下，整体推进。

所谓深化，一方面是对每一个领域每个制度根据存在的问题进行深入的解决和积极的改革，需要具备攻坚克难的坚定意志；另一方面是对不同领域之间的关系进行深入的调整和积极的创新，需要壮士断腕的精神。

因此，不论是全面还是深化都涉及对文明形态及治理体系的各个要素，以及对各要素之间的关系进行全面与深入的调整。这些全面与深入的调整不仅仅关系到当前，而且关系到未来。当代青年是处于发展阶段，同时也是面向未来的,因此全面深化改革的成果,不仅将对青年当下发展产生深刻的影响,而且对未来发展也将产生深远的意义。

全面深化改革就是对国家治理的体制与机制进行深入调整,涉及对政党、国家、社会、市场之间的关系的调整,以及各个要素功能的开发。作为一个现实的人,人是处在各种社会关系之中的,需要与国家治理各个要素及各个领域,产生密切互动。

而青年的成长更需要这些关系和要素的支持,因为青年的成长与发展,呈现着非常明显的阶段期和敏感期,在这些阶段如果没有很好给予机会,就可能错过了人生发展的最好时期,因此这些改革的成果将最直接影响到青年的成长与发展。

无论是社会生活,还是经济生活;不论是政治参与,还是对外交往,全面深化改革,都将直接给青年人创造更好的制度环境与社会环境,从而使青年的发展能够拥有更好的条件与基础。

在现代社会处于快速发展和变化的阶段,特别是国家强调大众创业与万众创新的时期,青年是最具有创造力和创新能力的一个群体,因此能不能给青年以好的发展条件和好的发展机会,不仅仅关系到青年个人成长的问题,而且关系到国家和社会发展的问题。

青年,今天是青年,若干年之后就是中年以及老年。一个文明形态的生成与定型,不仅关系到当前的时代,而且关系到很长的一段未来,因此作为推动面向未来的人类现代文明的中国形态实现定型和发展的重要战略举措,全面深化改革的影响,不仅仅是对青年当前的发展有关系,而且还直接关系到他们的未来;不仅关系到他们个人的未来,而且还关系到他们的子女的未来。

这就意味着能不能将全面深化改革进行到底,实际上对当代青年来讲关系特别重大,这就是为什么当前青年对《将对改革进行到底》这一部大型政论片会如此关注的重要原因之一,而当代青年确实也应该非常关注!

第三节 "将改革进行到底":永远都是进行时

马克思主义认为,宇宙是在运动和发展的,社会也是不断处于运动和发展之中,没有什么东西是不变的,而如果一定要说有什么东西不变的话,那就是变化本身。同样,改革也是永远处于现在进行时的。

所谓"将改革进行到底",我个人理解,有两方面的内涵:一是要有改革意识,要不断推进改革和创新,相信事物是在变化的,社会是在发展的,而变化与发展,就需要我们对既有的体制与机制进行改革与创新。二是对一项改革任务必须抓到底,使之达到应有的目标,而不能半途而废。三是要非常重视某一阶段的改革任务,对整个历史时期的重要性,需要下大力气进行整体的全面的深化的改革。

对中国来讲,我们是现代化后发国家,在现代文明发展方面整体形态尚未定型,因此本轮改革最重要的目标就是要推动这个面向未来的人类现代文明的中国形态实现定型。然而正因为我们是现代化后发国家、处于赶超阶段,因此我们的发展不仅仅是处于线性的逻辑之中,而是常常处于多个逻辑叠加的状态下。

与工业化相匹配的现代文明,我们好不容易基本建成并逐渐走向定型,而人类社会又进入到网络时代乃至人工智能时代,这些科学技术革命对人类社会的发展带来的变化和冲击,将比工业时代还来得猛烈。

这就使我们的改革,我们的现代化建设都显得更为艰巨、更为复杂。一方面,我们需要完成工业化条件下的现代文明建构任务;另一方面,我们还要快速适应网络时代和人工智能时代对我们的冲击和影响。因此,我们的工作就不是依靠简单的线性的亦步亦趋来完成,而是需要有更为复杂的思维方式、更高超的智慧来完成这一改革任务和文明建构的任务。这就需要我们有辩证思维,充分发挥马克思主义的指导作用。

当前,网络社会和人工智能社会对我们的文明形态的冲击,虽然已经出现,但尚未产生迭代性或颠覆性的一种冲击,然而这种趋势在进一步的加大，并有可能快速到来。根据日前国务院颁发的《新一轮人工智能发展规划》，我们在 2030 年，人工智能的发展将处于世界引领地位。这就意味着在新一轮文明建构的过程中，我们将处于世界领先地位，由此基于科学技术革命所带来的冲击也可能是最为深刻的。

这也同样意味着，我们当前这一轮全面深化改革的工作应该切实得以完成，因为新一轮的科技革命给我们带来的冲击即将到来，需要我们积极应对。只有将这一轮的全面深化改革进行到底，获得预期成果，我们才能从容应对新一轮的改革要求的挑战；只有在这一轮的改革过程中形成了良好的文明形态和基本框架，我们才能够有足够空间，来容纳新一轮科技革命对改革所提出来的新的内容。

正是基于此，我们认为"将改革进行到底"，其意义就显得非常深刻，其内涵就显得相当丰富。"将改革进行到底，永远都是进行时"，就不是一句简单的口号。

第四节 "将改革进行到底"需要青年积极参与

有一种观点认为，从由谁掌握社会权力的角度来看，农业时代是老年化社会，工业时代是中年化社会，网络时代是青年化社会。这就意味着进入到网络社会以后，基于知识的掌握和技能的掌握，以及技术所带来的制度变迁，导致社会权力开始向青年人转移，青年人开始在许多领域处于主导地位。

由于青年人最适应新的社会的变化以及新生事物的出现，这就意味着在随后的改革的日子里，不论是在本轮的全面深化改革的工作过程中，还是在网络社会和人工智能社会带来的新一轮改革需求中，青年人都应该积极参与，并发挥更大的作用。

从本轮的全面深化改革的工作来看，虽然现在这项工作的四梁八柱已确定，各方面工作也已经展开，但是要使这些改革成果转化成为面向未来的人类现代文明的中国形态的具体内容，并使之定型，还有许多工作需要做，还有许多需要在生活中、在日常工作中，予以适应、予以创新和落实的任务要完成。

从一定意义上讲，我们不仅仅要完成"从 0 到 1"的任务，还需要解决"从 1 到 n"的问题，也就是说切实做到真正地"将改革进行到底"，还需要在现实生活与工作中予以磨合和推进。这些工作需要在党的领导之下，一步一步往前推进，不过在这其中，当代青年能够起到很重要的作用，因为他们能够感受到新的具体的问题，并且还能够用一些新的手段来解决这些问题。

随着网络社会的进一步发展以及人工智能社会的到来，新的挑战、新的问题还会越来越多，甚至呈现迭代性的发展，这就更需要青年人的积极参与，不仅是在关键领域的设计和关键技术的突破上，需要青年人积极参与解决，而且在具体使用过程中也需要青年人积极参与解决。

同时，随着"一带一路"倡议的实施，在建构人类命运共同体的过程中，我们也将有大量的青年人参与其中，我们也需要期待他们在其中发挥更积极的作用。

这就意味着，随着中华民族的伟大复兴，这个古老的文明体，要在新的文明的条件下，再次焕发生机，既需要党的有力领导，全体人民的共同努力，更需要青年人的积极参与！

期待着一代又一代的青年人，将改革进行到底！

第十一章　国家治理现代化与
中国青年发展*

习近平总书记指出，青年是整个社会力量中最积极、最有生气的力量，中国青年始终是中华民族伟大复兴的先锋力量，国家的希望在青年，民族的未来在青年。

作为积极力量，中国青年是社会主义现代化建设的重要动力；作为先锋力量，中国青年是中华民族伟大复兴的潮头勇士；作为未来力量，中国青年是国家发展和人类进步的希望源泉。这就意味着，作为接班人培养，中国青年发展关系到中华民族伟大复兴和国家发展；作为现代化内容，中国青年发展关系到中国特色社会主义建设和人类进步。

实现中国青年健康发展，既是新时代中国特色社会主义建设的重要内容，也是重要保障。而良好的制度环境是中国青年健康和持续发展的重要保证，因此推动中国青年发展的制度环境发展和完善，就成为新时代的重要任务之一。正是在这样一个历史时刻，党的十九届四中全会召开了。全会研究了坚持和完善中国特色社会主义制度、推进国家治理体系和治理能力现代化等若干重大问题。

全会指出，要坚持改革创新，突出坚持和完善支撑中国特色社会主义制度的根本制度、基本制度、重要制度，着力固根基、扬优势、补短板、强弱项，构建系统完备、科学规范、运行有效的制度体系，加强系统治理、依法治理、综合治理、源头治理，把我国制度优势更好转化为国家治理效能。

对于中国青年来说，国家治理现代化必将使中国青年发展制度环境更

---

*　该文刊发于《中国青年报》，2019 年 11 月 11 日。

加完善,从而为中国青年健康发展和作用发挥提供制度性保障。由此,党的十九届四中全会对于中国青年的发展来说,就具有里程碑意义。

第一节 国家治理现代化将推动中国青年发展的制度环境和制度体系更加完善

党的十九届四中全会指出,坚持和完善中国特色社会主义制度,推进国家治理体系和治理能力现代化,是新时代的一项重要战略任务。支撑中国特色社会主义制度的根本制度、基本制度、重要制度将伴随着国家治理现代化而不断得到发展,到新中国成立 100 年时,将全面实现国家治理体系和治理能力现代化,使中国特色社会主义制度更加巩固、优越性能充分展现。

我们党始终重视青年的作用,始终关怀青年的发展。而制度化保障是青年作用充分发挥和青年发展健康实现的重要前提,因此为青年构建良好和稳定的制度环境,就成为新时代中国特色社会主义制度建设和国家治理现代化的重要内容之一。

青年发展,既是一个整体命题,又有结构内容;既涉及一般性的关键要素,又存在特殊性的青年事务。基于整体命题,青年发展与整个国家整体发展密切相关,需要良好和稳定的制度环境;基于结构内容,青年发展关系到经济、政治、社会、文化、社会和生态等基础维度,需要基础性的有效和规范的制度支撑;基于关键要素,青年发展与影响国家治理的一些重要领域有着密切联系,需要这些重要领域的相应和有针对性的制度安排;基于特殊事务,青年发展离不开青年阶段特殊事务,需要落实这些事务的具体和特殊的制度支持。

这就意味着,影响青年发展的制度环境包括中国特色社会主义的根本制度、基本制度和重要制度以及具体的青年事务制度,而构成青年发展的制度体系包括上述制度中与青年发展相关的制度安排内容。随着国家治理能力现代化的推进,上述这些制度也不断得到发展、巩固和完善,青年发展的制度环境和制度体系也将得到进一步发展和完善,从而使中国青年健康发展和作用发挥能够获得越来越好和越来越完善的制度化保障。

第二节 更加完善的制度保障
将全面推动青年发展和充分发挥青年作用

　　党的十九届四中全会指出,在中国共产党领导下,我们国家建立了社会主义制度,并在不断完善的过程中,形成和发展了党的领导和经济、政治、文化、社会、生态文明、军事、外事等各方面制度以及相应的国家治理体系。坚持和完善中国特色社会主义制度、推进国家治理体系和治理能力现代化,就是要推进上述这些制度进一步发展,使之更加完善、更加定型和更加巩固,并使其优越性得以更充分展现。正如上文所述,随着这些制度的发展和完善,青年发展的制度环境和制度体系也因此将得到发展和完善,从而全面推动青年发展和充分发挥青年作用。

　　坚持和完善党的领导制度体系,将为全面推动青年发展和充分发挥青年作用提供根本保障。习近平总书记指出,新时代中国青年运动的主题、方向和使命,就是坚持中国共产党领导,同人民一道,为实现"两个一百年"奋斗目标、实现中华民族伟大复兴的中国梦而奋斗。坚持和完善党的领导制度体系,就能够发挥党的统揽全局、协调各方作用,使党对新时代青年运动的要求,落实到国家治理各领域各方面各环节中,从而在制度上保证各级党委和政府、各级领导干部以及全社会能够充分信任青年、热情关心青年、严格要求青年,关注青年愿望、帮助青年发展、支持青年创业,做青年朋友的知心人、青年工作的热心人、青年群众的引路人,为全面推动青年发展和充分发挥青年作用提供根本性保障。

　　坚持和完善人民当家作主制度体系以及中国特色社会主义法治体系、行政体制、基本经济制度、先进文化制度、社会治理制度、生态文明制度体系等制度,将为全面推动青年发展和充分发挥青年作用提供重要依据。上述这些制度实际上涵盖了中国特色社会主义事业的经济、政治、社会、文化和生态五大建设内容,而对于青年来说,这些内容也是其全面发展的五个基本维度。习近平总书记指出,新时代中国青年处在中华民族发展的最好时期,既面临着难得的建功立业的人生际遇,也面临着"天将降大任于斯人"的时代使命。因此,坚持和完善这些制度,不仅能够为青年作用的充分发挥创造制度化机会,而且也能够为青年发展的全面推进提供制度化条件。

坚持和完善党对人民军队的绝对领导制度、"一国两制"制度体系、独立自主的和平外交政策以及党和国家监督体系将为全面推动青年发展和充分发挥青年作用提供相应条件。习近平总书记指出,一代人有一代人的长征,一代人有一代人的担当。建成社会主义现代化强国,实现中华民族伟大复兴,是一场接力跑。为了能够让青年一代在将来跑出更好的成绩,除了要在经济、政治、社会、文化和生态等方面创造制度化环境之外,还必须在国家安全、祖国统一、世界和平和体制健康等方面为青年人提供制度化环境,因此这些制度的发展和完善就是从这一维度上为全面推动青年发展和充分发挥青年作用创造制度化条件。

第三节　国家治理现代化和全面推动青年发展都要求共青团全面深化改革

习近平总书记强调:"国家治理体系和治理能力是一个国家的制度和制度执行能力的集中体现,两者相辅相成。"而制度执行需要组织力量来落实,因此国家治理体系包括组织和制度的内容。党的十八届三中全会除了提出国家治理体系和治理能力现代化这一整体性概念外,虽然也在制度方面作出了许多改革,比如推动全面依法治国,但更多的是通过组织化方式调整不同治理主体之间关系。而党的十九届四中全会,则是在此基础上,在制度上进行了全面深化改革,一是用制度方式巩固了改革成果,二是推动了中国特色社会主义整体制度体系完善。

从国家治理体系与治理能力现代化推动青年发展的角度来看,党的十八届三中全会之后,主要是通过推动群团改革,使共青团能够在组织上适应国家治理现代化和青年发展要求,而《中长期青年发展规划(2016—2025

年）》的出台，则是在青年发展的具体制度建设上迈出了重要一步。

党的十九届四中全会召开之后，我国将全面推进支撑中国特色社会主义的根本制度、基本制度和重要制度的深入发展，由于中国共青团是党和政府联系青年的桥梁纽带，这就要求中国共青团能够在党的领导下，代表青年参与这些制度的建设，并且充分运用好这些制度，同时还应该进一步推进涉及更多青年事务的具体制度出台，推动共青团自身建设的制度化以及完善共青团与青年组织关系的制度发展，进而全方位推进青年发展的制度体系的建设。

这就意味着，从党的十九届四中全会之后，共青团深化改革工作必须从结构性组织维度的外延性改革向规范性制度维度的内涵性建设转型，这就要求共青团不仅要强"三性"、去"四化"，而且要提高建设与运用制度的能力。

第十二章 "青年+哲学社科"：青年学科发展的方向

就是否存在"青年学"的问题，改革开放以来，在学术界一直有着争论。一种观点认为，青年群体有其自身的特殊性，况且国外已经有一些国家将所谓"青年学"确立为学科。因此，我们国家也应该确立"青年学"，并将之列入国家有关部门的学科名录之中；另一种观点认为，青年作为研究对象，社会科学既有的各个学科都会有所涉及。因此，不存在所谓学科意义上的"青年学"，如果确立"青年学"，那也应该确立"老年学"等。我们无意对上述观点作出直接评论，而是力图从马克思主义关于学术范畴和社会科学与政治、社会发展关系的理论入手，在分析青年研究在中国发展的逻辑的基础上，对青年研究的学科性范畴的变迁特征进行研究，回答青年研究的学科性内涵及其发展方向的问题，以期为完善青年研究工作提供一些理论思考。

第一节 哲学社会科学发展：学科与范式演变的内在逻辑

在《哲学的贫困》中，马克思指出："人们按照自己的物质生产的发展建立相应的社会关系，正是这些人又按照自己的社会关系创造了相应的原理、观念和范畴。所以，这些观念、范畴也同它们所表现的关系一样，不是永恒的。它们是历史的暂时的产物。"[1]从马克思的上述论断中，我们可以得出以

---

[1] 《马克思恩格斯全集》(第4卷)，人民出版社，1958年，第144页。

下三个判断：一是哲学社会科学理论是对现实社会的一种反映；二是理论范畴是对具体的社会关系的反映，三是社会现实变化决定着社会科学理论及其范畴的变化。由此我们可以作出以下进一步推论：理论与学术发展，虽然具有自身的相对自主性，但是归根结底，其发展是由政治与社会发展所决定的。这种决定从本质上来说就是存在决定意识的具体表现，意识包含意识内容与认识方式，这就意味着，这种决定既体现在理论与学术的整体发展状态上，同时也作用于具体理论范畴与原理内容，以及研究范式与研究方法之中。因此，我们理解学术与理论的具体内容、学科与范式的实现形式，就必须放在政治与社会整体发展的历程中去把握，而不是抽象或静止地去认识。

　　既然把握理论与学术需要从政治与社会发展入手，那么我们首先就需要对人类社会发展的基本情况进行分析，在这方面，马克思已经给了我们一个经典的图景与逻辑："每个个人以物的形式占有社会权力。如果你从物那里夺去这种社会权力，那你就必须赋予人以支配人的这种权力。人的依赖关系（起初完全是自然发生的），是最初的社会形态，在这种形态下，人的生产能力只是在狭窄的范围内和孤立的地点上发展着。以物的依赖性为基础的人的独立性，是第二大形态，在这种形态下，才形成普遍的社会物质变换，全面的关系，多方面的需求以及全面的能力的体系。建立在个人全面发展和他们共同的社会生产能力成为他们的社会财富这一基础上的自由个性，是第三个阶段。第二个阶段为第三个阶段创造条件。"①这就意味着，在人类社会第一阶段即古代社会条件下，人处于共同体化状态，人与人之间处于直接依赖状态，社会尚未获得分化，不仅社会内部尚未获得充分分化，而且国家与社会之间也尚未充分分离。进入人类社会第二阶段即现代社会条件后，人的独立性获得发展，社会内部也开始不断产生分化，国家与社会之间的分野基本形成，虽然目前人类社会还处于第二阶段，但是经过社会深度分化之后，社会内部有机化进一步加强，全球化使不同国家之间的关系日益加深，由此导致人们对社会整体性发展的追求再次被提出。

　　作为人类认识世界与社会的系统性成果，哲学社会科学也伴随着人类

---

① 《马克思恩格斯全集》（第46卷上），人民出版社，1979年，第104页。

社会发展呈现出与之基本相适应的发展态势。在古代社会,未分化的整体性社会使人们对世界与社会的认识,更多的是将之看作一个混沌的整体,主要以感性直观和理性思辨从整体上予以把握。这一时期,哲学是唯一的科学,人们将各种学科知识均归属于哲学。从中世纪大学产生到文艺复兴,大学由文学、法学、医学、神学四科组成,神学为四科之首,这四科是现代大学学科的起源。到了文艺复兴之后,随着社会开始分化,资本主义生产及其带来的社会后果都迫切需要认识这些分化了的各部分规律,学科化现象就开始出现,到18世纪,就已建立起初步的科学统一体系,各个学科迅速发展起来,科学活动日益精细化、高度专业化。但自20世纪中叶以来,科学发展发生了巨大变化,新理论、新方法大量涌现,跨学科研究日益成为学术创新的主要方向,现代科学综合化、整体化趋势日益凸显,这种现象既体现在自然科学中,更体现在哲学社科里。[①]

　　学科出现与学科发展以相应的范式作为基础,因为范式对学科具有规训作用。一方面,不同学科之间有着明显的范式差异;另一方面,同一学科在不同发展时期所形成的范式也不一样。根据库恩的范式理论,范式能够维系科学共同体的稳定,提供一种共同的信念与传统,在实践中给出一些固定的解题模型、范例与标准等,规定着一个学科的边界,使学科的边界成为一个清晰透明的领域。[②]从范式作用以及变迁的角度来看:一方面,学科就是从某一视角进入对世界与社会进行研究的一个方法体系,或者说是人们认识世界与社会的相对固定的方法;另一方面,学科边界是人为界定出来的,是人们为了深入认识世界与社会而采取的一个方法,德国物理学家普朗克就认为:"科学是内在的统一体,它被分解为单独的部门不是由于事物的本质,而是由于人类认识能力的局限性。"[③]因此,学科分野并非是固定的,同时学科内部也存在着范式的发展与变化。这就使学科分化与学科综合成为了人们认识世界与社会发展的一对内在张力,相向运动着,形成了辩证的统一,这种特征虽然是科学发展的内在逻辑使然,但是对于哲学社科发展来说,同样

---

　　① 肖凤翔、陈玺名:《学科发展机理探析》,《学位与研究生教育》,2009年第11期。

　　② 陈学东、李侠:《论范式的学科规训作用》,《山西财经大学学报》,2003年第3期。

　　③ 夏禹龙:《科学学基础》,科学出版社,1983年,第5页。

也受到了政治与社会发展的影响。①

第二节　从青运史到多学科研究：青年作为对象的青年学科范式变迁

作为系统认识政治与社会发展的成果，哲学社会科学以政治与社会发展为研究对象，虽然其发展有相对自主性，但归根结底，不仅其内容由政治与社会的发展所决定，而且其认识方式包括学科与范式的发展也为政治与社会发展所决定。作为马克思主义认识论在哲学社会科学中的体现，上述原理具有一般性特点，而落实到具体研究对象以及现实国家中，又将呈现出具体的发展逻辑，我国青年研究就是如此。

在古代社会，青年不是一个相对独立的群体，一方面，作为共同体化成员的一部分，整体上是依附于共同体的；另一方面，青年更多的是作为劳动力参与到了成年人的生产劳动之中。青年作为相对独立的群体被认识与强调是在现代社会之后，因为现代社会：一方面，社会分化使青年具有与共同体分离的可能；另一方面，现代生产需要一定的知识储备，于是规模化的学校等制度开始出现，青年人就成为"后备军"被建构出来。在中国，大致情况也如此，现代化逻辑导致了青年的"出现"，但现代化逻辑在中国开启，却与西方原发性现代国家存在着差异，导致青年"出现"的具体路径与形式存在着差异，由此导致我国对青年研究的学科进入路径具有了自身特点。

根据费正清先生的观点，作为后发国家，中国现代化建设的开启是"刺激-反应"的结果，即被动的现代化。鸦片战争爆发，标志着现代化浪潮对中国的冲击开始，为了回应这一冲击，清王朝在经济与社会层面推动了洋务运动，在政治层面实施了戊戌变法。戊戌变法失败标志着中国古典政治与社会无法顺利完成现代化转型，辛亥革命爆发开启了以革命方式推动中国现代国家与现代社会建设的路径。在这一过程中，青年作为最为革命的力量与群

---

① 肖凤翔、陈玺名：《学科发展机理探析》，《学位与研究生教育》，2009 年第 11 期。

体登上了中国的历史舞台。虽然在过去历次战争与革命中，生理性年龄意义上的青年也都是其中武装性力量的中坚。但是在战争结束后，青年又重新回归到既有的共同体之中，并未形成日常性的、作为独立群体的、社会性意义上的青年。辛亥革命之后，情况发生了变化：一方面，作为革命力量，青年一般性地成为了革命的中坚，成为消灭封建、构建现代的主力军之一；另一方面，现代国家与现代社会的因素不断在中国生成，作为现代化成果之一，社会性意义的青年也开始生成，不论是社会分化，还是学校的出现，都为真正社会性意义的青年研究的出现创造了条件。辛亥革命之后，青年既是政治革命过程的产物，更是社会革命进程的产物，由此青年不仅在生理性意义上，而且在社会性意义上，开始登上了中国历史舞台。

现代化建设以革命方式开启，而青年也是在政治革命与社会革命过程中得以成长，青年、革命与现代化，不仅具有历史联系性，而且还具有逻辑联系性，于是，三者之间就可以作为各自存在与发展的合法性与合理性的相互支持的基础与根据。中华人民共和国建立之后，一方面，为了巩固其制度基础和政党领导基础，需要对中国共产党领导与共和国制度的合法性以及合理性进行论证；另一方面，为了推动现代化建设，也需要对现代化发展规律进行把握。这两方面都涉及青年、革命与现代化之间内在逻辑关系的研究，于是新中国成立之后，在相当长的时间内青年研究是以青年运动史的研究方式出现的。

对青年研究，之所以会从青年运动史角度为切入点，除了上述政治与社会发展原因之外，从学科角度来看：一方面，史学是中国传统社会条件下"最发达"的"学科"，新中国成立之后我国的知识分子更多的是习惯于用史学的范式来研究青年，同时官方与革命的知识分子，更是希望以大家熟悉的学科与范式，来满足上述政治与社会的需要；另一方面，社会科学的许多学科虽然在民国期间开始引入中国，但是新中国成立之后不久，许多学科就被整顿与调整。因此，对青年问题进行多学科研究尚未具备学科基础。

新中国成立之后，对青年问题的研究除了从青年运动史角度进行外，对现实问题的研究也更多的是对青年工作的研究，主要是以党与国家推动青年的工作以及共青团工作为研究对象。不过，这种研究尚未上升到学理性意义上,更多的还是工作性的经验描述与分析。究其原因,在社会与政治方面:为克服现代化对组织化诉求与传统社会"一盘散沙"特征的矛盾,新中国成立之后通过计划经济体制与单位社会体制推动社会高度组织化,青年依附于单位,由此,党团建设与青年工作具有高度同构性。在这一时期,青年尚未从单位共同体中分化出来,在生存形态上呈现出单位化青年特征,再加上政治性因素使青年问题包含在党团工作内容之中。因此,在研究上,青年问题也尚未成为独立的研究对象,更多是作为党团工作的一部分内容。另外,从方法论看,在多学科基础不具备的情况下,这一时期对青年问题的研究无法上升到更为深化的学理性研究。改革开放之后,不论是社会结构还是学科的分类,都发生了较大变化。这种变化从时间上来看可以分成三个阶段:第一个阶段是 1978—1992 年,第二个阶段是 1992—2000 年,第三个阶段是 2000 年之后。

1978 年改革开放之后,从中国社会发展来看:一方面,经济、社会与政治进入复原;另一方面,又启动了初步改革。复原使各项工作开始克服"文革"所造成的破坏,共青团组织与工作也开始恢复。对"文革"的反思以及改革开放使计划经济体制与单位社会体制开始松动,青年主体意识开始崛起,出现了"潘晓来信"等现象,青年问题开始受到社会关注,同时,共青团改革问题也被提了出来,1984 年召开了全国农村基层团组织工作座谈会,开启了共青团改革的进程。

从学科发展来看,改革开放之后,许多在 20 世纪 50 年代被停止的学科重新恢复。在解决现实青年问题与共青团工作发展的需要和学科恢复的共同作用下,青年研究学科化问题就被提了出来。80 年代出现了三个与青年研究相关的所谓"学科":一是青年运动史,这是"文革"之前研究工作的恢复与延伸,并且取得了丰硕成果,大批历史资料得到收集与整理;二是所谓青年学,直接以青年为研究对象;三是共青团学,以共青团为研究对象,这是为适应共青团工作发展的需要而建立的,是对共青团工作研究的一种系统化与学科化的努力。

然而上述与青年有关的所谓"学科",除了青年运动史之外,其他两个"学科"一经提出,就开始受到质疑。这种质疑主要来自传统研究的学者们。

理由有二：一是学科确立不能单纯以研究对象来确定，如果有了青年学，就会有老年学、儿童学等无穷尽的所谓学科，同样有了共青团学，就会有妇联学等。而传统以所谓对象来确定学科，也有其内在学理性根据。二是学科确立，需要有相应的范式，而单纯以对象为研究的所谓"学科"，很难形成规范的学科范式，更多的也只是借用其他既有学科的范式，成为所谓的交叉性的非典型性的"学科"。

20世纪90年代之后，上述三个所谓"学科"的发展并没有预想的那样顺利。造成如此后果主要有四个方面的原因：一是青年运动史衰微。这与其政治性特征有关，这方面的要素被市场经济发展冲淡了。同时，与史料集中抢救性收集任务基本完成也有关系。二是与青年学、共青团学的上述自身"学科性"困境有关。三是与传统学科的话语和范式的"霸权"有关。四是与现实社会发展对学科发展的内在需求的特点有关，这一点将在随后内容中作出具体说明。

不过，我们从青年学与共青团学的出现看到了一个新的逻辑，那就是对青年问题与共青团工作研究开始由改革开放之前没有区分到希望以"学科化"方式予以分开研究转变，这意味着从"一元一体"的政党、国家和社会统合在一起的社会结构状态，在观念与现实上走向政党、国家与社会的结构性发展，作为社会组成部分的青年群体的主体性开始确立。这种基于社会-政治形态发展而出现的团-青"学科化"分化得以发展，虽然在青年学与共青团学自身发展上不是很顺利，但是这一阶段所开启的"学科化"分化所反映的社会现象以及对学科化的诉求，无论如何都有价值，都在后来的研究中得到了体现，开启了后来的青年学科性研究的方向与发展。

首先，青年问题被社会学与心理学，特别是社会学所关注。在学科上，社会学在20世纪80年代初在中国开始恢复，作为现代社会群体之一，青年群体是社会学既有的一个研究对象，同时社会学具有自己相对成熟的研究范式。改革开放之后，一方面，社会分化开始确立，青年群体的主体性开始出现，同时青年问题也成为社会进一步发展所需要解决的重要问题之一；另一方面，对外开放也要求我们借鉴国外的情况有效处理青年群体问题。在现实需要与学科基础的共同作用下，青年问题就成为了一个对象与领域被社会学所重视,被纳入社会学之中。由此带来了两方面后果:一是将青年问题研究建构成为一个独立学科——青年学的希望与努力被解构;二是具有社会学学科背景的学者在相当长一段时间内成为了青年与共青团问题研究队伍的主力。

其次,共青团问题经历了由党史党建研究范式向政治学研究范式转变的过程。青运史研究是对发生过的青年运动历史的研究,主要内容是党与共青团领导下的青年运动,因此青运史研究从一定意义上说,是以党史研究范式进行的、以共青团工作为主要内容的研究。共青团是党的助手与后备军,共青团建设实际上是党的建设的一个重要组成部分。因此,共青团建设研究也是党建研究的一个组成部分,到了20世纪80年代出现的所谓共青团学实际上就是以党建研究范式进行的以共青团建设为主要内容的研究。同时,20世纪80年代初,政治学在中国恢复,各类组织与各类群体也是政治学的研究对象,而政治学作为一个传统学科也已经具有相当成熟的研究范式与研究体系。然而由于从80年代开始到21世纪初,政治学更多地关注中国政治发展重大问题和相关内容,共青团和青年问题研究成为政治学研究的重点关注对象。21世纪初以来,随着政治学发展以及社会与政治发展的需要,一批从事政治学研究的学者开始对共青团与青年问题予以关注,共青团与青年问题开始成为政治学研究的一个组成部分,如青少年思想政治教育等。

综上所述,改革开放以后,青年问题开始被关注,不论是青年学提出,还是各个学科对青年问题的研究,更多还是将青年作为现代社会中的一个群体,在学科中将之作为对象进行研究。当然,青年问题作为学科的诸多研究对象之一无法成为各学科的重点,而所谓青年学希望以青年为对象形成单一学科,自身却又没有相对独立的研究范式,只能依靠其他学科的理论,加上在其他学科中青年问题又相对次要,这就导致所谓青年学发展得不是特别顺利。究其原因,除了学科本身发展的原因之外,很重要的因素是在现代社会条件下,青年作为社会结构中的一部分,虽然已经具有了相对独立的特征,但是整体来看尚未成为主导性力量,更多是处于后备性地位。社会现实决定观念现实,现代学科发展也是遵循这一逻辑。关于青年研究与学科发展能否发生逆转,关键在于青年在社会中的地位与作用。

第三节 "青年+哲学社科"：
青年作为维度的青年学科范式发展方向

改革开放以来,中国社会发生了两次转型,第一次是市场经济建立所带来的,基于制度变迁而引起的社会结构转型;第二次是网络社会生成所带来的,基于技术革命而引起的社会结构转型。从青年生存形态的发展来看,第一次转型使青年主体性意识开始生成,并且从依附于单位的所谓"单位化青年",向具有相对自主性的所谓"原子化青年"发展。然而在市场经济体制下,青年主体意识虽然开始生成,但是传统工业化社会所带来的学校制度、劳动力的"后备军"地位使学校青年被区隔在主流社会之外,使进入职业空间内的青年处于相对弱势地位。第二次转型使青年生存形态发生了结构性的变化:一是互联网导致空间存在发生了巨大变化,虚拟网络空间出现以及虚拟网络空间与现实物理空间的相互建构,使青年人可以通过互联网手段突破学校制度所带来的制度性区隔,并且随着虚拟网络空间对现实物理空间的影响力加大,再加上青年人运用网络的频度与热情都比中年人高,这就使青年人对现实的影响力大大增强。二是随着网络社会的到来,无论是交往方式还是商业、生产模式甚至话语体系都开始发生了快速的颠覆性变化,而迭代的青年总是最早适应这种迭代式的变化,于是每一阶段的青年总是成为这一阶段的弄潮儿与新的交往方式、商业模式甚至话语体系的最先使用者甚至创造者。三是基于互联网催化以及新科技快速发展,青年人普遍成为了新兴科技领域或者传统领域中的创新性力量。

网络社会生成为青年人所带来的上述三方面变化,从整个社会来说,实际上意味着社会权力开始向青年人转移,虽然目前还不能说青年人已经成为了社会主导力量,但是相对于传统的工业社会来说,青年人所掌握的社会权力已经大大提升了,这种变化不仅仅是在量上的转变,而且是代表着未来发展方向的新的质的变化,并且不是一次性转移给一群人,而是将持续地转移给新的青年人。因此,如果认为在农业社会,社会权力掌握在老年人手里,我们称之为老年化社会,在工业社会,社会权力掌握在中年人手里,我们称之为中年化社会,那么在网络社会,社会权力开始向青年人转移,我们可以称之为青年化社会。由此可知,对于社会发展来说,网络社会使青年人成为一种不断与时代相契合的社会发展中最活跃的推动主体与参与主体,使青年人掌握了比工业社会条件下在量上多得多并在质上新得多的社会权力。在网络社会条件下,青年人不仅是社会结构中的一个组成部分,而且还成为了最适应网络社会并推动社会发展的最活跃的力量。因此,青年已经不仅仅是网络社会的一个部分,而且已经成为了网络社会的一个维度。

作为网络社会的一个维度,青年发展、青年作用与青年问题已经嵌入了社会整体发展之中,成为了对社会整体产生根本影响的一个重要命题。由此,青年就成为哲学社会科学的各个学科都非常重视的一个命题,青年已经不再仅仅作为一个研究对象,而是开始作为一个维度受到重视。作为一个对象,对整个学科体系的其他部分可以没有影响,而作为一个维度,那就意味着对整个学科体系及其他部分都将产生影响。从青年研究的学科与范式发展来说,这意味着将发生巨大变化,甚至是一个颠覆性的变化。

对青年研究来说,我们可能不是纠缠于是否存在一个所谓青年学的争论之中,而是已经到了将青年问题上升为整个社会发展的一个维度来理解的时候了。应该看到,任何一个单一学科都无法独立完成青年研究,因此需要多学科协同,这种协同不是直接针对青年问题,否则还是对象性研究,而是着眼于整体性把握青年问题。因此,未来青年研究的学科范式应该是"青年+哲学社科"。这一变化对学科发展来说到了一个重新理解学科内涵和重新划分学科边界的时候了,青年研究对学科与范式提出的新命题,其意义已经不再局限于青年研究本身,而具有一般性意义。如果说上述内容更多的是从逻辑推演角度上分析,那么从我国现实研究情况来看也印证了这一分析。从 2010 年之后,青年问题确实已经引起了各个学科的重视,并且是作为一个维度来关照的。但是这种现象也才刚刚开始,是否将成为学界一种整体性的自觉,还有待于进一步观察与推动。

第四节　是否存在"青年学科"：
"青年+哲学社科"背景下的青年学科内涵

随着网络社会的生成，青年已经成为社会发展的一个维度，由此青年研究也应该将"青年+哲学社科"作为未来的学科范式发展的方向，既然如此，在新的历史条件下，究竟是否存在一个所谓的青年学科？

我们的回答是："既没有却又有。"所谓"没有"，是指不论是从社会发展角度来看，还是从学科发展角度来看，都不能简单地将青年作为一个对象并以此形成所谓青年学科，即狭义的青年学。而所谓"有"，是指不论是从社会发展角度来看，还是从学科发展角度来看，都应该将青年作为一个维度纳入哲学社会科学的各个学科中去研究，揭示青年与社会的新型关系（包括正面与负面的），既丰富各学科内涵，又发展对青年的认识。因此，在新的历史条件下，青年与社会的关系才第一次成为了一个主流问题，才有了在新的学科意义上的所谓青年学科，真正意义上的青年学才被确立起来。不过这是一种广义的新型的青年学，这种广义的新型的青年学内涵可包括以下四方面内容。

第一，在学科内容上，应该将青年作为一个维度，而不是单纯作为一个对象进行研究。应该着眼于青年与社会、政治、经济、科技等的关系，即在青年与整体社会、政治形态的关系研究中把握青年，特别是对网络社会条件下青年特征与社会发展特征之间的关系进行研究，而不是像过去那样就青年研究青年。实际上，根据马克思主义的观点，事物的本质在关系中才得以呈现出来。因此，即使是作为对象进行研究，也应该将青年放在与社会其他内容以及整体中进行把握，更不用说将青年作为社会的一个维度来研究了。这就要求，对青年作为社会一个维度的内在逻辑进行揭示，将其放在整体中来把握，通过社会变化在对青年的影响以及青年新本质对社会发展影响的双向互动中来把握青年与社会。从这一意义上说，与其说是研究青年，不如说是通过青年来研究社会与政治。也就是说，狭义的青年学是以青年为本体的，广义的新型的青年学是以青年与社会政治的关系为本体的。

第二，在研究范式上，应该开放运用多学科的研究范式，而不是追求所谓单一的学科范式，甚至片面强调所谓青年学的范式。既然青年已经成为社会发展的一个维度，那就意味着青年与社会各个部分都密切相关，因此从多学科与多维度对青年与社会政治的关系进行研究才能周延。在推动青年研究时必须开放运用多学科的研究范式，不必强调所谓青年学的范式，甚至不必过度强调所谓青年学，以免造成学科性的壁垒，导致对青年研究的局限性。同时，多学科之间可以围绕青年与社会政治等关系研究进行范式上的相互借鉴，由此促进各学科的融合与发展。

第三，在组织方式上，应该构建生态化与平台性的研究形态，通过"智慧众筹"方式多维度展开对青年的研究。我们认为，虽然青年作为一个维度的研究在许多学科中已经开始出现，但是尚未成为所有学科与大部分学者的自觉。重要的是，这与社会发展中青年作用的发挥虽然已经呈现但是尚不充分有关，同时也与各方面的推动和组织还不够有关。因此，有关部门与青年研究专业机构应该主动承担起推动和组织工作的责任。不过需要强调的是，这种组织应该建构一种生态化与平台性的研究形态，而不能局限在传统青年研究机构或研究人员之中，应该推动高校、其他科研院所、实务部门的各方面人员以及各个学科人员的参与，根据各自特长，围绕青年与社会的关系来开展研究，这就需要在组织形态与组织方式上予以创新。

第四，在研究成果上，应该形成学术成果与咨政成果并重并相互促进与转化的局面。网络社会在中国乃至全世界都是在刚刚生成之中，由其导致的青年化社会发展也只是初现端倪，因此不论是发展程度，还是基本特征，都有待于观察与总结。对于中国来说，特别是处于"大众创新、万众创业"以及"互联网+"的背景下，学界不仅要重视对青年作为一个维度的社会发展进行观察与总结，还应该将研究成果积极转化为推动社会发展的一种理论力量，我们不能只是用不同的方式解释世界，而且还要改变世界。这是一种责任，也是时代要求，更是新型的青年学科的本质要求。因此，在成果上，我们认为应该形成学术成果与咨政成果并重，同时相互促进与转化的局面。

第五节　在政治、社会与学术之间：
作为"青年+哲学社科"的青年学科使命

改革开放以来，我们经历了两次转型，一次是市场经济建立所导致的基于制度变迁而引起的社会结构转型；另一次是网络社会生成所导致的基于技术革命而引起的社会结构转型。目前，这两次转型都还在对中国产生着影响。对青年来说，前者导致青年主体意识崛起，使青年成为社会的一部分，后者导致青年发挥特殊作用，使青年成为社会的一个维度。为此，在青年研究中，前者使青年成为研究的对象，后者使青年成为研究的维度。由于两次转型的叠加效应对中国依然发生着强烈影响，因此一方面，必须对市场经济背景下青年主体崛起所产生的后果予以应对；另一方面，还必须对网络社会生成导致的青年作为一个维度的影响进行充分运用，这就使青年研究的两个逻辑都必须发挥作用，并将二者有机结合起来，进行叠加性研究，充分发挥"青年+哲学社科"的优势，以服务于现实的社会与政治发展，使社会与政治在应对叠加效应过程中得以顺利发展。

结语：作为人们对现实社会的发展认识的系统化成果，哲学社会科学变迁是由现实社会的发展所决定的。作为现代社会发展的产物，社会意义上的青年群体发展也随着中国社会的发展而发生着变化，由此导致了研究青年的学科范式也发生着变化。随着网络社会生成，青年成为社会发展的一个重要推动力量，由此在哲学社会科学研究中青年已经不仅仅作为一个对象而是作为一个维度存在，从而使青年研究的学科范式向"青年+哲学社科"的方向发展，这种发展不仅具有学术研究意义，而且也将对中国现实的政治与社会发展产生影响。

第三部分　关系空间变迁、全面深化改革与共青团组织形态重塑

第十三章　关系空间变迁的政治逻辑：
中国共青团组织形态发展*

中国共青团已经建立九十多年了。这九十多年也是中国社会和政治发生巨大变化的九十多年。作为中国共产党的青年组织，中国共青团在与时代同行过程中切实履行着自身的职责。而为了实现自己的功能，中国共青团也不断根据时代要求推动自身组织发展。在践行职责和实现功能过程中，通过政治实践与组织变迁互动，中国共青团发展的内在逻辑不断在经验层面上被演绎着。随着时代发展，中国共青团也还会像曾经经历过的那样遇到许多挑战，也还需要通过推动自身发展来实现自身功能，这就要求我们必须理性地回应时代的要求，而理性态度的标志就是遵循事物发展的内在规律来办事。为此，下文拟从组织形态角度对中国共青团的发展规律进行研究，以期为其进一步发展提供一些理论参考和政策建议。

第一节　权力关系与组织形态：
共青团研究的一个视角

尽管在界定上和理解上存在着诸多分歧，但是大多数分析家们还是承认，所谓"权力"在最低限度上讲是指一个行为者或机构影响其他行为者或机构的态度和行动的能力。①同时，人们还认为权力不仅导致人们之间形成

---

* 刊载于《中国青年研究》，2012年第5期。

① ［英］戴维·米勒、韦农·波格丹诺：《布莱克维尔政治学百科全书》，邓正来译，中国政法大学出版社，2002年，第640页。

了一种单向制约的影响关系,而且形成了一种相互需要的依赖关系。①正是在这一意义上,德国社会学家卢曼认为权力是人们交往的一种媒介,由于普遍存在这种以影响能力为核心的行动关系,社会才得以正常运转并形成秩序。②因此,社会的交往关系从本质上讲就是一种权力关系,而整个社会之间秩序形成也是以权力关系有机化为基础的。这种权力关系弥漫在社会各个环节之中,既有以松散方式存在着的,也有以紧密方式存在着的。其中,组织就是以相对紧密方式来构建权力关系的一个空间和领域,因此我们有理由将组织视为一种具有高度紧密化特征的关系空间。由于组织是权力关系紧密化运行的空间,因此我们对组织的理解就不能简单地停留在抽象层面或是某个静态的、单一的角度,而是应该从具体层面动态和整体地来把握。组织形态就为我们提供了这样一个学术视角。

所谓组织形态不是单纯指狭义的静态的组织,而是指以实现组织功能为目的,以组织结构为支撑的,以组织中权力运行方式及其机制为核心而展开的整个组织的政治生活的总和。组织形态是对具有多重要素有机统一在一起的组织机体的一种综合性描述的概念,是权力关系在组织内运行互动的各方面规定性体现,从内涵来看,构成组织形态的要素有组织权力、组织结构、组织过程和组织价值。组织权力是指组织基于自身所拥有的功能及其在更大体系中所处地位而获得的权力,以及运用这一权力过程中所采取的方式。组织结构是指组织权力结构形式,包括组织内部权力关系结构和组织与其作用对象之间的权力结构形式,前者指组织内部结构,后者指组织作用于其外在对象的组织体系结构。组织过程是指组织权力实现的过程,具体体现为组织为了实现自身功能,在组织内部运用权力以及在整合外在对象时与各方互动而实现权力运用的过程。组织价值是指组织权力和权力运行方式所体现出来的基本价值诉求,以及组织内部人员和组织外部人员对组织权力和权力运行方式的观念与认同。③由于组织形态包含有多个要素,但当

① [美]理查德·H.霍尔:《组织:结构、过程及结果》,张友星、刘五一、沈勇译,上海财经大学出版社,2003年,第123页。

② [德]尼可拉斯·卢曼:《权力》,瞿铁鹏译,上海世纪出版集团,2005年,第5~33页。

③ 在组织形态这一核心概念的内涵和要素确定上,参考和借鉴了林尚立教授关于政治形态的相关内容。详见林尚立:《当代中国政治形态研究》,天津人民出版社,2000年,第40页。

其中一个或多个要素发生变化时,整个组织形态就会发生变化,因此我们可以根据要素变化情况,来分析组织形态变化的逻辑以及对组织发展历史进行分期。

上述关于权力关系与组织形态关系以及组织形态内涵等的内容是从组织理论角度予以理解的,具有普遍性和适用性,而中国共青团是青年政治组织,因此这一理论视角和基本规定同样适用于对中国共青团的研究。不仅适合于对某个时期的共青团组织运行情况分析,而且还可以以此为工具对其整个内在发展逻辑予以把握。

第二节　党团关系与团青关系的变迁逻辑:共青团组织形态发展的内在规定

基于分析视角差异,组织空间所包含的权力关系可以有多种类型。从所处空间角度来看,可以分为组织外权力关系与组织内权力关系,前者是组织与组织之外主体间权力关系,后者是组织内权力关系;从所涉及主体来看,可以分为组织与组织之间的权力关系,组织与个体之间的权力关系,组织与群体之间的权力关系,个体与个体之间的权力关系。同时,如果对上述两个维度进行组合的话,那么所形成的权力关系类型就更多了,这里不一一进行列举。虽然在组织具体运行过程中,这些权力关系都在发生着作用,但是其中一些权力关系对组织发展却起到根本性决定作用,而其他权力关系只是起到一般性作用。那么如何来辨别哪些是起根本性决定作用的权力关系呢?我们认为应该从组织权力来源以及组织功能两个维度来把握。虽然组织及其中各要素主体之间都存在着权力关系,但是从整体来看,我们还是能够分辨出组织的根本权力以及这一权力的来源。同时,我们还可以从组织最根本功能角度出发来把握组织这一根本权力发挥作用所要影响的主要对象。由此,我们就能够得出以下结论:组织与赋予组织权力的主体之间关系以及组织与组织所需要影响的最主要对象之间关系是决定组织生成和发展的一对最根本性的权力关系,这对权力关系构成着组织形态生成和发展的基本逻辑维度。权力关系是组织形态的本质规定，组织形态是权力关系的实现方式。组织形态变化无法突破这一对权力关系所决定的空间和边界，然而如果这对权力关系中任何一个或两个同时发生变化的话，那么组织形态就可能发生巨大变化。

中国共青团是中国共产党为了实现对青年有效领导以及保持自身可持续发展而建立的，它存在和发展的根本目的就是通过有效影响和整合青年，从而为中国共产党长期和持续的领导与执政奠定青年基础。正是在这个意义上，中国共青团被称为中国共产党的助手和后备军。从组织理论角度分析，我们可以由此得出一个判断，那就是中国共产党是中国共青团最根本的权力来源，而且青年是中国共青团所需要影响的主要对象。因此，对于中国共青团来说，党团关系和团青关系就成为中国共青团组织形态发展的具有决定性意义的一对权力关系。虽然这对关系对共青团组织来说属于组织外权力关系，但是它们却对共青团组织内部权力关系和其他外部权力关系以及作为这些权力关系实现形式的组织形态都起着决定作用。从一定意义上说，共青团就是以党团关系和团青关系为坐标所形成的包含其他权力关系在内的关系空间，其组织形态不过是这一关系空间动态的和有机的实现形式。

第三节　组织形态发展的历史逻辑：
共青团功能实现的组织化基础

中国共青团建立以来的九十年是中国社会和政治发生巨大变化的九十年，不同历史时期的社会和政治状况不仅决定了中国共产党面临着不同任务，而且也导致了青年生存形态的差异。同时，中国共产党在领导和推动中国发展的过程中，对如何构建有效的整合社会的组织体系在不同时期也存在着不同理解和认识。这些因素的共同作用导致建团以来党团关系和团青关系不断发生着变化，从而使中国共青团组织形态也因此经历了一个变迁过程，并呈现出明显的阶段性特征，前后经历了四个时期和十个阶段。

一、中国共青团组织形态生成时期

中国共青团组织形态生成时期，是从1920年8月上海社会主义青年团成立到1946年11月《中共中央关于建立民主青年团的提议》发出之前。这一时期，中国共青团组织功能和权力基本确立，组织结构和体系初步搭建，组织过程和对象开始明确，组织价值和认同已经形成。但是由于政治形势变化、国际因素影响和党团自身认识等方面原因，党团关系在具体层面上还处于摸索阶段，甚至对共青团组织应该如何发展方面还有着不同的理解，因此虽然这一时期中国共青团组织形态相关要素已经初步生成，但整体还处于不稳定状态，乃至对共青团是否应该存在或如何存在都进行了争论和探索。

1.中国共青团组织形态创立阶段

从1920年8月上海社会主义青年团成立到1922年5月中国社会主义青年团第一次全国代表大会召开，是中国共青团组织形态创立阶段，其中，团的一大召开是中国共青团创立的标志。中国共产党早期组织在建立过程中就开始思考组织青年和建立党的后备军问题。[1]正是基于此，在党的早期组织和随后中国共产党领导和推动下，中国社会主义青年团才得以建立。因此，党在赋予共青团以组织权力时，还赋予其两方面职能：一是以"组织广泛的青年"为目的的党的助手职能，二是以"共产主义预备学校"为性质的党的后备军职能。上述这些规定性使党团关系和团青关系成为了团的组织形态发展的两个决定性的逻辑力量。经过两年多筹备，1922年5月团的一大正式召开，选举产生了团一届中央执委会，制定了团的纲领、章程以及若干工作和组织的决议案。[2]这标志着青年团全国性的组织权力、组织结构、组织价值基本确立，完成了组织形态创立的任务。

2.中国共青团组织形态初建阶段

从1922年5月中国社会主义青年团第一次全国代表大会召开之后到1937年4月西北青年救国会第一次代表大会召开之前，是中国共青团组织形

---

[1]　李玉琦主编：《中国共青团史稿(1922—2008)》，中国青年出版社，2010年，第30页。

[2]　同上，第38~41页。

态初建阶段。党团关系和团青关系的探索和磨合使这一阶段团的组织权力、组织过程和组织价值在发展过程中经历了一系列波折。其中,党团关系问题贯穿着整个阶段,团青关系问题从后半段开始出现。由于青年共产国际因素[①]和党团自身原因,党团关系一直未能理顺,再加上党团任务同构等因素,导致党团内部分别出现了"取消主义"和"先锋主义"倾向。组织权力建构和运行的模糊性使共青团存在着第二党倾向,[②]这种第二党倾向在这一阶段后期还体现在团青关系上。在王明路线影响下,共青团在工作方式上严重脱离群众,在组织发展上实行"关门主义",使共青团作用日益被削弱,特别是在国民党统治区,共青团成为了无法带领青年群众共同斗争的狭小组织,大量组织受到了破坏和取缔,[③]从而导致组织结构也受到影响。

3.中国共青团组织形态改造阶段

从1937年4月西北青年救国会第一次代表大会召开到1946年11月《中共中央关于建立民主青年团的提议》发出之前,是共青团组织形态改造阶段。根据青年共产国际要求和国内抗战统一战线局势需要,1936年11月中共中央决定对共青团在性质上和组织形式上进行全面改造,要求各地"必须大批吸收过去的青年团团员加入共产党","不再组织团的支部或团组"。[④]在西北革命根据地由原来团组织负责筹建作为青年统一战线组织的西北青年救国联合会,从1937年2月起停止共青团工作,并在当年4月召开了西北青年救国会第一次代表大会。[⑤]同时,中共中央还要求"在共产党各级组织内应该有青年部或青年委员会及青年干事,在各级党部总共的领导之下,担任青年运动的工作,共产党应该是青年运动的唯一领导者"[⑥]。上述这些决定和措施意味

---

① 程玉海等:《青年共产国际史》,中国人民大学出版社,1992年,第57~63页。

② 中央档案馆:《中共中央文件选编(一九三六— 一九三八)》,中共中央党校出版社,1991年,第112页。

③ 李玉琦主编:《中国共青团史稿(1922—2008)》,中国青年出版社,2010年,第146页。

④ 中央档案馆:《中共中央文件选编(一九三六— 一九三八)》,中共中央党校出版社,1991年,第111~113页。

⑤ 李玉琦主编:《中国共青团史稿(1922—2008)》,中国青年出版社,2010年,第155页。

⑥ 中央档案馆:《中共中央文件选编(一九三六— 一九三八)》,中共中央党校出版社,1991年,第111~113页。

着共青团的组织权力被共产党收回,组织结构解体,组织过程停止,组织形态发展中断了。

二、中国共青团组织形态成熟时期

中国共青团组织形态成熟时期,是从1946年11月《中共中央关于建立民主青年团的提议》发出到1978年10月中国共青团第十次代表大会召开前。这一时期,在吸取之前共青团建设的经验教训基础上,通过理顺党团关系和团青关系,中国共青团的组织权力、组织结构、组织过程和组织价值都在更高层次上予以重建,并在社会主义改造和建设时期发挥作用过程中实现组织形态的巩固。然而在整个国家的政治形态在"文革"期间陷入危机时,共青团组织形态也因此受到了严重冲击。

1.中国共青团组织形态重建阶段

从1946年11月《中共中央关于建立民主青年团的提议》发出后到1949年4月中国新民主主义青年团第一次全国代表大会召开,是中国共青团组织形态重建时期。团的组织形态生成时期的经验和教训表明建立一个党团关系明晰的青年群众组织是党有效领导青年的重要手段。为此,1946年11月中共中央发出《关于建立民主青年团的提议》,决定试建青年团。1949年4月中国新民主主义青年团第一次全国代表大会召开,标志着青年团重建工作的完成。重建的青年团,与改造前的老共青团有着较大区别:在政治上完全服从党的领导,在组织上实行党团双重领导,在工作上有着明确任务,党的助手和后备军职能得以进一步明确。因此,在全国解放背景下,青年团重建使团的组织权力来源和权力关系得以明确和理顺,组织结构和组织网络得以恢复并扩大到全国和深入到基层,组织权力运行过程得到了政党支持和青年认同,组织价值再次得以明晰。这就意味着青年团重建不只是一般意义上组织形态的恢复,而是在更高层面上的发展,标志着青年团组织形态进入了成熟时期。

2.中国共青团组织形态巩固阶段

从1949年4月中国新民主主义青年团第一次全国代表大会召开之后到

1966年8月团中央书记处被改组之前。在这一阶段,计划经济和单位社会的逻辑使政党组织成为建构社会的核心力量,作为党的青年组织,共青团也因此成为整合青年组织的力量。因此,在充分理顺党团关系的基础上,共青团组织权力边界和内容得以明确和保障;组织结构获得了充分发展,组织网络嵌入所有单位组织之中;在组织过程中,共青团在党的支持下能够较充分动员青年,在单位社会逻辑和政治热情驱使与作用下,青年也能够较认同地支持共青团工作,使共青团权力能够得到较好的实现;同时,在强化以共产主义为根本价值取向的基础上,通过推出时代典型——雷锋之后,使组织权力运行的价值原则得以明确,形成了与单位社会相匹配的以组织在先为主要内容的组织运行逻辑。在这一阶段,中国共青团组织形态在充分发展过程中获得了巩固,但是也因此打上了深深的时代烙印。

3.中国共青团组织形态危机阶段

从1966年8月团中央书记处被改组到1978年10月中国共产主义青年团第十次全国代表大会召开之前,是中国共青团组织形态危机阶段。随着"文革"爆发,整个中国政治形态陷入了危机,甚至中国共产党在地方和基层也一度停止了工作,共青团作为党的青年组织受到了严重冲击也是理所当然的。因此,在这一阶段,共青团组织权力基本被剥夺了,组织结构基本瘫痪,甚至被"红卫兵"等其他青年组织所替代,组织工作陷入停顿和危机,共青团对青年影响力几乎消失,组织价值也被严重扭曲。虽然在1969年4月之后中共中央提出开展整团工作,基层团组织略有恢复,但是在"四人帮"干扰下,整体来看也还是一场没有结果的"整团建团"工作。[①]

三、中国共青团组织形态复原时期

中国共青团组织形态复原时期是从1978年10月团十大召开到1993年12月团十三届二中全会召开之前。由于是在改革开放背景下进行的,因此共青团组织形态复原包含着两方面内容:一是恢复被"文革"冲击的共青团组织

---

① 李玉琦主编:《中国共青团史稿(1922—2008)》,中国青年出版社,2010年,第273页。

形态,推进其从危机和病变状态中走出。二是根据改革开放之后出现的新形势,开始着手调整共青团组织建设相关内容,但是整个工作思路与具体措施都是在计划经济体制和单位社会体制的框架内进行,因此从整个组织形态来看,依然还是属于组织形态复原内容。由此,复原期可以分为恢复阶段和调整阶段。

1.中国共青团组织形态恢复阶段

从1978年10月中国共青团第十次全国代表大会召开到1984年10月共青团全国基层工作会议召开之前,是中国共青团组织形态恢复阶段。从团十大之后,共青团中央就全面开始推动团的领导系统和基层组织的恢复工作,从而使组织权力和组织结构得以重新恢复。在此过程中,共青团还通过开展各项活动和推动各项工作来使共青团组织权力运行得以恢复。但是在与青年互动过程中,组织权力运行还是以共青团单向推动这一权力运行模式为主要内容的,这一模式正是新中国成立初期所建立的符合计划经济体制和单位社会体制的权力运行的组织过程。虽然在社会中也出现了"潘晓来信"讨论这一类青年主体性意识萌芽的事件,但是对共青团组织权力的认知以及组织运行的价值基础,不论是共青团组织内部还是青年对共青团的认识都还仅仅是恢复到"文革"之前的状况,即依然还是强调组织在先、纪律为主。

2.中国共青团组织形态调整阶段

从1984年10月共青团全国基层工作会议召开到1993年12月团十三届二中全会召开之前,是中国共青团组织形态调整阶段。家庭联产承包责任制实行之后,农村团组织工作遇到了一系列问题,为此,1984年10月团中央召开共青团全国基层工作会议,研究共青团基层工作的改革问题,标志着共青团组织形态调整阶段的开始。这一阶段组织权力建设有两个特征:一是从恢复整体组织体系权力向强化组织对成员个体权力影响过渡,出台了团干部考核和团员证等制度。二是从组织权力恢复向组织权力规范过渡,出台了一系列规范性团内工作运行制度。在组织结构上,着手改革团的基层组织设置和团员管理办法。组织权力运行过程开始由过去以组织意图为主向根据团员实际情况变化而进行组织设置和团员管理方式调整过渡。但是组织权力过程还是局限在团的组织结构内部调整以及团组织与团员之间关系上。组织价值建构上,这一时期也略有调整,开始呈现出兼顾组织在先和尊重个体的特征。

四、中国共青团组织形态转型时期

中国共青团组织形态转型时期是从1993年12月团十三届二中全会召开至今。从党的十四大以来,中国社会经历了两次转型,第一次是以市场经济体制建立为内容的制度变迁所导致的社会结构转型,第二次是以互联网普及为内容的技术革命所导致的社会结构转型。两次社会转型不仅导致了人们交往方式和行为方式发生了变化,而且还导致了社会成员的生存形态发生了变化,青年在转型中也受到了深刻影响。为此,在适应青年行为方式和生存形态变化过程中,共青团也不断推动自身组织形态转型,先后经历了承转与拓展两个阶段。

1.中国共青团组织形态承转阶段

从1993年12月团十三届二中全会召开到2003年团十五大召开之前,是中国共青团组织形态承转阶段。1992年10月,党的十四大作出了建立社会主义市场经济体制的决定。市场经济体制建立将导致青年生存形态从单位化向原子化转变,从而对团工作产生根本影响。为此,1993年12月团中央召开了十三届二中全会,制定了《在建立社会主义市场经济体制进程中我国青年工作战略发展规划》,标志着共青团组织形态转型开始。在组织权力实现方式上,共青团开始探索遵循现代国家、社会的建设、运行规律,重构共青团整合青年的权力逻辑:影响对象从强调组织成员到强调青年个体,实现手段从强调团直接影响青年到借助党与国家力量,组织功能从强调政治功能到强调社会功能。在这一阶段,共青团组织结构也开始发生变化,在启动"两新"组织团建同时,进一步探索团工作社会化结构和着手建立社会资源整合平台。在组织权力运行过程中,力争改变传统单向控制方式,探索与其他权力主体合作的模式。另外,通过推出"青年志愿者行动",开始构建团组织和青年之间以主体平等和主体在先为前提的新型团青关系,探索市场经济条件下组织运行的价值原则。

2.中国共青团组织形态拓展阶段

从2003年7月团十五大起至今是中国共青团组织形态拓展阶段。从21世纪开始,中国进入了网络社会,网络社会使青年自我组织的多元社会权力中心开始出现,为此共青团从团十五大起就着手探索适应网络社会条件下青年工作的新模式,并在此过程中逐渐推动共青团组织形态拓展。在组织权力实现方式上,推动影响对象由重视青年个体向兼顾青年个体和青年组织转变,作用空间由物理空间向虚拟空间延伸,覆盖范围由体制区隔向社会整合发展;在权力主体上,全面强化领导机关建设和基层组织建设;在组织结构上,在重视市场经济影响基础上兼顾网络社会影响,建立青年中心以实现整合青年的组织载体创新,探索区域团建以推动共青团组织运行机制变化,创新组织类型以力争组织结构与社会结构吻合,运用网络技术以促进组织结构与运行方式的扁平化。共青团的组织过程中呈现出新的特征,其中最典型的内容是团青互动从服务青年个体模式向兼顾服务青年个体又联系青年组织模式转变,即从"B2C"模式开始向"B2C""B2B"模式转变。组织价值上开始探索尊重多元与寻求共识相结合的原则。虽然这一价值建构思路在团组织的整体自觉中尚未完全形成,但是在组织权力运行以及组织结构创新中已经有所体现。

第四节　作为关系空间的组织形态:共青团发展的内在机理

任何规律的总结,都是通过先对事实进行分析而形成经验,而后再对经验进行抽象而获得。在第三部分中,我们实际上是从组织形态视角对九十年共青团发展的历史事实所进行的经验分析,尚未达到对共青团组织形态自身运行规律的把握。理论逻辑发展要求我们必须对此作进一步抽象,以达到对规律的把握。因此,我们必须从上述历史经验作进一步研究,以期把握共青团组织形态发展的内在机理,这就意味着我们除了分别对党团关系和团青关系变迁机理以及共青团组织形态变迁进行研究外,还必须对它们之间的传导机制以及共青团组织形态内部各要素之间的互动机制进行研究和把握。

一、作为政治空间的共青团组织形态：政治结构与共青团组织形态

虽然是作为中国共产党的青年组织存在，但是中国共青团在中国政治空间内依然是一种政治力量，这就意味着中国共青团的创立和发展受整个中国政治结构的影响。不过，这种影响是通过党团关系和团青关系的逻辑性传递实现的。因此，我们在分析中国共青团组织形态发展的内在机理时，首先必须考察政治结构空间内主要组成要素是如何影响党团关系和团青关系的，以及是如何借助这对权力关系来作用于共青团组织形态的。

在现代政治中，政治结构空间是由政党、国家和社会三个主要要素构成的。首先我们来看政党对共青团影响的逻辑。由于中国共青团是中国共产党的青年组织，因此政党不论是在组织上还是在纲领上的变化都会导致党团关系的变化。在组织上，党的存在是作为其青年组织的共青团存在的前提。党在建立过程中同时创立了共青团，因此共青团组织权力是直接来源于党的；"文革"期间党组织受到破坏，共青团也因此陷入了危机。在纲领上，党的纲领不论是政治纲领还是组织纲领的变化都决定着团的变化和发展，党的新纲领和任务提出后，就会要求共青团也要调整自身政治任务，同时还会要求共青团调整组织形态，甚至要求共青团停止工作（如抗战期间）。

如果说党的影响是直接作用于党团关系来影响共青团组织形态的话，那么国家的影响主要是通过党的作用，并借助党团关系的逻辑来影响共青团的，这种影响对象可以是组织权力，也可以是组织形态的其他要素。如抗战期间，虽然中国共产党是基于共产国际要求而对共青团进行改造，但国内原因之一也有基于建立抗战统一战线和拟接受"国防政府"领导的需要考虑。另外，中国共青团的组织过程中的一些行为也是利用其作为执政党的青年组织与国家机构之间进行有效互动。

如果说国家和政党主要是通过作用于党团关系来影响共青团的话，那么社会主要是通过作用于青年而后借助团青关系来实现对共青团的影响。

比较明显的是改革开放之后,随着市场经济建立和网络社会生成,社会结构发生了两次转型,导致了青年行动方式和生存形态发生巨大变化,从而使共青团在不同阶段通过组织对权力运行方式、组织结构体系、组织过程内容以及组织价值原则等不断进行调整和创新,才能构建和维护相对密切的团青关系,保证团的政治职能得以实现。

二、作为关系空间的共青团组织形态:党团—团青关系与共青团组织形态

中国共青团作为政治组织,从本质上说是一种具有高度紧密化特征的关系空间。在这一关系空间中,存在着多种权力关系,其中最重要的权力关系是党团关系和团青关系。而在这两种权力关系中,对于共青团组织形态来说,党团关系又更为根本。因为在共青团组织形态各要素中,组织权力来源、组织结构建构原则、组织过程的边界以及组织价值中的根本性部分是由党团关系决定的,而团青关系只是决定组织结构具体形式、组织过程中的具体方式以及组织价值中的具体运行原则部分。也就是说,党团关系决定了共青团组织权力的根本规定部分,而团青关系只是决定了共青团组织权力的具体实现形式。

虽然党团关系和团青关系在每一时期都存在着一些具体问题,但是从整个共青团发展历史来看,党团关系问题相对严重的主要是在中国共青团组织形态生成时期,而团青关系问题相对严重的主要是在组织形态复原期和转型期,特别是转型期。从建团初期起,由于青年共产国际因素和党团自身原因,党团关系一直处于未理顺状态,因此出现了"先锋主义"和"取消主义"倾向,实际上是围绕着共青团组织权力的性质问题而产生争论。虽然共青团被改造主要是基于统一战线需要,但是第二党倾向也是导致其被改造的十分重要的原因。[①]党团关系问题在共青团重建之后就基本解决了,随后共青团所面临的问题基本不是由党团关系所带来的。即使是"文革"期间,共

---

① 何启君编:《青年团重建史》,中国青年出版社,1996年,第65页。

青团的危机也是由整个政治变动导致,而非共产党之本意。改革开放之后,由于市场经济建立和网络社会生成导致青年生存状态发生巨大变化,青年行动逻辑与共青团在单位社会条件下所形成的组织逻辑存在着较大差异,从而使团青关系开始出现不够紧密的现象,使共青团组织权力的实现不断遇到挑战。也正是基于此,共青团才不断推动自身组织形态发展和创新,以期提高对青年的影响力。

三、作为组织空间的共青团组织形态:组织形态内部要素互动机制

作为组织运行的整体政治生活总和,组织形态内部运行也有自身的特性和规律,组织形态各要素之间存在有机互动的机制。具体来说,组织权力是组织形态的核心要素,组织权力的生成与维系是组织形态存在的前提,由此组织权力决定了组织形态的其他要素。组织结构是组织权力维系的基础条件,而组织结构的具体特性主要是受组织权力和组织环境影响的,但是组织权力是关键性要素,然而组织结构如果消失,组织权力也将因此而消亡。组织结构还对组织过程有着十分重要的影响,不同组织结构将导致不同组织过程,而组织过程的变化也可能因此导致组织结构的变化。对于组织结构和组织过程来说,组织价值具有灵魂性的作用,组织价值变化将导致组织过程和组织结构的变迁,而一定意义上说,组织价值特别是组织运行中的价值内涵,更多是在组织过程和组织结构安排上得以体现出来,这就意味着组织过程和组织结构是组织价值的表现载体,对其具有十分重要的制约性。

从共青团组织形态发展经验来看,正是因为共产党创立了共青团,并赋予共青团以领导和整合青年的权力,共青团才由此有了组织权力。随后,根据组织权力实现的要求,在组织价值中的组织原则支持下,开始构建组织结构,并在与其他中国共产党和青年的互动的组织过程中,不断推动着组织形态的发展。共青团改造使共青团组织权力被收回,导致组织结构和组织过程也因此消失了。"文革"爆发,共青团组织权力受到了冲击并一度完全中断权力运行,由此也导致了组织结构和组织过程受到了严重影响,组织价值也产

生了严重扭曲。改革开放之后,随着青年行动逻辑的变化,要求共青团与其互动的组织过程、组织结构、组织价值都需要变化,否则青年就将以"以脚投票"的方式远离共青团,即共青团组织权力可能因此导致空转而无法在现实中起到应有效果,因此共青团组织形态由此出现了发展和创新。组织价值和组织过程以及组织结构彼此之间不断产生着有机互动,在推动组织形态发展的过程中,使共青团组织权力得以获得绩效。

第五节 复合型团青关系与枢纽型组织形态: 共青团发展的战略选择

探寻规律的目的就在于运用规律来指导实践。因此,我们研究九十年中国共青团组织形态发展历史所得出来的经验和规律,就是为了能够对未来共青团组织形态发展提供一个具有战略性意义的政策建议和理论依据。根据上文的分析,我们认为由于新中国成立之后党团关系基本稳定,而改革开放后特别是市场经济建立和网络社会生成使青年生存状态发生了剧烈变化,先后经历了单位化、原子化和自组织化三种状态,这就导致团青关系稳定性受到了挑战,因此建立密切的团青关系就成为当前共青团发展中最急迫的战略性任务。

由于三种生存状态在青年中同时存在,而不同生存状态的青年具有着不同行动逻辑,这就要求团青关系在具体模式上应该从单一形态向复合形态转变。另外,青年自组织化现象的出现,标志着社会具备了区别于传统党团组织和经济组织为组织主体的自我组织能力。这就意味着在团青关系构建中,共青团不仅需要考虑遵循具有差异性的逻辑与不同类型青年建立联系,而且还必须思考如何有效整合其他组织化力量,实现共青团在社会和政治领域内的主导性地位。因此,复合型团青关系构建既要包括共青团如何与不同类型组织之间建立关系的内容,还应包括共青团如何实现主导性的办法。

从本质上来说,组织就是一种关系空间,是基于一定目标和功能,按照一定原则和制度将人们整合起来的一种关系复合体。对于共青团来说,团青关系建立就意味着共青团内部关系与不同类型青年之间的关系对接，而密切的团青关系就意味着这种关系对接的成功，从而实现共青团组织权力对青年的有效作用。这也就是说，复合型团青关系要能够得到有效建立，就必须建构与之相适应的共青团组织形态。我们认为要实现这一目的，共青团就必须从以支配性为诉求的单维权力运行模式的平面化的同心型组织形态向以引领性为诉求的多维权力运行模式的立体化的枢纽型组织形态转变。这就要求我们必须在共青团组织权力结构体系、组织权力运行过程和组织价值生成机制等方面作进一步的创新和发展。

结　语

权力关系是社会秩序建构的基础，组织就是以相对紧密的方式来构建权力关系的一个空间和领域，而组织形态实际上就是权力关系在组织内互动所形成的政治生活的总和。作为中国共产党的青年组织，党团关系和团青关系成为共青团组织形态发展的一对决定性力量。党团关系和团青关系的历史性变化导致了共青团组织形态发展呈现出明显的阶段性特征，由此形成了四个时期和十个阶段。对共青团发展历史的分析，使我们对其组织形态发展的规律有了进一步的认识，基于这些认识，我们认为应该将密切团青关系作为当前和未来共青团工作的战略任务，并通过构建复合型团青关系和枢纽型组织形态来实现这一目标。

第十四章　中国共产党为什么要推动共青团改革?*

2016年8月，中共中央办公厅印发了《共青团中央改革方案》，对团中央深化改革作出全面部署，标志着改革在团中央层面开始全面推开。在此之前，上海与重庆共青团组织，作为群团改革试点单位之一，已经先行一步开展了改革。

第一节　《共青团中央改革方案》的内容

那么《共青团中央改革方案》究竟都有哪些内容？为什么推进共青团改革会受到各方面关注？

根据官方发布的信息来看，《共青团中央改革方案》从四大方面、十二个领域提出了改革措施，其中四大方面内容主要是：第一，改进团中央领导机构人员构成、机构设置和运行机制；第二，改革团中央机关干部选拔、使用和管理；第三，改革创新团的工作、活动和基层组织建设；第四，加大党委和政府对共青团工作的支持保障力度。

实际上，共青团改革只是中国共产党的群团组织改革的一个组成部分，这次改革范围涉及工会、共青团、妇联等所有党的群众团体。2015年1月中共中央下发了《关于加强和改进党的群团工作的意见》，7月中共中央召开了建党以来第一次党的群团工作会议，提出要对党的群团组织进行全面深化改

---

* 该文删节后刊载于光明网"理论频道"，2016年8月4日。

革。11月中共中央全面深化改革领导小组批准了全国总工会、上海市与重庆市的群团改革试点方案,启动了群团组织的改革工作。

《中国共产党章程》规定,中国共青团是中国共产党的助手与后备军,而共青团也是中国共产党在党章中对彼此关系作出明确规定的唯一的群众组织。正是共青团与共产党之间的特殊关系,使共青团改革成为国内外关注的一个政治现象。

第二节　中国共产党推动党的群团组织进行改革的原因

按照官方说法是,推动包括共青团在内的党的群团组织改革,主要原因有两方面:一是要"把群团组织建设得更加充满活力、更加坚强有力,使之成为推进国家治理体系和治理能力现代化的重要力量"。二是要"解决存在的问题,特别是要重点解决脱离群众的问题"。

概括起来,我们可以认为,中国共产党之所以要推动其群团组织进行改革,是因为群团组织存在着脱离群众等问题,不适应中国政治发展的新要求,因此需要通过改革使之能够发挥应有的作用。

在分析共青团等群团组织的具体改革问题之前,我们面临两个问题需要回答:

一是为什么中国会有包括共青团在内的所谓党的群团组织? 它们在中国政治中究竟扮演着什么角色,使中国共产党如此重视它们的作用发挥呢?

二是中国政治目前究竟发展到什么样一种状况? 为什么迫切需要党的群团组织发挥其应有作用?

首先,我们来看第一个问题。在古典政治条件下,以小农生产为主的中国社会的整合与组织,是通过以中央集权为基础的国家力量发挥作用得以实现的。作为现代化后发国家,在古典国家体系的清王朝崩溃之后,中国面临着现代国家与现代社会建设任务。为了克服"一盘散沙"社会与现代国家、现代社会对组织化诉求之间的矛盾,中国选择了以政党力量领导人民、驾驭军队、建立现代国家的,所谓党建国家的现代政治建设路径。经过人民选择,建立现代国家的领导任务,最终由中国共产党完成。

为了有效组织和整合人民群众,中国共产党除了发挥自身作用外,还采取了以下三方面手段:一是与其他政党进行合作;二是整合社会中已有的各类群众性组织;三是建立自己的群众组织,共青团就是其联系青年的群众组织。

新中国成立之后,中国共产党通过整顿,将已有各类群众组织的一部分、中国共产党自身建立的群众组织的主要部分,以及新建立的一些群众组织,作为各级人民政协的参与团体,以及这些组织中的相当部分负责人作为各级人大代表候选人,工会、共青团和妇联的负责人作为中国共产党各级委员会成员候选人。这些群众组织就被官方称为群众团体(简称"群团")。

这就意味着,这些群团组织实际上成为了中国整个政治体系以及民主制度体系中的一个重要组成部分,发挥着政治体系与人民群众之间制度性的联系与沟通作用,是人民群众利益与意见表达的组织性渠道。同时,这些群团组织还需要推动各方面力量服务其所联系对象,以及推动这些对象之间的彼此服务,这就意味着这些组织实际上还有很强的社会治理功能。

对于中国政治发展来说,群团组织既扮演着政治沟通角色,又具有社会治理功能,因此中国共产党相当重视这些组织。在党的群团工作会议上,中共中央总书记习近平指出,"群团事业是党的事业的重要组成部分",党的群团工作是"我们党的一大创举,也是我们党的一大优势","新形势下,党的群团工作只能加强、不能削弱,只能改进提高、不能停滞不前"。

接下来,我们来看第二个问题。中华人民共和国成立之后,为了奠定现代化建设的组织化基础,中国建立了计划经济体制与单位社会体制。在完成了现代化基础建设阶段之后,为了寻求现代化建设的可持续发展动力,推动现代文明形态在中国的全面建设,中国实施了改革开放政策。通过建立市场经济,现代社会基因植入中国。在与市场经济相适应的过程中,中国推进了以依法治国为主要内容的现代国家建设,并在此过程中推动政党发展与创新。随着市场化、网络化与全球化发展,现代社会开始在中国全面生成。由此,作为现代政治形态与国家治理体系的四个主体要素基本生成。

然而现代市场、现代国家、现代政党与现代社会生成之后，却面临着两个问题：一是上述四个主体要素的功能尚未得到充分发展，二是彼此间关系尚未实现有机化。为此，党的十八届三中全会就提出要基于顶层设计，全面深化改革，推进国家治理体系与治理能力现代化，完善与发展中国特色社会主义制度。这就意味着，中国政治发展开始从结构要素发展阶段进入到形态整体发展阶段。

国家治理现代化内在要求政党、国家、社会、市场的功能得到充分开发，以及彼此之间关系实现有机化。由于作为制度化的群团组织是联系政党、国家与社会、市场之间关系的渠道与纽带，同时也是政治体系的一个重要组成部分，因此不论是开发国家治理主体要素功能，还是推动主体要素之间关系的有机化，都需要充分发挥这些群团组织的作用。

然而问题是，这些群团组织能否发挥好这些作用呢？从中共中央党的群团工作会议反映的情况来看，显然，中国共产党认为这些群团组织目前还是不能很好发挥这些作用，其中最大问题就是所谓脱离群众的问题，具体表现就是存在着"机关化、行政化、贵族化和娱乐化"的现象。

第三节　群团组织出现所谓"四化"现象的原因

这跟中国现代化建设的逻辑与过程有关系。在中华人民共和国成立之后，为了提供现代化建设的组织化基础，建立了计划经济体制与单位社会体制，克服了社会自身组织力不足的问题，利用国家政权与政党组织的力量，对社会进行直接动员与组织。这就使社会被整合进所谓体制之中，行政体制成为了建构国家与社会的秩序基础，群团组织也就在此逻辑作用下，形成了与之同构的行政化倾向。

作为全国性的大规模组织，各个群团组织也同样需要运用科层制方式才能实现自身的有效组织，科层制导致其内部运作的行政化与机关化倾向。再加上计划经济体制与单位社会体制使社会成员与国家、单位之间具有高度利益相关性，而党组织又是单位的领导核心，群团组织是政党组织社会成员的组织延伸，由此就导致社会成员与群团组织之间也就有了较强的利益相关度。这也就意味着，对于群团组织来说，只要做好自身的组织运行工作，就不愁它们所联系的对象不跟着它们走。这就使行政化与机关化倾向得到了强化。

市场经济建立之后，计划经济体制与单位社会体制开始衰微，社会多样化开始出现，社会相对自主性开始增强，市场与社会自我组织力开始增强，同时社会成员的利益实现与所谓体制之间的关联度开始弱化，导致群团组织可以凭借体制力量对社会成员进行整合的优势开始下降。由此产生三方面后果：

一是群团组织专职人员由于被纳入了公务员系统，其行为依然还遵循着体制化与科层制的运作方式，由此使"机关化与行政化"倾向得以延续。而在体制对社会影响力降低的背景下，机关化与行政化就使群团组织能够有效联系与影响的对象在减少。

二是虽然群团组织有效联系与影响的对象在减少，但是那些已经在社会中发展起来，需要与体制产生联系的部分社会精英，却也乐意与这些具有较强体制内影响力的群团组织建立联系，而对于群团组织来说，也可以通过他们扩大社会影响，因此这些人员就成为群团组织更多互动的对象，这就导致了所谓群团工作"贵族化"倾向出现。不过我们也必须看到，对于群团组织来说，联系这些对象是应该的，但是不能因此忽略基层草根民众。

三是社会转型带来的社会成员的行为方式与生存形态的快速变化，且民众利益诉求的多样性呈现迭代发展，群团组织要能够快速跟上这种变化相当困难。而要有效表达民众意见与满足民众需求，从而赢得民众认同，就需要快速跟上这种变化，并差异化与针对性地表达与服务。机关化、行政化与贵族化倾向使群团组织采取了另外一种应对办法：对社会，追求外在的轰轰烈烈；对体制，采取"认认真真走过场"。这两方面的共同特点就是形式化效果强于实质性内涵，对提高联系社会民众的针对性与有效性的作用不强，更多是产生一种形式化的效果，或者说将政治性工作"娱乐化"。

由上可知，"机关化、行政化、贵族化与娱乐化"使群团组织与民众间关系逐渐疏远，以及联系民众的动力与效果下降，这就使政治体系与社会之间的制度性联系渠道的功能开始弱化，从而不利于整体政治发展与社会发展。

第四节　全国深化群团组织改革

对于中国政治发展来说，目前已经到了现代政治形态走向定型与完善的时期，而群团组织的功能却不能适应这一发展需求，怎么办？

"全面深化改革！"中共中央认为，"群团工作只可加强，不可削弱"，一定要通过改革使群团组织适应政治与社会发展要求。

这也就意味着，包括共青团在内的群团组织改革，不仅仅是群团组织自己的事情，而且是关系到中国共产党以及整个中国政治发展的重大战略问题。

那么应该怎么改呢？其目标与要求是什么呢？

从中共中央党的群团工作会议中，我们可以知道，对于中国共产党来说，希望通过推动包括共青团在内的群团组织改革，使这些组织能够恢复其应有的政治性、先进性与群众性。

由于群团组织是中国政治体系的一个重要组成部分，其本身就是政治性组织，而不是一般单纯的社会性或经济性组织，因此所谓政治性，是指群团组织必须以建构民众对政党与公共权力认同、支持公共权力有效运行以及参与公共事务有效处理等基本内容而展开工作。群团组织应该有效履行执政党、政权与民众之间的制度性联系作用。这就要求，群团组织必须克服"机关化"与"行政化"，切实联系社会民众。

群团组织，一方面要联系中国共产党与政权，另一方面要联系社会民众。对于中国共产党来说，它有两个使命：一是推动中华民族走向繁荣与富强，二是促进人与社会的自由与发展。因此，这就构成了中国共产党在中国的先进性的价值规定基础。对于群团组织来说，坚持与追寻这两方面就成为了其所要坚持的先进性内容的价值性维度。同时，对于社会来说，总是随着时代变化而发展，特别是在网络社会到来之后，这种变化更是迭代性的，因此对于群团组织来说，要能够完成其政治性使命与先进性价值追求，更应该根据时代发展,不断跟上,并创造相应机制引领时代发展,这是其应该坚持的先进性内容的时代性维度。先进性要求,实际上就是要求群团必须根据价值性与时代性要求,不断调整与改革自身。

作为现代民主政治的一种类型,中国政治同样也要求政党与政权有效联系民众,推动民众参与社会与政治。作为中国政治体系的一个组成部分,群团组织存在的意义就在于通过其,使民众能够制度化表达意见与组织化参与政治,以及推动民众需求得到相应的满足。因此,对于群团组织来说,联系群众、服务群众以及推动群众有序参与政治,进而使群众认同中国共产党与政权就成为其政治性实现的重要内容。这就是群团组织所谓的群众性要求。

要实现这些目标,就必须推动群团组织进行改革,那么应该如何改革呢?

分析《中共中央关于加强和改进党的群团工作的意见》,我们可以对中央对群团组织改革的思路有一基本的了解。概要来说,我们认为中央将从国家治理现代化角度来推动群团组织改革。

国家治理体系由政党、国家、社会与市场组成,而党的群团组织是政党除了自身之外联系国家、社会与市场的制度性与组织性的渠道和纽带,同时也是社会联系政党与国家的制度性的组织载体。因此,推动群团组织改革,就是通过开发与疏通群团组织与国家治理体系四个主体性要素之间的关系,使国家治理体系内部关系实现有机化。

这就意味着,群团组织改革实际上就是重塑群团组织与执政党、群团组织与国家、群团组织与社会、群团组织与市场的关系,而后再根据这些关系发展要求,对群团组织的组织形态进行调整与改革。一方面通过重塑群团组织与执政党、国家机构之间的关系,使群团组织在政治体系内部的功能得到充分开发;另一方面通过重塑群团组织与社会、市场之间的关系,使群团组织能够密切与社会、市场关系,同时也使社会与市场能够通过群团组织对政治体系产生影响,并对政权与政党产生认同。不论是从有效表达社会民众利益与意见方面来看,还是从政权巩固与政权有效运作来看,上述两方面都是互为基础与前提的。

从上述分析中,我们可以看出,群团组织改革是一个系统工程,那么应该从哪里着手呢?

《共青团中央改革方案》以及上海等地的群团组织改革试点工作回答了我们这一问题。分析《共青团中央改革方案》以及上海等试点的做法,我们可以得出一个判断,那就是群团改革是从调整群团组织与执政党关系入手的,或者说是从涉及党组织权限的内容开始改革的。这是符合群团组织性质与中国政治内在逻辑的,因为群团组织是由中国共产党领导的,因此推动其改革当然必须从涉及党组织权限的内容开始着手。具体来说,涉及群团组织的三个方面:人员、机构与机制。

虽然《共青团中央改革方案》具体措施的详细内容还无法得到充分了解,不过上海等地的试点做法可以给我们参考,因此以下主要是根据上海试点具体做法进行分析的。

作为一次深刻的自我革新的群团改革,其核心是制度创新,关键要从体制机制和组织管理体系上进行变革,而其中突破口就是干部管理。

从人员角度来看,涉及三方面:一是群团组织机关的领导班子,二是群团组织机关的工作人员,三是群团组织的基层工作人员。虽然群团组织的领导集体实行委员会制度,这些委员们许多是兼职的,但是作为群团组织机关的领导班子,过去绝大部分群团组织是由专职人员组成的。这次上海等群团改革试点就采取所谓专、挂、兼的结构,其中,专职人员的数量减少近一半,空出来的岗位,一部分由体制内的人员来挂职,不过他们是要全职到群团机关来上班的。另一部分岗位由体制外或非党政机关领导干部来兼任,他们可以不用全日制到群团机关来上班,而是参与群团组织的重大决策以及负责某一部分与社会联系密切的工作。群团组织的机关专职工作人员数量也大幅度减少,空出来的岗位,从社会中招募志愿者来担任。这些离开机关的专职人员,被要求到群团组织基层去工作,所谓"减上补下",同时,与民众直接联系的群团组织基层还增加了各类工作性力量。

按照中央政治局委员、上海市委书记韩正的说法,"这次群团改革,就是要打破传统的体制壁垒"。上述做法实际上就是打破了体制内外的区隔与壁垒,挂职打破了体制内的部门之间以及所谓行政级别的区隔与壁垒;而兼职打破了体制内外的区隔与壁垒,同时,也让已经有较强社会影响力、适应现代社会组织与动员方式的社会领袖性人物被吸纳进群团组织的领导层,以及具有较高政治热情的一般民众参与群团组织的日常管理工作。

群团改革还推动了群团组织,根据社会发展新要求,对机关内部的工作部门设置进行调整,以及调整机关工作人员上班时间和考核方式。另外,还对群团组织专职人员选拔与吸纳方式、资金使用等一系列体制机制进行了改革。

上述这些举措,更多涉及党组织权限的内容,这些内容如果党组织不推动,那么群团组织自身是无法做到的,而这些改革措施的实施,对群团组织整体改革与发展来说,又是具有关键性作用的。这就意味着,群团组织改革已经迈出了"从0到1"的关键一步。

虽然从《共青团中央改革方案》与上海等改革的试点做法来看,已经涉及群团改革的关键内容,但毕竟不是群团改革的全部,要做到在"从0到1"的基础上,向"从1到N"迈进,实现群团组织的全面深化改革的完全到位,还需要由群团组织自身来完成。

以下两方面原因使共青团在群团中具有相当特殊的地位:

一是共青团与中国共产党的特殊关系,共青团作用发挥得好坏,将直接关系到中国共产党与青年之间的关系。

二是共青团所联系的对象是青年,而且青年又是最活跃的,其交往方式与生存形态不断处于迭代状态中,共青团是否能够有效发挥作用,决定着青年与整个政治关系之间的互动能否顺畅与有效。

这就意味着作为群团组织的一个组成部分的共青团,必须遵循上述改革的原则与要求,积极响应,典范性地推动自身改革与创新。不仅要求共青团必须遵循上述改革的一般规律,还要按照自身的发展逻辑与组织特性进行。

第十五章 "从0到1":共青团全面深化改革迈出了实质性第一步*

2016年2月29日,共青团上海市委召开了第十四届七次全会,改革试点方案中的领导班子、内设机构以及常委、委员调整等一些改革措施都在全会上得以亮相,标志着共青团改革上海试点工作,从方案落实到现实。从全国来看,这意味着共青团全面深化改革迈出了实质性的第一步。但是迈出这一步,不论是对上海共青团,还是对全国共青团来说,都仅仅意味着实质性改革的开始,更艰巨的任务还在前方。

第一节 共青团全面深化改革的"从0到1"

在现代化浪潮冲击之下,中国古典政治文明开始崩溃,随着作为建构与组织社会的主导力量的清王朝消亡, 以小农生产为特征的中国社会陷入了"一盘散沙"。民族独立、国家统一与现代化建设内在要求社会组织化,由此,政党与军队成为了组织社会的最重要的组织化力量,同时,在社会中存在的基于价值、利益与兴趣等而形成的政治性与社会性的组织化力量与载体,以及由政党组织推动建立来协助组织民众的组织载体, 就成为了政党与军队之外很重要的民众自我组织与组织民众的组织化力量, 这就是所谓的广义上的群团组织。新中国成立之后,通过整顿,其中一部分社会中自我产生的以及中国共产党推动建立的群团组织,就被作为勾连党、国家与社会之间关

---

* 刊发于"中青在线"2016年3月11日,并以"共青团全面深化改革的'从0到1'"为题刊载于《中国青年报》,2016年3月14日。

系的机制性与制度化的组织渠道，这些群团组织就是所谓狭义上的群团组织，或是官方意义上的所谓的群团组织。共青团就是其中之一，是党和政府联系青年的桥梁与纽带。

新中国成立之后，在协助党与政府推动现代化建设的过程中，包括共青团在内的群团组织起到了很好的作用。不过在改革开放特别是市场经济建立与网络社会生成之后，许多在计划经济时期形成的特点，以及在市场经济建立之后形成的一些特点，使包括共青团在内的群团组织的组织形态，开始不能适应新时期社会发展要求以及群众的生存状态与交往方式，呈现出"机关化、行政化、贵族化与娱乐化"等倾向，存在着脱离群众的危险。为此，在党的十八届三中全会提出国家治理现代化之后，包括共青团组织在内的群团组织改革就成为了全面深化改革与推动国家治理现代化的一个重要组成部分，其目的就是强化群团组织的政治性、先进性与群众性。因此，在2015年1月，中共中央出台了《中共中央关于加强和改进党的群团工作的意见》，就新时期党的群团工作以及群团建设与发展，提出了一系列意见与要求。

2015年7月，中共中央召开了建党以来的第一次群团工作会议，习近平总书记作了重要讲话，会议提出要推动群团改革与创新。11月9日，中共中央全面深化改革领导小组审议通过了全国总工会、上海市与重庆市的群团改革试点方案。11月20日，上海市委召开了群团工作会议，部署群团改革工作，上海共青团改革也正式启动，并通过媒体将改革方案主要内容进行发布。经过三个多月的准备，2016年2月29日，共青团上海市委十四届七次全会召开，在全会上，市委组织部宣布了作为团市委领导班子"专挂兼"结构中的挂职与兼职领导干部名单，团市委新的内设机构情况也被公布，并根据改革精神，增补了团市委委员与常务委员会委员。

对于共青团来说，中央意见、群团工作会议、试点方案出台等，从一定意义上来说，都属于理念提出、方案设计层面，尚未转化为现实，而作为全国试点的上海共青团改革，则标志着共青团改革上海试点工作从方案落实到现实。因此，从全国来看，这些举措意味着共青团全面深化改革迈出了实质性的第一步，实现了现实的"从0到1"的突破。

第二节　并非只是一场单纯的机构改革

共青团上海市委十四届七次全会之后，虽然官方报道对全会内容作了相对全面的介绍，但是许多媒体以及团内外人士，都将评论的重点聚焦在领导班子以及机构变动上，似乎认为上海试点所体现出来的共青团深化改革，只是一场机构改革，同时，也有一些人对领导班子成员的"专挂兼"新结构感到费解。

从研究问题角度来看，当一个现象出现似曾相识，而又充满困惑的矛盾时，这就意味着这一现象背后可能存在着与之前现象之间有重大区别的新逻辑。这一分析问题方法也同样可以运用到人们对上述这一现象的认识上。

诚然，这一共青团改革上海试点方案，是从机构、人员与机制入手进行改革，确实是一场机构改革，但是单从领导班子成员"专挂兼"新结构出现，就可以看出，这一次改革措施与传统的机构改革存在着重大差异。如果对领导班子"专挂兼"新结构的背后逻辑进行分析的话，我们实际上就会得出以下判断，那就是通过领导班子以及机关工作者的人员来源与任职方式的调整，来打破传统体制区隔，包括体制内部与体制内外的区隔。

新中国成立之后，为了克服现代化建设对组织化诉求与中国传统小农社会"一盘散沙"的特征之间的矛盾，我们在宏观上建立了以国家政权为主导的计划经济体制，在微观上建立了以基层党组织为核心的单位社会体制，从而为现代化建设奠定了组织化基础。计划经济与单位社会，使整个社会形成了一元一体，用行政化方式将整个社会组织起来，其中一个很重要方式就是将干部与职级联系起来。作为政治体系一个重要组成部分的群团组织，包括共青团在内，都被纳入这一框架之内，在干部选拔与任用上，都遵循这一逻辑。后来公务员制度确立，又以制度化方式将之固化下来。

市场经济建立以及网络社会生成，使计划经济体制与单位社会体制，在整体上退出了历史舞台，但是当时所形成的体制安排与管理方式，依然还以新的形式在制度性与观念性层面体现着，这就导致了人们所谓的体制内与体制外的说法。这就导致在政治运作过程中，政治运行开始形成了政治领导与行政管理的区分，但是在干部使用与管理上，却依然还是以行政化方式进行，由此导致政治领导工作也严重行政化，在群团方面就体现为所谓"行政化"与"机关化"的倾向，从而使政治领导的空间窄化与方式僵化。

这种行政化与机关化倾向体现在群团组织形态的方方面面，对于共青团来说，其中很重要的一个方面就是体现在领导班子与机关工作人员的人员来源和任职方式上，必须都是以公务员身份与科层制方式进行安排与运作，由此导致了所谓的体制性的区隔，使许多具有良好素质的青年领袖以及青年团员无法到共青团领导机关参与工作，而科层制与公务员的行政化运作逻辑，使那些专职化的机关干部，在观念上与行为方式上存在着与一线青年脱节的倾向。为此，共青团改革上海试点，就率先从导致体制区隔的"牛鼻子"入手，采取领导班子成员的"专挂兼"方式，其中挂职使体制内的区隔得以打破，兼职使体制内外的区隔打破，使所谓体制之外的优秀青年领袖能够成为共青团领导班子成员，并且在机关其他工作人员中也通过吸纳志愿者等方式，来进一步克服体制性区隔。

概括起来，我们认为，领导班子成员"专挂兼"结合的新结构等举措，一方面打破了体制性的区隔，另一方面淡化了所谓行政级别的观念，突出了"以工作需要"与"唯才是举"的理念，以此达到克服共青团行政化与机关化的倾向。

由上可知，我们可以说，共青团改革上海试点方案的实施，从面上来看，确实具有过去的机构改革的一些特征，但是也存在着巨大差异，实际上遵循着新的理念与逻辑。以打破体制区隔与淡化行政级别为内容，克服共青团行政化与机关化为诉求，是从关键环节入手推动共青团组织形态整体性重塑的实质性的第一步。因此，我们不能将之理解为一次单纯的机构改革。

第三节　共青团发展还需要"从1到N"

如果对共青团改革上海试点方案进一步分析，我们可以得出一个判断，那就是试点方案所提出来的改革对策是具有解决共青团"行政化、机关化、贵族化与娱乐化"问题的"牵牛鼻子"的功能与效果的,是完成共青团改革中党组织履行最重要权限那部分的任务,是党建团建的新发展。然而不论是从关键对策落实与整体改革推进的改革内容来说,还是从改革试点到全团改革来看,共青团改革上海试点方案实施,都还只是迈出共青团全面深化改革的实质性第一步,对于共青团组织形态整体发展来说,还有很多路要走,很多事要做。

从关键对策落实来看,还需要解决磨合适应与开发激活等问题。比如,新的领导班子"专兼挂"结构运行方式如何开展,特别是兼职副书记作用如何发挥,以及机关干部的专职人员与志愿者之间如何合作等,将成为改革后首先需要解决的问题。当然,还有其他人事、财政等新体制在现实中的落实也存在许多新旧机制之间的冲突等问题,这些都是急需解决的。再比如,对于共青团来说,兼职问题从一定意义上讲并不是一个全新的举措,实际上从领导机构来说,常委会、全委会与代表大会才是本质性领导机构,而所谓机关工作人员等,只负责日常性工作的运行,通过所谓"专挂兼"改革,实际上是改变负责日常性工作的人员结构的问题,而如何发挥常委会、全委会与代表大会中的非机关工作人员中的常委会、全委会的委员与代表的作用,是下一步改革中需要考虑的问题。

从整体改革推进来看,还需要解决从关键突破到整体发展问题。从国家治理现代化与群团改革的逻辑来看,共青团改革实际上是在以政党、国家、社会与市场为要素的政治结构空间中,通过重塑共青团与各方面的关系,并在此基础上发展共青团的组织形态。从目前试点方案来看,虽然共青团与政治结构四个要素关系重塑的内容都有所涉及,但是从结构上来看,作为党建带团建的新发展,更多的是涉及共青团与政党的关系。因此,如何从关键性关系与关键性环节的突破到共青团组织形态整体性创新,还需要共青团在党的领导下进一步努力推动。

从改革在全团的推进来看,还需要解决由点到面的推广适用问题。对于共青团来说,目前的试点是在上海市与重庆市,而这两个城市都是直辖市,因此对于下一个全团改革推进来说,还需要解决两方面问题:一是如何将上海市、重庆市的地方性试点经验转化为团中央层面改革的参考与借鉴;二是如何将上海市、重庆市的直辖市的改革经验在其他地方,特别是省级共青团中示范与推广。这里将遇到两方面挑战:一是试点推广的一般性困难,就是各地如何结合实际情况来复制与借鉴上海市与重庆市的改革经验;二是本次试点单位选择所带来的推广可能遇到的特殊性困难,就是直辖市经验对省级共青团的适用性问题。因此,如何解决上述两方面推广与适用问题,是下一步各级党组织与团组织都需要发挥智慧,进行努力的内容。

总之,共青团改革上海试点方案的落实,对于共青团全面深化改革来说,具有重要意义,解决了共青团全面深化改革的"从0到1",迈出了实质性的第一步,但是如何"从1到N",既考验下一步共青团的发展能力,也关系到共青团改革是否能够切实到位。

对于共青团来说,也许改革永远都是进行时,这是时代的要求,也是青春的命题!

第十六章　打造共青团升级版的
　　　　逻辑与维度*

  党的十八届三中全会的召开标志着中国改革发展的步伐进一步加快，将为中国梦实现提供更加坚实的基础。从改革开放以来的情况来看，每一次重大改革措施的出台都将带来中国经济和社会的较大变化。为了适应这些变化，党的建设以及整个政治建设都因此而获得创新和发展。由此，我们可以预计，党的十八届三中全会召开也将对中国经济、社会发展产生较大影响，相应党的建设和政治建设也将得以发展。同样，上述变化也一定会对青年发展产生较大影响，而作为中国共产党的助手和后备军以及国家政权的重要社会支柱，共青团也应该根据青年发展以及党的建设和政治建设推动自身发展。由于改革开放以来中国共青团不断根据经济和社会发展进行自我调整，已经取得了一系列成果，因此我们认为，在党的十八届三中全会召开之后，共青团还应该根据新的形势要求，在既有改革成果基础上，打造共青团工作升级版，以适应改革开放加速和网络技术发展所带来的青年发展和中国政治发展的需要，一方面密切和巩固团青关系以夯实党的领导和执政的青年基础，另一方面激发和整合青年力量以服务改革发展的国家大局，进而为中国梦实现奠定组织基础。

---

* 写于2013年9月30日，其中第三部分以"三个维度打造共青团工作升级版"为题，刊载于《中国青年报》，2013年12月16日。

第一节　打造共青团升级版与锻造中国梦实现的组织基础

作为人类最早诞生的文明体之一,自从其进入文明之后,中华民族就一直没有中断过自身发展,并在此过程中,创造过辉煌的古典文明,从而为人类进步做出了重大贡献。然而随着现代化浪潮的冲击,中华民族的古典文明开始衰弱。不过在马列主义的指导下,在中国共产党的领导下,中华民族摆脱了由于古典文明衰弱所导致的民族困境。经过了革命、建国、建设和改革等阶段,我们构建了符合人类历史发展逻辑的现代文明,使古老的文明体获得新生,由此,中华民族不断走向复兴,并不断为人类创造出具有世界意义的现代文明成果。这就是一百多年来中国人民所追求的中国梦,这也是中国梦具有的历史价值和世界意义。

比较古典文明,现代文明的最大特点之一就是处于快速创新和发展之中。这就要求我们必须重视两方面工作:一是在体制上,必须不断改革,使社会活力和创造性不断得以涌现;二是在主体上,必须重视具有活力和创造力的社会群体的凝聚与整合,使社会活力和创造力能够形成合力,汇聚到中华民族伟大复兴的大局中来。目前,我们比以往任何一个时期都更加接近中国梦的最后实现,由此,我们也应该比以往任何一个时期更加重视上述两方面工作的落实,因为"逆水行舟,不进则退",况且,当前中国社会处于市场化、网络化和全球化全面加速的时代背景下,已经容不得我们犹豫和滞后,只有加速前进才能取得最后冲刺的胜利。

正是在这一关键时刻,党的十八届三中全会应时召开了,并将全面深化改革确定为会议主题,要求全党要"坚定信心,凝聚共识,统筹谋划,协同推进,进一步解放思想、解放和发展社会生产力、解放和增强社会活力,坚决破除各方面体制机制弊端,努力开拓中国特色社会主义事业更加广阔的前景"。从一定意义上说,党的十八届三中全会的召开,其目的就是通过构建新的体制和机制,创造社会活力和创造力涌现的条件,从而为中国梦实现奠定体制和机制基础。我们可以预期，随着党的十八届三中全会的各项改革措施的落实，中国社会的活力和创造力将进一步涌现，同时，我们还可以预期，这些措施的落实将导致社会结构和社会生态进一步变化和发展，更多新的现代文明成果将在中国出现。

在激发社会活力和创造力上，我们必须从整体和结构两方面下功夫。党的十八届三中全会召开，实际上就是在整体上为社会活力和创造力的释放创造体制和机制条件。除此之外，我们还应该从主体角度进行结构性分析，寻求其中最具增长点的那一部分力量。诚然，我们可以对社会人群结构进行多元和多角度分析，从每一分析视角中，我们都可以把握其中最具活力和创造力的人群。但是如果我们从年龄角度进行分析的话，不论是从一般性特性来看，还是从时代所带来的特征来看，青年人一定是中华民族中最具活力和创造力的人群。而网络社会又打破了传统社会体制性区隔，使社会权力开始向青年人转移，这就使青年人所具有的活力和创造力，不仅局限于青年人内部的后备性的亚空间中，而是开始直接影响到整个社会的各个领域。因此，我们有理由认为在关注社会活力和创造力的主体时，首先应该重视青年群体的作用。

中国梦是国家的梦、民族的梦，也是每一个中国人的梦，是三者的有机统一。因此，中国梦要得以实现，必须激活每个中国人的活力和创造力，同时还必须将这些活力和创造力汇聚到民族复兴和国家发展之上。同样，我们在重视青年群体作用时，也应该重视将青年的活力和创造力进行有效整合，并使之汇聚到民族复兴和国家发展的大局中来。这一工作的完成，除了国家制度作用之外，还应该通过党的领导来实现，而中国共青团作为党的助手和后备军，在具体落实过程中，理所当然要担当起这一使命。

实际上，中国共青团长期以来一直在按照这一要求开展工作，并不断推动自身发展以适应青年的发展。然而随着市场化、网络化和全球化进程的加速，特别是党的十八届三中全会的全面深化改革举措的推出，中国社会以及青年发展将进一步产生深刻变化，这就要求共青团必须根据新的发展要求，以服务青年和发挥青年活力、创造力为诉求，围绕着密切团青关系和服务国家大局两个重点，全面推动自身创新和发展，通过打造共青团工作的升级版,为中国梦实现所需的活力和创造力奠定坚实的组织基础。

第二节　打造共青团工作升级版的逻辑

市场化、网络化和全球化的加速以及党的十八届三中全会召开所带来的经济和社会进一步发展,内在要求共青团必须进行全面创新与改革,打造工作升级版。然而共青团工作升级版的打造,不是凭空而做,而是必须遵循共青团组织发展的内在逻辑。这种逻辑包括两方面内容:一是决定共青团发展的逻辑力量,二是共青团发展的辩证逻辑。前者是共青团组织发展的推动力量, 后者是这些推动力量相互作用后在共青团组织身上所体现出来的运动过程。

由于中国共青团是党的青年组织, 因此其发展规律首先必须从中国共产党创建中国共青团的意图入手, 并将之放在现代文明生成的过程中予以把握。作为现代政治发展逻辑、共产主义运动逻辑和中国政治发展逻辑共同演绎的结晶,中国共产党从诞生之日起就被赋予在中国建立现代文明,领导中华民族走向复兴的历史使命。而青年不仅是每个时期提供社会活力最重要的主体人群之一,而且还代表着未来,因此为了完成这一使命,中国共产党就必须获得青年的支持,并实现对青年的有效领导,于是,中国共产党就建立了中国共青团。相应的,协助中国共产党领导青年,并推动青年围绕党的中心任务贡献力量,就成为中国共青团最重要的政治职能。而为了达到这一政治目的,中国共青团就必须根据不同历史时期的青年特点,通过有效服务青年和维护青年利益,进而与青年建立密切的关系。这就意味着中国共青团必须在党团关系、团青关系和时代发展这三个坐标所组成的三维空间中发展,或者说党团关系、团青关系和时代发展成为决定共青团组织发展的三种逻辑力量。

正是在上述三种逻辑力量的共同推动下,共青团才得到了不断发展。在每一发展阶段,在解决所处阶段的紧迫问题的过程中,共青团积累了许多创新成果,同时这些成果也不断被转化为随后阶段的发展基础,以及共青团整个组织形态的组成部分，由此共青团发展就呈现出一个具有辩证逻辑的运动过程。

在新中国成立之前，由于共青团处于幼年阶段，在协助党领导青年过程中，建立有序和制度化的党团关系成为这一阶段推动共青团发展的主要逻辑力量。随着新中国成立之初青年团重建的完成，党团关系就得到了明确。

在社会主义建设时期，共青团在协助党对青年领导的过程中，在计划经济体制和单位社会体制的支持下，不论是在组织网络建设，还是团青关系构建上，都取得了巨大发展，使共青团走向了成熟。

改革开放之后，中国政治是复元与改革并行，在这一逻辑作用下，共青团建设，一方面推动了组织恢复和制度完善，另一方面推动了基层组织设置和流动团员管理的创新。这一时期主要是在制度建设上取得巨大发展，而组织创新依然是以强化团内管理为重点，尚未走出计划经济体制下的共青团建设逻辑。

市场经济体制建立使单位社会体制开始解体，青年生存状态开始出现原子化倾向，寻求与变化了的青年建立新型的团青关系，成为了市场经济体制建立之后共青团组织发展的战略性任务。团的十三届二中全会提出的"跨世纪青年工程"，开启了重构团青关系的历程。以主体在先为基础的青年志愿者行动的提出，为共青团探寻到与原子化青年之间构建密切关系的行动逻辑和具体载体，而以共赢合作为基础的青年文明号建设，为共青团探寻到有机嵌入具有相对独立性的经济组织的行动机制和现实路径。

进入21世纪，网络社会开始在中国生成。市场经济深化和网络技术运用，使具有较强主体意识的原子化青年开始在现实物理空间和虚拟网络空间中快速实现组织化。由此，一方面区别于传统党团组织和市场机制的新型的组织化力量开始生成，另一方面基于价值、利益和兴趣而聚合起来的青年社会组织大量出现，青年生存形态普遍呈现自组织化倾向。为了与这些自组织化青年建立关系，共青团开始推动组织形态的创新，团的十五大决定在街镇层面建立青年中心，北京、上海和广东等地也开始在各级团组织中探索建立整合自组织化青年的机制和载体，但是从整体情况来看，整合自组织化青年工作尚未取得突破性进展。

三十年来,中国社会转型和发展速度相当迅猛,青年生存形态也几乎是十年一变。为了与变化了的青年快速建立新型关系,共青团工作不断处于创新之中。但是也正是如此,导致共青团在力量分布上放在"两新"组织中建团的力度就显得不足。为此,团的十六大之后,团中央就将工作重点放在"两新"组织的建团上,从而使共青团基层组织大量增加,为共青团整合和组织各种生存形态的青年奠定了组织基础。

在第一部分中,从中国梦实现的大的政治逻辑中,我们得出必须打造共青团工作升级版的判断,而通过这一部分分析,从共青团自身发展逻辑中,我们同样发现,共青团需要在更高层面实现对自身工作的提升,因为共青团工作虽然适应时代形成了许多创新成果,同时也用了五年时间进行整顿和建团。但是从目前共青团整体建设上看,这些创新以及创新与整顿之间却未形成有机衔接。从一定意义上说,在改革开放逻辑下,团的十三届二中全会实现了共青团工作的转型,而在全面深化改革背景下,当前,共青团工作需要的是提升,这是共青团自身发展中的一个重要战略点,如果错过,就可能付出更大代价。

因此,我们认为,下一阶段,应该根据新的发展条件和要求,以密切团青关系和服务国家大局为目标,充分体现市场经济和网络社会条件下的政治组织运行特征,以新的理念和技术对之前各个阶段的建设和创新的成果进行再造和整合,并提出新的内容和对策,以打造共青团工作的升级版。在具体打造共青团工作升级版过程中,我们需要注意以下三点:一是不能为了获得适应环境所需的工具化的内容,而忽略了共青团的组织特性,必须充分认识共青团作为党的青年组织的性质,反对将共青团政府机构化和社会组织化。二是不能割裂历史,必须充分看到之前各个阶段的创新和建设成果,是共青团自身发展逻辑所导致的,应该将这些成果充分运用和整合,使之成为升级版的重要组成部分和相应环节。三是不能只是将之前各阶段成果进行简单拼凑,或者是在某个方面进行一些点上的局部创新,而是必须根据新的要求和条件,以新的理念和技术对这些成果进行加工和再造,并发展出新的内容,使共青团组织形态获得整体提升。

第三节　应该从三个维度打造共青团工作升级版

打造共青团工作升级版，一方面我们要遵循共青团自身的发展逻辑，另一方面我们还需要寻求相应维度进行操作。这些维度的确定，不能凭空而来，而是必须根据政治组织发展的内在机理展开。政治学认为，在政治运行中存在着三个结构性逻辑要素，分别是组织、制度和价值。因此，打造共青团工作升级版也应该从这些逻辑维度进行。

在组织维度方面，应该打造枢纽型组织形态以再造关系空间。究其本质，组织不过就是权力关系的集合体，由此，新形势下共青团组织形态创新就应该以构建新型的权力关系为诉求而展开。因此，我们认为打造共青团工作升级版在组织维度上应该围绕以下三方面而展开：一是以构建复合型团青关系为诉求。市场经济和网络社会导致当前青年生存形态呈现出单位化、原子化和自组织化并存的局面，这就要求共青团必须根据不同生存形态青年的行动逻辑，采取差异化方式与他们建立复合型关系。复合型团青关系是在新的历史条件下团青关系的实现形态，这就决定了共青团工作升级版在组织维度乃至整个工作中都应该围绕其而展开。二是以打造枢纽型组织形态为目标。共青团组织形态实际上就是党团关系与团青关系这两对权力关系在组织层面的外在体现，由此复合型团青关系实际上就是共青团与不同生存形态青年之间形成基于不同互动逻辑的权力关系，从而形成了新的条件下共青团组织形态发展的重要规定性力量。由于需要在各种生存形态青年之间形成相互服务的过程中实现共青团的主导性作用，因此就必须将共青团打造成具有枢纽型特征的组织形态，从而使复合型团青关系建构得以实现。三是以适应网络社会技术环境为方向。在打造枢纽型组织形态过程中，共青团不论是对外互动整合，还是在内部部门设置上，都必须适应网络社会技术环境构建复合型团青关系的需要，根据网络背景下团青互动方式变化，对共青团领导机关进行针对性改造，以及建立区别于传统机关和事业单位的组织载体以支持共青团组织形态转型。

在制度维度方面,应该建构有机化制度体系以重建组织整体性。究其本质,所谓制度实际上是权力关系互动的规则与路径安排,由此,新形势下共青团制度体系发展应该以再造权力关系运行的流程和拓宽权力关系互动的渠道为重点,推动权力运行的有机化,重建组织整体性。因此,我们认为打造共青团工作升级版在制度维度上应该围绕以下三方面而展开:一是以重建共青团组织整体性为诉求。共青团是受党团关系与团青关系两个权力关系所规定的,因此共青团组织必须将这两方面统一起来,这就要求在制度体系建设上,必须做到把党团之间、团青之间以及党与青年之间的制度通道切实打通,并在此基础上实现各种关系之间互动的有机化。二是以开发既有制度为重点,以创设新的制度为补充。实际上,在现有的政治体制以及共青团制度体系中,已经有了基本的沟通党团、团青以及党与青年之间的制度性安排,但是长期以来其中相当数量的重要制度都尚未获得充分开发,因此我们认为在新的形势下,共青团应该采取切实措施对这些制度进行开发。同时,共青团还应根据新的形势,在新的理念指导下对制度体系进行发展和创新,完善相应制度。三是以打造枢纽型组织形态为目标推动制度流程再造。这些制度主要是配合枢纽型组织形态建设而采取的相应措施,既针对共青团组织内部的机构运行,也针对共青团与各类生存形态的青年之间的关系构建。

在价值维度方面,应该创设凝聚性价值机制以建构有效认同。究其本质,价值实际上就是人们对生活方式、行动内容以及政治运行等的好坏理解以及正当性判断,既有理性内容,也有情感成分;既涉及内容,也涉及主体。由此,新形势下共青团价值机制发展应以有效配置党与国家所倡导的价值内容为重点,以整合社会与青年的多元价值为途径,以构建共青团与青年之间的亲和力为目标,通过创设凝聚性价值机制,建构青年对党团组织的认同。因此,我们认为打造共青团工作升级版在价值维度上应该围绕以下三方面展开:一是以实现配置党与国家倡导价值与凝聚青年多元价值相统一为价值机制创设的基本追求。二是重视和尊重青年差异化价值需求,确立政治营销的理念以实现价值配置和价值整合的针对性和有效性。三是将充分运用最新信息技术以及充分发挥青年社会组织作用,作为凝聚性价值机制创设工作的重点内容。

第十七章　共青团组织形态重塑的干部逻辑
——群团改革后共青团挂职兼职干部的作用发挥研究

2015 年，中央党的群团工作会议提出了新时期党的群团工作只能加强不能削弱的工作方针。根据目前共青团组织干部队伍结构的实际情况和党的青年工作对团干部队伍的要求，实行新型"专、兼、挂"干部结构是共青团干部体制改革的主要方向。

第一节　干部与共青团组织：理论与历史

共青团作为与共产党高度同构的政治性组织，干部体制是分析其组织的关键维度，也是研究和透视政党组织的关键一环。共青团组织的组织结构中包括团员和团干部。团员是团组织成员的一般身份，团组织的骨干成员即为团干部。团干部是推进党的青年工作发展的骨干力量，主要包含专职干部、兼职干部、挂职干部三种类型。所谓专职团干部，一般是指在各级团组织成立的委员会中担任职务且专门从事共青团工作的人员，负责机关的日常运转，有专门的分工。专职团干部的选拔方式比较严格，一般要按照党政机关专职公务人员的遴选机制进行选拔。所谓兼职团干部，一般是指在承担本职工作的同时，兼任团内某一职务、以部分时间或业余时间从事团务工作的团干部和工作人员，不脱离原来的工作岗位。所谓挂职团干部，一般是指相关单位根据工作需要或者公务人员的个人愿望，以挂职锻炼形式到各级团组织成立的委员会中担任有一定限期的职务。团干部挂职的形式主要存在于体制内，是公务人员跨部门或跨级别的临时调动，主要目的是弥补干部能力不足、实现部门间资源互通、解决单位或部门人手不足等问题。

回顾共青团的历史，可以看到"专、兼、挂"干部结构在不同时期有着不同表现。中国共青团成立初期，长期存在着"党团不分"的情况，团干部通常是由年轻的党员兼任。俞秀松作为中国共产党上海早期组织的成员之一，同时也被陈独秀委派作为青年团组织的发起人。①这一时期，青年团的干部以兼职为主。随着20世纪20年代中期党团关系的逐渐理顺，团干部队伍的专职化越发显著，但兼职的情况依然大量存在。在国共关系破裂后，国民党大肆捕杀共产党员和共青团员，很多地区共青团的工作转入地下，专职团干部数量大大减少。由于地下活动的需要，共青团干部都有另外的身份作为掩护，这是一种特殊时期的"兼职"方式。1935年，根据青年共产国际的指导和中国共产党的指示，中国共青团被改造为青年救国联合会，共青团干部分散到各类青年救国团体中去担任领导职务、发挥先锋作用。这一时期，共青团干部结构以兼职为主体，专职团干部随着共青团组织改造而消失。②1949年以后，共青团恢复建立。直到"文革"之前，共青团在计划经济体制之下，专职化程度达到了前所未有的高度，兼职团干部在这一时期基本不存在。改革开放之后，共青团再次恢复了组织的功能。但是在急剧变化的新形势下，其干部结构面临着新的挑战，兼职团干部在整个团干部队伍中所占的比重越来越大。随着政党、国家、社会空间格局的变化，干部交流制度在党政机关、企事业单位、人民团体之间逐渐生成，挂职团干部这一干部类型也应运而生。就此，共青团"专、兼、挂"三种干部类型同时存在。③

---

① 林代昭、潘国华：《社会主义在中国的传播与实践》，北京大学出版社，1991年，第176页。

② 《上海青年志》编纂委员会：《上海青年志》，上海社会科学院出版社，2002年。

③ 《党政领导干部选拔任用工作条例》，中国方正出版社，2004年。

第二节 共青团改革与"专、兼、挂"干部结构提出:打破体制区隔的干部逻辑

一、国家治理现代化与共青团改革:共青团组织形态重塑的政治逻辑

在"一盘散沙"状态下的近代中国,政党成为了最重要的组织化力量,而在组织和凝聚群众力量的过程中又形成了政党的外围群团组织。在这个历史进程中,中国共青团形成了与中国共产党的稳定关系,形成了有效运转的青年工作体系。[①]改革开放以来,特别是市场经济建立与网络社会生成之后,共青团工作面临的形势发生了巨大变化。许多在计划经济时期以及在市场经济建立之后所形成的一些特点,使包括共青团在内的群团组织的组织形态,开始有些不能适应新时期社会发展要求以及群众的生存状态与交往方式,呈现出"四化"(机关化、行政化、贵族化、娱乐化)倾向。作为党的青年组织,共青团是党联系青年的桥梁纽带,而作为中国政治体系以及国家治理体系的一个重要组成部分,共青团是国家政权的重要社会支柱。这就意味着,共青团实际上是党联系国家、社会的一个制度性的组织化载体。因此,完善共青团与党、共青团与国家、共青团与社会之间关系,就成为共青团全面深化改革的逻辑空间与战略选择。

二、机关"专、兼、挂"干部结构提出与打破体制性区隔:共青团发展的干部逻辑

新中国成立之后,我们宏观上建立了以国家政权为主导的计划经济体

[①] 《上海青年志》编纂委员会:《上海青年志》,上海社会科学院出版社,2002 年。

制,微观上建立了以基层党组织为核心的单位社会体制,用行政化方式将整个社会组织起来,其中一个很重要的方式就是将干部与职级联系起来。作为政治体系一个重要组成部分的群团组织,也被纳入这一框架之内。后来,计划经济体制与单位社会体制在整体上退出了历史舞台,但当时所形成的体制安排与管理方式依然还以新的形式体现着,这就导致了所谓"体制内"与"体制外"的说法。虽然,政治运行已经形成了政治领导与行政管理的区分,但是在干部使用与管理上,却依然还是以行政化的方式进行,行政化、机关化的问题由此产生。

对于共青团来说,该问题很重要的一个方面就体现在书记班子与机关工作人员的人员来源与任职方式上,必须都是以公务员身份与科层制方式进行安排与运作,由此导致了所谓体制性的区隔。书记班子成员的"专、兼、挂"方式,其中挂职使体制内的区隔得以打破,使体制内其他不同部门之间以及不同级别的区隔得以打破,兼职使体制内外的区隔打破,使所谓体制之外的优秀青年领袖能够成为共青团书记班子成员。书记班子成员的"专、兼、挂"结合的新举措,突出了"以工作需要"与"唯才是举"的理念。上海作为改革试点,更是提出了不唯年龄、不唯学历、不唯身份、不唯职级选拔群团干部的做法,按照"减上补下"的原则补缺口,强一线。[①]该方案的实施是遵循着新的理念与逻辑,迈出了从关键环节入手推动共青团组织形态整体性重塑的实质性第一步。

三、并非只是对共青团发展具有意义:新型干部结构提出与党的干部体制改革

从"党建带团建"的逻辑视角来看,共青团所进行的改革是在党的领导下进行的改革。首先,共青团是由党领导的。党章明确规定:"中国共产主义青年团是中国共产党领导的先进青年的群众组织……是党的助手和后备军。共青团中央委员会受党中央委员会领导。共青团的地方各级组织受同级

---

① 《中共中央关于加强和改进党的群团工作的意见》,中国政府网,2015 年 7 月 9 日。

党的委员会领导,同时受共青团上级组织领导。"①其次,共青团改革是由党组织提出的。共青团进行干部体制改革的根本政治目的,是增强党的青年工作实效,为党有效凝聚和联系青年。所以,共青团干部体制改革本身就是党的干部体制改革的一个组成部分。

从"团建促党建"的逻辑视角来看,由于党组织和团组织在政治上的高度一致,在组织属性和结构上的高度同构性,共青团"专、兼、挂"新型干部结构的提出对党的干部体制改革发展具有重要意义。首先,为党的干部体制改革提供先行先试的经验。共青团作为党的助手和后备军,实际上还承载着提供先行先试经验的使命,干部体制改革就是一个重要方面。其次,为党的干部队伍塑造新的形象。共青团干部在做一线群众工作,是党在青年群众中的形象代表,团干部队伍的形象也是中国共产党形象的体现。新型干部结构可以改变团干部在青年群众中的固有形象,进而维护党的形象。最后,为党的干部队伍输送新鲜血液。干部调整探索新的干部机制,可以让团干部队伍吸纳更多"接地气"的先进青年,从而为党的干部队伍输送有用人才。

第三节　共青团领导机关挂、兼职干部作用发挥:功能、空间与机制

在当前群团改革的大背景下,政党、国家、社会与市场之间的关系重建对共青团组织提出了新的的诉求,工青妇等群团组织要在巩固按行政区划、依托基层单位建立组织、开展工作的同时,创新基层组织设置、成员发展、联系群众、开展活动的方式。

一、共青团领导机关的挂职干部作用发挥的功能、空间与机制

共青团领导机关挂职干部不仅只是发挥原有的功能和作用, 还要实现

---

① 《中国共产党章程》,人民出版社,2017年。

资源、信息、能力等各方面网络的对接与互通。挂职锻炼可以切实增强各方面之间的联系,挂职干部可以在争取社会各界支持、对接原有单位与挂职单位资源方面发挥不可或缺的作用。在理想的状态下,共青团挂职干部不仅是发挥既有功能完成规定动作的"执行者",更是挂职单位工作新面貌的"开创者"。然而现实却是在现有的管理体制下,一旦干部挂职期满,其功能和作用发挥便告一段落,其负责对接的资源、信息网络等也随之中断。这些问题的产生要求共青团确立挂职干部发挥作用的体系化机制,将挂职干部的个人社会资本转变为组织资本,以制度化的形式确立下来。由此,挂职干部虽然"人随关系走",但其任内对接的资源和信息网络将最大限度地保留下来,成为不断滋养共青团工作的源泉。此外,共青团可成立由历任挂职干部组成的顾问团,实现"一日挂职、终身负责"。一方面,挂职干部在任期内未及实现的工作目标和尚未落地的工作计划可以通过顾问团的工作职能得到落实;另一方面,共青团也可以通过顾问团实现智慧众筹、集思广益,将共青团改革的各项工作落到实处。

二、共青团领导机关的兼职干部作用发挥的功能、空间与机制

兼职干部来源涵盖党政机关、学校、科研院所、国有和民营企业、社会组织、媒体机构、军队等多个领域,他们是团的工作与兼职干部所在领域对接的节点,是延伸共青团工作内容和影响力的中介,也是共青团吸引和团结各领域青年的关键所在。在兼职干部遴选过程中,共青团更是突出了"知青少年、懂青少年、爱青少年"的标准,打破年龄、学历、身份、职级限制,以期其在密切团组织与基层青年联系等方面发挥优势和作用。由此,共青团领导机关中兼职干部作用发挥的空间主要集中在发挥个人优势团结青年以及聚合民意促进社会主义民主两个方面。单凭兼职干部自身力量和团内资源,局限在团的范围内做团的工作,在新形势下是不可想象的。因此,兼职团干部必须积极主动地整合自己所在领域的诸多资源与共青团的资源进行对接,形成资源的良性互动,搭建更多的平台将青年吸引在团组织周围。除此之外,兼

职团干部也应成立"顾问团",并将兼职干部所能掌握、对接的所有资源,包括信息、人事等整理统合成为一个系统的"资源包",源源不断地为共青团工作提供社会资源。

第四节 在创新与盘活之间: 并非只是领导机关兼职干部的作用发挥

共青团挂职、兼职干部作用发挥坐标的建立,为群团改革背景下重塑共青团干部逻辑提供了支点。然而仅仅依靠这些是不够的,共青团还必须拓展更多的兼职干部作用发挥路径,创新工作方法,盘活现有资源,开创共青团工作全新的局面。

一、在狭义与广义之间:设计兼职团干部的作用发挥路径

狭义上的兼职团干部主要指团中央及各地团组织领导机关中的跨部门、跨职级、跨领域的兼职干部。广义上讲,地方基层团组织中大部分干部,高校、军队、国企民企及社会组织中的基层团支部书记,各级团代会的代表委员,都是兼职团干部。兼职团干部是团干部的骨干力量和重要组成部分。兼职干部作用的发挥及程度几乎决定了共青团工作的效果。兼职团干部的工作积极性、工作能力、工作方法对本部门、本单位的工作面貌更是起着直接的决定作用,因而如何设计让兼职团干部充分发挥作用和功能的路径与方法就成为了群团改革的题中之义。

二、在创新与盘活之间:发挥共青团兼职干部作用的路径与方法

兼职团干部具有一兼多职的共同点,但由于其具体岗位的不同,在实际

工作中的职能发挥又有所区别。领导机关的兼职团干部应更加注重加强与青年的联系,将更多普通群众中的优秀人物、代表人士吸纳到各级团组织中来。对应地,在干部选拔任用上,共青团领导班子应注重面向基层一线,从具有团学专兼职干部经验、基层群众工作经历的人员中遴选;在作用发挥上,应充分鼓励机关内的兼职团干部发挥自己的专业和本职优势,密切联系青年,整合优势资源,实现跨领域的资源融合,为青年工作搭建更好的平台。兼职团干部中各级团代会代表应着重在聚合民意、发扬社会主义民主方面做更多工作。这些代表是各个领域内的青年领袖,是社会各界青年的卓越代表。在共青团的工作中,可以充分发挥其与所在领域中的青年在工作生活上具有相容性的优势,有效聚合民意、汇集民智,在团代会上表达青年的诉求,在国家和社会的重大事项上发出青年的声音;基层团组织中兼职团干部的作用发挥主要体现在活动的组织与开展上。

作为中国共产党的青年组织,共青团的存在有两方面的使命:一是为共产党领导和执政提供巩固的青年基础;二是在每一个历史时期有效服务和整合青年。共青团整合青年的重要途径和机制就是通过基层团支部建设,而基层团组织的生命力在于活动。兼职团干部应切实深入青年,结合在对所在领域青年的了解,有针对性地开展活动。同时,利用上级团组织工作重心下沉的契机,打破层级和领域界限,采用项目化的工作方式,通过活动整合更多青年,摆脱"上面千条线,下面一根针"的现实工作困境,破解基层团组织力量不足的问题。

三、发挥共青团兼职干部作用:一项具有战略性意义的工作

在改革的新形势下,共青团干部兼职化是一个不可避免的趋势。未来,兼职团干部能否切实发挥作用,实际上决定了共青团的生命力,兼职团干部的普遍化也是共青团走向群众化的重要标志。兼职能够使团干部多方面的能力都得到培养和锻炼,兼职团干部既要做好本职业务工作,又要做好兼职团务工作,工作性质交叉、工作量大,因此必须选拔综合能力突出、知识面较

广、热爱团的工作、具有创新精神的人才担任。团干部的兼职化有利于使团的工作与社会各领域的工作形成有机融合。兼职团干部在工作中方便利用职业优势形成资源合力,有效延展共青团工作范围。同时,团干部的兼职化也将更加有利于团组织团结和联系青年,提高共青团整体工作水平,进而巩固党的执政基础。

第五节　挂职兼职干部作用发挥与共青团组织形态重塑:共青团改革的"牛鼻子"

确立"专、兼、挂"干部结构是共青团改革的突破口。而提出"专、兼、挂"干部结构只是组织重塑的起点,需要不断深化并牵动整个组织改革持续深入。只有这样才能真正实现共青团干部队伍的大换血,引领整个共青团改革创新的发展进程,重塑共青团组织形态。

一、干部结构调整与党组织的权限:共青团改革成为可能的前提

共青团改革中干部结构调整是党赋予的权限,共青团要积极用好这个权限。共青团在改革的进程中必须要坚守原则,在党允许的范围内进行改革,不能丢掉本性,更不能肆意妄为。在党团关系中,党章明确规定:"党的各级委员会要加强对共青团的领导,注意团的干部的选拔和培训。"[1]可见干部在党团关系处理中的重要性。党对团的领导主要体现在政治领导上,而具体抓手就是通过团干部的选拔和任用。在干部的维度上,团组织具有向上输送之责,要为党培养和输送干部;党组织具有向下监管之责,要关心和关注团干部成长。基于干部队伍在党团关系中的重要地位,共青团改革首先进行干部结构调整符合党的要求,是党组织赋予共青团的权限。打穿体制性区隔、

---

① 《中国共产党章程》,人民出版社,2017 年。

实行"专、兼、挂"新型干部结构,在解决共青团"四化"问题中发挥着"牵牛鼻子"的功能与效果,是完成共青团改革中党组织履行权限部分的最重要的任务,是党建带团建的新发展。新型干部结构调整之后,团干部的遴选将更加突出先进性、群众性、广泛性、代表性。专职干部更加看重基层工作经历,要具有群众工作经验。兼职干部要注重从有议事能力的先进青年典型、青年社会组织负责人、专家学者中选拔。因此,团干部结构新调整必将有利于增强"三性"(政治性、先进性、群众性),符合党的青年群众工作实际。

二、"从 0 到 1"与"从 1 到 N":挂、兼职干部作用发挥与共青团组织重塑

对于共青团来说,中央意见、群团工作会议、改革方案出台等举措都意味着共青团全面深化改革迈出了实质性的第一步,实现了"从 0 到 1"的突破,但对于共青团组织形态整体发展来说,还有很多路要走。如何从"1 到 N",既是考验下一步全团的内容,也关系到共青团改革是否能够切实到位。从关键对策落实来看,还需要解决磨合适应与开发激活等问题。当然,其他人事、财政等新体制在现实中的落实也存在许多冲突等,也是急需解决的。对于共青团来说,兼职问题从一定意义上讲并不是一个全新的举措,实际上从领导机构来说,常委会、全委会与代表大会才是本质性领导机构,而所谓机关工作人员等,是负责日常性工作的运行,通过"专、兼、挂"改革,实际上是改变负责日常性工作的人员结构的问题,而如何发挥常委会、全委会与代表大会中的、非机关工作人员中的常委、全委的委员与代表的作用,是下一步改革中需要考虑的问题。在组织形态应时代环境而变化的过程中,共青团只有不断突破既有的工作模式和思路,同时又坚守最重要的原则和底线,才能经受住历史与时代的考验,不断开拓党的青年工作新局面。

第十八章　将群团改革进行到底[*]

日前,群团改革工作座谈会在京召开,会议传达了中共中央总书记、国家主席、中央军委主席习近平对群团工作的重要指示。习近平总书记指出:"党的群团工作是党的一项十分重要的工作,群团改革是全面深化改革的重要任务。2015 年,党中央召开群团工作会议,对党的群团工作和群团改革作出全面部署。两年来,群团改革取得积极成效,成绩值得肯定。要认真总结经验,继续统一思想、抓好落实,切实把党中央对群团工作和群团改革的各项要求落到实处。"就各级党委和群团组织应该如何进一步落实和推动改革工作,努力开创党的群团工作新局面,习近平总书记还作出了具体指示要求。

习近平总书记重要指示从全局和战略高度深刻阐明了推进群团改革的重大意义、目标任务和基本要求,为我们做好群团改革和群团工作提供了重要遵循。因此,认真学习贯彻习近平总书记重要指示,坚定改革信心,强化责任担当,以更大力度、更实举措推进群团改革,不断开创党的群团工作新局面,就成为各级党委和群团组织的一项十分重要的任务。

第一节　群团工作是党十分重要的一项工作

在现代化浪潮的冲击之下, 曾经创造过非凡成就的中国经受了长期的磨难。为实现民族复兴,中华民族采取了革命方式,开启了现代化进程。辛亥革命之后,由于国民党未能完成反帝反封建的任务,没有争取到民族独立与

---

[*]　光明网理论频道,2017 年 8 月 29 日。

人民解放,这一重任就降落到中国共产党的身上。

经过探索,中国共产党找到了取得民主革命胜利的"三大法宝",即统一战线、武装斗争和党的建设。在运用"三大法宝"的过程中,中国共产党不仅利用自身的力量,而且还组建了党领导的群众团体,使之成为协助党有效组织和联系人民群众的重要载体。正如习近平总书记指出,党的群团工作是党通过群团组织开展的群众工作,是党组织动员广大人民群众为完成党的中心任务而奋斗的重要工作。这是我们党的一大创举,也是我们党的一大优势。新中国成立之后,群团组织成为了中国政治体制与国家治理体系的一个重要组成部分,是党与政府联系群众的重要桥梁和纽带。在建设和改革时期,群团组织发挥着重要的作用,成为了推动改革、发展与稳定的重要力量。

随着市场化、全球化和网络化的发展,人民群众的生存形态与交往方式也发生了巨大变化,这就意味着,"新形势下党的群团工作更为重要和紧迫,只能加强、不能削弱,只能改进提高、不能停滞不前"。这就要求我们"要坚定不移走中国特色社会主义群团发展道路,把群团自觉接受党的领导、团结服务所联系群众、依法依章程开展工作高度统一起来,充分发挥群团组织联系人民群众的桥梁纽带作用,最广泛地把群众组织起来、动员起来、团结起来,奋力推进中国特色社会主义伟大事业"。

第二节　群团改革是全面深化改革的重要任务

新中国成立之后,在马克思主义指导下,遵循中国政治发展逻辑,我们建立了以人民民主专政为国体的社会主义国家政治体制和国家治理体系,为现代化建设奠定了组织化基础。

在完成了社会主义现代化建设基础阶段任务之后,为了获得现代化建设可持续发展内在动力,中共中央作出了改革开放决定。随后,又分别作出了建立社会主义市场经济、实行依法治国、实践"三个代表"、进行和谐社会建设的决定,从而标志着作为中国特色社会主义现代文明要素的现代市场、现代国家、现代政党和现代社会在中国完善与发展。为了开发这些要素功能以及推进这些要素之间实现内在有机化，党的十八届三中全会作出了全面深化改革的决定，推进国家治理体系和治理能力现代化。

在中国政治体制和国家治理体系中，群团组织是党做好群众工作的重要组织载体，同时也是党联系国家、社会和市场之间的重要组织网络和运行机制。然而基于历史性原因，群团组织产生了"机关化、行政化、贵族化、娱乐化"等问题，在新的历史条件下未能充分发挥应有作用。正如习近平总书记所指出："对党的群团工作取得的显著成绩，必须充分肯定，同时必须注重解决存在的问题，特别是要重点解决脱离群众的问题。"

因此，无论是开发国家治理体系各要素的功能，还是推动各要素之间实现有机化，都要求群团组织必须深化改革。2015年，中共中央下发了《中共中央关于加强和改进党的群团工作的意见》，召开党的群团工作会议，对党的群团工作和群团改革作出了全面部署。习近平总书记在中央党的群团工作会议上也要求"工会、共青团、妇联等群团组织一定要坚持解放思想、改革创新、锐意进取、扎实苦干，切实保持和增强党的群团工作和群团组织的政治性、先进性、群众性，组织动员广大人民群众更加紧密地团结在党的周围，把广大人民群众对美好生活的追求汇聚成强大动力，共同谱写实现'两个一百年'奋斗目标、实现中华民族伟大复兴中国梦的新篇章"。

第三节　将群团改革进行到底需要党委和群团共同努力

习近平总书记作出重要指示，党的群团工作是党的一项十分重要的工作，群团改革是全面深化改革的重要任务。2015年，党中央召开群团工作会议，对党的群团工作和群团改革作出全面部署。两年来，群团改革取得积极成效，成绩值得肯定。要认真总结经验，继续统一思想、抓好落实，切实把党中央对群团工作和群团改革的各项要求落到实处。

在习近平总书记的指导下，下一步群团改革任务最重要的是推动各群团组织结合自身实际，紧紧围绕增强"政治性、先进性、群众性"，直面突出问题,采取有力措施,敢于攻坚克难,注重夯实群团工作基层基础。

对于下一步群团改革具体工作推进,中央群团改革工作座谈会提出了以下要求:

一是要认真学习贯彻习近平总书记重要指示,坚定改革信心,强化责任担当,以更大力度、更实举措推进群团改革,不断开创党的群团工作新局面。

二是要牢牢把握群团改革正确方向,始终坚持党对群团工作的领导,加强群团组织自身党的建设,不断增强"四个意识",在思想上政治上行动上同以习近平同志为核心的党中央保持高度一致,把保持和增强政治性、先进性、群众性贯穿改革全过程。

三是要自觉服从服务党和国家工作大局,找准工作结合点和着力点,落实以人民为中心的工作导向,切实解决好代表谁、联系谁、服务谁的问题,增强群团组织的吸引力和影响力。

四是要坚持问题导向、聚焦突出问题,切实加强思想政治建设,扩大群团组织和群团工作有效覆盖,积极转变拓展服务职能、转变工作作风、推动净化行业风气,深化机构人事制度改革,把群团组织建设成为党的群众工作的坚强阵地。

五是要深入把握新形势下群团工作规律,大力推动改进创新,加强基层基础工作,加强网上群团建设,提高做好群团工作的能力水平。

六是各级党委要认真落实政治责任和领导责任,狠抓群团改革任务落实,加强统筹协调,加强分类指导和督察问责,推动群团组织真刀真枪抓改革,确保各项改革措施落地见效,以优异成绩迎接党的十九大胜利召开。

第四节　群团改革永远在路上

进一步推进群团改革与发展,需要明确以下三个逻辑:一是群团改革自身发展逻辑,二是中国特色社会主义发展逻辑,三是人类文明发展逻辑。

从群团改革自身发展逻辑来看,这次中央群团改革工作座谈会的召开,标志着群团改革工作进入新阶段。这就意味着,一方面我们应该将之前所开展的各项工作进一步推进；另外一个方面必须更好地发挥群团组织自身的作用，全面推进自身组织形态整体的发展。而后者具有非常大的开放性，可以将其与其他的逻辑相配合，从而推动群团组织的整体性的不断发展。

从中国特色社会主义发展逻辑来看，当前，"我国发展站到了新的历史起点上，中国特色社会主义进入了新的发展阶段"。这就意味着，中国现代文明内涵将进一步发展，政治、经济、文化、社会和环境等都将产生新的变化。同时，随着"一带一路"倡议的实施以及人类命运共同体构建的推进，中国在全球治理中的作用将日益凸显。这些将对群团发展提出新的要求，群团组织也需要从更高层面调整并创新组织形态和运行机制。

从人类文明发展逻辑来看，随着网络社会的深化和智能社会的到来，人民群众的交往方式、生活方式等将进一步发生深刻变化，对社会发展也将产生影响。这些变化，不仅对群团组织的工作内容，而且也对群团组织的运行方式和组织形态提出新的要求和挑战，这不仅要求群团组织必须提前做好准备，而且还应具备适时调整自己的能力。

当前，我们处于一个快速变动的时代，在构建面向未来的中国文明的过程中，我们这一代人所遇到的挑战是具有迭代性与叠加性的，我们所要解决的问题也同样是具有迭代性与叠加性的。这就要求我们必须超越线性思维，遵循历史唯物主义和辩证唯物主义来把握发展的本质问题，在党的统一领导下，统筹推进我们的各项工作和改革。对于群团组织发展来讲，同样如此。

第十九章　构筑新时代
共青团发展的制度基础

　　作为共青团组织内最重要的制度文件,《中国共产主义青年团章程》对共青团建设和运行起到了引导性和规范性的作用。而作为中国共产党为了有效引领中国青年而建立的先进青年的政治组织以及党和政府联系青年的桥梁和纽带,中国共青团的发展必须在党的领导之下,在四个方面因素的作用下而取得:一是中国共产党的因素,二是国家治理体系的因素,三是社会结构的因素,四是青年的因素。其中,党的政治纲领和组织纲领变迁的因素起到决定性作用;国家治理体系和治理能力变迁的因素起到影响性的作用;社会结构的变迁起到生态性的作用;青年发展的因素起到基础性的作用。这就意味着,随着上述四个因素变化,共青团组织也应该获得相应发展。因此,《中国共产主义青年团章程》就必须根据共青团组织发展的内在机理,根据上述因素的变化而不断调整和修改,从而在制度层面上保证共青团组织和工作的与时俱进。

　　经过改革开放 40 年的努力,特别是党的十八大之后,在以习近平同志为核心的党中央领导下,中国取得了全方位发展,社会主要矛盾发生了根本变化,中国特色社会主义进入了新时代,为此,党的十九大对新时代中国特色社会主义事业发展以及实现中华民族伟大复兴的战略作出了全面部署。这就意味着,进入新时代之后党的纲领、国家治理现代化的任务、社会结构以及青年发展形态都发生了新的变化。这就要求共青团必须通过修改章程,使其在制度层面上适应新时代发展需要。团的十八大对团章的修改,就是基于这一逻辑和要求,而作出的推动共青团发展创新的一项重要举措。

　　认真阅读和分析新团章修改的内容,我们发现,主要也是围绕着上述四个方面内容而展开。

第一节　贯彻党的十九大精神,体现习近平新时代中国特色社会主义思想,紧跟党的新发展

新团章大幅度增加了习近平新时代中国特色社会主义思想内容、党的十九大确定的奋斗目标和一系列方针政策以及党的十八大以来我们党的理论创新成果和习近平总书记关于青年工作的论述内容,使共青团能够在制度层面上及时跟上党的新发展和新要求,使共青团能够根据共青团和青年工作的实际,积极贯彻和体现我们党新的指导思想、理论成果、奋斗目标和方针政策等,指导和规范共青团的组织发展和工作开展,团结全国各族青年坚定不移跟党走。

第二节　落实国家治理现代化的要求,体现中央关于群团改革精神,反映共青团改革的成果

推动群团组织全面深化改革,是国家治理体系和治理能力现代化的一个重要组成部分,是党的十八大以来以习近平同志为核心的党中央的一项重要部署。2015 年以来,共青团中央认真贯彻党中央的要求,围绕增强"政治性、先进性和群众性",克服"机关化、行政化、贵族化和娱乐化",推进共青团全面深化改革,取得了显著成果。作为党中央推动共青团发展的重要举措,要将共青团改革的成果转化成为新时代共青团发展新起点, 就必须将之转化为制度化内容。因此,团的十八大就将中央关于群团改革的精神和共青团改革的成果,作为团章修改的重要内容写入了新团章。

第三节　适应社会结构变化，
创新共青团运行机制，发展共青团组织形态

　　随着中国特色社会主义进入新时代，全球空间的市场化、网络化和全球化也进一步深化。这些变化对人们的交往方式和生存形态都产生了深刻的影响，其中对青年的影响最为激烈。这就要求各类组织特别是青年组织，必须根据这些变化而调整其组织形态和运行机制。因此，作为党的青年组织，共青团组织同样也必须根据这些变化，创新自身组织形态和运行机制。团的十八大就将这些年适应这些变化所做的努力成果以及进一步发展的方向写进了新团章，使共青团能够做到与时代同频共振。

第四节　满足青年发展的需要，
拓展青年工作的格局，提升服务青年的能力

　　中国特色社会主义进入新时代，我国社会主要矛盾已经转化为人民日益增长的美好生活需要和不平衡不充分的发展之间的矛盾。这一主要矛盾也在青年工作中得以体现。一方面是新时代青年全面发展内在要求和青年美好生活需要日益增长，另一方面是共青团以及青年工作系统服务青年的能力还有待提高与发展。这就意味着，通过体制机制的改革和发展，有效整合体制内外资源，提高共青团组织服务青年的能力等方面工作就成为了推动新时代青年工作发展的主要内容之一。同时，我们还应该看到，随着全球化和网络化的发展，新时代青年生存与交往，已经不仅仅局限于传统空间，而且已经在全球空间和互联网空间中得以存在。这就意味着，新时代的共青团工作格局应该进一步拓宽和发展，必须积极适应习近平总书记关于人类命运共同体建构的思路来拓展团的工作。因此，团的十八大就将围绕青年发展而拓展青年工作格局、提高青年工作能力的相关要求，写进了新团章。

综上所述,团的十八大所开展的修改团章工作,是中国特色社会主义进入新时代后,在习近平新时代中国特色社会主义思想指导之下,共青团根据自身组织特性和发展逻辑,全面推动自身发展的一项重要措施。团的十八大通过的新团章,也将成为新时代共青团全面发展的制度性基础。

第四部分　青年化社会、新关系空间生成与复合型团青关系构建

第二十章 青年化社会背景下共青团使命：网络时代中国政治的新命题*

网络时代的到来,对社会的影响是巨大的,它改变了人们的交往方式和社会内在结构，从而对传统社会运行方式和政治组织方式都产生了巨大冲击。互联网普及使网络逻辑重构了现实社会运行逻辑,从而导致了社会权力在不同人群中发生转移。社会权力转移的一个重要后果就是青年化社会的出现。青年化社会引起了政治运行逻辑的变化,面对这一新的变化,作为直接以青年为工作对象的共青团必须首先予以回应，从而为政党在新的社会形态下构建有机化政治做出应有贡献。

第一节 权力转移与社会形态:一个分析视角

信息技术革命使互联网成为人们日常生活的一个十分重要的支持平台,它不仅改变了人们的许多行动方式,而且还导致了社会结构的变化。马克思主义认为任何一次重大技术革命都会对社会形态产生影响，因此为了把握网络时代到来对我们政治和社会可能产生的后果，我们首先从社会形态问题研究入手,以期对网络时代到来对社会形态可能产生的影响予以把握,从而为我们之后的研究奠定基础。

---

* 刊载于《中国青年研究》,2011年第2期。

一、社会形态的多维视角：基本依据

辩证法认为任何事物都存在着多重规定属性，因此人们可以从不同角度对事物的规定属性予以把握。同样，对社会形态的研究也可以从不同维度进行把握，其中有三个关于社会形态划分的角度在学术界中是比较公认的：一是从生产力维度，将人类社会所经历的社会形态分为农业社会、工业社会和网络（信息）社会，其本质是技术革命所带来的社会形态变迁；二是从生产关系维度，将人类社会所经历的社会形态分为原始社会、奴隶社会、封建社会、资本主义社会和共产主义社会，其本质是社会权力在不同人群（如阶级）之间发生转移而引起社会形态变迁；三是从人的生存状态维度，将人类社会所经历的社会形态分为人与人之间直接依附的传统社会、人与人通过物的依附而发生的人与人之间关系的现代社会以及自由人联合体的后现代社会，其本质是人的解放所带来的社会形态变化。

表1　社会形态的多维视角及其本质

维　度	内　容	本　质
生产力	农业社会、工业社会、网络信息社会	技术革命所带来的社会形态变迁
生产关系	原始社会、奴隶社会、封建社会、资本主义社会、共产主义社	社会权力在不同群体中的转移
生存状态	传统社会、现代社会、后现代社会	人的解放

二、权力转移与年龄群体：社会形态划分的一个维度

既然社会权力在不同人群中转移所引起的社会形态变迁是社会形态类型划分的一个维度，那么这种人群既可以是阶级群体，也可以是年龄群体。在农业社会条件下，土地是社会权力所依赖的基础，同时整个社会是以共同体化方式存在着，社会流动很少，知识和文化传承是以前喻方式进行的，社会权力主要掌握在自然权威的老年人手上，青年人完全依附于共同体，这时尚无青年概念，因此农业社会也可以称为老年化社会。

进入工业社会,资本和技术成为社会权力的基础,资本为了增殖,不仅需要打破地域封锁,而且还要摧毁传统社会组织方式,同时,为了最大化获得资本增殖以及遵循技术积累的规律,从17、18世纪起,西方国家开始普遍建立各类学校,并提出了"退休"的概念。由此,青年概念开始出现,青年作为后备军概念的独立主体开始生成。到了19世纪,许多国家建立了退休制度,这就意味着,在工业社会条件下,青年人和老年人被制度化区隔在社会主流空间之外,这时社会权力掌握在中年人的手上,因此我们也可以将工业社会称为中年化社会。

在网络社会条件下,权力基础除了资本和技术之外,还增加了信息,同时互联网空间所具备的无边界和去中心化的特点,突破了工业社会中所形成的制度化区隔,使青年人和老年人得以有可能进入社会主流空间之内。但是由于网络社会条件所具有的技术和信息快速更新等特点,导致了整个社会文化和知识传播特点从农业社会和工业社会中的前喻和并喻方式向后喻方式转变,从而使青年人成为网络社会中的最适应者和最主动参与者。由此,社会权力开始向青年人转移。因此,我们可以将网络社会称为青年化社会。

表2　权力转移与年龄群体:社会形态划分的一个维度

生产力维度社会形态	权力基础	人群区隔	文化类型	权力主体	青年概念	年龄维度社会形态
农业社会	土地	共同体之间区隔	前喻文化	老年人为权力主体	无青年概念	老年化社会
工业社会	资本、技术	退休提出学校普及	并喻文化	中年人为权力主体	青年概念出现	中年化社会
网络社会	资本、技术、信息	网络打破区隔	后喻文化	青年人权力增加	青年概念内涵发展	青年化社会

三、社会形态发展与青年解放:对青年内涵的新理解

马克思认为人类社会发展过程是人类不断获得解放的过程,而人类解放既包含人的解放,也包括政治解放。上述这一规律也同样适用于青年的发展,在农业社会条件下,老年人处于支配地位,青年人依附于共同体,作为年

龄群体的青年人,并不作为独立群体存在,青年人并没有什么发言权。在工业社会条件下,青年人虽然被作为年龄群体被制度化区隔出来,从而使青年开始具有主体性并以相对独立的群体方式出现,但是在现实中却被区隔于社会主流空间之外。虽然从19世纪末开始,青年中的部分也开始拥有了投票权,但是仍然有相当部分青年被区隔在政治空间之外。诚然,在每一次历史转折点上,我们总是能看到起到先锋作用的青年人的身影,但是在日常性政治和社会权力空间内,青年人总是处于被区隔的边缘化状态中。不过,相对于农业社会来说,这时青年人不论是在人的解放方面,还是在政治解放方面都有着较大的进步。

随着网络社会的到来,技术革命导致了虚拟空间的出现,从而使物理空间中的制度化区隔在虚拟空间中被打破了,青年人可以在虚拟空间中与志趣相投之人跨区域进行对话,并对感兴趣的话题即时发表观点,或通过网络结成具有行动能力的社会组织,进行社会参与和政治参与。同时,开始实现了从工业社会条件下无法参与政治和影响社会或被组织化地参与政治和影响社会的方式,向完全可以并以自主方式参与和影响政治和社会的方向转变。另外,由于技术快速更新和发展,青年人成为掌握最先进技术和技能的主力军。由此,青年人开始从传统意义上的生力军向兼具生力军和主力军的身份转变。因此,在网络社会条件下,"青年"这一概念的内涵获得了新的拓展。

第二节　走向青年化社会：网络时代的中国社会形态

上文我们从逻辑和理论方面论证了互联网的普及使权力向青年转移,从而导致青年化社会到来,那么以下将从实证层面来看网络时代到来是否也使中国进入了青年化社会。

一、中国进入网络时代：一个基本事实

从20世纪90年代中期起，互联网开始在中国快速发展，到2000年中国进入了网络时代。随后中国互联网普及速度得到了迅猛提升，根据中国互联网络信息中心的《第26次中国互联网络发展状况统计报告》介绍："截至2010年6月，中国网民规模达到4.2亿，突破了4亿关口……互联网普及率攀升至31.8%。"互联网已经成为人们生活中一个十分主要的支持平台和生活空间，如作为众多电子商务平台之一的淘宝网，截至2009年年底，就拥有注册会员1.7亿，占网民总数的44.7%，占总人口数的13.43%。[1]因此，中国进入网络时代已经是一个不争的事实。

二、作为网民主体的青年：基于数据的分析

根据中国互联网络信息中心的统计报告介绍，从2000年至2010年6月，30岁以下群体占网民的比例约在60%~75%之间，35岁以下群体占网民的比例约在80%~84%之间，而10岁以下的群体只占网民的1%左右。因此，从现有数据来看，目前网民主体主要由青年人组成，可以初步得出以下结论：在网络时代背景下，中国社会进入了青年化社会阶段。

表3　2000年—2010年30岁以下和35岁以下网民所占比例情况

	2000年	2001年	2002年	2003年	2004年	2005年	2006年	2007年	2008年	2009年	2010年6月
30岁以上	74.95%	67.8%	71.9%	70.1%	69.4%	71%	71.1%	69%	67.1%	61.5%	59.1%
35岁以下	83.8%	79.9%	82.1%	82.2%	80.8%	82.6%	82.5%	80%	—	—	—

注：本表根据中国互联网络信息中心历年《中国互联网络发展状况统计报告》整理而成

---

① 资料来源于淘宝网。

三、青年占网民比例下降趋势与走向青年化社会：并不矛盾的命题

随着时间的推移和互联网的普及，青年群体在网民中的比例将逐渐下降，这从上述统计数据中已经得到了证明，也就是说，总有一天，青年作为网民主体的现象将不再存在，网民将在各个年龄段中较为合理分布（即与人口分布结构相对一致，当然婴儿是不可能成为网民的）。但是这并不意味着与走向青年化社会相矛盾。理由如下：第一，青年化社会意味着青年从区隔中走出，成为能够自主参与社会和政治的相对活跃的年龄群体，并且是通过网络来实现这一目的，这就意味着权力开始发生转移以及权力运行方式开始发生变化，从而使青年人扮演着比在以往任何社会形态中都更为重要甚至举足轻重的作用。第二，网络社会条件下技术和信息的更新和变化速度较以往社会都来得迅猛，因此知识和文化的后喻性，使青年在网络社会条件下具有了相对有利的主动权。诚然，在网络时代条件下，中年人依然还掌握着巨大的社会权力，但是相对于工业社会时期，许多社会权力已经转移到了青年人手中，同时整个社会也因此被迫适应由青年人所产生影响的新的社会权力运行方式。也就是说，青年化社会更多的是意味着权力的转移，而不是权力的替代。因此，青年在网民中的比例下降，并不因此与走向青年化社会的趋势相矛盾。

第三节　并非只是青年问题：
青年化社会背景下的中国政治新命题

虽然在青年化社会条件下，青年成为社会权力运行主体之一或是其作用大为增长，但是由于青年化社会是由技术革命所带来的一种新型的社会形态，因此它的出现并非只关系到青年的问题，还涉及社会运行方式和政治运行方式转变的问题，特别是对于中国来说，其自身社会和政治发展逻辑更

使青年化社会所带来的新的变化得以进一步凸显。

一、社会形态与政治形态：一种决定关系

著名未来学家托夫勒在研究信息时代权力转移现象时认为："'权力转移'不只是权力的重新分配，而是权力的改造。"①卡斯特在《网络社会的崛起》一书中指出："作为一种历史趋势，信息时代的支配性功能与过程日益以网络组织起来。网络建构了我们社会的新社会形态，而网络化逻辑的扩散实质性地改变了生产、经验、权力与文化过程中的操作和结果……网络化逻辑会导致较高层级的社会决定作用甚至经由网络表现出来的特殊社会利益；流动的权力优先于权力的流动。在网络中现身或缺席，以及每个网络相对于其他网络的动态关系，都是我们社会中支配与变迁的关键根源。"②这就意味着由于互联网普及所导致的青年化社会出现，不仅意味着青年开始从区隔中得到了解放而进入了社会主流空间，而且由于网络逻辑所导致的权力运行方式发生了变化，从而使青年化社会下权力运行主体和权力运行逻辑与过去任何社会都有着巨大差别。马克思主义认为社会形态变化将直接导致政治形态的变化，也就是说，随着青年化社会出现，新的政治形态也将随之出现。

二、双转型条件下的青年化社会与政治发展：中国的逻辑

任何一种变革因素所导致的政治形态变化情况，都受其所在国家自身的发展逻辑影响。同样，由于互联网普及所导致的青年化社会对中国政治形态的影响也受到中国社会和政治自身逻辑的影响。自20世纪90年代以来，中国社会实际上经历了双重转型：一是由制度变迁所引起的社会结构变迁，即

---

① ［美］阿尔文·托夫勒：《权力的转移》，吴迎春等译，中信出版社，2006年，第4页。

② ［美］曼纽尔·卡斯特：《网络社会的崛起》，夏铸九等译，社会科学文献出版社，2003年，第569页。

经济体制改革所导致的从单位化社会向多元化社会转型;二是由技术革命所引起的社会结构变迁,即由于互联网普及所导致的从工业社会向网络社会转型。前者导致了社会成员的原子化,而后者导致了社会成员通过网络自组织化。由此,导致了公民社会以有别于西方国家的方式在中国快速崛起,并以青年为主体利用互联网条件下的新型运作逻辑和互动方式,开始不断构建新的话语空间和行动组织,形成了新的政治空间,推动着中国政治的发展。

三、整合青年与走向有机化政治:青年化社会背景下的中国政治新命题

由于新的话语空间和行动组织,是在市场经济条件下生成的原子化个体的基础上,通过网络自组织化后而生成的公共生活载体,政治学将这种公共生活称为私域化公共生活。在私域化公共生活中,社会成员与国家之间处于一种疏离化状态,我们将这种政治状态称为疏离化政治。在疏离化政治中,社会与国家之间的关系或是处于淡漠或是处于对抗状态。能否走出这种疏离化状态,实现有机化政治,即进入一种国家和社会之间良性互动和有机合作状态,是关系到国家这一政治共同体能否长治久安的根本问题。由于在中国新生成的公民社会是以青年为主体或青年起到重要影响作用的,因此能否有效整合青年,将成为中国政治能否走向有机化政治的关键。

第四节 在政治发展与政党发展之间: 青年化社会背景下的共青团使命

如果政治长期处于疏离化状态,不论是对社会还是对国家来说都十分不利,因此走出疏离化政治,实现政治有机化,是中国政治发展的一项十分重要的战略性任务。从一定意义上说,构建有机政治是与构建和谐社会相匹配的一项政治性战略内容。而要实现这一目标,就要求中国共产党对其组织

功能和组织形态进行调整。在青年化社会条件下，作为政党整合体系一个重要组成部分的共青团，其政党青年组织的政治属性决定了能否适应青年化社会要求发挥自身作用，不仅关系到共青团自身发展问题，而且关系到中国共产党发展和中国政治发展。

一、有机化政治与政党发展：基本方向

在西方国家中，政党出现导致疏离化政治开始向有机化政治过渡，政党因此成为了沟通国家和社会的中介与桥梁。但是政党传到中国之后，所承担的使命远比西方国家来得复杂，首先它必须完成创立国家和组织、改造社会的使命，因此中国共产党在领导人民建立了新中国之后，就必须着手进行组织社会和改造社会，为现代化建设奠定社会基础。通过在宏观上建立了计划经济体制，在微观上建立了单位社会体制，中国共产党凭借国家政权力量和政党组织网络将社会组织起来。由此，中国进入了以政党组织网络为组织基础，以政党组织原则为组织逻辑的单位化政治。

随着市场经济建立和网络社会生成，具有相对独立性的社会开始通过市场和网络实现了自组织化，从而导致曾经作为组织社会基础的基层党组织开始出现"边缘化"，由此，单位化政治开始向疏离化政治转化。然而疏离化政治出现并非意味着政党作用在中国已经失效，只是意味着政党功能需要进行转换。为此，中国共产党将在新的历史条件下推进的党的建设的任务称为"新的伟大工程"，并在党的十六大上系统阐述了"三个代表"重要思想和执政党建设的概念，这就意味着政党功能开始从之前的"建立国家制度、组织社会力量"，向"运行国家制度、表达社会意志"转变，其目的实际上就是通过调整政党功能，推动政治状态从疏离化向有机化发展。

二、党团关系与政党整合体系：共青团使命的历史逻辑

实现政治有机化，对于政党来说，需要在价值、制度和组织三个方面同时予以推进。从组织方面来说，政党必须在充分发挥政党组织传统优势的基

础上，通过构建与市场经济和网络社会条件下的社会内在结构相一致的组织形态，在组织上实现对社会的有机整合。构建政党新型组织形态，涉及的内容很多，其中很重要的一点就是要走出狭隘的党建思路，从单一依靠政党力量来整合社会，向通过构建以政党为核心的政党整合体系来实现对社会的整合。实际上，中国共产党建立之初就已经在制度安排和组织构建上，建立了政党整合体系（只是后来在单位化政治条件下，除了政党组织外，整合体系中其他组成部分的功能被严重削弱）。其中，中国共青团就是政党在其创建之初，为了实现对青年领导而创建的政党青年组织，这就意味着共青团从其成立之初就是作为政党整合体系而存在着，是中国共产党可持续发展的一个制度性安排。因此，在走向有机化政治过程中，中国共青团理所当然就成为政党所构建的整合社会的组织体系中的一个重要组成部分。

三、作用的凸显：青年化社会背景下的共青团政治使命

中国公民社会是在市场经济建立和网络社会到来的双重逻辑的共同催生下快速生成的，从而在生成方式上有别于西方国家的公民社会。由于是在青年化社会背景下生成的，这就导致中国公民社会不论是在参与主体或是作用发挥上，青年都起到了重要作用。因此，能否有效整合青年，从而使青年与政党、青年与国家之间形成良性关系，就成为走向有机化政治的关键。而共青团作为政党整合体系中直接与青年发生关系的政党青年组织，就成为政党整合青年，进而实现政治有机化的最重要组织载体。正是从这一意义上说，在青年化社会背景下，共青团所承担的政治使命和历史使命就显得比过去任何一个历史时期都更重要。

第五节　关系空间再造与团青关系重建：
共青团政治使命完成的组织基础

对于共青团来说，要协助中国共产党实现构建有机化政治的目标，首先

必须推动自身组织形态转型,通过重新构建团青关系,以适应青年化社会条件下的青年工作要求。

一、走出单位化政治思维与重建团青关系:实现有机化政治的共青团战略

在单位化政治条件下,凭借着与中国共产党之间的特殊关系,共青团利用政治优势,建立了以依附性为主要特征的团青关系,青年与共青团之间存在着较高利益相关度。因此,在单位化政治条件下,共青团可以很轻松地将青年团结到自己身边,从而完成政党交给的政治任务。但是随着市场经济建立,单位社会体制开始衰微,社会成员与政党之间的利益相关度开始下降,青年个体与共青团之间的关系也开始疏离,特别是网络社会到来之后,青年通过网络开始实现自组织化,并出现了具有相对自主性的话语空间和行动组织。显然,在这样的条件下,需要建立的团青关系,不论是从性质上还是在实现方式上都与单位化政治条件下的有着本质差异。因此,重建团青关系就成为了共青团推动中国政治有机化的本质要求。由此决定了青年化社会背景下的新型团青关系的构建任务比单位化政治条件下要来得复杂,需要通过推动共青团组织形态整体创新和发展来实现,具体来说需要在以下三个空间中完成:一是价值空间,主要是通过凝聚共识来实现价值引导;二是制度空间,主要是通过利益表达来赢得青年认同;三是组织空间,主要是通过构建新型整合体系实现对原子化和自组织化青年的有效整合。这也就意味着,所谓重建团青关系就是遵循现代政治运行的内在逻辑,通过推动组织形态转型,使共青团能够适应青年化社会要求,在充分尊重青年以及青年组织主体意志基础上来构建新型的有机的团青关系,从而为有机化政治的构建奠定基础。

二、在整合利益与培育责任之间：团青关系重建的政治逻辑

政治学认为利益决定政治，政治功能在于协调利益，而政治之所以能够有效运行，其基础在于社会成员对社会共同体或政治共同体的责任。这一原理适用于任何形态的政治，只是在不同社会和政治形态下其表现方式不同而已。在青年化社会背景下，青年人之所以会通过网络或其他人际方式进行自我组织，究其根本动机也主要是以利益和责任为核心的。其中最典型案例就是车友会中存在的从"腐败"到"公益"的演变现象，所谓"腐败"就是指车友会刚刚成立时不论是出发点还是运行方式，都围绕着参加者的利益而展开，在平常活动过程中也经常是以游乐或吃喝为主。但是随着组织进一步发展，许多车友会成员感觉到仅仅如此就没有多少意义了，由此就会开展一些公益活动，甚至一些车友会因此演变成公益性组织。既然利益与责任是青年组织化的根本原因，那么共青团在重建团青关系时就可以围绕利益和责任而展开。从具体逻辑来说，共青团首先必须立足于青年利益，对不同群体的青年利益进行分析，或是在价值空间，或是在制度空间，或是在组织空间予以整合，而后在利益整合基础上，培育青年对社会和国家的责任。当然，也可以直接以责任为出发点整合青年。

三、关系空间再造与共青团政治使命完成的组织基础

在青年化社会背景下，共青团需要推动自身整个组织形态转型，而其中基础的任务就是推动组织结构创新和发展。组织理论认为任何组织结构变化和发展都必须根据环境的变化而进行，如果环境发生变化而组织结构却没有创新，或组织结构创新没有充分体现环境变化的本质特征，组织就无法有效作用于环境，从而使组织功能的实现受到削弱甚至失效。在青年化社会背景下，共青团环境所发生的变化内容有许多方面，其中有一项内容是共青团组织结构调整需要最为关注的，那就是青年已经通过网络凭借自身力量

或在其他社会力量作用下按照社会逻辑实现自组织化。这就意味着共青团必须通过组织结构创新将这些组织化了、具有相对自主性的青年有效整合起来，只有如此共青团才能完成在青年化社会背景下协助党推动政治有机化的历史使命。

结　语

网络时代的到来，对世界各国的社会秩序都产生了严重冲击，后果之一就是导致权力在不同人群之间进行转移，其中也使长期以来被制度化区隔的青年人能够通过网络得以自主参与社会与政治，再加上网络社会的后喻文化特征，使社会权力开始向青年人转移，从而意味着青年化社会的到来。青年化社会对中国来说，不仅仅意味着权力转移，而且在中国自身社会和政治逻辑作用下，它的到来还加剧了政治疏离化现象的出现。构建有机化政治，走出疏离化状态，是与构建和谐社会相匹配的政治战略，关系到中国共产党的可持续领导和中国社会的长治久安。走向有机化政治需要中国共产党调整自身组织功能以及推动政党组织形态转型来实现，其中一项内容就是构建政党整合体系。

共青团作为政党整合体系的一个组成部分，其政党青年组织的政治属性，使其在青年化社会背景下的作用变得越发重要。如果说过去党通过共青团领导青年的目的在于对下一代人的领导，那么在青年化社会背景下党通过共青团对青年的领导就不仅意味着对下一代人的领导，而且还意味着对下一个时代的领导。因此，为了协助政党不断适应新的时代对领导和政治的要求，使中国政治走向可持续的有机发展的道路，共青团也必须推动自身转型，从而适应青年化社会的要求。

第二十一章　与青春约会*

有一种观点认为：

农业社会,社会权力掌握在老年人手里,因此可以称为老年化社会;

工业社会,社会权力掌握在中年人手里,因此可以称为中年化社会;

网络社会,社会权力开始向青年人身上转移,因此青年化社会开始出现。

不论你是否认同这种观点,但是在当今网络社会背景下,青年越来越活跃,主体性越来越强,不论在网络世界中,还是在现实空间内,这都是一个不争的事实。

越来越活跃,意味着对社会现实参与度越来越高,虽然参与空间不一定都在现实空间内。主体性越来越强,意味着对事情的判断越来越强调自身的看法,虽然观点不一定正确与成熟。

面对青年越来越活跃,主体性越来越强的"青年化社会"的到来,不仅社会要适应这种变化,国家要适应这种变化,政党与群团组织也要适应这种变化。这种适应,不仅应该体现在观念认知上,而且还应该有相应的制度安排与组织创新。

于是,日前发布的上海青少年发展"十三五"规划,在其制定过程中,不仅征求了孩子们的意见, 而且还通过建立由9到35岁青少年参与的 "汇智团",让孩子们参与了规划制定的全过程,并由"汇智团"成员们,以青少年自己的"萌语",编写了《写给2020的你和我——上海市青少年发展"十三五"规划青春众筹版》。

青少年发展规划的制定,是一项国家性行为。过去制定这类规划,更多

---

* 该文系为《写给2020的你和我——上海市青少年发展"十三五"规划青春众筹版》所写的序言,删节后,以"让决策与青春约会"为题,刊载于《人民日报》2016年8月4日的"新青年"栏目。

是职能部门在听取学者以及相关人员和部门意见的基础上实施的。我们发现，作为规划对象主体的青少年却相对缺席。而这次上海市在制定青少年发展"十三五"规划时却全程邀请了青少年参加，或许，从一定意义上说，我们会认为"这本该如此嘛"，但是从纵向发展的历史角度来看，应该看到这是一大进步，是国家与社会适应"青年化社会"的重要表现，是落实协商民主制度的重要措施，是共青团改革的重要成果。

推动青少年参与法律政策的制定，这是各方面适应"青年化社会"的一种努力，也许这就是政党、国家、社会与群团组织"与青春约会"的开始吧！

推动青少年参与与自己利益相关的法律政策的制定，这是"我的青春，我做主"的一个表现，也许可以算是青少年与自己青春的一次约会吧！

这是一项值得肯定的创新，我们已经迈出了适应青年化社会"从0到1"的关键一步，然而在青年化社会发展不断加速的背景下，我们认为，仅仅停留在"从0到1"的这一步是远远不够的，而是需要加快"从1到N"的步伐。

在观念上，我们应该充分意识到，在快速迭代的青年化社会背景下，与青年之间构建关系，已经不是单纯的与下一代人之间的关系问题了，而是与下一时代建立关系，发挥青年作用是保持我们先进性的关键之一。

在制度上，我们不仅要让青年人参加与自己利益相关的法律与制度的订立，而且还要推动青年围绕其所在领域以及社会发展的方方面面问题，表达其意见，也就是说，不仅要推动青年参与维护自身权利，而且还应该表达青年意见。

在组织上，我们不仅要推动青年参与的各类组织在社会治理中发挥作用，而且还应该推动共青团等群众团体改革创新，使其能够有效联系青年与发挥青年以及青年社会组织的作用。

总之，只有在各方面的观念认知、制度安排与组织发展上，都能够做到坚持"与青春约会"，我们国家与社会才能够不断焕发出青春与活力，真正进入"青年化社会"，中华民族伟大复兴与发展就有了不竭的动力，这是"汇智团"的启示，更是时代的命题。

第二十二章　新关系空间生成的政治逻辑：青年自组织与共青团发展*

　　作为中国共产党的青年组织，中国共青团的存在是以中国共产党长期领导和执政为目的的，而其发展则是以适应青年群体形态变化为基础的。改革开放以来，中国青年群体形态发生了巨大变化，并呈现出阶段性的特征。随着网络社会的到来，数量巨大的青年自组织不断涌现。这一现象的出现实际上是青年群体形态在网络社会条件下发生变化的外在表现。因此，通过对青年自组织现象的研究，可以让我们把握到网络社会条件下青年群体形态变化的内在规律，从而为中国共青团根据这一规律推进自身组织形态发展奠定基础。同时，为了回应网络社会发展所带来的挑战，中国共青团也不断推动自身组织创新，既有面上的措施，也有点上的试点。因此，通过对这些组织创新情况的研究，可以让我们把握到中国共青团适应青年群体形态变化进行组织创新的内在逻辑，从而为中国共青团进一步自觉推动组织形态发展奠定基础。正是基于上述思考，我们将从青年群体形态变化规律和中国共青团组织创新逻辑两个维度入手，对青年自组织和中国共青团发展之间的关系进行研究，以期为中国共青团根据青年群体形态变化规律不断推进自身组织形态发展提供一些理论性思考。

---

　　*　载于郗杰英、刘俊彦主编：《共青团工作12讲》，中国青年出版社，2012年。

第一节　从单位化青年到原子化青年：市场经济建立与青年群体形态变化

马克思认为："人的本质并不是单个人所固有的抽象物。在其现实性上，它是一切社会关系的总和。"[①]而这些社会关系是在一定方式下进行生产活动以及在此基础上形成的其他社会交往过程中形成的。这就意味着生产活动方式及其他社会交往方式发生变化将导致人们的社会关系发生变化。而所谓社会结构实际上是人们社会关系的一种相对固定化的结果。因此，对于整个社会来说，如果绝大部分成员的社会关系发生了变化，那么也就意味着整个社会结构发生了变化。对于一个群体来说，其成员的社会关系发生了变化，就代表着该群体内部互动以及整个群体与外在环境的互动情况都发生了变化，即群体形态发生了变化。市场经济体制的建立改变了中国社会资源配置的基础和手段，由此导致整个中国的经济结构和社会结构发生了巨大变化，而青年作为社会中最具有活力的一个群体，同样也受到了巨大影响，青年群体形态也因此发生了根本性变化，即由计划经济体制条件下的单位化青年向市场经济体制下的原子化青年转变。

一、单位化青年：单位社会体制下的青年群体形态

所谓单位社会体制是指社会主义改造之后，中国共产党为了现代化建设需要，而建立起来的以公有制为基础的，以政党基层组织为核心的，集政治生活、经济生活和文化生活等为一体的社会基层共同体，并通过计划经济体制和政党组织网络在全国范围内将这些单位共同体组织起来的社会体制。从其产生的历史背景来看，单位社会体制实际上是中国共产党为奠定现代化建设所需的社会基础，克服中国社会长期存在的"一盘散沙"现象，推动

---

① 《马克思恩格斯选集》（第一卷），人民出版社，1972年，第18页。

社会组织化而采取的措施。在单位社会体制下,所有社会成员都被整合进每一个单位组织中。由于政党基层组织在单位中处于领导核心地位,再加上宏观上处于计划经济体制和微观上处于封闭单位空间,因此社会成员完全依附于单位组织,进而与单位中的政党基层组织之间存在高度利益相关性。

正常情况下,青年分布于学校空间与职业组织内。在单位社会体制条件下,学校空间和职业组织内运行逻辑都是以单位社会体制的构建原则为基础的,因此在这两个空间中的青年也同样依附于学校或工作单位,并且与学校或工作单位的党组织之间也同样存在着高度利益相关性。由于共青团是党的青年组织,因此青年人不仅与政党基层组织而且还与共青团之间存在着高度利益相关性。社会学理论认为在特定社会关系空间内,社会成员在心理结构和行为倾向上会呈现出某种特征的"惯性",使其能够与外在的社会关系空间存在着高度的"结构同型",从而为社会秩序的稳定性提供心理基础。在利益机制和心理机制共同作用下,单位社会体制下的青年就呈现出与党团组织保持密切关系并完全依附于单位的心理状态和生存状态,我们将处于这种状态下的青年称为单位化青年。

二、市场经济体制建立与青年群体原子化状态出现

计划经济体制和单位社会体制虽然能够克服"一盘散沙"之缺陷,但是却抑制了社会成员的主体积极性,使社会无法获得可持续的创造力。为了推动社会发展,中国共产党决定实施改革开放政策,并建立了社会主义市场经济体制。社会主义市场经济体制建立之后,开始出现多元所有制结构。由此,随着宏观层面的计划经济体制的退出,作为微观基础的单位社会体制也逐渐衰微。

所谓计划经济体制是以国家权力作为配置资源的手段而建立起来的经济体制,而所谓市场经济体制是以市场机制作为配置资源的基础而建立起来的经济体制。计划经济体制要能够有效运行,就必须建立在政党对社会控制的单位社会的基础上,因此在计划经济体制条件下,组织在先、纪律为主的政党组织原则就成为社会建构、运行逻辑的基本内容。而市场经济体制要

能够有效运行,同样也必须建立在社会主体充分独立的多元社会的基础上,因此在市场经济体制下,主体在先、意志平等的市场契约原则就成为社会建构、运行逻辑的基本内容。

从计划经济体制和单位社会体制向市场经济体制和多元社会体制转变,对于社会成员个体生存状态来说,实质上意味着从完全依附于单位组织向以有限的契约方式与职业组织发生关系转变,前者对社会成员个体来说意味着除了工作内容之外,其他文化、政治、生活等内容都由单位组织负责。而后者对社会成员个体来说只有合同规定的工作内容与职业组织之间有关系,其个人的文化、政治、生活等内容都必须在职业组织之外由个人自己负责,然而由于社会组织尚未发育,既有组织也无力帮助,从而导致个体需求除了市场之外,没有其他组织化载体予以帮助,使社会成员处于孤独和彼此疏离的状态,社会学将处于这种生存状况的人称为原子化个体。由于市场经济体制是从20世纪90年代才开始建立,因此对于改革开放初期或更早参加工作的人来说,经历了由计划经济体制向市场经济体制转型的过程,而对于在学校期间或参加工作时就已经处于市场经济体制逐渐成熟的后单位社会的人员来说,当他们一离开学校进入经济组织,其生存状态就处于原子化个体的状况。由于整个社会环境变化了,因此即使是进入国家机关等职业组织也同样受该社会逻辑的影响。诚然,学校虽然整体状况依然保持着较浓的单位体制色彩,但是由于受社会环境影响,校园内的青年在观念上也不同程度受到了该社会逻辑的冲击。

综上所述,我们可以对原子化青年的内涵和本质作如下概括:所谓青年原子化是指在市场经济体制建立之后,青年群体所出现的与职业组织之间处于单纯工作契约关系,而其他需求除了市场之外缺乏其他组织性载体予以帮助和满足,从而使青年个体处于孤独和疏离的一种生存状态,或在思想观念上受这种环境影响而产生与该生存状态有着内在一致性的行动逻辑的现象。同样,我们可以将处于这种状态的青年称为原子化青年。究其本质,原子化青年现象实际上是市场经济体制建立和单位社会体制退出后,新型的社会性共同体或新型关系网络尚未生成,而与单位社会体制密切相关并具有同质性的传统社会性组织和政治性组织的作用又开始丧失或严重弱化,从而使与社会成员处于单纯工作性契约关系的职业组织起主导作用而导致的后果。

第二节　网络社会生成与青年再组织化：青年自组织出现的背景与本质

历史唯物主义认为生产关系变革是其他社会关系变革的基础。市场经济体制建立导致单位社会体制衰微和多元所有制结构的经济组织出现，实质上是生产关系的变革，但是单位社会体制中并非仅仅包含着以经济关系为核心的生产关系的内容，还包含了其他社会关系的内容。然而只有生产关系转变到位后，其他社会关系才具备进一步转变和发展的基础。因此，在市场经济体制建立初期和单位社会体制退出过程中，与市场经济相适应的新的其他社会关系及其组织化形式在短时间内还很难建立和完善，由此导致了青年原子化状态的出现。新的社会关系及其组织化形式生成，特别是后者的建立，一是需要时间来实现关系的积累和沉淀，二是需要相应制度的支持。由于中国社会转型速度十分迅猛，同时各方对新的社会组织生成的认识都需要一个过程，因此上述两个条件在短时间内都无法具备。然而网络技术的发展和运用以超越性方式突破了上述两个瓶颈，使新的社会关系及其组织化载体得以快速生成。由于网民中的大部分是青年，而青年中的大部分又是网民，因此原子化青年被快速地再组织化起来，其组织化载体中最主要的部分就是各类青年自组织，青年群体形态也由此进入了再组织化阶段。

一、网络社会生成与青年再组织化

人的本质是人的真正的社会联系，交往是人与人之间联系的纽带。在交往活动及其实践中，人们形成了丰富多彩的社会关系，正是在社会交往活动中,人的社会本质才得以生成和展现。①同时,交往方式的变化对人们的生存状态产生着根本的影响。改革开放以来,中国社会不仅经历了制度变革所带来的社会结构转型,而且还经历了科技革命所带来的社会结构转型。从20世纪90年代开始,互联网开始在中国普及,特别是21世纪初中国互联网宽带技术的突破,使互联网成为人们生活的一个重要的支持平台。从21世纪初开始,中国社会开始进入了网络社会。在网络社会条件下,人们交往方式中很重要一个组成部分就是经由互联网媒体中介形成的人际沟通与互动关系,即网络人际交往。"在网络空间,人际互动双方并不像在现实社会交往中那样面对面地亲身参与沟通,而是一种以'身体不在场'为基本特征的人际交往。在网络空间,人们可以隐匿自己在现实世界中的部分甚至全部身份,重新选择和塑造自己的身份认同。同时,与传统人际交往中媒体多半只是沟通的工具不同,网络空间不仅是一个互动的媒介,而且是一个自我再现的媒介,它充分结合了人际交往的两大功能:互动性和自我再现。而互联网的匿名性、时空压缩和时空伸延并存等特点,又非常适合弱联系的建立与滋长,能够让原本素不相识、地理距离和社会距离都很远的陌生人互相结识和交谈。这意味着,网络人际交往更多的是一场陌生人之间的互动游戏。或者说,网络空间的人际关系,突显了公领域、弱联系、陌生人互动的特点。"②网络人际交往的上述特点以及互联网的去中心化和信息跨区域快速聚合等特征,导致中国社会组织化方式发生了革命性变革,社会组织化方式由传统的需要在物理空间内以面对面接触为主要特征,向网络条件下的在虚拟空间中以未谋面联系为主要特征转变,这就使围绕某一主题而快速形成话语的公共空间以及行动的网络组织成为可能。由于10~39岁和10~29岁网民分别占总数的80.8%和58%③,这就意味着以互联网为基础所带来的新型社会组织化方式对青年的冲击最为激烈。

---

① 李百玲:《晚年马克思恩格斯交往观研究》,中央编译出版社,2009年,第144页。

② 黄少华、翟本瑞:《网络社会学:学科定位与议题》,中国社会科学出版社,2006年,第261页。

③ 中国互联网络信息中心:《第26次中国互联网络发展状况统计报告》,2010年7月15日。

二、青年再组织化与青年自组织出现

互联网的出现以革命性方式改变了人们的交往方式和关系建构方式，为社会组织跨区域快速诞生提供了可能，为此，各类交往群体大量涌现。这些交往群体随时都有可能由于某一动机而落地行动，而在现实中已经存在着数量巨大的落地的网络社团，并在实际中密集地发挥着作用，这些通过网络而形成的以青年为主体的行动组织，人们称之为青年自组织。如果说计划经济体制条件下社会成员的经济、政治、文化和其他生活内容都需要依靠单位予以提供，那么市场经济体制条件下，除了合同规定的与工作性相关的内容外，社会成员无法从职业组织中获得更多的满足，其他需求的满足都需要通过市场或其他方式获得，从而造成了社会成员原子化状态。

随着网络社会的到来，新型社会组织化方式的出现，社会成员的其他需求除了市场之外，还可以通过网络使具有相同需求或认同的人们快速聚合和组织起来，突破了市场经济条件下社会组织生成和发展中需要较长时间沉淀的特点以及新的社会组织生成和发展中的制度性瓶颈，使组织化方式满足各类具体需求以及作为人的本质实现的交往需求成为了可能。由此，网络社会开始以超越性的方式克服了市场经济体制造成的社会成员原子化的生存状态，将社会成员在职业空间之外组织起来。由此，社会成员在职业空间和社会空间两个领域内分别遵行各自原则实现了再组织化。这时候社会再组织化与单位社会体制条件下社会组织化之间的最大区别就是两者建构逻辑的差异，即前者是以个体意志为基础的主体在先原则为社会建构的基本逻辑，后者是国家意志和政党纪律为基础的组织在先原则为社会建构的基本逻辑。由于社会组织化需要以相应形式的组织作为载体，因此青年自组织出现就是网络社会条件下青年人在社会领域通过新型社会组织化方式被组织化的一种结果。

第三节　并非纯粹的自组织：
青年自组织的生成机理与运行特征

"青年自组织是由上海团市委率先提出,后来在全国共青团系统内被普遍使用的一个工作性术语。"①虽然青年自组织作为学术性概念还在探讨之中,但是作为一个描述性的工作性术语,它的提出有着三方面意义:一是作为一种现象,它反映了青年群体形态的变化;二是作为一种形式,它反映了一种有别于传统的新的青年组织形式的生成;三是作为一种视角,它反映了共青团工作新的对象和方式的出现。从本质上来说,青年自组织的出现是市场经济体制和网络社会条件下青年再组织化的一种表现,但是由于这一概念已经作为一个工作性术语被提出和使用,因此有必要对青年自组织的内涵、实质及其生成机制和运行特征进行梳理,从而为进一步正确理解该术语,以及共青团今后更为准确发展相应工作性术语提出一些理论性思考。

一、青年自组织概念及其实质含义

从现有文献的分析来看,青年自组织可以分为工作性内涵的概念和学术性内涵的概念。

从概念发生学角度来看,青年自组织首先是作为工作性术语提出的,它主要包含两方面含义:一是指21世纪以来随着市场经济体制建设日益完善以及网络社会逐渐生成,在整个社会不断实现自我再组织化的过程中,所出现的青年自主组织化现象以及作为其后果的组织形式。二是由于在计划经济体制和单位社会体制下,青年组织完全都是以共青团为核心而推动产生的,而随着市场经济体制日益完善和网络社会逐渐生成,开始大量出现由社会各种力量推动生成的青年组织,而这些青年组织相对于由共青团以及体制

---

① 闫加伟:《草芥:社会的自组织现象与青年自组织工作》,生活·读书·新知三联书店,2010年,第3页。

内力量推动生成的传统组织来说,在共青团看来就是一种青年自组织现象。因此,从工作性概念来看,青年自组织概念实际上包括青年自发组织和传统体制外其他社会力量推动产生的青年组织。①这两部分内容都是共青团等体制内力量之外力量推动产生的青年组织,即是所谓"社会力量"自我组织起来的青年组织,由于这两部分组织相当大部分目前都处于没有登记的状态,同时也很难对其背后推动力量进行完全鉴别,因此对于共青团工作所产生的挑战从一定意义上说是相同的。

青年自组织作为学术性概念是工作性概念在共青团工作系统内运用一段时间之后,由一些从事青年研究的学者对其进行研究后形成的。根据有关学者总结,国内学术界关于青年自组织的概念定义有以下几种观点。一是认为所谓青年自组织就是指既没有在民政部门正式登记注册,也没有在机关、团体和企事业单位内部登记备案的,以青年为主体、以某种共同的兴趣爱好或利益需求为纽带,自发成立、自主发展、自我运作的青年组织。二是认为以青年为主体,以活动为平台,由青年自发成立、自主发展、自行运作和自我治理的具有一定规模的、拥有组织章程和组织框架的青年非政府组织是青年自组织。三是从网络发展的角度出发,把依托网络发展而兴起、通过网上结社而形成的自发性青年组织定义为青年自组织。四是把那些没有受到外在控制(政府控制、群团控制、机构控制)而由青年自发组成的,以维护青年的利益需求和满足青年的兴趣爱好为主要功能的各种社团、群体定义为青年自组织。

① 曾任共青团上海市委青年志愿者工作部部长、青年社会组织工作部部长兼上海青年家园民间组织服务中心总干事闾加伟在其专著《草芥:社会的自组织现象与青年自组织工作》中,根据其工作经验和体会,提出:"自组织工作的工作对象是那些自发成立、独立运作,没有进入党政视野的、民间的、草根的青年组织。是不是我们的工作对象标准只有一个,就是这个组织有没有影响力,吸引和凝聚的青年数量是不是多。再进一步,只要这个组织是党政组织体系覆盖不到、影响不到的,都应该成为我们的工作对象。""这些组织基本上是非正式的,有的可能永远都无法正式注册,有的可能已经公司注册,实体化运作。但是这些都不是问题,只要这些组织对于推动和扩大共青团的影响力有帮助,就可以成为我们的工作对象。通俗地讲,我们的工作对象是没人管也没人要的青年组织:一是没娘的孩子,就是没有上级单位,没人管的;二是不希望有娘的孩子。"他认为,作为共青团工作对象的所谓青年自组织有如下八种:网络社团、兴趣类自组织、有社会服务功能的自组织、高校发育的自组织、社区青年自组织、体制外的正式社会组织、国际组织和由青年自组织工作者发育的自组织。

从上述研究者对青年自组织的概念界定来看，判断一个青年组织是否是青年自组织的主要依据就是看该青年组织在形成的过程中有没有受到来自外界的"特定"干扰：一是将有无到当地民政部门正式注册登记或有无在机关、团体和企事业单位内部登记备案作为判断是不是青年自组织的根据；二是以青年组织是否具备"自发成立、自主发展、自我运作"而没有受到外在控制的特征作为判断的依据。①从这些内容中我们可以发现，目前学术界对青年自组织的理解更多是在纯粹的自组织概念层面使用这一术语，从一定意义上说只包括工作性概念中的第一部分内容。

如果遵循前文关于青年群体形态变迁逻辑和中国社会组织化形态发展规律对青年自组织产生逻辑进行分析，我们会发现青年自组织具备一般性和历史性两方面特征。所谓青年自组织的一般性特征，是指在中国社会再组织化逻辑与网络社会新型交往方式共同驱使下，青年借助网络平台而不断形成的一种组织化结果，是网络社会条件下大部分青年社会组织的生成过程中都会经历的初级阶段。所谓青年自组织的历史性特征，是指由于中国社会几乎同时经历了市场经济体制建立所带来的社会结构转型和信息技术革命所带来的社会结构转型，因此中国共产党和中国政府关于如何在制度上支持双重因素所带来的社会转型存在着一个探索和适应阶段，导致了对新生成的各类社会组织登记和支持等还存在着制度上的不适应现象，使大量新生成的包括各类青年自组织在内的社会组织没有在政府登记或无法登记。随着社会转型的逐渐到位和政党、政府的逐渐适应，我们相信会有适应社会再组织化需求的相应制度的生成，从而使大量处于所谓自组织状态下的青年社会组织能够获得登记。从这一角度来说，青年自组织是一个具有历史性和过渡性特征的概念。因此，我们应该更多从社会再组织化和青年群体形态变迁角度对青年自组织现象的本质内涵予以把握，而不是简单对其作固化的理解，否则就有可能在思维上或工作上受到限制。

---

① 何跃、马素伟：《青年自组织国内研究综述》，《青少年研究》（山东团校学报），2010年第1期。

二、在他组织与自组织之间：青年自组织的生成机理

接下来我们从组织生成情况角度对上述两种类型的青年组织进行分析。首先，我们来看由传统体制外社会各种力量推动建立的青年组织生成情况。从目前情况来看，这些力量主要有国际组织、宗教组织、既有社会组织、经济组织以及青年自发力量等。从自组织和他组织角度来看，前四者为他组织力量，最后一部分属于自组织力量。其次，我们再对青年自主组织化现象以及作为其后果的组织形式进行分析。通过调研，我们发现这种所谓"纯粹"青年自组织情况也非常复杂，许多表面上看起来是青年自组织的，实际上背后有他组织力量在推动着，如相当多的车友会是由汽车销售公司等推动成立的，或是直接推动或是提供网络平台。当然，我们也不排除存在着数量巨大的各类已经落地或潜在的由青年自主组织的青年自组织，因为这是网络社会条件下社会组织化的主要形式之一。因此，从纯粹学术性概念来看，青年自组织肯定是由青年自发组织而生成的，但是从工作性概念来看，青年自组织生成的推动力量就不那么纯粹了，是处于自组织与他组织之间。正是从这一意义上说，我认为使用青年社会组织概念比使用青年自组织概念对于共青团来说更具有操作性意义和长远性意义。

三、在虚拟与现实之间：青年自组织的运行特征

网络社会生成不仅对人际交往模式产生冲击与影响，而且还导致了社会组织模式的重大变革。互联网作为一场全新的技术革命，不仅迅速地改变和重塑着传统社会组织的结构，使其发生了一系列根本性的变革，而且还凸显出一种全新的组织类型以及全新的个人与组织关系模式，呈现出一系列不同于传统社会组织的新特征。[1]不论是学术性意义上的青年自组织还是工作性意义上的青年自组织，作为在网络社会生成后才大量出现的社会组织，

---

① 黄少华、翟本瑞：《网络社会学：学科定位与议题》，中国社会科学出版社，2006年，第181~182页。

它们从诞生开始就打上了网络社会的烙印，因此它们之中的绝大部分在组织生成或运行方面都离不开互联网，这些组织同样具备着网络社会条件下新型社会组织存在与运行的一般性特征。这些特征可以从不同角度予以概括，但是有一点是共同的，那就是这些组织处于虚拟与现实之间。

由于绝大部分青年自组织是以网络为中介而生成与运行的，因此这些组织就具有网络组织的一般特征：一是以"趣缘"为基础。互联网出现打破了原有人际交往的时空阻隔和社会障碍，将个体从基于地缘、业缘、血缘等的社会交往圈中解放出来，成为几乎没有任何社会背景且面向所有人开放的匿名个体。这样，个体可以充分发展自己的兴趣、爱好，并在最大范围内寻找与自己有着共同兴趣和爱好的人群。二是开放与弹性。传统的社会组织对成员的身份、背景有很高要求，而且有较为严格的组织章程，明确的行为规范，加入与退出组织一般要经过一系列手续和程序。而网络组织则是开放的，对于要求加入者几乎没有任何身份、背景限制。只要成员接受该组织的一些基本"成员准则"，无须经过复杂的手续，几次点击、稍事填写便可立即加入。三是去中心与扁平化。传统社会组织一般都是按照科层制方式构建起来的，而建基于虚拟空间的网络组织，其信息传递不再表现为一种垂直等级模式而是表现为一种网络互动模式，如通过E-mail、BBS等便捷的网络交流方式，任何组织成员都可以与其他成员进行横向的直接沟通。由此打破了信息控制的权力中心，使所有组织成员获得了平等的话语权和信息权，组织结构因此呈现出从集权化到分权化，从等级化到扁平化的转变。①

这些特征导致了青年自组织的生存与运行处于虚拟与现实之间。所谓虚拟是指成员招募和基本运行过程是在虚拟空间中完成的，甚至成员也是以虚拟身份加入组织，同时组织在诞生初期甚至从组织诞生到终结的整个过程都存在于虚拟空间之中。所谓现实是指一旦完成了虚拟空间中的组织程序，只要有某种行动需要，这些组织成员就可以在现实的物理空间中活动，成为与传统社会组织没有二样甚至更为高效的现实行动组织。

---

① 黄少华、翟本瑞：《网络社会学：学科定位与议题》，中国社会科学出版社，2006年，第182~187页。

第四节　从"青年中心"到"青年家园"：
共青团整合青年自组织的组织创新

　　青年自组织是网络社会条件下青年群体新的形态生成的一种外在表现，是青年再组织化的一种新的组织形式。组织理论认为任何组织发展都必须根据组织环境变化进行自我调整。作为政党青年组织，共青团发展同样也必须根据青年群体形态的变化而不断调整自身组织形态。因此，如何适应以青年自组织方式为表现形式的新的青年群体形态，是共青团在新的历史时期组织发展的一项中心任务。从21世纪初，共青团就开始围绕这一中心任务推动组织创新，构建与网络社会条件下青年群体形态相适应的组织形态，"青年中心"和"青年家园"就是这一探索的初步成果。

一、探索组织化青年的整合模式：网络社会条件下团青关系的新命题

　　共青团存在的目的就是为中国共产党领导和执政提供坚实的青年基础，因此构建牢固的团青关系就成为共青团在每个历史时期最重要的政治任务和基础工作。然而构建牢固的团青关系，涉及共青团与青年两方面，因此共青团必须根据青年群体形态变化，调整共青团整合青年的模式。在计划经济体制和单位社会体制条件下，所有青年都处于以政党为核心建构起来的社会中，青年与政党以及作为政党青年组织的共青团之间有着密切的利益相关性。因此，共青团通过单位社会体制力量就能够实现对青年的整合，即共青团与单位化青年之间是以共青团组织意志为前提来建构团青关系的。随着市场经济体制建立和单位社会体制退出，单位化青年向原子化青年转变，共青团所凭借的单位社会体制基础逐渐丧失，因此共青团开始转变整合青年的方式，形成了以青年志愿者行动为主要载体的新的整合青年模式，构建了以尊重青年主体意志为基础的团青关系。随着市场经济体制逐渐完

善和网络社会开始生成,在职业空间之外,青年可以通过网络平台实现再组织化。遵行共青团与青年之间关系发展的历史逻辑,我们认为在网络社会条件下团青关系应该遵循尊重多元青年组织化的主体意志, 即包括青年自组织在内的各类青年社会组织意志的原则,探索整合组织化青年的新模式,从而为构建共青团与组织化青年之间关系奠定组织基础和机制基础。

二、青年中心:整合组织化青年的全国探索

世纪之交的那几年是中国青年群体形态原子化状态充分发展, 组织化状态刚刚开始出现的一个过渡期。为了建立与原子化青年之间新的团青关系,共青团除了继续深化青年志愿者行动之外,还在组织形式上予以创新。2003年, 将建立青年中心作为共青团探索基层组织形式创新的一个重要方式列入团的十五大报告中。同时,共青团中央还敏锐地把握到青年组织化的趋势,提出青年中心建设要"通过会员制或青年社团的形式联系凝聚广大团员青年"①。随后经过试点,2004年12月共青团十五届三中全会正式作出决定,在全国农村和城市基层建立青年中心,并将青年中心定位为"在共青团领导下,面向广大青年,以联系、服务、引导青年为目的,以会员制、理事会制为主要运作方式的新型城乡社区青年组织"②。提出青年中心建设要"以基层团组织为核心,以组织创新为灵魂,以服务青年为宗旨,以社团联系为重点,坚持项目化运作、品牌化经营和社会化推进,努力把青年中心建设成为共青团领导下的凝聚人才、联系青年的新纽带,服务青年、服务社区的新平台,更好地团结带领广大青年为全面建设小康社会做出贡献"。

虽然青年中心的提出首先是为了解决共青团与原子化青年之间的关系,但随着试点和实践的深入,建设方向开始向兼具直接服务原子化青年与整合组织化青年两方面发展。在2003年试点初期时,青年中心更多是通过两

---

① 共青团中央:《关于印发〈全国农村青年中心建设试点工作方案〉的通知》(中青发〔2003〕24号),2003年8月21日。

② 共青团中央:《关于加强青年中心建设的决定》(中青发〔2005〕5号)(2004年12月17日中国共产主义青年团第十五届中央委员会第三次全体会议通过)。

方面的途径来重新构建团青关系：一是在组织形式上主要以共青团基层组织为核心，通过会员制方式来招募青年中心的成员，即通过组建新的社会组织方式来重构团青关系；二是在具体内容上主要是通过提供服务性项目直接服务青年个体。虽然在试点方案中已经提出要通过青年社团方式来联系青年，但更多的是强调对青年社会的管理问题或提供活动场所问题，尚未建立对组织化青年的整合机制。①但是到了2004年12月的共青团十五届三中全会上，就已经比较明确地提出既要通过青年中心会员制来整合青年个体，并在此基础上由青年中心直接组建各类青年社团来服务青年，同时还要吸纳既有的青年社团加入青年中心。②至此，共青团在理念上和机制上基本完成了以新型组织化手段实现对原子化青年和组织化青年的双重整合的设计。

三、青年家园：整合组织化青年的上海模式

适应青年群体形态变化，推进共青团组织形态发展的工作，不仅在全国层面进行探索，而且地方各级共青团组织也根据本地区的实际情况进行试点。由于从20世纪90年代中叶以来，上海改革开放进程不断提速，全球化以及市场经济和网络社会对上海都产生了巨大冲击，由此社会结构发生了巨大转型。到21世纪初，职业空间外的青年组织化进程快速发展，包括青年自组织在内的各类青年社会组织大量涌现。为了适应这一变化，上海共青团除了按照团中央部署，在街、镇层面建立青年中心外，2006年还在市级层面成立了由上海团市委为业务主管的上海市青年家园民间组织服务中心，2008年在团市委内部成立了青年社会组织工作部。二者分工如下：青年社会组织工作部主要负责呼吁和推动有利于青年社会组织发展的政策，营造有利于青年自组织工作的环境，探索青年社会组织参与社会建设的有效机制；青年

---

① 共青团中央：《关于印发〈全国农村青年中心建设试点工作方案〉的通知》（中青发〔2003〕24号）和《关于印发〈全国城市青年中心建设试点工作方案〉的通知》（中青发〔2003〕25号）。

② 共青团中央：《关于加强青年中心建设的决定》（中青发〔2005〕5号）（2004年12月17日中国共产主义青年团第十五届中央委员会第三次全体会议通过）。

家园具体负责青年自组织的服务工作。①通过青年领袖沙龙、青年社团联盟以及青年风尚节等平台,组织和活动等方式,青年家园已经联系了400多家青年社会组织。分析上海青年家园模式,我们可以看出,该模式是以直接服务已经组织化的青年为目的的。

四、"青年中心"模式与"青年家园"模式的结合:共青团整合组织化青年的组织创新方向

"青年中心"与"青年家园"是共青团整合组织化青年的两种模式,前者是在基层的街、镇层面整合原子化青年和组织化青年的新型组织与机制,而后者是在市级或区级层面整合组织化青年的新型组织和机制。虽然从整体来说都是适应青年组织化形态的组织创新,但是作为新的探索,二者都存在着一些不足和缺点。

青年中心的主要问题有以下两方面:一是定位不明确导致实践过程和操作上的困难。由于赋予青年中心过多的职能,再加上在设计中强调了许多物质空间的内容,由此导致了现实实践中出现了以下两种现象:第一,遵行共青团服务单位化青年和原子化青年方式的思路,更多倾向于在具体服务项目上下功夫;第二,将青年中心理解为青年活动中心,即将青年中心当作物理空间来理解,而不是按照关系空间来理解,从而导致一些地方只是在一个活动室里挂一个牌子了事。二是基层区域性设置与网络社会中组织无边界性的矛盾,导致青年中心整合对象的缺失。由于网络条件下各类青年自组织是以"趣缘"为主生成的,同时是以无边界为基本特征的,而共青团基层的街镇组织,却是按照行政区划的小区域来设置的,这就很难在本区域内找到完全属于本区域的青年自组织。因此,目前许多青年中心更多是在共青团自建社团上有一定成果,而在整合青年自组织上往往成效不大。

青年家园的问题主要集中在一个方面,那就是不能激活基层共青团组

---

① 闫加伟:《草芥:社会的自组织现象与青年自组织工作》,生活·读书·新知三联书店,2010年,第99~103页。

织和服务基层中大量存在的尚未完全组织化的原子化青年。由于大部分通过网络生成的青年社会组织是跨社区的,因此上海青年家园所联系的青年组织大部分不是局限于某个街镇的青年组织。这也就是为什么青年家园在市和区层面能够大量整合到青年社会组织的最重要原因之一,但是对共青团来说也因此带来了无法借此激活基层团组织和服务基层社区青年的问题。

基于上述分析,我们认为未来发展方向不是简单用一种模式替代另一种模式,而是应该遵循网络社会组织生成与运作的内在逻辑,构建一个系统和整体的组织化青年整合机制和体系, 在此基础上将上述两种模式有机整合起来。以城市为例,具体来说,就是在市、区层面建立青年家园性质的以共青团为核心的中介性服务机构,在街镇层面建立青年中心,在市、区层面通过共青团系统将两者整合进同一体系,将市、区层面的青年社会组织与青年中心对接, 利用青年中心社区服务对象和物理空间等优势吸引青年社会组织加盟,从而以此为基础吸引社区青年参与青年中心活动,整合各类青年社会组织服务本社区青年,由此整体激活青年中心,并在此基础上培育更多的社区青年组织,进而实现共青团整合组织化青年和原子化青年的目的。

第五节　走向共青团主导的多元合作:网络社会条件下共青团工作的新战略

青年自组织出现以及如何开展青年自组织工作,对于共青团来说,不仅仅是一项具体工作问题, 而且反映了共青团在市场经济体制日趋完善和网络社会不断生成的背景下需要进行的战略性调整的问题。因为青年自组织的出现反映了两方面内容:一是青年群体形态已经从市场经济体制建立初期的原子化状态向组织化状态转变;二是推动青年组织化的多元力量已经开始大量出现。能否适应与多元的青年组织化力量互动,并在其中扮演主导性角色, 将对共青团在新的历史条件下履行自身政治职能产生十分重要的影响。

在网络社会条件下,互联网为人们提供了交往的一个重要平台,在这一平台上,人们可以根据"趣缘"等快速聚合起来,形成各类虚拟的或现实的社会组织,从而将人们组织起来。由于这一虚拟性组织方式,使组织化的推动性力量被遮蔽起来,因此容易将网络上形成的各类社会组织看作是自发的自组织。这也就是说,通过网络而诞生的青年组织,它可以是由青年自发推动形成的,也可以是由其他力量推动形成的。另外,我们还必须认识到,不论是什么力量推动生成的青年组织,一旦它诞生并获得成长,该组织就成为了一种组织青年的力量。因此,所谓组织青年的多元力量就包含了两方面内容:一是推动青年组织生成的力量,二是已经生成的青年组织。随着包括纯粹意义上的青年自组织在内的各类青年社会组织的涌现,上述这两方面组织青年的力量的存在成为共青团需要面对的一个社会现实。

作为中国共产党的青年组织,共青团的存在和发展都是为了中国共产党可持续领导和执政。共青团支持中国共产党领导和执政的一个很重要内容就是协助政党对青年的领导。对于中国共产党来说就是通过共青团来提供坚实的青年基础。因此,共青团能否根据不同时期青年群体形态的变化情况,调整自身组织形态和工作内容,就成为共青团实现自身政治使命的一个关键内容。随着青年群体形态呈现出不断再组织化的倾向,能否有效整合组织化了的青年就成为共青团在新的历史时期的一项具有战略性意义的中心任务,关系到共青团能否有效协助中国共产党领导青年的一项政治性任务。

从前文关于青年自组织的形成逻辑和共青团整合青年自组织的工作逻辑的研究中,我们可以得出以下结论,在整合组织化青年从而完成自身在新的历史条件下的政治任务的过程中,必须主动与各类青年组织化力量有效互动,同时凭借自身作为执政党青年组织的优势,建立有效的合作和互动平台,并在此过程中实现共青团的主导性作用,即构建共青团主导的多元合作模式。这是青年自组织工作实践给予我们的一个战略性启发。

结　语

　　改革开放以来，由于市场经济体制建立的制度变革因素和互联网普及的技术革命因素，中国青年群体形态发生了两次转型：第一次是从单位化青年向原子化青年转型，第二次是从原子化青年向组织化青年转型。伴随着21世纪以来青年群体形态的第二次转型，出现了数量巨大的与传统组织生成方式存在着差异的青年自组织。虽然青年自组织概念存在着学术性内涵和工作性内涵的差异，但是不管对其内涵进行怎样的理解，青年自组织出现都意味着青年再组织化现象已经成为共青团必须面对的一个现实。为了有效整合组织化青年，共青团通过建立青年中心和青年家园等新型组织，推动了自身组织形态创新。青年自组织生成逻辑和共青团整合青年自组织的工作逻辑，都为共青团在新的历史时期更好履行自身政治职能提供了一个很好的战略性启示，那就是必须通过建构共青团主导的多元合作模式，才能实现对组织化青年的有效整合和领导。

第二十三章　走向政党主导的多元合作：基于对中国共青团与青年社会组织关系的考察*

马克思认为在现代社会条件下①，围绕共同利益诉求或价值诉求等而形成的具有差异性结构的社会基础是必然存在的。按照现代政治学理论的理解，从具体内容来看，这一社会基础包括三方面最重要的要素：一是话语的公共空间，二是行动的社会组织，三是自觉的公民个体。由于社会、历史和政治等条件差异，导致这一社会基础在不同国度中的生成存在着不同的逻辑路径。下文通过对中国现代社会生成逻辑的分析，特别是通过对包含着中国政治基因的共青团组织与青年社会组织②之间关系的考察，对共青团的组织发展提出了相应的战略性建议。

---

* 刊载于《中国青年研究》，2010 年第 8 期。

① 马克思对社会形态的划分有两种方式：第一种是五阶段论，即将人类社会划分为原始社会、奴隶社会、封建社会、资本主义社会和共产主义社会，其中在资本主义社会与共产主义社会之间的过渡阶段为社会主义社会；第二种是三阶段论，即将人类社会划分为古代社会、现代社会和后现代社会（马克思这里的后现代社会与现代西方思潮中关于后现代社会的理解内涵是不同的）。如果将上述两种划分类型进行比较的话，可以认为古代社会包含原始社会、奴隶社会和封建社会，现代社会包含资本主义社会和社会主义社会，后现代社会指的是共产主义社会。（详见林尚立：《走向现代国家：对改革以来中国政治发展的一种解读》，载吴景平主编：《二十一世纪亚洲发展之路》，复旦大学出版社，2004年。）

② 这里所谓青年社会组织，主要是指以青年为主要参与主体或以青年为服务对象的社会组织，重点为前者。这些组织可以是他组织的青年社会组织，也可以是自组织的青年社会组织。

第一节 现代化诉求与政党整合社会模式变迁：
共青团职能定位的历史逻辑

走向现代化是中国社会发展的内在诉求，同时，现代化要求社会组织化，但是传统中国社会却以小农为基础，呈现出"一盘散沙"的状态，除了中央政府之外，没有任何一种社会力量能够将社会全面组织起来。①因此，在现代化浪潮冲击之下，随着古典政治文明中最后一个国家政权——清王朝的崩溃，中国社会自身既无力将社会组织起来以抵抗外国殖民者的侵略，也无力将社会组织起来为现代化建设服务。

急迫的救亡使命与根本的现代化诉求都要求一种新的组织社会的力量出现，因此作为现代政治产物并具有高度组织力的现代政党模式，就应运而从西方传入中国，并历史性地承担起建设国家与组织社会的使命。作为当时最大的政党，国民党也就成为这一使命当然的承担者。在推翻清王朝以及与作为传统政治余孽的北洋军阀的较量过程中，国民党(包括其前身——同盟会)开始了党建国家的历程。然而自身阶级局限性导致国民党在推进现代化建设过程中，更多的是关注国家建设，而在传统社会改造方面作为甚微，既没有有效组织社会，更没有达到现代社会建设的目的。

国民党忽视对传统社会的改造及其自身内部派系林立，导致国民党动员社会和组织社会的能力严重不足，再加上国民党政府的腐败，更使国民党及其政权在民众中的威信严重下降。因此，在与以马克思主义为指导思想，以民主集中制为组织原则的中国共产党竞争的过程中，不论是社会组织能力，还是群众威望都处于严重弱势，最后经过三年内战，国民党终结了在中国大陆统治的历史。

中国共产党之所以能够获得群众认同和拥戴，并最后领导人民取得胜利，从社会角度来看，主要有两方面原因：一是中国共产党坚持对传统社会

---

① 钱穆：《国史新论》，生活·读书·新知三联书店，2001年，第38页。

的改造,通过土改摧毁传统经济体制以及通过革命摧毁传统社会结构,不仅赢得了民心,而且顺应了社会发展规律;二是中国共产党坚持对社会的组织和整合,不仅能够将社会团结起来抵抗外敌,而且还能够获得摧毁和改造传统社会的现实力量,为现代化建设扫平障碍和奠定基础。

中国共产党之所以能够有力量领导人民改造传统社会,并将社会组织起来,从政党自身角度来看,主要有三方面原因:一是坚持自身建设。中国共产党作为马列主义政党,十分重视自身建设,强化党内纪律,并不断根据社会和政治形势变化,推进政党组织结构和组织形态的发展,从而形成具有高度凝聚力和执行力的组织核心。二是坚持群众工作。党建的目的在于整合社会和引领群众,而不是为了党建而党建,因此中国共产党在坚持自身建设的同时,还通过构建政党的群众工作的组织体系,来实现社会整合,共青团就是这一体系中的一个重要而特殊的组成部分。三是坚持统一战线。由于中国在走向现代国家的过程中,存在着各种政治力量对社会的影响,因此中国共产党为了能够整合社会和领导人民,除了运用自身力量之外,还必须与其他政治和社会力量建立一种积极的关系,在共同认识基础上,形成统一战线,从而为推动中国社会和政治发展服务。

如果从组织渠道角度对上述分析作进一步归纳的话,我们会发现,中国共产党实际上是通过两种途径实现对社会的整合的:一是通过党的自身组织以及以政党为核心的组织体系;二是通过与其他政党或政治和社会团体等组织建立良好关系,而后通过它们来达到对社会的整合。中国共青团是属于前者的, 即中国共青团是作为以中国共产党为核心整合社会的组织体系中的一个组成部分, 同时由于中国共青团与中国共产党之间的特殊关系,[①]使中国共青团在这一体系中扮演着十分重要的角色。因此,从中国共产党创建中国共青团这一外围组织的目的, 以及中国共青团在社会整合中所承担

---

① 郑长忠:《组织资本与政党延续——中国共青团政治功能的一个考察视角》,复旦大学博士论文,2005年 。

的任务来看,中国共青团的根本职能之一①就是为了通过团结和整合青年从而为中国共产党完成不同历史使命奠定社会基础。

在中国共产党看来,土地改革虽然是革命年代的纲领性政策之一,但还只是一个过渡性政策,从状态来说,经过土改之后的社会还是以个体农民为主的农业社会,并未实现社会的组织化,依然无法为现代化建设提供社会基础。因此,中华人民共和国成立之后,在苏联社会主义建设模式影响下,中国共产党开始利用国家政权力量和政党组织力量来全面推进社会的组织化,并形成了以下社会整合模式:在生产资料公有制基础上,在宏观上以国家政权力量构建了计划经济体制,在微观上以政党组织力量构建了单位社会体制,从而将整个社会组织起来。中国共青团作为政党青年组织也作为政党构建单位社会体制中的一种参与其中。

以计划经济体制和单位社会体制为主要内容的社会整合模式的建立,从根本上终结了中国社会"一盘散沙"的历史,中国社会进入了高度组织化状态。这一社会整合模式,为中国现代化建设提供了高度组织化的社会基础,使新中国成立后中国经济快速发展以及现代化建设顺利推进得以成为可能。然而以强制性方式实现社会组织化为主要特征的社会整合模式,虽然能够为现代化建设提供组织化的社会基础,但是却不能为发展生成持续提供创造力的社会机制。为此,随着现代社会发展逻辑的演绎以及现代化建设内在需求的展开,这一社会整合模式在中国也只能起到过渡性的作用。

第二节　社会转型与社会整合模式变化:
现代社会生成的中国逻辑

所谓单位社会体制是指社会主义改造之后, 中国共产党为了现代化建

---

① 共青团作为中国共产党的青年组织,其职能归结起来包含两方面:一是助手,二是后备军。本书主要是从助手的角度来阐述,全面分析可参考郑长忠的《组织资本与政党延续——中国共青团政治功能的一个考察视角》(复旦大学博士论文,2005年)以及郑长忠的《转型社会条件下的中国共青团职能定位及其实现路径》(《中国青年研究》,2008年第3期)。

设需要,所建立起来的以公有制为基础,以政党基层组织为核心,集政治生活、经济生活和文化生活等为一体的社会基层共同体,并通过计划经济体制和政党组织网络在全国范围内将这些单位共同体组织起来的社会体制。在单位社会体制下,社会组织在宏观上是通过国家政权力量,在微观上是通过政党组织力量得以实现,而国家政权也是在政党领导下运行的,因此社会组织原则是以政党组织原则为基础的。这就是说,在计划经济体制和单位社会体制下,社会组织化是依赖政党组织而实现的,政党成为社会组织和整合的最基础和最根本力量。由于政党和国家力量通过支配宏观体制和微观体制,使整个社会处于一个较封闭性的权力圈内,因此社会成员在政治生活、经济生活以及文化生活等方面都缺乏退出机制。在这样的条件下,社会成员与政党特别是政党基层组织之间, 以及青年与共青团基层组织之间存在着高度利益相关性。

改革开放特别是市场经济体制建立之后, 生产资料所有制开始由原来单一的公有制向公有制为主体、多种所有制共同发展的格局变化。市场经济内在要求包括劳动力在内的经济要素必须具备高度流动性, 同时在运行规则方面是以交易双方的主体意志为基础的契约方式为基础而展开的。随之,在中国开始出现了独立自由的资本、独立自由的个人以及要求政治平等的公民。按照马克思的观点,上述三个内容是现代社会最重要的组成要素,正是这些基本要素使现代社会成为独立于国家之外、但同时又对国家起决定作用的力量。[①]这也就是说,改革开放政策特别是市场经济体制的建立,使现代社会在中国开始逐渐生成。

现代社会生成与单位体制衰微是同时发生的。单位体制衰微意味着政党在计划经济时期的整合与组织社会的方式和机制也开始逐渐失效。具体原因如下:一是多元所有制使单位社会体制所依存的所有制基础开始发生变化,这就使政党在非公有制的经济组织中的支配性地位缺乏了法律支持。二是多元所有制和市场经济导致劳动力流动, 并使个人经济利益实现途径

---

① 林尚立:《走向现代国家:对改革以来中国政治发展的一种解读》,载吴景平主编:《二十一世纪亚洲发展之路》,复旦大学出版社,2004年。

多元化成为可能,从而在宏观、微观体制上都形成了开放性环境,这就为个人发展提供了具有高度灵活的进入和退出机制。该机制使社会成员与政党之间的具体利益相关度受到了严重削弱。三是市场经济对劳动力流动的支持,导致传统单位化组织社会的模式逐渐衰微,从而使政党组织社会所凭借的社会结构基础开始受到削弱。

单位体制衰微与政党组织社会的传统机制的失效,直接导致基层党组织"边缘化"现象的出现,并呈不断加剧的趋势。基础党组织"边缘化"现象主要表现为以下三种类型:一是基层党组织"空白",即在一些领域或是社会、经济组织中没有党组织存在;二是基层党组织"空转",即在一些领域或社会、经济组织中,虽然存在着基层党组织,但是这些基层党组织并不起作用,只是形式化运作,或仅仅是存在着;三是基层党组织"合法性缺失",即在一些领域或社会、经济组织中,虽然存在着党组织,并能发挥作用,但是人们对其认同度不高。因此,我们可以得出以下判断:基层党组织"边缘化"现象出现,其本质意味着政党组织社会或是整合社会的能力下降,以及政党组织和整合社会的传统模式开始失效。[1]中国共青团作为政党外围组织以及政党整合社会的组织体系的组成部分,市场经济体制建立对中国共产党所产生的影响,也以相同逻辑在中国共青团组织中得以演绎,因此中国共青团基层组织从20世纪80年代开始也出现了"边缘化"现象。

改革开放以来,中国社会不仅经历了制度变革所带来的社会结构转型,而且还经历了科技革命所带来的社会结构转型。从20世纪90年代开始,互联网开始在中国普及,特别是21世纪初中国互联网宽带技术的突破[2],使网络

---

① 郑长忠:《基层党组织转型:走出"边缘化"的根本出路》,《马克思主义与现实》,2004年第3期。

② 2000年3月30日,北京国家级互联网交换中心开通,使中国主要互联网间互通带宽由原来的不足10兆比特每秒提高到100兆比特每秒,提高了跨网间访问速度。1997年中国网民数为62万,1999年网民数为890万,2000年就跃升为2250万。2005年,以博客为代表的Web2.0概念推动了中国互联网的发展。Web2.0概念的出现标志互联网新媒体发展进入新阶段。在其被广泛使用的同时,也催生出了一系列社会化的新事物,比如Blog、RSS、WIKI、SNS交友网络等。当年,中国网民数就突破了1亿,达到1.11亿,宽带网民数达到6430万。截至2009年6月30日,中国网民数达到3.38亿(其中宽带网民数为3.2亿,10~39岁网民占总数的83.5%),网民占人口总数的25.5%。(资料来源:中国互联网络信息中心发布的历年《中国互联网络发展状况统计报告》和《中国互联网发展大事记》,部分数据系根据上述资料的相关数据整理而成。)

成为人们生活的一个重要支持平台,中国社会由此开始进入了网络社会。①
互联网的去中心化以及信息跨区域快速聚合等特征,导致中国社会组织化
方式发生了革命性变革,社会组织化方式由传统的需要在物理空间内以面
对面接触为主要特征向网络条件下的可以在虚拟空间中以未谋面联系为主
要特征转变,这就使围绕某一主题而快速形成话语的公共空间以及行动的
网络组织成为可能。

　　如果说市场经济建立导致中国社会组织化模式由过去的以政党组织这
种实体性组织载体来完成向现在的以市场机制这种规则性互动机制来完
成,其直接结果就是通过社会分工使社会生成了大量以企业为主体的经济
性组织,并通过市场方式将它们连接起来,由此实现社会的组织化,那么网
络社会生成则通过互联网这一虚拟性平台来推动市场经济所形成的社会组
织化内容得以深化和加速发展,具体表现在以下两方面:一是进一步加速和
深化了以市场为机制的经济组织之间的联系和互动,使市场机制的潜在功
能得到挖掘。②二是推动了社会组织的快速生成。作为公民社会的主体之一
的现代社会组织的诞生前提,就是参与现代社会组织必须基于成员自愿,而
市场经济的运行原则是以主体独立为前提的契约原则,因此市场经济体制
的建立为整个社会创造了主体独立的基础,从而使现代社会组织参与主体

---

① 著名社会学家曼纽尔·卡斯特在《网络社会的崛起》一书的结论中对什么是"网络社会"作了
以下界定:"我们对横越人类诸活动与经验领域而浮现之社会结构的探察,得出了一个综合性的结
论:作为一种历史趋势,信息时代的支配性功能与过程日益以网络组织起来。网络建构了我们社会的
新社会形态,而网络化逻辑的扩散实质性地改变了生产、经验、权力与文化过程中的操作和结果。虽
然社会组织的网络形式已经存在于其他时空中,新信息技术范式却为其渗透扩张遍及整个社会结构
提供了物质基础。此外,我认为这个网络化逻辑会导致较高层级的社会决定作用甚至经由网络表现
出来的特殊社会利益;流动的权力优先于权力的流动。在网络中现身或缺席,以及每个网络相对于其
他网络的动态关系,都是我们社会中支配与变迁的关键根源;因此,我们可以称这个社会为网络社
会,其特征在于社会形态胜于社会行动的优越性。"([英]曼纽尔·卡斯特:《网络社会的崛起》,夏铸九
等译,社会科学文献出版社,2003年,第569页。)

② 如由阿里巴巴集团于1999年创立的阿里巴巴网涉及企业间(B2B)电子商务,可以使企业快
速建立联系。其于2003年创办的淘宝网,跨越C2C(个人对个人)、B2C(商家对个人)两大部分业务,可
以将分散各地的商家与消费者快速建立联系。同时,由于这两个网站建立了快速搜寻机制,同一商品
可以按照价格等进行排列,使竞争中的信息不对称等因素在较大范围内获得减少,建立了接近于充
分竞争的理想市场平台,从而使市场机制的潜力得到了进一步挖掘。

的性质能够得到保证。然而市场经济体制在中国建立的时间较短,况且,中国各类现代社会组织的建立还有许多制度性的约束,因此现代社会组织在中国以传统方式获得快速发展的条件并不充分。

正当社会各界在为如何为现代社会组织发育提供制度性等条件发愁时,网络社会的生成却完全突破了各类人为的发展瓶颈,快速地跨越区域,围绕着相应主题生成了数量巨大的各类网络组织①,而这些组织与传统社会组织在生成方式和存在方式上有着巨大差异,呈现出流动性和虚拟性等特征。然而一旦需要,这些组织又能够快速地在物理空间内落地而变成与传统组织相同的社会组织。基于中国市场经济发育时间较短以及中国现代社会组织在物理空间内发育受限等原因,网络空间就成为中国大陆公民社会发育的主要场所,网络社会组织就成为中国大陆公民社会重要的组织性主体。②如果说以市场经济体制建立为基础的现代社会的生成,标志着在全社会范围内以政党组织原则来建构社会的模式宣告终结,那么网络社会生成更是进一步解构了以政党为微观社会组织载体的社会建构模式。③这就使作为政党嵌入社会的组织载体——政党基层组织及其组织体系中的共青团基层组织等,按传统方式与新生成的兼具市场经济特征和网络社会特征的社会互动更是显得无法适应,从而导致基层党、团组织在市场经济体制建立后的新的社会领域内出现"边缘化"现象,在网络社会原则起主导作用的领域中更

---

① 从一定意义上说,各类网络"群"都是潜在的网络组织。

② 2009年8月,笔者就网络组织发育对中国香港公民社会发展的影响问题到香港进行调研,发现网络组织发育对香港公民社会发展并没有像对内地产生的影响那么大。因为香港的市场经济发展已经有较长历史;对各类社会组织建立的人为性限制较少,所以在网络社会生成之前已经有大量的各类社会组织存在,人们利益表达的组织性载体已基本具备,而网络不过是对这些组织功能进行扩展或完善而已。

③ 市场经济条件下政党作为社会建构载体的模式虽然已经宣告终结,但是并不意味着政党作为整个社会的领导地位的改变,以及政党在一些局部领域内成为建构性力量的存在的可能(如在城市社区中依然可以成为一种重要的组织性力量发挥作用),但是却要求领导方式和建构原则需要发生转变。

是显得无能为力。①

第三节　中国现代社会主体青年化倾向与新型社会整合模式建构中的共青团使命

市场经济体制建立与网络社会生成以及中国政治体制特性，使中国现代社会在生成道路和发展空间上都形成了有别于他国的模式，从而呈现出明显的中国特色。如果对这一特色作进一步分析的话，我们还会发现，在参与主体以及作用发挥上，中国公民社会呈现出明显的主体青年化倾向。

如果从是否由外力干预而建立组织的角度来划分的话，组织生成的模式可以分为两种类型：一是他组织模式，二是自组织模式。②根据这一理论，我们可以发现，中国现代社会的组织性主体即各类社会组织的生成也存在他组织与自组织两种路径。所谓他组织，是指政党、政府或其他既有政治组织、社会组织，根据现代社会运作的内在规律，有意识推动和创建各类社会组织。所谓自组织，是指在现代社会内在组织化驱动下，社会自发生成各类组织。

从他组织角度来看，目前作为现代社会组织性主体的各类社会组织的推动力量主要有政党、政府、既有社会组织、企业、事业单位、宗教团体以及国际组织等，以下分别对这些力量所推动成立的社会组织基本情况及其参与成员年龄情况进行分析：

---

① 为了回应市场经济体制建立和网络社会生成的挑战，中国共青团不断根据社会转型需要，推进自身组织发展。自改革开放以来，共青团组织经历了以下三个发展阶段：一是组织形态复元阶段，时间从"文革"结束到1992年，主要目的是恢复被"文革"所破坏的组织体系，并开始着手解决农村改革所带来的团组织瘫痪问题，标志性措施是推进整体化建设，解决农村团建"怪圈"。二是组织形态调整阶段，时间从1993年到2005年，主要是针对市场经济体制建立后，团员流动以及团组织边缘化的现象而采取的措施，标志性措施是颁发团员证和打破行政管理权限的约束，灵活设置团组织。三是组织形态创新阶段，时间从2005年至今，主要目的是为了适应网络社会生成后青年自我组织的倾向，通过组织形态创新而重新获得主导权，标志性措施是青年中心建设的提出和实施。

② 孙志海：《自组织的社会进化理论：方法和模型》，中国社会科学出版社，2004年，第20页。

第一，政党(主要指中国共产党)推动的社会组织。该类型分为两种情况：一是由党的领导机关或基层组织成立的社会组织，主要是研究性机构或服务党员的组织，但是数量极少。二是由政党外围组织成立的社会组织，如工青妇组织推动成立的各类协会以及研究会等。在这些机构中，共青团推动成立的机构大部分由青年人参加(也有年龄较大人员参加，如青少年研究会)，而工会与妇联推动成立的协会或研究会等，情况就相对复杂。

第二，政府推动的社会组织。一是联产承包责任制实行之后，人民公社制度衰微后，为了重构农村社会秩序，在政府推动下，在农村出现了村民委员会，并发展为农村社会的主要自治组织。该组织成员由老中青相结合，但是村委会干部主要以中年以上人员为主。二是从20世纪90年代初开始，市场经济体制建立和单位体制衰微而带来的社区建设的需要，使政府通过推进传统居委会改造来承接单位体制衰微而甩给社会的事务，这就使居委会得到政府和社会的普遍关注。居委会干部也主要以中年以上人员为主。三是在20世纪90年代中期，在服务市场经济体制的背景下，由转变政府职能而引起的政府机构改革过程中，生成了大量服务性或管理性的行业协会等社会组织，这些机构由于是从政府直接转过来的，因此在人员年龄上并无青年化倾向，反而呈现老年化倾向。[1]四是从21世纪初开始至今，中央提出社会建设命题后，许多政府机关开始推动建立一些关系民生的社会组织。这些组织管理模式与人员管理体制与上阶段有着较大差异，许多组织是按照民办非企业单位方式注册的，人员是按照市场化方式管理的。这些组织大量吸收了应届大学毕业生，因此这些组织从目前情况看整体参与人员比较年轻。

第三，既有社会组织推动成立的社会组织。如社会科学联合会等推动的研究会等，这些组织比较传统，参与人员主要还是呈现出老中青相结合的特点。

第四，企业推动的社会组织。目前来看，由企业自主推动的社会组织情况比较复杂，但是有一种类型是十分值得关注的，那就是由企业推动的消费

---

① 当时许多政府机关，除了整个机关需要转制外，其他机关在人员分流时都将即将退休或素质不高的人员分流到协会去。

者俱乐部,这些俱乐部有的仅仅是名义上的团体,如VIP会员等,有的却是具有实质性意义的组织,如高尔夫俱乐部以及汽车俱乐部等。实际上,我们平时所看到的一些青年自组织,从表面上来看是青年自发组织的,而实际上,许多都有企业介入推动。企业推动成立的社会组织成员中,一般来说,愿意参加实质性团体的人员都是比较年轻的,并且目前在数量上呈急剧增长的态势。①

第五,事业单位推动组织的社会组织。如高校内部的研究团体以及协会、社团等,这些团体如果是教师团体的话,也是老中青结合,但是许多团体也大量吸收青年学生加入。如果是学生团体,那主要参与者就是青年学生。

第六,宗教团体推动的社会组织。随着改革开放的深入和社会转型的深化,社会意识形态多元化出现加速发展趋向。作为社会意识形态的组成部分,宗教也在社会中获得发展,由此宗教组织力量也呈现不断增长趋势,组织网络开始向社会各个领域渗透与发展,并将重点放在青年中发展信众。以基督教的新教为例,近年来其基本组织模式之一 ——"团契"在青年中就获得了快速发展。同时,由宗教组织推动成立的社会组织也开始出现,并获得较快发展,其中参与者以及志愿者也以青年为主。

第七,国际组织推动的社会组织。随着全球化进程加快以及我国改革开放的深入,除了以跨国公司为主力的国际性经济组织大量进入中国外,各种国别性或国际性的社会组织网络也开始在中国发展,并呈现数量剧增趋势。许多组织已经在我国主要的大城市或是著名大学中设立了相应办事机构或基层组织。这些组织或是以青少年为服务对象,或是以青少年作为工作性志愿者的主体,并在理念、资金以及项目等优势吸引下,有大量青年或是作为成员,或是作为志愿者,或是作为被服务对象参与其中。

从上述他组织方式形成的社会组织情况来看,这些组织中第一、二、三和五部分的社会组织基本都履行了登记注册手续,而其他部分社会组织只有小部分进行了注册登记,大部分或是出于政策性因素,或是出于其他因素

---

① 组织俱乐部等方式既是一种消费方式,也是一种售后服务,因此商业的经济力量就成为目前这类社会组织生成的主导因素。当然,青年人适应和接受这种消费加交友的服务模式,因此就有参与的动机,两者结合,并在网络手段的支持下,就导致这类社会组织急剧产生。

而没有注册登记。从参与人员年龄结构来看,后者的参与者主要是青年人,前者呈现老中青相结合的现象。然而在数量上后者参与人数多于前者。

目前以自组织方式生成社会组织的空间重点分布在以下三个方面:

第一是现实空间中的城市居民居住的物理社区。随着市场经济体制建立和社会转型发生,社区作为承接单位体制衰微而甩入社会的各项事务的载体,从20世纪90年代起,在中国蓬勃发展。由于社区不仅是人们生活的居住空间,而且是居民社交的社会空间,因此在社区中出现了大量以文体活动为主要内容的自发性居民团队。从年龄结构来看,这些居民团队参与主体主要是一些离退休老同志,青年人参与较少。

第二是在虚拟互联网络空间中的网络社区。随着网络社会生成,互联网络成为人们特别是青年人生活的最重要平台之一。截至2009年6月30日,中国网民数达到3.38亿,其中宽带网民数为3.2亿,0~10岁占网民总数的0.9%,10~39岁占83.5%,网民占人口总数的25.5%。①正如前文所提到的那样,互联网的出现以革命性方式改变了人们的交往方式和关系建构方式,为社会组织跨区域快速诞生提供了可能,为此,各类交往群体如繁星般地涌现并存在着。这些交往群体随时都有可能由于某一动机而落地行动,在现实中已经存在着数量巨大的落地的网络社团,并密集地发挥着作用。由于网民中的83.5%为10~39岁的人员,由此我们可以得出以下判断,网络社团主要是由青年人参加。

第三是人员聚居密集的外来务工等群体中以乡缘、趣缘等为纽带而形成的小型社会组织。由于外来务工群体主要是青年人,这些自发性社会组织也同样以青年人为主。

对上述自组织方式产生的三种类型的社会组织作进一步分析,我们可以发现,第一种类型组织虽然数目不少,但是在数量上根本无法与第二种类型组织相比较,同时第三种类型也有相当部分可以归入第二种类型。由此,我们可以得出一个判断:在以自组织方式生成的社会组织中,通过网络而建立起来的网络组织在数量上占绝对优势,并因此使该模式成为自组织方式

---

① 中国互联网络信息中心:《中国互联网络发展状况统计报告》(2009年7月)。

生成社会组织中的最重要模式。因此,青年人成为自组织方式生成的社会组织中的主体。

通过对上述两种模式分析,我们可以得出以下基本结论:在中国现代社会组织性载体——社会组织中,青年人已经成为这些组织成员的主体部分。另外,由于网络空间已经成为目前中国主导性话语的公共空间,而网络空间中也主要是由青年参与。

既然中国社会最活跃的参与主体是青年人,这就意味着中国共青团在新的社会整合模式中需要承担十分重要的责任,从某种意义上说,从现在开始,中国共青团将要扮演比以往任何一个历史时期都要重要的角色。然而问题是,中国社会是否能够给中国共青团以可能来引领和整合青年?以及中国共青团是否有这种能力来承担起这一历史使命,从而为中国共产党可持续领导和支持提供青年基础和社会基础?这是需要我们予以回答的两个根本性问题。之所以根本,是因为现代社会生成与发展将对现代国家发展产生重要影响。因此,中国共青团能否帮助政党实现对社会的主导并在此过程中实现党与社会的有效和良性互动,既关系到政党可持续领导问题,也关系到中国现代社会健康发展问题。

第四节　青年社会组织发展特征与共青团整合的可能:政党主导的多元合作模式生成的现实空间

为了了解和把握在现代社会生成过程中,中国共青团将以何种模式发展,以及中国共青团能否帮助中国共产党做到在其中起到主导性作用,笔者在三年多的时间内,以个别访谈或开座谈会的方式先后与近二百家青年社会组织直接沟通,并参与性地对中国共青团与青年社会组织的互动情况进行观察。①通过调查研究,笔者认为,青年社会组织目前的发展特征以及中国

---

① 笔者从2005年开始,就作为专家参与上海团市委关于青年社会工作的研究和咨询工作,后来还担任了上海市青年家园民间组织服务中心副理事长一职。

共青团所具备的组织特性和相应优势，使中国共青团可以承担起整合青年社会组织的使命，从而在青年社会组织方面为实现政党主导的多元合作模式提供了可能。理由如下：

第一，中国共青团作为执政党青年组织对各类青年社会组织具有天生的吸引力。任何社会能够形成秩序，很重要的一个原因就是通过政权力量实现社会整合。然而这种整合并非都是靠暴力手段或强制规制所获得的，更多的是通过转化为社会权力运作体系对社会产生作用而实现，而权力运行正是依靠绝大部分人对权力的天生服从感而发挥其作用的。因此，政权正是通过这些机制实现了对社会的有效和和平的整合，作为政权组织化载体——政治机构以及官员个人也因此获得了社会成员对其的尊重和服从①。虽然网络社会呈现出去中心化和碎片化等特征，但是现实社会中依然是以现代社会的权力中心化方式来运作，因此一旦这些组织落地，它们就会以现实社会的运作逻辑来行动和思维。由于中国共青团作为执政党青年组织，是中国共产党的助手和后备军，在中国目前的政治体系中具有十分特殊的地位，因此对于绝大部分青年社会组织来说，是具有吸引力和受尊重的。2005年以来，上海团市委以及后来由其成立的上海青年家园民间组织服务中心，通过建立青年组织领袖沙龙和青年风尚节等平台，联系和整合了300多家青年社会组织。在与这些组织联系的过程中，几乎没有遇到过被拒绝的案例，其中一定比例的青年社会组织还是主动联系团市委或青年家园后加入的。

第二，中国共青团通过构建相应组织整合平台，可以为青年社会组织提供单个组织无法获得的各类资源。组织理论认为，任何组织一旦建立，生存就成为它的首要任务，而组织生存最重要的条件就是必须从环境中获得资源。②因此，资源获得是组织生存和发展的关键因素。对于组织生存与发展来说，需要获得的资源是多方面的，不仅仅是经济资源，还有合法性资源、人力

---

① 一旦这些尊重和服从感完全消失，那么政权就陷入了合法性危机。

② ［美］W.理查德·斯科特：《组织理论：理性、自然与开放系统》，高俊山译，华夏出版社，2002年，第53页。

资源、经验资源、关系资源、信息资源等组织生存所必须的其他资源。①对于中国青年社会组织来说，绝大部分以自组织方式生成的组织是在2005年之后才诞生的，从整体上来说都是比较弱小的，不论在能力方面，还是在资源获得渠道方面都十分欠缺。因此，它们在现实发展过程中急需获得帮助与支持。而中国共青团作为执政党青年组织却能够为它们的发展提供这方面的帮助。以上海团市委以及上海青年家园民间组织服务中心为例，它们通过建立青年组织领袖沙龙这一平台，创造了以下资源整合和共享的条件：

一是分享经验资源。由于参与的青年领袖比较多，彼此之间可以互相学习和参照，并且这些组织之间存在着差异性，使经验学习成为组织创新的来源。同时，这些组织中还有专门以社会组织为服务对象的组织（如上海益优青年组织服务中心），免费为这些组织提供培训和活动策划等。

二是分享信息资源。信息资源不仅来源于团市委与青年家园这一官方渠道，而且还来源于其他三百多家国内青年社会组织，而信息来源的多元化是组织活动创新的重要因素。

三是共享人力资源，由于组织多元化，不同组织之间的人力资源可以彼此支持，包括志愿者共享等。

四是形成组织合作平台。由于目前绝大部分青年社会组织都刚刚诞生不久，急需帮助，因此项目、组织等合作是这些组织利用外力做强做大的主要渠道。

五是提供服务资源。许多组织虽然诞生了，但是在服务对象上经常无法扩展，而共青团作为党与政府联系青年的组织，不仅能够联系青年，同时还能够联系党与政府，因此共青团还能够通过建立扩展性平台（如青年家园目前正在推动建立项目供需洽谈机制），使青年社会组织的服务与基层社会和党与政府的需求对接。

六是物质资源共享。如许多社区都有活动场所，但是大部分青年社会组

---

① 笔者在对某一政府部门支持成立的社会组织服务中心调研中发现，这家组织在扶持社会组织过程中，只是在经济资源和课堂性培训方面予以支持，而无法给予其他方面支持，这就导致那些自身能力不足的社会组织（特别是自愿性组织），在得到经费后反而因此导致内部问题出现，甚至有的还由此走向解体。

织都为活动场所缺乏而苦恼，因此青年家园通过推动青年家园与青年中心或社区活动对接机制来获得街镇或社区的支持，从而解决了一些青年社会组织的场地问题，也因此激活了一些青年中心。

七是提供合法性资源。青年社会组织作为绝大部分刚刚诞生的组织，急需获得人们的认同，因此加入青年家园这一平台，不仅意味着得到官方认同，而且还通过参与共青团活动而获得社会认同。最近，青年家园推荐了三家青年社会组织（自组织）登记注册，由此成为政府培育社会组织的重要平台。上述这些机制的形成，意味着共青团整合青年社会组织越多，就越能够为青年社会组织提供更多的资源，也越能够对青年社会组织产生强烈的吸引力。

第三，中国共青团通过建立风尚性活动平台，可以为青年社会组织提供单个组织无法取得的社会效应，从而对各类社会组织产生吸引力。大部分落地的青年社会组织都希望通过对外展现而获得社会认同和肯定，但是单个组织力量不论是活动影响，还是受认同情况，都可能由于规模、制度、资源等因素受到阻碍。而如果能够加入一个更大平台来开展活动，就可以在提升社会影响方面获得"搭便车"效应。而对共青团组织来说，如果能够提供这种平台，那么既可以达到利用社会资源开展活动的目的，还可以实现对这些青年社会组织的整合。因此，上海团市委和上海青年家园民间组织服务中心从2005年至今，每年都举办一届上海青年风尚节，每年都有数十家青年社会组织参与：一是举办青年社会组织展示会；二是由这些青年社会组织承办具体与他们组织特性相关的活动。这些活动除了活动场地由团市委和青年家园负责联系外，其他费用和人力动员都由青年社会组织自己负责（或给予极少的补贴）。风尚节每年都持续一个多月，并有几十个活动项目，2010年还集中举办了完全由青年社会组织动员人员参加的一万多人的大型"迎世博"活动。同时，团市委和青年家园还针对不同时期开展一系列活动，由某类或各类青年社会组织来承接，如2009年倡导的"左行右立"文明乘电梯活动，先后由青年社会组织动员了六千多位青年志愿者参加，时任中共中央政治局委员、上海市委书记俞正声视察活动现场，并给予了肯定。

第四，中国共青团通过推动具有社会引领性的意识形态，可以与各类青年社会组织形成某方面的共识,从而奠定合作基础。在现代社会中,意识形态分为三个层面:一是政党意识形态,对每个政党来说应是一元的;二是国家意识形态,这是政党意识形态与社会意识形态之间的共识,并具有相对独立性;三是社会意识形态,这是多元的。三者之间能否获得统一并保持良性互动关系,是保持社会稳定和国家健康发展的重要保证之一,这就是中央提出要构建社会主义核心价值观体系的机理所在。对于中国共青团来说,能否通过提出引领社会的意识形态内容,来获得青年认同并实现引领青年的目的,是核心价值体系构建中共青团责任的体现。从目前来看,通过共青团提出一些具有社会引领性的观念是能够获得青年社会组织的认同和支持的。另外,绝大部分青年社会组织领袖及参与者都是具有一定社会责任感的,这是共青团与青年社会组织能够形成共识的依据所在。

第五节　共青团组织形态创新与社会整合主导权获得:政党主导的多元合作模式实现的组织基础

虽然从中国社会的发展逻辑角度分析,社会已发展到了需要构建政党主导的多元合作模式来推动中国社会发展的时候,而一些地方实践也显示,青年社会组织发展特性与共青团组织优势提供了共青团能够帮助政党构建政党主导的多元合作模式的可能。但是并非就意味着新型社会整合模式能够顺利变为现实,对于中国共青团组织整体来说,还有两个关键条件需要具备:

一是共青团要快速把握时机。因为从时间来看,绝大部分青年社会组织是在21世纪初特别是2003—2005年之后才大量生成,所以它们还十分弱小,急需外界予以帮助。如果共青团不能在这一时机予以帮助,那么就有可能失去最好的整合时机,或是由其他力量如宗教力量或外国力量等整合,或是由于这些青年社会组织已经获得成长并足够强大,而无需共青团的帮助,这样共青团再去整合它们,不是不可能,而是难度已经加大了。

二是共青团要推动自身组织形态创新。如果能够把握时机,但是共青团组织不从传统惯习中走出,同样无法实现对这些青年社会组织的有效整合。因此,笔者认为共青团必须遵循以下五方面原则推动自身组织形态创新:

第一,观念上,要从简单覆盖向有机整合转变。为了走出社会转型带来的共青团基层组织出现"边缘化"的境地,重新获得对青年领导的主动权,党中央提出了全覆盖的思路①,但是许多地方和基层没有理解全覆盖在新的历史条件下的具体内涵,没有理解到团建的目的是为了整合青年,还是按照传统单位体制下的共青团建设的办法,为覆盖而覆盖。因此,我们要进一步深化对全覆盖的内涵理解,确立通过有机整合青年的观念,来达到覆盖"两个全体青年"的目的,实现从简单的为覆盖而覆盖的分离式的"地毯型覆盖"模式向有机的着眼于对青年整合的嵌入式的"植被型覆盖"转换。

第二,机制上,要从具体服务向建设平台转变。长期以来,共青团基层组织将服务青年理解成直接帮助青年做事,服务于青年具体的需求。从一定意义上说,这种理解是单位体制下的思维,因为在单位体制下,青年需求只能在单位内部获得满足,所以共青团组织需要予以直接帮助。但是在市场经济条件下,人们的绝大部分需求可以通过市场方式予以满足,而许多特殊化的小众需求,也只有青年人自身最为了解,因此满足青年人需求最重要的做法,就是将青年组织起来自己满足自己的需求,这就是网络社会生成后会产生数量巨大的网络社团的原因所在。因此,共青团要通过建立平台来整合各类青年社会组织,从而满足青年需求,而不是只做简单的点对点的服务工作(当然,我的观点并不是完全否定点对点的服务工作,而是要超越)。形象来说,就是共青团要开"大卖场",而不要只开"小卖部"。

---

① 2008年6月14日,胡锦涛在同团中央新一届领导班子成员和团十六大部分代表座谈上提出:"各级团组织一定要发扬'党有号召、团有行动'的优良传统,不断完善工作思路,全面履行职能作用,大力加强自身建设,力争使团的基层组织网络覆盖全体青年,使团的各项工作和活动影响全体青年,把广大青年紧紧团结在党的周围,为实现党的任务努力奋斗,保证党的事业兴旺发达、后继有人。"(新华网:《胡锦涛在同团中央新一届领导班子成员和团十六大部分代表座谈》,http://www.ce.cn/xwzx/gnsz/szyw/200806/14/t20080614_15829476.shtml)这一内容后来在团内就被概括为"两个全体青年"的要求(详见:《迎接新挑战开创新局面——陆昊同志在共青团十六届一中全会上的讲话》,http://www.ccyl.org.cn/documents/zqf/200806/t20080624_78611.htm)。

第三,体制上,要从单一组织向组织体系转变。在共青团中有一种思路,就是将"团要管团"简单理解为只要抓好团的自身工作就可以了,而忘记了团建的目的是帮助政党整合青年。因此,从党的成功经验中我们可以获得借鉴,那就是,共青团工作也必须根据现代社会内在运行规律,通过构建以共青团为核心的组织体系方式来实现整合青年的目的,要在体制建设上下功夫,实现从"就团建抓团建"的小团建思路向"着眼于整合青年而构建组织体系"的大团建思路转变。

第四,方式上,要从"政治供销"向"政治营销"转变。在单位体制下,由于计划经济和单位体制导致基层党组织垄断了单位中的资源配置权,单位成员与基层党组织之间存在着强烈的利益相关度,再加上意识形态灌输理论的指导,党团工作呈现出明显的居高临下的"供销"方式。随着市场经济体制的建立和单位体制衰微,虽然人们的利益实现主要通过市场机制获得,基层党组织也无法垄断资源配置权,但是在单位体制下形成的党团组织的行为习惯却并没有因此而立即发生变化,依然存在着严重或一定程度的"政治供销"倾向。因此,我们认为要实现共青团组织形态创新,需要推动共青团工作方式从以单纯共青团自身角度出发考虑问题的"政治供销"方式,向首先从青年以及青年社会组织角度考虑问题的"政治营销"方式转变,只有如此,才能获得青年和青年社会组织的认同和支持。

第五,政策上,要从获得具体利益向寻求政治支持转变。作为执政党的青年组织,共青团工作开展需要获得党的支持才能获得良好的体制内合法性与相应资源。因此,从1993年开始,一些地方就建立了"党建带团建"的支持模式,后来这一模式在全国普及。党建带团建很重要的一个内容就是希望党组织在政策上对共青团予以支持。概括起来,这些年来,各地党建带团建的政策内容主要有两大部分:一是将团的工作纳入党建工作中,从而得到党组织的重视和帮助,如提出一同布置、一同考核等,以及在"两新"组织中借党建力量来推进团建工作等;二是希望党组织在干部使用和经费拨付上予以共青团帮助和支持。分析上述这两项政策内容,可以说都属于具体工作性和利益性内容,对于共青团组织形态创新来说,属于消极支持的内容,而不是积极支持的内容。因为这些政策的主要目的是保证共青团工作能够正常开展,而不属于开拓范畴。

随着政党主导的多元合作模式生成,政党整合社会的难度比过去大得多了,同时时代和政党赋予共青团整合青年的使命也比过去来得重得多了,在这样的情况下,共青团应该为党分忧而不断在新的社会领域中探索和创新。然而这些探索与创新是存在着政治风险的,因此为了保证使命完成,在新的历史条件下,共青团需要向党寻求的就不仅仅是工作性和利益性政策了,而应该是在此基础上寻求政党在政治上予以支持的保护性和激励性政策。如,在整合青年社会组织过程中,某些青年社会组织如果出了问题,不能将之算在共青团头上,以及将推动共青团整合青年等内容写入地方和基层党组织及其主要领导的考核要求中,等等。只有如此,共青团以及共青团干部才能大胆创新和探索,并获得体制内的动力。

结　语

市场经济体制建立和网络社会生成使现代社会在中国以有别于其他国家的路径和方式生成,同时也使传统政党一元化社会整合模式逐渐向政党主导的多元合作模式转变。中国现代社会的主体青年化特征,使中国共青团在政党主导的多元合作模式中承担着重要使命,而中国青年社会组织发展特性与共青团自身的优势也为共青团担负起这一使命提供了可能性。但是中国共青团要将这种可能转化为现实,并历史地担负起这一使命,从而为党的可持续领导奠定青年基础,还必须遵循现代社会内在规律,不断推进自身的组织形态创新与转型。

第二十四章　文化生产新空间中的
传统文化再加工

——对二次元、网上文化社区与弘扬传统文化关系的研究

从文化哲学角度来看，所谓文化是指人们的生活方式与行为方式的历史性沉淀及其表达与呈现。然而生活方式与行为方式差异存在于时空及不同人群之中，这也就意味着：不仅每一历史时期的文化存在着差异，而且不同地区与社会的文化也有着区别；不仅不同时期与地区的文化存在着差异，而且在同一时期与地区的不同群体中的文化也有着区别；不仅不同群体的文化存在着差异，而且同一群体的文化在网络空间与现实空间中也有着区别。也就是说，文化是基于时、空变迁以及人群差异而变化着。

然而在全球化与网络化背景下，人的存在，既是时代性的，又是历史性的；既是地区性的，又是全球性的；既是现实性的，又是虚拟性的。也就是说，对于人类社会发展和国家共同体，以及对于人的存在的根本要求来说，文化又是需要整合的，并使之有机化的。在当前，我们国家的文化面临一对相向互动的任务，即既要重视文化的时代性、地域性、群体性与虚拟性，又要重视文化的历史性、全球性、整体性与现实性，并建立相应机制将上述两方面任务有机联系起来。

近些年来，在青少年群体中兴起的"二次元"以及基于网络空间发展起来的网上文化社区，如哔哩哔哩（简称"B站"）等，实际上就是全球化与网络化背景下出现的一种文化生产新空间，而如何将传统文化在这一空间中进行再生产，一方面关系到推动传统文化在青少年群体中传播这一任务，另一方面也关系到当前文化建设的根本性任务的实现。因此，本章以期把握对文化生产新空间中的传统文化再加工的逻辑与机理，并在此基础上，对其中存

在的问题进行分析,提出相应建议。

第一节　从二次元到网上文化社区:
文化生产新空间的青年逻辑

青年人是时代发展最先的感受者与适应者,其感受上,从而成为他们的文化。二次元,作为一种审美方式与文化呈现方式,对于中国来说,是一种舶来品,是全球化产物。而网络社会的到来,不仅使二次元文化在一些网络社区中流行起来,而且还在此基础上发展出不仅仅局限于二次元的网上青年潮流文化社区,从而生长出了文化生产新空间,B站就是在这一路径下发展起来的一个文化生产新空间。不论是二次元,还是文化生产新空间,都是以青年人为参与主体的,从而成为在文化上与全球化、网络化互动的一种典型现象,因此这些文化看起来是青年文化现象,但其实质却反映出文化发展的新的战略命题。

一、二次元与青年文化:全球化背景下的青年文化发展

从本质上说,中国从古典时期进入现代,就是在现代化浪潮席卷之下,不断与全球化互动的过程。在不断现代化与全球化的过程中,中国与世界之间的互动是全方位的,既有经济和社会的,也有政治和文化的。在每个历史时期,在与世界交流过程中,其他国家与地区的文化都会以各种方式传入中国,并经过消化,或是被中国所吸收,转化为中国文化的一部分,或是昙花一现,就沉寂和消散了。从具体的接受路径与主体来看,其他国家与地区的文化,常常是通过青年人的感知与接受,在青年中或其中部分群体中开始流行,或是长期作为青年亚文化存在着,或是在此基础上转化为整体文化的一个部分。

二次元就是在全球化背景下,从海外传入中国的,并被青年人首先接受,在较长时间内作为一种青年亚文化方式存在的文化表现方式。“二次元”这

个词源自日本,它在日文中的原意是"二维空间""二维世界",被日本的漫画、动画的文化互渗和产业互动,在华语地区,这三者则通常合称为 ACG,即 Animation、Comic、Game 的英文首字母缩写。在改革开放背景下,自 20 世纪八九十年代以来,日本的 ACG 产品开始大规模地流入中国的文化市场,对中国新生代文化消费者的接受习惯和审美趣味产生了相当深广的影响。①

二、从二次元到网上青年潮流文化社区:网络化背景下的青年文化发展

改革开放以来,我国对内推动改革,对外实行开放。改革使现代化进程得以加速,市场化得以确立,市场化使社会结构发生了巨大变化,民众也由单位化个体向原子化个体转型。其中,青年生存状态和观念形态也形成了与此同构的特征,并将这些逻辑更加推进一步,更加重视个人感知与强调个体自由。对外开放,使中国全面融入全球化。正是有内外条件相互呼应,才使"二次元"这种外来的文化能够成为受青年热捧的文化现象。

如果说改革开放带来的社会变化,是基于制度变迁所导致的社会结构变迁,那么在改革开放政策实施不久,中国就进入了网络社会,而网络社会的到来带来了人们存在的空间发生了根本性变化,在既有现实的物理空间基础上,又出现了虚拟的网络空间。网络化,一是使全球化得以加速。二是使处于原子化状态的个体可以基于兴趣、价值与利益,通过网络空间实现发展。从文化发展来看,前者使二次元等外来文化内容,可以更快速传入中国。后二者使以交流二次元文化内容的网上青年潮流社区可以形成,如 B 站就是在这样的背景下得以发展起来,同时在这些网站上形成了大量基于对二次元文化兴趣的"趣缘社群"。

同时,以 B 站为例,分析其发展历程,我们发现,实际上,虽然 B 站最早是以"二次元"主要内容,但是随着发展,二次元产品也就变成了其中的一个

---

① 林品:《青年亚文化与官方意识形态的"双向破壁"——"二次元民族主义"的兴起》,《探索与争鸣》,2016年第2期。

组成部分,还出现了许多其他类型的文化产品。因此,B站并不把自己定位为二次元网站,而是将自己定位为"网上青年潮流社区"。这就意味着,在文化生产新空间形成中,二次元只是起到触发性作用,也只是文化生产新空间中的一种产品类型,但是其作用与贡献却是不可忽略的。

三、并非只是青年亚文化:文化生产新空间与青年文化新定位

根据艾瑞咨询2015年发布的统计数据,2014年,核心二次元用户规模达4984万人,而泛二次元用户作规模达1亿人,核心二次元用户将会稳定增长,估都计2016年规模达7008万人,泛二次元用户规模达是2亿。中国的二次元用户的年龄分布为:"00后"占15.8%,"95后"占57.6%,"90后"(1990—1995年产出生的人群)占20.9%,"85后"(1985—1990年出生的人群)占4.6%,"80后"(1980—1985年出生的人群)占0.9%,其他占0.2%。其中:"学生党"占80.8%。[1]另外,根据B站统计,目前其注册会员数已经达到了6000万人,使用人数达到2亿人,日活跃用户数达到2000万人。其中注册会员中,24岁以下的达到90%。由这些数据,我们可以看出,目前对二次元文化感兴趣并且活跃于青年潮流文化社区的人员主要是青少年,并以学生为主。一方面这些人员数量已经达到了全国总人口的七分之一;另一方面这些人处于成长状态,不论是从数量来看,还是从发展来看,二次元文化既是一种青少年的亚文化,同时也是对整体文化有影响的一种文化力量。

如果说早期的二次元文化兴趣爱好者,更多是通过图书与电视等途径来阅读与观看,只是扮演着一种被动接受者的角色的话,那么随着2009年以后,以B站为代表的网上青年潮流社区快速兴起之后,一方面弹幕技术的发展,另一方面所谓"UP主"等原创作者的加盟,使二次元文化兴趣爱好者的角色,就不仅仅是单纯的接受者了,而是转变为既是消费者,又是生产者;

---

① 艾瑞咨询:《2015年中国二次元用户报告》,http://www.iresearch.com.cn/report/2412.html,2015–07–17。

既是接受者,又是评论者。以 B 站为例,它每日新增 30 万条弹幕,同时还有 60 多万的创作者,实际上已经成为一种文化生产新空间。

四、文化生产新空:一个面向未来的文化发展的战略空间

通过对以 B 站等为代表的网上青年潮流社区的分析,我们认为,机制上、主体上以及发展上的特征,都决定了这些文化生产新空间是面向未来的文化发展战略空间。

在机制上,这些文化生产新空间,是在顺应市场化、全球化与网络化背景下产生的,具有非常强的时代性。他们作为市场化结果,适应原子化社会成员的特点,具有高度自主性,无论是产品生产,还是产品传播,都是基于网络空间内人们自主生产与自主选择的。对各类文化需求,不仅具有细分的针对性,而且形成了细分的网络组织群体,有着现实市场中的所有特性,而网站管理者根据国家法律予以管理和监督,使网络内文化产品市场与配置的秩序得以建构起来。作为全球化成果,全球各地区的许多文化产品形式,都可以在这些文化生产新空间上得以传播,二次元就是其中一个典型的案例,国内优秀的文化产品也可以借此在全球得以传播。作为网络化成果,这些文化生产新空间就是依托于网络空间而生成的,因此其本身就是网络化成果,并且还将随着网络技术的发展,不断更新发展,乃至迭代创新。

在主体上,目前这些文化生产新空间,不仅是生产者,而且是消费者,大部分都是青年人。随着网络社会发展的,互联网以技术方式打破了工业化时代所形成的制度性区隔,使曾经被区隔于主流社会之外的青年人,开始不断加大对社会的影响力,这些文化生产新空间中所生产的许多文化产品实际上已经开始对现实社会产生重大影响,而不仅仅是以青年亚文化的形式而存在。

在发展上,无论是在技术层面,还是在主体层面,这些文化生产新空间都具有高度生长性与发展性。从技术上来说,网络技术不断发展将导致文化生产新空间的组织方式与技术方式也将不断发展,另外,参与者生产文化产

品的技术水平也是不断提高的,具体方式也是不断变化的,而且这两方面都是不断处于迭代人性发展着的。从主体来说,虽然这些文化生产新空间的参与者,目前更多是青年人,但是这些青年人很快就会发展为成年人,因此他们在现阶段形成的世界观、行为方式乃至审美方式都将对未来产生影响。另外,随着这批青年人成为成年人后,这些文化新空间还会有新的青年人加入,于是又有新的迭代的人员、观念与方式生成。

第二节　传统文化创造性转化与
传统文化再加工：逻辑与空间

文化生产新空间,从其特征来看,是具有对各类文化内容进行再加工与再传播的功能与可能的,同样也可以对优秀传统文化内容进行再加工与再传播,实现以按照现代的青年人能够接受的方式予以创造性转化,而推动传统文化创造性转化的工作,这是关系到中华民族伟大复兴的一个重要命题。那么要实现这一目的,我们不仅要对文化生产新空间的一般性特征予以了解,而且还必须对传统文化创新性转化的基本逻辑与现实空间予以把握, 以及对传统文化在文化生产新空间中的再加工的机理与机制进行研究。这里我们首先对传统文化创造性转化与传统文化再加工的逻辑与空间进行分析。

一、传统文化创造性转化：关系到中华民族伟大复兴的重要命题

正如前文所提到的那样,所谓文化,是指人们的生活方式与行为方式的历史性沉淀及其表达与呈现。然而生活方式与行为方式差异存在于时、空及不同人群之中,这也就意味着,不仅每一历史时期的文化存在着差异,而且不同地区与社会的文化也有着区别。由此,对于现代中国发展来说,需要解决两方面问题:一是传统文化与现代文化有机统一的问题,二是吸收全球化进程中其他国家与地区优秀文化的问题。

由于中国具有5000年的文明历史,并且没有中断过自身发展,因此每一时期都创造出伟大与辉煌的文化成果,并不断成为后来发展的养分,影响着后人的生活方式与行为方式,转化为中华民族的文化基因与中国人民的基本特征。在传统社会,整个社会发展比较缓慢,并且社会结构变化也比较缓慢,因此传统文化在每一阶段发展的衔接性较好。然而随着中国进入现代社会,特别是改革开放之后,随着市场经济发展和网络社会生成,人们的交往方式与生存形态都发生了巨大变化,况且我们还经历了新文化运动与"文革"的破坏,因此如何与既有的文化传统有机联系起来,就成为一个需要解决的重要问题。如果不能做到与传统有机衔接,就可能导致中华民族基因的缺失,如果简单回归传统,不仅许多年轻人不能接受,而且可能导致社会的倒退。另外,由于现代文明起源于西方,在现代文化传播上,特别是对青年人吸引力上,西方国家的文化具有相对优势,因此如何做到既能吸收西方现代文化优秀成果,又能弘扬中华民族优秀传统文化,就成为目前一项重要命题。这些问题都关系到中华民族伟大复兴,关系到中华民族面向未来的自主发展。

面对这一问题,中央制定了推动优秀传统文化的创造性转化的战略。2014年2月24日,习近平在主持十八届中央政治局第十三次集体学习时指出,弘扬中华优秀传统文化,"要处理好继承和创造性发展的关系,重点做好创造性转化和创新性发展"[1]。

二、传统文化创造性转化与传统文化再加工:文化发展的现代逻辑

在纪念孔子诞辰2565周年国际学术研讨会暨国际儒学联合会第五届会员大会开幕会上,习近平总书记指出:"科学对待文化传统,不忘历史才能开辟未来,善于继承才能善于创新。优秀传统文化是一个国家、一个民族传承和发展的根本,如果丢掉了,就割断了精神命脉。我们要善于把弘扬优秀

---

[1] 中央文献研究室、中国外文局:《习近平谈治国理政》,外文出版社,2014年,第164页。

传统文化和发展现实文化有机统一起来、紧密结合起来,在继承中发展,在发展中继承。"①

可见,要推动传统文化的创造性转化与创新性发展工作,就必须"坚持古为今用、推陈出新,结合新的实践和时代要求进行正确取舍,而不能一股脑儿都拿到今天来照套照用。要坚持古为今用、以古鉴今,坚持有鉴别的对待、有扬弃的继承,而不能搞厚古薄今、以古非今,努力实现传统文化的创造性转化、创新性发展,使之与现实文化相融相通,共同服务以文化人的时代任务。"②也就说,必须根据现代人们的生存形态与生活方式,对优秀传统文化进行再创造、再诠释、再加工与再呈现,并将其融入现代的文化方式与文化生活之中,使其成为一种基因与要素,而不是单纯的复古,否则就是所谓"僵尸的出祟"③。

三、市场化、全球化与网络化背景下的传统文化再加工:文化发展的现代空间

在现代条件下,要实现对传统文化的创造性转化与创新性发展,就必须通过相应载体与相应机制来完成,这里涉及再加工者、再加工手段、再加工机制等,由于这些差异,从而导致现实中存在着多种文化生产的空间。这些文化生产空间,实际上从五四运动以来就不断形成,并且呈现出具有时代特征与技术差异的空间类型,目前这些生产空间都同时存在于社会之中,生产出不同类型的文化产品,满足不同群体的文化需求。

然而随着市场化、全球化与网络化快速地、叠加地出现,之前所形成的各类文化生产空间和生产方式提供的产品,虽然也有相应群体接受,但是对青少年的吸引力减弱了,而同时,如 B 站等文化生产新空间开始出现,这些文化生产空间在青少年之中有较大市场,然而对许多成年人来说却相对陌生。因此,如何积极开发既有的文化生产空间,同时积极运用文化生产新空间,为传统文化创造性转化与创新性发展服务,就成为弘扬优秀传统文化中

①② 新华社,http:news.xinhuanet.com/politics/2014-09/24/c_1112610547.htm,2014 年 9 月 24 日。

③ 朱维铮:《周予同经学论著选集》,上海人民出版社,1996 年。

的一项十分重要的工作。

第三节　文化生产新空间与
传统文化再加工：机理与机制

文化生产新空间，是在新的历史条件下形成的一种文化生产的机制与空间，具有面向未来、着眼青年、超越传统以及走向全球的特点，在这一空间内进行文化生产，不仅只是创造文化产品，而且还将直接起到以文化人的作用，是实现传统文化创造性转化与创新性发展的理想的场域与空间。为了充分发挥这一空间在实现传统文化创造性转化与创新性发展方面的作用，我们就必须对文化生产新空间的基本特征、内在机理与具体机制进行研究。

一、文化生产新空间与传统文化发展现代空间：面向未来的文化发展空间逻辑

正如习近平总书记所指出的那样："优秀传统文化是一个国家、一个民族传承和发展的根本，如果丢掉了，就割断了精神命脉。我们要善于把弘扬优秀传统文化和发展现实文化有机统一起来、紧密结合起来，在继承中发展，在发展中继承"。因此，传统文化创造性转化与创新性发展，就必须面向未来，与现实结合，是要运用之，起到"以文化人"的目的，而不是不加创造地将传统文化直接呈现出来。文化生产新空间具有面向未来并实现"以文化人"的功能，因此可以在此之中通过对传统文化再加工，实现创造性转化与创新性发展的目的。

从面向未来的特点来看，以 B 站为例，文化生产新空间，无论是产品的生产者，比如"UP 主"，还是产品的消费者，即一般使用者，绝大部分都是青年人，而青年人就是面向未来的，你影响了青年，就意味着将影响未来社会成员的生存方式与行为方式。同时，在技术运用上与观念发展上，也是不断与时代快速结合，并且与时俱进，一旦在技术与观念上落后于时代，这些文

化生产新空间就会被其他的文化生产新空间所替代，即具有迭代性，由此就导致了文化生产新空间总是能够不断面向未来处于时代前沿。因此，如果能够有效将传统文化内容在这里实现再加工与再传播，那么就可以不断实现传统文化的创造性转化与创新性发展。

从"以文化人"的特点来看，文化生产新空间由于遵循着共享机制，导致消费者即是生产者，生产者也是消费者。这就使文化生产新空间的参与性非常强，而文化要达到"以文化人"的目的，最重要在于实践与参与，因此如果我们能够有效将传统文化内容在这里实现再加工与再传播，那么就可以利用这一机制，提升优秀文化的"以文化人"的目的。

二、文化生产新空间与传统文化再加工：着眼青年的文化发展机制与机理

根据 B 站的统计，目前其注册会员数已经达到了 6000 万人，使用人数达到 2 亿人，日活跃用户数达到 2000 万人。其中注册会员中，24 岁以下的占到 90%。这就意味着，在文化生产新空间中的参与者绝大部分是青少年。

这些成员不仅是单个存在，而且已经开始实现自我组织化，并以相应规则生产相应的文化。一是围绕某一兴趣内容，建立相应的群与网上社团。二是每天都有上千条新的文化产品被生产出来，这些都是青年人自我创作的产品，充满着青春气息，反映着时代特点。三是通过弹幕参与评论，进行了二次创作。这就使参与者不仅是消费者，而且也是生产者，这些都体现了当代青年的特征。

虽然许多人认为似乎青年人对传统文化并不喜欢，但是在 B 站中现有各类以传统文化为主要内容以及包含传统文化要素的产品，是最受热捧的产品之一，点击率常常在十几二十万，甚至有的还达到了两三百万之多，如"'三国群像'天命"，点击数就达到 226.9 万，以及"我在故宫修文物"，点击数就达到 163 万。

这就意味着，由于青年处于成长阶段，其兴趣更多是处于开放与可建构期，因此如果能够采取相应手段与方法，充分利用文化生产新空间自身的内

在机理与机制,就可以顺利达到对传统文化进行创造性转化与创新性发展,并能够有效实现对青年的传播与吸收。

三、文化生产新空间与传统文化再加工:超越传统的文化发展机制与机理

我们应该以现实文化发展为基础来弘扬传统文化。我们弘扬传统文化是为了传继精神命脉,是为了服务以文化人的时代任务,这就要求我们对传统文化一是必须做到创造性转化与创新性发展,也就是说,我们在弘扬传统文化时,既要继承,又要超越。

文化生产新空间,由于是在全球化、市场化与在网络化背景下生成的,因此传统文化在这一空间内的再生产与再传播,无论是技术还是观念都充分体现了当代特点。因此,不论是原创的"UP主",还是参与弹幕书写的观看者,实际上,都以自身的理解,从时代角度来把握传统文化,对传统文化进行了再创造,客观上使文化得以发展,赋予了其时代的内涵与精神,实现了在继承基础上的超越。

四、文化生产新空间与传统文化再加工:走向全球的文化发展机制与机理

由于是在全球化市场化和网络化背景下生成的,因此文化生产新空间具有很强的全球化特征。这一特征的实现,一是在内容上与形式上,具有很强的全球化特征,在其他国家与地区出现的文化形式与产品形式,通过各类媒介使境内的青少年接受,或经过这些文化生产新空间再加工与再传播而得以流行,比如二次元文化,就是在B站等推广后得以进一步流行起来。二是在技术上与手段上,可以达到全球化的效果,这些文化生产新空间都是以互联网作为平台与工具,网络的无边界与去中心化等特点,就使世界各个国家与地区的人员都可以参与其中,B站上就有除中国大陆之外的许多国家与地区的人员参与其中。

文化生产新空间所具有的全球化特征,实际上可以为我们推动文化"走出去",特别是中国传统文化"走出去"提供很好的载体与机制,并在"走出去"过程中,各方面人员共同参与对传统文化的再加工,实现传统文化的创造性转化与创新性发展的效果。

第四节　传统文化创造性转化与
文化生产新空间发展:困境与问题

虽然文化生产新空间对传统文化再加工具有许多有利的条件,存在着推动传统文化创造性转化与创新性发展的基础,但是由于文化生产新空间毕竟是刚刚出现的,是以青年为主要参与者的一个场域,因此将其作为传统文化再加工以实现创造性转化的载体与机制,客观上还存在着许多困境与问题。

一、传承断裂与文化陌生感:生产新空间与传统文化创造性转化的本质困境

作为通过革命来清算传统社会以服务新社会建设的重要内容之一,从新文化运动以来的近一百年的时光中,文化革命成为文化建设中的一个主旋律,诚然这些举措是历史必然的,但是客观上也由此带来了两方面后果。

一是使人民群众对传统文化产生了负面性认知。其中约有两代人更多是将传统文化中相当多的内容视作历史糟粕,甚至不加区别地予以否定,再加上全球化过程中西方文化的冲击,这种现象更加严重。

二是使传统文化传承产生严重断裂。一方面传统文化受到了严重冲击,甚至一些地方与领域还受到了毁灭性的破坏,因此作为相关物质性与文化性的载体的传承产生了一种断裂。另一方面由于两代人对传统文化的否定,作为行为方式与生活方式的文化内容已经严重断裂,再加上市场经济发展导致了既有文化传承的社会结构也受到严重破坏。

这些原因都导致了传统文化传承产生了严重断裂,对青年一代来说,一方面在传承上产生断裂,另一方面从认识上产生了陌生,由此导致在文化生产新空间中自发地对传统文化进行再加工的能力与素质严重不足。

二、文化歧视与专家参与不足:生产新空间与传统文化创造性转化的主体困境

虽然 B 站等文化生产新空间受到青少年的热捧,但是大部分成年人对此却知之甚少,甚至许多成年人对这类社区还有着许多负面的评价。出现这一结果,大致有如下原因:一是对于一般成年人来说,更多是由于代沟,使他们对青少年热衷的各类文化生产新空间不了解。二是对于许多专家来说,由于对文化理解的差异,导致对这些文化生产新空间中青少年感兴趣的文化内容存在着歧视现象。当然,在现实中,也有部分成年人对这些文化生产新空间比较重视,但其中很重要一方面原因却是看中其经济利益,或者说将之看作一种经济产业,比如所谓的"二次元产业",而这些与文化本身已经没有太多关系了。

正是基于成年人以及专家们对这些文化生产新空间认知上的缺失或歧视,从而导致许多在传统文化方面有着较深造诣的人员,在这些文化生产新空间中的参与不足。这就导致了这些文化生产新空间中的参与者,对传统文化的理解不可能做到像在文化生产传统空间中那么深,这就使传统文化创造性转化与创新性发展的基础受到了削弱。

三、代际差异与技术性区隔:生产新空间与传统文化创造性转化的技术困境

虽然也许有一些在传统文化方面有较深造诣的人员或专家,也对这些文化生产新空间感兴趣,并且也希望将自己对传统文化的理解用这些文化生产新空间中的表达方式予以呈现,但是却遇到了两方面困难。

一是遇到代际差异的困境。随着社会快速发展,人们不仅在行为方式与

生活方式上存在着代际差异，而且在话语表达与审美方式上也存在着较大差异，因此对于那些具有较深传统文化造诣的人员或专家来说，特别是有一定年纪的，虽然有这种热情，但无法用青年人习惯或喜欢的方式予以表达。

二是遇到技术性的困难。由于这些文化生产新空间都是基于网络手段而形成的，因此对于许多具有传统文化造诣的人员特别是上了一些年纪的专家来说，普遍不擅长用前沿网络手段将自己的理解表达成网络产品。

四、理解不足与创新能力缺失：生产新空间与传统文化创造性转化的能力困境

要在文化生产新空间中对传统文化再加工，实现传统文化的创造性转化与创新性发展，首先必须对传统文化有较深或一定的了解或理解。然而对传统文化要做到有一定程度或较深的了解或理解，需要专门的学习，并需要有一定的时间去积累。但是在文化生产新空间中，参与者绝大部分都是青少年，这就导致了一对矛盾，那就是青年人积累不足，而要能够生产可以解释与传播传统文化的产品又需要相应的时间积累，显然大部分青少年做不到。这就导致目前即使在这些文化生产新空间中存在着一些以传统文化为主题的产品，虽然也有一些相当不错，但是许多产品更多的仅是具有一些传统文化符号或因素，与党中央提出的传统文化创造性转化与创新性发展的目标还有一定距离。

第五节　发展文化生产新空间与弘扬传统文化新使命：建议与对策

推动传统文化创造性转化与创新性发展，作为文化建设的一个重要任务已经由中央提出，而要实现这一目的，不仅要对传统文化进行深入研究，而且还要对创造性转化与创新性发展的具体手段与方式予以研究，并在人才建设与能力建设上下功夫。作为推动传统文化创造性转化与创新性发展

的重要手段与新型方式,以 B 站等为代表的文化生产新空间,在承担这一使命过程中,有着十分显著的优势,但也有许多困境与问题,需要我们认真对待,并切实推动解决。

一、传统文化创造性转化与推动文化生产新空间发展:战略命题与政策引导

传统文化创造性转化与创新性发展作为文化建设的重要任务已经由中央确定下来了,现在的问题是如何确定具体的路径、手段与方式,从前文的分析中,我们已经明确地看出,以 B 站等为代表的文化生产新空间是在全球化、市场化与网络化背景下实现传统文化创造性转化与创新性发展的比较理想的场域,因此我们应该在政策上予以关注与引导:

一是我们应该充分认识到推动传统文化创造性转化与创新性发展的工作的急迫性。随着全球化、市场化与网络化的深入发展,西方文化与现代文化乃至后现代文化对青少年影响已经越发严重,并且这种速度越来越快,推动了传统文化建设与红色文化传播,既关系到青少年教育问题,也关系到中华民族伟大复兴中的文化复兴问题,以及文化自信问题,因此我们应该充分理解中央重视推动传统文化创造性转化与创新性发展任务的战略意义所在。

二是党政分管领导与相关部门应该充分重视这些文化生产新空间,加大对这些新空间的调研,切实了解这些新空间的运行机理及其在推动传统文化创造性转化与创新性发展中的作用,以及其存在的困境与问题。

三是要将推动文化生产新空间发展以及发挥其在推动传统文化创造性转化与创新性发展中的作用,写进有关文件之中,切实推动这项工作的落地。

二、加强文化生产新空间与传统文化创造性转化的研究:学术任务与规律把握

要在战略上、战术上和方法上做好利用文化生产新空间来实现传统文

化创造性转化与创新性发展的任务，就必须对文化生产新空间、传统文化创造性转化与创新发展，以及利用文化生产新空间对传统文化内容进行再加工三个方面内容进行深入研究，以把握其内在规律。但是从目前来看，这三个方面的研究工作都不是特别理想。主要原因有三个方面：一是文化生产新空间出现的时间比较短；二是提出传统文化创造性转化任务的时间比较短；三是能够懂得两方面情况的人才比较少。为此，我们认为应该从以下四方面推动这项研究工作的开展。

一是党委与政府有关部门要在落实中办、国办《关于实施中华优秀传统文化传承发展工程的意见》基础上，出台相应政策，积极引导对上述三个方面的研究工作，可以将其纳入各层面的哲学社会科学基金规划资助目录，或者由有关部门设立专门课题，坚持较长时间持续引导研究工作，逐渐使这些问题成为社会与相关领域中的学者关注的研究领城。

二是文化生产新空间以及传统文化创作与研究机构，要主动推动这些方面的研究工作，同时党委与政府有关部门也应该鼓励与支持上述机构的自主研究工作，因为他们是最有实践体会与现实经验的，推动他们有选择地进行合作研究。

三是有关高校与研究机构应该切实看到上述这些研究领域的战略性意义与学术性空间，在有关学科中设立相应的子学科，有专门人员来关注，同时还应该推动跨学科以及实务界与学术界的合作，对这些方面的问题进行联合攻关。

四是要培养一批对这些方面感兴趣并有研究能力的专家学者，特别应该从青年研究生乃至本科生入手，在专家与实务工作者指导下，开始进行研究工作，因为青年人与文化生产新空间有着天然的熟悉感，同时，如果我们能够从青年人入手，就能够为未来持续开展研究培养队伍。

三、推动传统文化专家与工作者参与生产新空间建设：人才转型与文化转化

由于对文化生产新空间的不了解或误解或偏见，导致许多传统文化创

作者与研究专家并未参与到文化市场新空间的文化产品生产与创作之中，或者没有意识到可以将其生产的文化产品通过文化生产新空间去传播与再生产，或者有些对文化生产新空间感兴趣，却由于技术等区隔导致他们无法在其中直接参与生产，等等。这些都使文化生产新空间中关于传统文化内容再加工的传统文化内涵与层次无法得到提升，阻碍了利用文化生产新空间来达到传统文化创造性转化与创新性发展的任务实现。为此，我们认为应该通过以下四方面措施推动传统文化专家与工作者参与到文化生产新空间的建设之中。

一是党与政府有关部门要出台相关政策，引导传统文化专家与工作者参与到文化生产新空间之中去，还应该有"产学研一条龙"的观念，并建立相应机制来达到这一目的。

二是传统文化创作与研究机构要有充分的危机意识，主动与文化生产新空间对接，推动传统文化创作者与研究者了解文化生产新空间的运行机理与产品方式，并且推动这些人员与文化市场新空间中的"UP主"等对接，形成合作关系，发挥各自优势，共同创作，并逐步过渡到能够自主创作。

三是文化生产新空间也要有使命与责任意识，主动与传统文化创作与研究机构进行对接，介绍文化生产新空间运行机理与产品方式，主动推动这些创作者、研究者与文化生产新空间中的工作人员和活跃参与者合作，共同策划选题，落实创作等合作机制。

四是要从青少年抓起，从战略上推动人才队伍建设，文化生产新空间要主动与高校、研究机构以及传统文化创作组织对接，共同培养人才。

四、发挥文化生产新空间作用与提升新兴生产者素养：能力提升与使命实现

发挥文化生产新空间在推动传统文化创造性转化与创新性发展中的作用，还有一个值得我们关注的问题就是由于前文中所提到的各种原因导致了大部分青少年的传统文化素养不是特别高，由此导致这些空间中的现有传统文化再加工的数量与质量都有待进一步提升。虽然我们可以推动更多

的传统文化创作者与研究者参与到文化生产新空间中来，但是我们还应该看到，最熟悉文化生产新空间中运行逻辑与机理的，毕竟还是这些现有的参与者，因此提高这些生产者的素养与能力成为一项很重要的任务。我们认为可以通过以下三见方面举措来推动这一工作。

一是对现有活跃参与者，特别像是 B 站中的"UP 主"等，要创造条件对他们进行传统文化培训，甚至可以设立所谓"师徒制"，让这些活跃参与者与优秀传统文化创作者与研究者结对子，建立师生关系等。在方式上可以作为文化生产新空间对他们的一种激励手段，目前，对青年人进行培训常常能够产生激励效应。

二是推动现有"UP 主"等活跃创作参与者，与和优秀传统文化创作者和研究者合作，以发挥各自优势，同时也起到培训的效果。

三是让更多优秀的传统文化产品在文化生产新空间中传播，以提高这方面产品的质量，同时让那些具有这方面素养的人员参与到所谓"弹幕"中去发表意见，起到引导性与普及性作用等。

结　语

在全球化、市场化与网络化背景下，起源于国外的以二次元等为代表的文化产品形式开始被我国青少年所接受，同时也形成了以传播与创作二次元等文化产品为主要内容的青少年网上潮流文化社区。随着这些网络社区的进步发展，这些网上潮流文化社区就发展成为不仅仅局限于二次元文化产品的多种类型并受到青少年喜爱的文化生产新空间，如 B 站等。由于这些文化生产新空间生产方式、传播方式与全球化、市场化以及网络化的时代背景相契合，因此成为文化建设中具有战略性意义的新空间。传统文化是一个民族存在的根本条件之一，在新时期通过传统文化创造性转化与创新性发展，来弘扬传统文化，是关系到中华民族伟大复兴与民族文化自信的一个战略性任务。基于文化生产新空间的特征，笔者认为可以通过在文化生产新空间中对传统文化进行再加工，从而达到推动传统文化创造性转化与创新性发展的目的，但是由于历史性与现实性等因素导致利用文化生产新空间来达到传统文化创造性转化与创新性发展的目的还存在着诸多困难与问题，需要我们从多个维度予以解决。

第二十五章　在整合多元中实现对青年的价值引领：文化建设中的共青团角色[*]

作为生活方式和活动方式的历史性凝结，文化既是稳定的，又是流动的。文化的稳定性使其作为纽带让我们与传统保持联系，文化的流动性使其作为动力让我们与时代保持同步。一百多年来，现代化逻辑使中国社会发生巨变，其中包括人们的生活方式和活动方式。如何适应社会变化进而建构一种适应这种变化的文化，成为近代以来中国社会每一时期都十分关注的问题。不过，一百多年来，既不断争论又不断生成的事实也逐渐演绎出了中国文化发展的自身逻辑体系，虽然这一逻辑体系内容相当复杂，但是有两方面内容是比较明显的：一是在人群中青年总是作为一种前卫性力量不断为新的文化贡献许多内容；二是在中国社会和政治逻辑作用下，政党成为文化建设的领导力量和整合力量。随着社会多元化和青年化倾向的加强，这两个逻辑在新的历史条件下的演绎决定了作为政党青年组织的共青团，如果能够根据社会发展要求，实现对青年文化的有效整合和引领的话，那么不仅对文化建设具有推动性意义，而且对党的领导和执政也具有基础性意义。

第一节　并非只是亚文化：青年与文化

从历时性来看，文化既是稳定的，又是流动的；从共时性来看，文化既是

---

*　刊载于《中国青年政治学院学报》，2012年第4期。

整体的,又是结构的。文化的流动性正是基于其共时性中的结构性变化。近代以来,在现代化浪潮的推动下,青年逐渐从传统的完全依附性向相对独立性发展,青年的生存状态和活动状态,开始作为一种结构性力量对整体文化产生着影响。随着青年影响力的增强,青年所具有的创新性、求异性等特征也使青年对整体文化的影响逐渐从一般结构性影响向兼具结构性和前卫性影响转变。

一、文化与人的生存和发展:在历史凝结与现实生成之间

马克思主义认为文化的本质就是人化,而"人的本质并不是单个人所固有的抽象物。在其现实性上,它是一切社会关系的总和"。所有人实际上都是"属于一定的社会形式的"。由于"社会生活在本质上是实践的",①因此"文化作为人类实践活动的类本质对象化,集中体现为人之历史地凝结成的稳定的生存方式和活动方式。这种意义上的文化通常以自发的文化模式或自觉的文化精神的方式存在,内在于总体性文明的各个层面和人的各种活动中,制约着文明的进步和人的发展"②。

既然人是以实践方式在各种社会关系的互动中存在着,那么作为人的生存方式和活动方式的历史性凝结,文化一定是稳定性和流动性的辩证统一。正如马克思所指出的那样:"人们自己创造自己的历史,但是他们并不是随心所欲地创造,并不是在他们自己选定的条件下创造的,而是在直接碰到的、既定的、从过去承继下来的条件下创造。一切已死的先辈们的传统,像梦魇一样纠缠着活人的头脑。"③因此,文化的稳定性是指既往的人们的生存方式和活动方式以物质、制度和精神的形态固化下来,从而对后来人们所具有的长期和稳定影响的特性。

诚然,文化作为一种既定的和稳定的力量对我们的生活和活动产生着

---

① 《马克思恩格斯选集》(第一卷),人民出版社,1972年,第18页。

② 衣俊卿:《论文化哲学的理论定位》,《求是学刊》,2006年第4期。

③ 《马克思恩格斯选集》(第一卷),人民出版社,1972年,第603页。

制约和影响,但是由于人是以实践的方式存在着,因此人是具有能动性和创造性的。正是在这一意义上,马克思提出了以下革命性的论断:"有一种唯物主义学说,认为人是环境和教育的产物,因而认为改变了的人是另一种环境和改变了的教育的产物——这种学说忘记了:环境正是由人来改变的,而教育者本人一定是受教育的……环境的改变和人的活动的一致,只能被看作是并合理地理解为革命的实践。"①因此,文化的流动性是指每个时代的人能够通过能动的创造,从而不断生成新的生存方式和活动方式的特性。

人是历史的人,现在的人们随着时间的流逝也将很快就成为既往的人们。然而历史的记忆并非只是以历史文献方式记录下来,更多的是以人们的生存方式和活动方式在代际之间获得传承,同时也在此传承中通过新时期人们的创造而得以发展。因此,文化的存在总是在历史凝结和现实生成的张力中获得统一。

二、作为亚文化的青年文化:文化中部分人口的生存方式和活动方式

在同一时期内,同一社会内部人口之间基于一些相对根本性的特征而形成了生存方式和生活方式的差异性,而文化又是作为人的生存方式和生活方式的历史性凝结,因此文化内部存在着各种基于某种分类标准而形成的具有差异的结构性内容,这些结构性内容的各部分,就称为亚文化。基于不同划分标准,在同一时期和同一社会内部可以有多种亚文化,其中一种分类是以年龄来划分。基于年龄划分,我们可以将文化划分为老年文化、中年文化和青年文化等。

马克思主义认为人的本质是各种社会关系的总和,而文化是人的生存方式和活动方式的历史性凝聚,因此虽然文化结构可以基于年龄标准划分为不同亚文化,但是某一年龄群体要能够形成自身的亚文化,首先要求该年龄群体在社会关系与其他年龄群体上具有相对独立性,从而使该年龄群体

---

① 《马克思恩格斯选集》(第一卷),人民出版社,1972年,第17页。

不仅在生理意义上具有相对独立性，而且在社会意义上具有相对独立性。然而不同年龄群体相对独立性的生成并非是一成不变的，而是一个历史性的生成过程。其中，青年群体的相对独立性是近代以来在工业化催化下随着学校制度普及之后才逐渐生成的，并在此基础上不断发展。因此，作为一种亚文化，青年文化也是在近代之后，随着青年群体的相对自主性的生成而出现的。

作为青年的生存方式和活动方式的历史性凝聚，青年文化的内容和特征是在以下两个逻辑共同作用下生成和发展的：一是自然性的生命特征逻辑，二是社会性的关系特征逻辑。前者是根据，后者是条件。不同历史时期青年社会性关系特征的区别使其自然性生命特征实现的程度和方式存在着差异，从而导致了青年生存方式和活动方式呈现出不同的时代特征，也由此形成了不同历史时期具有差异性的青年文化。

三、作为前卫性的青年文化：文化中生活方式和活动方式的探索部分

文化是在传承与创新中不断获得发展的。如果对文化生成和创新的过程进行分析的话，我们会发现，与所有事物的变化都需要遵循的规律一样，文化发展也必须经过从量变到质变的过程。在这一变化中，并非是整体同时发生变化，而是通过局部的变化逐渐发展到整体的变化。一些预示着未来的新质总是先在局部中开始生成，一旦外在条件成熟了，这些带有新质特征的变化就会从局部向整体扩展，这就是辩证法中所谓量变中包含着局部质变的观点。一个社会的新的文化就在这样一个带有局部质变的量变过程中逐渐生成。

文化量变中的局部质变过程在逻辑上大致包括两个方面：一是变化发生在文化整体结构中某一组成部分；二是变化发生在文化整体结构每一部分中的局部。在具体过程中，上述两个方面实际上是交错发生的。也就是说，新的文化因子可能在整个社会文化的某一个亚文化中开始发生变化，同时也有可能在每一个亚文化的局部中发生变化。而后，在条件合适的情况下，这两种变化就交错发展直至导致整个文化发生质变。从年龄维度的亚文化

类型来看,虽然在整个文化发生变化时每一个亚文化都可能发生变化,但是由于生理性的生命特质导致青年人相对于中年人和老年人具有了更多的叛逆和创新等意识,因此青年文化在近代以来的每一个历史时期都带有相对的前卫特征。从文化本质来说,青年文化的前卫特征实际上是一个社会中的人们对一种新的生存方式和活动方式进行探索的体现。从这一意义上说,具有前卫性的青年文化是社会文化发展内在冲动的萌芽处和喷射口之一。

从一般意义上说,青年文化对于整个文化发展来说具有探索性和前沿性的意义,但是如果将青年文化作为一个整体来考察的话,我们还会发现,青年文化中还有许多子文化。而这些第三级文化的情况就比较复杂了,特别是在青年群体和个体相对独立性与自主性增强的背景下,社会各种思潮和价值的影响,再加上地域性、阶层性以及其他因素的作用,就使青年文化中的子文化呈现出积极和消极并存的状况。对于整个文化健康发展来说,内在需要对青年文化进行有效的整合和引导,消除其负面内容,将之转化成整个文化发展的推动性和引领性的因素。这正是青年文化建设的一般性意义和具体内容之所在。

第二节　整合多元与引领青年:共青团与文化建设

文化建设要求对青年文化进行必要的整合和引导,中国社会、政治发展逻辑与现代社会、政治发展逻辑的共同演绎导致社会建设和文化建设的领导使命需要由中国共产党来承担,作为政党与青年联系的制度性安排,中国共青团自然就必须担负起整合和引领青年文化的相应责任。市场经济建立和网络社会生成在导致青年相对独立性进一步增强的同时,也导致了青年文化多元化程度进一步加深。面对这种局面,对于共青团来说,只有在充分尊重青年的生存方式和活动方式的基础上,通过对青年文化的整合,才能实现对青年文化的引领。

一、市场经济、网络社会与文化多元化：中国青年的现状

目前,中国社会状况是在以下三种逻辑共同作用下而生成的:一是从计划经济体制向市场经济体制转变的制度逻辑,二是从以工业技术为主导向信息技术和工业技术并行转变的技术逻辑,三是从封闭化单一的国家空间向全球化开放的国际空间转变的空间逻辑。制度逻辑变化导致以市场为主导的契约原则成为社会建构的主要原则,使社会成员开始从依附性和单位化向自主性和原子化转变；技术逻辑变化导致人们的交往方式打破传统的物理空间限制,使人们可以在虚拟空间中交往和聚合；空间逻辑变化使人们交往和信息获得的空间扩展到国际,在互联网技术支持下,这种趋势得到了迅速和现实的发展。总之,上述三个逻辑变化,使中国社会成员的生存方式和活动方式发生了巨大变化,这种变化意味着新的文化的具体内容开始不断生成。

虽然市场经济、网络社会和全球化对中国整个社会来说都有着深刻的影响,但是从思想观念和交往方式受影响而引起生存方式和活动方式变化的严重程度来说,求异性、创新性等群体特征使青年成为其中受影响程度最大的人群。对于当代青年来说,全球化使其能够获得新的和多元的生存方式与活动方式的样板,市场经济使其具备了对这些新的生存方式和活动方式进行选择的主体基础,互联网普及使其获得这些生存方式和活动方式的速度加快。因此,在上述三个逻辑共同作用下,青年的生存方式和活动方式的多元化和前卫性的倾向在整个社会中就显得更为突出,同时,青年文化内部的多元化倾向较过去来得严重。

二、共青团与文化建设：中国文化发展逻辑与共青团角色

事实上,青年文化的多元化不过是当今社会文化整体状况的极端或典型表现。在现代社会,社会层面的二、三级文化可以是多元的,但是对于社会整体发展来说,在整个社会层面还是需要有一个具有相对共识的,并对整个

社会发展和秩序建构具有导向性意义的文化内容。因此，对于现代社会来说，文化建设的任务就是推动共识性、导向性的文化内容与多元性、丰富性的文化内容的有机统一，从而实现以"社会有导向，多元有空间"为主要特征的当代文化建设目标。

每个社会都需要建构具有导向性的文化内容，然而在不同国家和不同社会，其实现方式和主导力量却存在着较大差异，在中国，是通过中国共产党领导的方式来实现的。中国文化建设的这一特征是现代社会发展逻辑和中国社会历史逻辑共同作用的结果。汉武帝"罢黜百家，独尊儒术"之后，作为与传统社会和帝国体制相匹配的主要生存方式和活动方式的价值体现，儒家思想成为中华帝国的意识形态，同时也成为中国古典文化的主导性内容。隋唐的科举制度使作为文化内容的儒家思想与文官制度和官僚组织之间建立了有机联系，帝国官僚制度因此成为了文化发展的支撑性体系。辛亥革命终结了被现代化浪潮冲击而极度衰微的传统社会和中华帝国。帝国制度体系崩溃使依附于它的文化也出现了危机。随后中国进入了现代国家建设、现代社会建设、现代文化建设同时推进的历史新阶段。作为历史性的价值凝结，文化的存在和发展都建诸于现实社会人们的生存方式和活动方式。中国政治历史逻辑和现代社会政治逻辑使党建国家成为中国现代国家建设的历史模式，政党在建构新的国家和新的社会过程中也需要建构与国家和社会相匹配的新文化，由此政党也就成为了文化建设的领导者和推动者。当中国共产党作出改革开放的决定，市场经济发展使社会和文化出现了多元化，为了使社会和国家建设能够健康成长，中国共产党必须承担起领导和推动新的文化建设的任务，构建符合新时期国家和社会发展需要的文化。

作为中国共产党青年组织，中国共青团是中国共产党联系青年的制度性安排，而青年文化又是整个文化的一部分并且是最活跃的一部分，这就决定了共青团有责任协助政党推动青年文化良性发展，并在此过程中实现领导和引领。同时，青年文化在发展过程中，如何获得有效互动并形成共识，除了社会自身机制之外，还需要一个权威性的倡导性的机制来凝聚，从而最大限度减少社会成本，而共青团在中国社会中的特殊地位决定了其具有扮演这一角色的现实性。

三、整合多元与引领青年：时代特征与共青团文化建设的基本任务

自辛亥革命以来，为了建设现代社会和现代国家，作为内在精神秩序建构的机制，文化建设的主要目的就是提倡与社会和国家建设任务相匹配的生存方式和活动方式，从而最大限度减少社会建设和国家建设过程中的交易成本。自中国进入现代以来，中国社会的文化建设就不是简单的人们日常生活的无意的生成，而是与时代发展任务有着密切关系，存在着较强的建构性特征。然而这种文化建设的建构性特征既然与时代任务有着密切联系，那么同样也必须与不同时代的社会特征相适应，或者说在服务时代任务时，也必须遵循每一时代的社会特征。这一逻辑不仅在整体文化建设中演绎着，而且也是共青团推动青年文化建设所应遵循的。这就要求共青团在不同时期推动文化建设的方式也应该有所差异。

在新中国成立之初和计划经济时期，当时的主要任务就是以社会主义原则来建立国家和社会，在具体方法上，就是通过建立计划经济体制和单位社会体制，实现社会的高度组织化，从而克服中国传统社会"一盘散沙"的特征与现代化对组织化诉求间的矛盾。为了服务这一需求，在文化建设上，也在对传统与西方的文化进行清理的基础上，提倡一种与新的社会和国家建设的一元化需求相匹配的文化内容，并在方法上积极提倡一元化生存方式和活动方式，对其他所谓"非无产阶级"生存方式和活动方式进行批判和打击。在同样背景下，共青团也在青年中提倡一元化的文化内容，并对其他生存方式和活动方式予以了否定。改革开放特别是市场经济建立之后，随着社会结构多元化日益生成，文化多元化也就有了物质性基础，在全球化浪潮和互联网革命推动下，文化多元化倾向就更为明显。市场经济的社会逻辑就是在尊重主体基础上以契约原则来建构社会，市场经济发展意味着对主体尊重成为了社会运行的一个基本规定。而所谓尊重主体主要指尊重主体的意志选择，这就意味着尊重社会中人们的生存方式和活动方式成为尊重主体的最重要内容之一。因此，在市场经济背景下，对多元文化内容的尊重就不

是一种简单的价值问题，而是遵循现代社会建设和文化建设的一个基本规定。对于共青团来说，面对更为丰富和更为前卫的，以各种生存方式和活动方式为主要内容的青年文化，更应该以一种尊重、包容的方式予以对待。

然而共青团毕竟负有引领的使命，这就要求共青团不能仅仅停留在对各种青年文化单纯的尊重和包容的态度上，而且还必须有所作为，归纳一点就是要做到"整合多元和引领青年"。所谓整合多元，是指在充分尊重青年生存方式和活动方式的基础上，通过广泛接触和了解各种青年文化内容，并创造条件让这些青年文化具有展现平台、受到社会认可以及不同青年文化之间有交流的机会，从而实现两方面目的：一是不同青年文化之间以及社会与青年之间相互包容和理解，从而实现"给多元以空间"的目的；二是通过共青团与多元青年文化互动，使共青团与青年之间相互认同，从而为共青团的引领使命奠定基础。所谓引领青年，是指在充分尊重青年和有效整合青年文化的基础上，在共青团与青年广泛互动过程中，不断寻求和凝聚对青年和社会的整体发展有益的文化内涵共识，并在此过程中将党的文化建设的理解融合其中，从而做到既引领青年，又将青年文化中具有探索性和创新性的内容向社会辐射，为整体文化建设服务。

第三节　重建团青关系与履行引领职责：
文化建设中的共青团战略

在参与文化建设中，与政党宣传部门、政府文化部门或新闻媒体不同，组织性质决定了共青团不能单纯在符号性的精神空间内开展工作，而是必须在现实性的关系空间内采取行动。这就意味着共青团"整合多元和引领青年"的任务，不仅要在口号上或文字上提出，而且还要通过与具有多元文化特征的青年的互动来实现整合和引领。从一定意义上说，共青团参与文化建设工作更应着眼于作为文化实质的青年的生存方式和活动方式上，而不仅仅是作为文化形式的符号呈现上。整合和引领青年文化的任务性质要求共青团必须以整个组织与青年建立新型关系和有效互动的方式来实现，这就意味着,新时期共青团要完成政党所交予的领导青年文化的任务,不是依靠单纯改进共青团宣传部门工作方式来实现,而是需要依靠整个共青团组织形态予以发展。

一、关系网络嵌入与实现价值整合:文化引领的微观机理

在计划经济时期,单位社会体制使青年与单位之间存在着高度利益相关性,单位党团组织对其行为有着较大影响,青年对单位依附性较强,个体相对自主性较小,我们将处于这种生存状态下的青年称为单位化青年。随着市场经济体制建立,契约原则成为社会中的职业共同体与社会成员之间关系建构的基本逻辑,在这样的条件下,包括青年在内的社会成员的相对自主性开始增强,但是个体也因此处于马克思所谓的原子化状态,我们将处于这种状态下的青年称为原子化青年。当互联网成为人们生活的一个组成部分之后,互联网所具有的去中心化、即时化以及跨区域化等特点导致人们可以基于某一主题通过网络实现快速组织化,我们将处于这种状态下的青年称为自组织化青年。虽然上述三种状态的出现是历史性的,但是在当前社会中上述三种青年却同时存在,甚至许多青年同时兼具两种状态。由于处于不同生存状态下,青年的生存方式和活动方式存在着差异,同时,由于互联网催化,具有不同生存方式和活动方式的青年以及对某种文化内容具有偏好的青年,不断在网络上被细化,并被聚集,从而使文化内容以组织化方式被建构和呈现出来。

在社会学理论中,虽然对社会资本的内涵有着较大争论,但是不论各种观点差异如何之大,其中有两个要素是各方都比较认同的,那就是关系和信任,其中关系是信任的基础,有的学者索性用关系网络来定义社会资本。因此,在人际互动中要能够获得他人信任,除了制度性要素之外,很重要的社会性要素就是关系网络。除了信任之外,人们还可以借助关系网络获得各类信息。可见,关系网络具有增加信任的情感性功能和提供信息的工具性功能。对于共青团来说,要实现对青年文化的有效整合和引领就必须了解这些

文化的具体内容，并让具有不同生存方式和活动方式的青年对共青团产生信任感和基本认同。根据上述理论，对于共青团来说，要实现对青年文化的整合和引领，并在现实关系空间内对青年产生影响，除了一般性宣传工作之外，很重要的一个方面就是要有相应的关系网络嵌入这些青年。基于青年生存状态的差异以及互联网背景下青年文化以组织化方式呈现的特征，共青团必须在推动关系网络嵌入时，注意两方面内容：一是对不同生存状态的青年需要用不同方式嵌入；二是要特别重视对自组织化青年的有效嵌入，因为这是当代青年文化呈现的最集中的主体性载体。

二、重建团青关系与实现价值引领：文化引领的组织基础

基于对青年文化建设中的共青团任务的理解，我们认为共青团要实现对青年文化的有效引领首先必须对青年文化进行最大限度的整合。无须回避，整合青年文化对于共青团来说有其政治目的，但是首先是为了推动青年文化的发展。因为青年文化作为一种亚文化，相对于主流文化来说，具有较强的边缘化的特点，虽然一些媒体和社会机构也在大力推动，但是从文化发展角度来说，官方组织的认同和推广让这些亚文化更容易受到主流文化的吸纳和社会成员的认同。同时，对于各类青年文化(也正是亚文化来说)，它们之间的交流以及对外展现的机会相对较少。所以对于青年文化特别是刚刚兴起的那部分，需要有一种力量来为它们的发展提供机会。从这一角度来说，给这些青年文化以机会和认可，实际上也是对青年生存方式和活动方式的一种尊重和认可。而后再在此基础上，通过共青团与各类青年文化之间进行充分交流，从它们之中凝聚出一些共识，并用这些共识反过来引导这些青年文化，以及向整个社会推广，从而使我们所倡导的文化内容不是"拍脑袋"的结果，而是具有鲜活的群众基础。从这一意义上说，共青团的整合和引领是青年文化健康发展的需要，是其发展的一种组织化和制度化基础。

共青团要成为整合和引领青年文化的组织化和制度化力量，首先必须有相应的关系网络嵌入青年。从本质上来说，任何的社会和政治组织都是一

种人与人之间的关系空间，这种关系空间由组织内与组织外两部分的权力关系组成，组织内关系是遵循组织运行逻辑的，而组织外关系是遵循社会运行逻辑的。计划经济时期，在单位社会体制逻辑作用下，共青团与青年之间的关系主要是按照组织化原则形成的。随着市场经济建立和网络社会生成，青年与共青团的利益相关度日益降低，并不断呈现出自组织化倾向。在这样的背景下，共青团的关系网络嵌入青年的方式就需要作相应调整，不能按照单一的组织化原则来构建与青年的关系，而是应该区别化遵循组织化原则和社会化原则与青年建立关系，形成复合型的团青关系。

也许对于某一具体文化内容来说，它可以只是反映具体的生活方式和活动方式，但是从整个功能来看，文化又是社会秩序建构的精神性基础。因此，文化实际上是一种权力。我们在研究文化时，既可以对文化的具体内容，从精神性内涵进行分析，也可以对其在社会中运行和生成的组织化基础进行研究，因为在现实中，文化的运作常常是大量地被组织化建构着，并能够被组织化建构。共青团如果能够通过建构复合型团青关系，并在此基础上采取相应措施对青年文化进行有效整合和引领的话，实际上就是从文化组织化建构角度获得了青年文化的领导权。

三、价值引领与组织认同：文化建设中共青团的政治逻辑

通过在重建团青关系基础上，实现对青年文化有效整合和引领的领导权获得，对于共青团来说，具有两方面意义：一是完成政党所赋予的青年价值引领的任务，二是达到赢得青年对共青团组织认同的目的。

在社会具有相对独立性和自主性的条件下，任何完全从外在加于的价值引领方式一定效果不佳，甚至是失败的。有效的办法一定是在凝聚和提炼社会多元文化基础上，将需要提倡的价值内涵与之有机结合。相对于其他亚文化来说，青年文化具有更强的多元性、求异性和创新性，因此共青团通过整合实现引领的路径无疑是正确的。从一定意义上说，作为政党的助手和后备军来说，共青团如果能够将上述方法探索成功的话，那么不仅完成了党所

赋予的青年价值引领的任务,而且还为党的文化建设提供了相应经验。

基于权力关系的互动,是现实社会和政治得以运行的一个基本规定。然而权力可以由基于对方认同的主动服从得以实现,也可以由基于对方不认同的强制服从得以实现,不过前者的可持续性和稳定性较好,后者不然。对于共青团来说,计划经济时期,在单位社会体制逻辑的作用下,它可以通过政治性的带有强制的组织手段与青年产生互动,而在当前团青关系利益相关度下降乃至消失的条件下,传统可以依赖的组织手段效果下降甚至在许多领域已经无法采取的情况下,共青团要与青年之间产生权力关系,更多应该采取基于青年认同的方式进行。文化领导权理论认为,如果一个组织能够拥有优越的价值和社会承认的威望,那么该组织就具有较强的权威。[①]因此,共青团如果能够通过整合青年文化而实现对青年的价值引领的话,那么青年就有可能更加认同共青团,从而为新的历史时期共青团权力的有效实现奠定基础。

结　语

青年群体的求异性、创新性特点,使青年文化作为一种特殊亚文化对社会整体文化发展具有着探索性的贡献。因此,推动青年文化发展不仅关系到青年群体的生存方式和活动方式的建构,而且关系到社会整体文化的发展。中国政治和社会发展逻辑导致文化建设是以中国共产党领导的方式得以推动,而作为党联系青年的制度性和组织性安排,由共青团来推动青年文化建设就成为了当然的选择。市场经济和网络社会条件下青年文化多元化特征,要求共青团必须选择通过整合实现引领的战略路径。同时,组织特性也要求共青团必须超越符号性的文化形式,着眼于实质性的文化本质,即以青年生存方式和活动方式为内容,通过重建团青关系,实现对青年文化的整合和引领,并在此过程中,增强青年对共青团的组织认同。

---

① 孙晶:《文化霸权理论研究》,社会科学文献出版社,2004年,第142页。

第二十六章　社会管理创新背景下的
共青团发展:
党的青年群众工作的新命题*

　　马克思主义认为,社会管理是国家内部职能的一个重要组成部分,是国家政治职能实现的基础。而国家社会管理职能的实现方式,在不同社会发展状况下,不论是在参与主体方面,还是在具体手段上都存在着差异。改革开放以来,随着经济和社会结构变化,中国共产党就不断在推动社会管理职能实现方式创新上进行了卓有成效的探索。党的十六大提出社会建设任务之后,社会管理职能实现方式创新开始从经济领域向社会领域转移,并在党的十六届六中全会上明确将社会管理格局确定为"党委领导、政府负责、社会协同、公众参与"。2011年5月中央召开政治局会议,专门研究了加强和创新社会管理问题,并将之上升到事关巩固党的执政地位、事关国家长治久安、事关人民安居乐业的高度来认识。共青团作为党和政府联系青年的桥梁和纽带,是中国特色社会管理体系的一个重要组成部分,也是党的青年群众工作最重要的载体,能否根据中央关于加强和创新社会管理的要求来推动自身发展,不仅关系到能否有效推动青年参与社会管理,而且关系到能否为党构筑牢固的青年基础。

---

　　*　刊载于《中国青年研究》,2012年第1期。

第一节 社会管理创新与新时期群众工作

社会管理是国家职能的组成部分,群众工作是党领导社会的重要方式,由于共产党是中国的执政党,因此社会管理与群众工作就有着内在一致性。在党的群众工作体系中,工青妇等群众组织是政党联系群众的桥梁和纽带,是党的群众工作的重要组织载体,因此在加强和创新社会管理背景下,通过推动党的群众组织发展而充分发挥其应有作用, 就成为政党有效领导社会和国家实现社会管理的一项重要的现实选择。

一、社会管理创新与新时期国家职能实现

马克思主义政治学认为国家具有内、外两方面职能,其中,内部职能包括政治统治和社会管理两方面职能。社会管理职能的执行取决于政治统治职能,而政治统治职能的维持又必须以社会管理职能为基础。[①]其中,所谓社会管理是指国家运用公共权力对国家内部社会事务的管理, 从而在推动社会进步和人的发展过程中,实现社会秩序的维护和政治统治的巩固。它包括公共权力对经济发展和社会建设两方面的主体建构和秩序建构。另外,在国家推动社会建设中还存在着以社会秩序建构为重点的行为, 这部分行为在实践中我们也将之称为社会管理。这就意味着社会管理存在着广义和狭义两种内涵,前者与国家职能实现相联系,后者与社会建设相联系,后者是前者的一个组成部分。一个国家不同时期的发展水平、社会结构、政治形势以及思想观念等都对广义上的社会管理的具体实现方式以及狭义上的社会管理行为产生影响,因此社会管理的参与主体、涉及范围、干预深度和具体手段等都必须根据不同时期的社会和政治状况而发生变化和创新。

在新中国成立之初,为了克服中国社会"一盘散沙"的局面与现代化建

---

① 王沪宁主编:《政治的逻辑——马克思主义政治学原理》,上海人民出版社,1994年,第199~207页。

设对组织化诉求的矛盾，中国共产党通过建立计划经济体制和单位社会体制，使国家社会管理职能以国家权力和政党力量对经济和社会的全面和直接的统合和管理的方式来实现。改革开放之后首先启动了以建立社会主义市场经济体制为目标的经济体制改革，标志着国家社会管理职能在经济领域的实现方式开始从国家一元化管理向政府宏观管理和市场微观调节相结合转变。

随着市场经济体制完善和单位社会体制逐渐退出，原来由单位所包办的社会事务也被抛进社会。如何使这些社会事务得到有效承接以及社会成员特别是弱势群体的基本福利得以保障，就成为经济体制改革后所面临的一个具有全局性意义的社会问题。因此，从20世纪末开始，中国共产党就开始探索推动国家社会管理职能实现方式在社会领域方面的创新工作，党的十六大明确将社会建设作为重大战略提出，并将"改善民生"作为本阶段社会建设的重点。

改革开放在全国范围的进一步推进以及城镇化进程的全面加速，导致社会结构状况和利益分配格局发生了巨大变化，各类特殊性和普遍性的社会矛盾和社会冲突因此大量出现。同时，伴随着市场经济体制的完善，网络社会从21世纪初开始在中国逐渐生成，市场力量和网络力量的共同作用，使大量社会组织以有别于其他发达国家的生成方式在中国开始大量出现，这就意味着社会中已经出现了自我组织化和自我服务性的力量。能否有效化解社会转型过程中的社会不和谐因素以及将这些已经形成的社会组织化力量转化为社会建设的建设性要素，不仅关系到社会建设问题，而且关系到政治建设问题。这就意味着国家社会管理职能方式在社会领域的创新除了要在改善民生的问题上继续下功夫外，还必须在此基础上，建构新的社会秩序，即对狭义的社会管理工作予以创新。正是在这一背景下，党的十六届六中全会提出了要"创新社会管理体制，整合社会管理资源，提高社会管理水平"，健全"党委领导、政府负责、社会协同、公众参与的社会管理格局"，"支持社会组织参与社会管理和公共服务"。2011年5月30日中共中央政治局还专门召开会议研究了加强和创新社会管理问题，并就这一问题由中共中央和国务院联合下发了文件。

二、新时期国家职能实现与政党群众工作

马克思主义认为人类历史是人民群众创造的，人民群众是历史发展的根本推动力量，社会发展的目的是满足人的发展需要。作为马克思主义政党，中国共产党的存在价值就是顺应历史发展潮流，带领人民群众，依靠人民群众，通过努力奋斗，在不断满足人民群众需要过程中创造历史。然而为了更好领导人民创造历史，最大限度使人民群众力量得到调动，在不同历史时期，中国共产党领导人民群众的方式存在着差异。在革命年代，主要是通过由政党直接领导人民群众的方式进行革命来推动社会和历史发展，革命任务完成后，根据现代政治发展的内在规律以及马列主义的要求，中国共产党通过建立以人民民主专政为主要内容的共和国国家的形式来实现对人民群众的组织。

在党建国家之后，中国共产党是以领导党和执政党的双重身份存在着。作为领导党，在政治结构上，中国共产党对国家和社会具有领导功能，通过政治上、组织上和思想上实现对国家和社会的领导；作为执政党，在国家体系内，中国共产党必须根据宪法要求进行行动，受宪法制约。在这样的条件下，中国共产党的群众工作就在两个逻辑内展开：

一是作为领导党，在政治结构上，党的群众工作主要是通过对国家和社会的价值引导和组织领导，不断创造既符合党的意识形态要求，又能有效整合社会的意识形态，从而在思想上对人民群众进行有效领导，同时通过政党自身基层组织及其外围组织对处于不同状态下的社会成员予以有效团结，以及对处于不同利益状态下的社会成员予以协调，从而实现对人民群众在组织上的有效领导。

二是作为执政党，在国家体系中，党的群众工作主要通过推动国家的政治统治职能和社会管理职能的实现得以体现。在国家政治统治职能基本确定的条件下，社会管理职能实现方式创新和发展，就成为国家依靠和组织人民群众进行历史创造的重要基础。由于中国共产党是中国的执政党，因此推动国家社会管理职能实现方式创新和发展，就成为中国共产党借助国家力

量构建良好党群关系的重要手段，这就意味着国家社会管理职能实现方式创新和发展是中国共产党群众工作的一个重要组成部分。

由于当前国家社会管理职能实现方式创新和发展的重点在于狭义层面的社会管理，而所谓狭义层面的社会管理在新的历史条件下主要是指以维系社会秩序为核心，通过政府主导、多方参与，规范社会行为、协调社会关系、促进社会认同、秉持社会公正、解决社会问题、化解社会矛盾、维护社会治安、应对社会风险，为人类社会生存和发展创造既有秩序又有活力的基础运行条件和社会环境、促进社会和谐的活动。①这些内容与中国共产党作为领导党新时期的群众工作也有极大重合之处，这就意味着国家社会管理职能实现，与中国共产党的群众工作具有内在一致性。由此，国家社会管理职能实现方式创新与新时期中国共产党群众工作创新在方向上和内容上，也存在着许多共同之处。

三、社会管理创新与党的群众组织发展

直接以联系人民群众为工作对象的，除了中国共产党之外，虽然还有一些人民团体以及民主党派等与社会相应联系对象建立了关系，但是作为中国共产党的外围组织，工、青、妇三家是整个中国政治体系中地位最特殊的群众组织，中国共产党将它们定位为"党联系群众的桥梁和纽带，是国家政权的重要社会支柱"。1989年12月中共中央在《关于加强和改善党对工会、共青团、妇联工作领导的通知》（中发〔1989〕12号）中明确指出："工人阶级是我们国家的领导阶级，是先进生产力和生产关系的代表，是建设和改革最基本的动力，是维护社会安定团结的强大而集中的社会力量。青年是社会主义现代化建设的突击队，是党和国家的希望和未来。妇女占人口的半数，是推动整个社会发展的伟大力量。建设和改革事业的推进，社会的稳定和发展，国家和民族的振兴，时刻离不开包括知识分子在内的整个工人阶级和包括青年、妇女在内的广大人民群众的努力。全心全意依靠工人阶级和广大人民群

---

① 马凯：《努力加强和创新社会管理》，《求是》，2010年第20期。

众,就要充分尊重他们的国家主人翁地位,保护他们的合法权益,调动他们的积极性和创造性,扩大他们对党和政府工作的监督,提高他们的思想政治觉悟和科学文化水平。这一切,都需要充分发挥工会、共青团、妇联的作用。"这也就是说,工、青、妇组织是党的群众工作的最重要的组织载体。

当前,国家社会管理职能实现方式的创新重点开始转移到狭义的社会管理上,而狭义社会管理的内容与当前党的群众工作的内容有着内在一致性,因此作为党的群众工作的最重要组织载体的工、青、妇组织也应该根据社会发展和中央关于社会管理创新的要求不断发展和创新。

第二节　青年化社会与
社会管理创新中的共青团角色

改革开放以来,中国社会结构先后发生了两次根本性变革,第一次是以市场经济建立为标志的制度变迁所导致的社会结构变化,第二次是以互联网普及为标志的技术革命所导致的社会结构变化。前者导致单位社会解体,使权力在国家和社会之间发生调整,社会力量开始增强;后者导致交往方式革命,使权力在中老年人和青年之间发生转移,青年权力开始增强。在此背景下,如何有效整合青年就成为国家社会管理和党的群众工作需要面对的一项挑战性内容,作为具体联系青年的共青团的作用因此就被凸显出来。

一、青年化社会与社会管理创新重点

在网络时代背景下,中国社会开始进入了青年化社会阶段。虽然在青年化社会条件下,青年成为社会权力运行主体之一或者说其作用大为增长,但是由于青年化社会到来是由技术革命所带来的一种新型的社会形态,因此它的出现并非只关系到青年的问题,而是涉及社会运行方式和政治运行方式转变的问题。特别是对于中国来说,其自身社会和政治发展逻辑更使青年化社会所带来的新的变化得以进一步凸显。自20世纪90年代以来,中国社会实际上经历了双重转型：一是由制度变迁所引起的社会结构变迁，即经济体制改革所导致的从单位化社会向多元化社会的转型；二是由技术革命所引起的社会结构变迁，即由于互联网普及所导致的从工业社会向网络社会的转型。前者导致了社会成员的原子化，而后者导致了社会成员通过网络再组织化。由此，公民社会以有别于西方国家的方式在中国快速崛起，并以青年为主体利用互联网条件下的新型运作逻辑和互动方式，开始不断构建新的话语空间和行动组织，形成了新的政治空间。

正如前文提到的，狭义层面的社会管理创新是由网络社会到来所引起的社会组织大量生成导致，而从主体来看，青年化社会以及中国国情所导致的社会组织主要通过网络化方式生成等原因，导致大量社会组织成员以青年为主。因此，在中共中央关于社会管理新格局的社会协同的组织化力量中，以青年参与为主的各类青年组织就成为其中最重要的主体性力量。在调研中，我们发现许多地方党委和政府在推动社会管理创新中希望通过社会组织来推动社会建设，但是许多地方却找不到所谓的真正意义上的社会组织，而另外一边却存在着大量以青年自组织为主的青年社会组织缺乏相应资源支持。[①]这就从反面验证了青年社会组织应该成为社会管理中的重要协同力量。

二、社会管理创新与共青团角色

共青团角色是在两个逻辑维度中获得定位的，一是政党与共青团关系维度，二是共青团与青年关系维度。前者是共青团存在的政治理由，后者是共青团存在的社会根据。这就使共青团兼具政党的青年组织和青年的政治组织两重属性。由于中国共产党具有领导党和执政党两重身份，因此作为中国共产党的青年组织，共青团也同时兼具领导党的青年组织和执政党的青年组织两重角色。前者要求共青团必须协助中国共产党领导青年，后者要求共青团必须协助中国共产党推动国家实现社会管理任务。同时，作为青年的

---

① 郑长忠：《工青妇要引导网络组织参与社会建设》，《佛山日报》，2011年7月28日。

政治组织,共青团必须作为青年代表,在国家政权中表达青年声音,并且在社会管理新格局中,作为青年组织代表参与其中。这就意味着不论是从党的群众工作角度,还是从国家的社会管理角度,或者是从青年的利益代表角度,共青团都必须作为联系青年和整合青年的枢纽性组织发挥作用。

作为信息革命的产物,青年化社会具有两方面规定性:一是社会交往方式和政治互动模式发生巨大变化,二是社会权力向青年转移。因此,青年化社会出现并非只关系到青年工作问题,实际上影响着整个社会和政治运作的方式和机制。同时,中国社会和政治特点使青年化社会到来,促进了以青年为参与主体的社会行动组织和公共话语空间以有别于西方社会的路径大量生成。这就意味着对青年的重视已经不是传统意义上的对下一代关注的问题,而是关系到对下一个时代的领导的问题。

诚然,在青年化社会背景下,青年问题以及新的社会和政治问题,并非需要由共青团来完全负责和应对,而是需要政党和国家进行全面回应,但是共青团毕竟是在现有政治体制中扮演着党和国家联系青年的桥梁和纽带的角色,是联系和整合青年的枢纽性组织,因此在青年化社会背景下,共青团作用发挥自然更应该获得凸显。这就意味着,在社会管理创新背景下,在联系和整合青年方面,共青团既要在内容上加强,也要在方法上创新。

第三节 建立密切的团青关系:
社会管理创新中共青团的政治诉求

任何主体之间要产生相互作用,都必须通过建立一定关系来实现。然而不同主体的差异,决定了各类主体之间关系建构的模式也要有相应区别。对于共青团来说,不论是基于哪重身份,都要求其与青年之间建立密切的关系,这样共青团才有可能对青年产生相应影响。市场经济建立和网络社会生成,使青年的生存状态多样性既存在于主体间,也包含在个体内。这就意味着在社会管理创新背景下,共青团与当代青年之间所建立的关系模式就不能是单一的,而应该是复合的。

一、建立密切的团青关系：国家职能实现中的共青团使命

马克思认为社会是人们相互作用的产物，是各种社会关系的总和。人们在生产过程中发生生产关系，在生产关系的基础上又建立了各种社会关系，所有社会关系的总和就构成了社会。同时，马克思还认为，人是以关系的形式存在的，关系构成了人的本质，而人的主体行为是受到这些社会关系的制约和左右的。当代社会学通过对社会关系的深化研究，提出了以社会关系网络和主体间信任为核心的社会资本理论，并指出社会网络可以分为个人社会网络、群体社会网络、组织社会网络和国家社会网络，社会资本也因此有了相应的类型。①现代政治哲学认为，宏观权力的运行需要靠微观权力支持，②因此我们在研究共青团在中国政治中的作用时，也应该从微观权力运行角度对共青团运行进行研究，其中最重要的方面之一就是从共青团与青年之间关系入手进行研究，并将团青关系置于学术性空间内予以审视，使抽象意义上的团青关系获得具体规定。

中国共产党的群众工作，从政党自身角度来说，其目的是建立政党与群众之间的关系，从而获得群众认同，既为党的领导奠定基础，同时也成为党的领导的一个组成部分。从党作为执政党的角度来说，群众工作的目的既为政权稳固奠定基础，同时也是国家社会管理的一个内容。这就意味着，领导党和执政党的双重角色都要求党开展积极有效的群众工作。从学术角度来说，就是必须构建相应的关系，而其中关系网络和双方信任是支持这一关系最重要的两个要素。共青团与政党的特殊关系，决定了共青团必须与青年之间也建立起密切的关系，即共青团与青年之间要形成相应关系网络和彼此认同，并在此基础上获得青年支持。从本质意义上说团青关系的建立不仅是为了共青团自身，而且关系到政权稳固和国家职能实现。

---

① 卜长莉：《社会资本与社会和谐》，社会科学文献出版社，2005年，第96~101页。

② 衣俊卿：《自觉开启社会历史理论的微观视域——微观政治哲学研究丛书总序》，载赵福生：《福柯微观政治哲学研究》，黑龙江大学出版社、中央编译局出版社，2011年。

二、青年形态多样化存在与复合型团青关系构建

马克思社会理论认为,在不同社会结构下,社会成员与共同体之间以及社会成员之间的关系存在着较大差异。改革开放以来,中国社会结构先后经历了市场经济体制建立和网络社会生成所导致的两次转型,前者是由制度变迁引起的,其后果是导致了单位社会衰微,社会成员由依附性的单位化状态向独立性的原子化状态转变;后者是由技术革命引起的,其后果是导致网络社会生成,社会成员由独立性的原子化状态向自组织化状态转变。辩证法认为事物的发展不是后一阶段对前一阶段的简单否定,而是扬弃,是将前一阶段内容转化为后一阶段的一个环节而被保留下来。因此,在网络社会条件下,处于单位化、原子化和自组织化三种类型生存状态的社会成员在社会中是并存的,并且对于许多社会成员来说,在其个体中甚至同时兼具两种生存状态,或是原子化和自组织化并存,或是单位化和自组织化并存。由于网络社会具有青年化社会的倾向,因此上述社会成员生存状态的多样化最集中体现在青年群众中。由此,我们根据生存状态将青年人分为单位化青年、原子化青年和自组织化青年。青年的三种形态并存决定了共青团必须采取不同逻辑和不同方式与这些形态的青年建立关系,我们将这种关系称为复合型团青关系。

三、社会管理创新与复合型团青关系构建

青年化社会特性决定了在新的历史条件下,青年社会组织应该作为社会管理新格局中社会协同的重要组成部分,而当代中国政治逻辑决定了直接联系青年的工作主要由共青团来负责,因此在社会管理创新背景下,有效整合青年社会组织就成为共青团的工作重点和工作前沿。由于青年社会组织是自组织化青年存在的支持性载体,因此共青团整合青年社会组织实际上就是构建与自组织化青年的关系。同时,又由于自组织化青年是21世纪以来最新出现的青年生存形态,该形态出现并非是对之前两种形态的简单否

定,而是一种超越,虽然之前两种形态因它的出现而发生了变化,不过还依然存在着。因此,为了达到创新社会管理的目的,共青团不仅被要求与自组织化青年之间建立密切关系,而且还被要求与发生变化了的单位化青年与原子化青年之间建立密切关系。这也就意味着在社会管理创新背景下,建立复合型团青关系对于共青团来说既是一种根本的政治性诉求,也是一种现实的工作性要求。

结　语

中国共产党的领导党和执政党双重身份使国家社会管理职能与党的群众工作之间有着内在一致性。中国政治和社会发展的历史逻辑决定了群众组织的作用在社会管理创新背景下应该得到重视,而网络社会所具备的青年化社会特征使共青团在社会管理创新中扮演的角色更为凸显。社会双重转型导致青年生存形态存在着三种类型,而社会管理创新从本质上要求共青团必须与青年之间建立密切关系,这就意味着在新的历史条件下团青关系应该由原来的单一的线性关系向复合的多向关系转变。因此,为构建复合型团青关系而创新共青团组织形态,就成为社会管理创新背景下推动群众工作发展的一项具有战略性意义的政治任务。

第二十七章 网络社会条件下
共青团工作的辩证法*

　　辩证法认为任何事物都包含若干规定，而这些规定被认识却是一个历史过程。不过，历史上某一时期某一规定被认识时，常常被作为事物的整体予以强调，而在另一时期也将另一规定认作是事物的全部，并将其与之前的规定对立起来。实际上，这就是辩证法批评的所谓形而上学的思维方式。然而这并非意味着这些认识是没有价值的，只要我们将其中所认识到的规定回归到其整个体系中的一个环节，那么这些曾经被认为是事物全部的并且彼此矛盾的规定，就可以在整体中找到相应位置，而事物的本质也在这些规定的、有逻辑地整合起来的整体中得以体现出来。这种认识方式就是辩证法的体现。作为认识论，形而上学与辩证法也在实际工作中体现着，不同人也基于不同原因而对解决某一问题有着不同对策，这些对策可能也是基于对该问题的某一规定的认识而形成的，但是却将之作为问题的全部，将其他规定完全忽视，或对立起来了。而正确办法应该是将这些基于对不同规定的认识而形成的对策整合为一个体系，并相互呼应。这种认识论的差异，在网络社会生成之后的共青团应对挑战中，也体现得淋漓尽致。然而形而上学思维虽然有其价值所在，但是对于整体发展来说，其不足和缺陷还是很明显的。因此，我们在工作中还是应该强调和坚持辩证法的思维，使共青团在适应网络社会过程中实现组织形态的整体发展。

---

　　*　刊载于《青年探索》，2013年第3期。

第一节　改革开放以来的中国社会结构转型

自改革开放以来,中国社会经历了两次转型。第一次是基于制度变迁所引起的社会转型,即基于计划经济体制向市场经济体制的转换,而导致社会结构从单位社会向多元社会转型。第二次是基于技术革命所引起的社会转型,即信息技术革命,导致人们生存空间从传统的单一的物理空间向现在的兼具物理空间和虚拟空间转变,由此社会也由传统的单一的物理空间社会向兼具物理空间社会和网络空间社会转变,并且网络空间社会对物理空间社会产生了严重影响,甚至对其运行机制进行了重新再造。

改革开放以来的社会变迁是如此之深刻,以至于对共青团工作也产生了严重影响,甚至可以说,在某些方面带来的冲击是根本性的。在计划经济时期,中国共产党不仅扮演着政治领导者和执政者角色,还承担着以自身组织体系来建构和组织社会的功能,每个单位是以基层党组织为核心而建立起来的,单位成员与党组织之间有着高度利益相关性。共青团作为其青年组织,同样也成为建构和组织社会的组织体系的一部分,每个单位中青年与其又有着强烈的利益相关性,青年也因此处于单位化状态。

在20世纪90年代市场经济建立之后,多元所有制出现,标志着在经济领域中出现了以市场为核心的自我组织力量,由此带来了两方面后果:一是基层党组织不再成为建构经济领域中唯一的组织化力量,出现了基层党组织边缘化现象;二是社会成员与职业共同体之间关系主要以契约方式建立起来,社会成员开始出现马克思所谓的原子化的生存状态。同样的逻辑在共青团中演绎,导致了基层团组织大面积的边缘化,出现了团组织空缺、空转以及认同严重下降等现象。在青年方面,专业青年也大量进入原子化状态。共青团与青年之间的关系密切度开始剧烈下降。

从21世纪初开始,中国进入了网络社会,互联网成为了日常生活重要的支持性平台,由此,社会也开始由网下社会和网上社会两部分组成,并且网上社会不断在改造网下社会。网络社会使传统交往方式发生了革命性的变革,其即时性、跨区域和去中心化等特点,不仅使人们可以利用网络平台建立起大量的话语交流的公共空间,而且也使人们可以基于某个原因实现快速的和大范围的组织化,由此产生了大量基于网络而形成的以社会组织为核心的行动空间。网络社会出现使政党及其各种外围组织面临了全面挑战,即作为工业社会产物的适应工业化社会交往方式的政治性组织如何或能否适应网络社会交往方式的命题被提出。这一命题是全球性的,然而对中国来说,挑战更为深刻,因为我们尚未适应市场经济,就开始面临着网络社会的挑战。在共同逻辑作用下,共青团也同样面临着这一问题。

第二节　共青团组织面临的机遇与挑战

组织理论认为,任何组织都存在于环境之中,并且与环境产生着连续互动关系。能够有效与环境互动,并适应环境变化而调整自身,组织就能够得到较好发展,反之组织就会遇到危机,甚至死亡。不过在与环境互动过程中,组织并非是被动和无力的,组织可以选择应对的举措。这就涉及,组织如何来认识环境变化对组织冲击的本质是什么?其中构建是什么?以及轻重缓急应怎样?等等。是否积极回应环境变化是一回事,而如何回应环境又是另一回事。这里既涉及认识问题的思维方式,也关系到现实条件的具备问题。也就是说,实际上关系到主客观两方面因素。

共青团工作遇到挑战,是从改革开放之初就开始了。家庭联产承包责任制的实行使农村团组织开始陷入困境,以1984年的龙海会议为标志,开始了共青团基层组织建设改革进程。然而在20世纪80年代和90年代初,共青团主要是在调整组织设置和采取新的管理办法上下功夫以回应环境变化,但是整体来看是在团内下功夫。1993年团的十三届二中全会,团中央推出了跨世纪文明工程和人才工程,实际上,开始将视角转到青年方面,根据青年生存形态变化情况,调整共青团服务青年方式以及构建与变化了的青年之间的关系,其中最具代表性的就是青年志愿者行动,标志着团组织与市场经济背景下的主体意识不断生成的原子化青年之间新型关系的一种有效机制的建立。随后,不断沿着这一思路和逻辑推进。

进入21世纪之后,随着网络社会生成,如何适应网络社会的命题开始被提出,为此,共青团就开始在两方面上下功夫:一是在组织内外的互联网络建设上下功夫,对外建立了以"中国共青团网站"为标志的共青团系网络体系,对内推动县级以上团组织建立网站。二是在共青团组织形态发展上进行新的探索,2005年在试点基础上,推出了街镇"青年中心"建设。然而青年中心在自身定位上的缺陷,一是究竟是"物理空间"还是"关系空间"的模糊性,二是究竟是整合原子化个体还是整合自组织化青年的模糊性,导致其在全国推广后不久就停止了发展。然而青年中心的探索是有其深远意义的,是共青团回应网络社会到来后,在组织形态上的第一次探索,之所以遇到挫折,更深层原因是网络社会刚刚生成,人们对其内在规律尚未获得充分把握。

由于自20世纪90年代以来,共青团更多是在构建适应青年新的生存形态的团青关系新机制上下功夫,而对共青团组织自身建设特别是基层团组织建设工作的重视就相对弱了一些,甚至还在团内出现了一种声音,就是在新的条件下,基层团组织建设是否还有必要的观点。由此,在新的经济和社会领域中团组织建立只是作为一项日常性和一般性工作予以对待,由于力度不足,导致大面积的"两新"组织中出现无团组织的现象。为此,2008年团的十六大之后,全团就将工作重点放在"两新"组织建团以及推动街镇团的组织格局创新等方面上,继续探索和建立适应市场经济的共青团组织形态。

从2008年至今,虽然在全团层面探索建立适应网络社会共青团组织形态的举措较少,但是网络社会所带来的冲击并未因此而减少,而是日益增加,并且在全团层面已经在21世纪初就开始着手探索。在现实逻辑和工作惯性共同作用下,许多地方团组织在这方面的探索依然在继续,如北京提出与青年中心有相似之处的"青年汇"建设,上海建立青年家园民间组织服务中心,广东省的许多城市建立青年自组织联盟等。

在原因方面,共青团工作目前所遇到的困境,既有市场经济建立所带来的挑战,也有网络社会生成所导致的结果;在工作内容上,既需要在团组织自身建设上下功夫,又需要在与青年之间建立新型关系上做文章;在发展空间上,既要在虚拟网络空间中占据地盘,又要在现实物理空间中建立组织。

这就意味着目前造成共青团困境的要素的多元化和复杂性。

然而由于不同地区所遇到的急迫问题差异，及其团干部对其中关键问题认识的差异，导致了目前团内对如何应对网络社会条件下共青团工作困境有着两个差异较大的观点：一种观点认为团首先要抓团，应该将力量集中在建团上，扩大共青团在新兴的经济组织和社会组织内的组织覆盖面；另一种观点认为共青团应该将与青年建立新型关系并以此来改造共青团组织形态作为工作重点。前者强调的是存在，后者强调的是有效。

第三节　共青团改革的思维逻辑

如果对每一阶段的任何一个对策进行分析，我们会得出以下两个判断：一是就每一对策本身来说，似乎都是为了解决某一具体问题而提出的，都有其合理性；二是就问题根本解决来说，似乎这些对策都有其自身缺陷，或者说这些对策实际上很难单独解决其所要解决的根本问题。然而在分析中，我们还看到一种比较普遍的现象，那就是每一时期为了推动某项工作，不论是全局设计者或是具体执行者，都只是强调该对策而对其他工作关注得不够，似乎只有该对策是最重要的，甚至是可以解决根本的，或者是工作的全部。这种现象，可以从纵向的共青团整体工作看出，也可以从横向的不同观点之间的关系中看出，比如，就不同观点中的各自情况来看，都有其合理性，彼此双方也都强调其唯一正确性，然而从实践结果来看，情况并非如此。

从纵向来看，1993年之前，所谓的共青团改革，主要是就团抓团，不论是调整共青团组织设置，还是推动流动团员证，都还是解决共青团组织内部事务问题，尚未将视角放在与变化了的青年之间建立联系上。因此，就团抓团，结果就是基层团组织很难走出"瘫—建—瘫"的团建怪圈。1993年之后，共青团将主要精力放在探索与变化了的青年之间建立关系的机制上，走出就团抓团，强调工作内容和工作方式适应市场经济条件下的青年工作需要。虽然共青团工作因此实现了转型并获得了较大生机，但是在基层团组织建设上，却在新兴的经济和社会领域中出现了大面积团组织空缺的现象。2008年之后,共青团重新将精力放在抓团的基层组织建设,下功夫推动"两新"组织中的建团工作上。虽然基层团组织在数量上获得了突破,但是在全局上与网络社会条件下青年新的形态相匹配的机制探索却几乎停滞,进而导致新建立起来的基层团组织的有效性和生存率并不高,甚至我们十分担心,如果没有建立一种新的机制,"两新"组织中的团组织也将可能陷入"瘫—建—瘫"的团建怪圈。

在上文中,我们已经提到,针对在网络社会条件下推动共青团建设,也形成了基于存在和基于有效的两种对立思路。实际上,这两种思路不过是改革开放三十多年来两种团建思维在当前的一种演绎和延伸而已。如果对当前两种思路对策进行分析,我们发现,两种对策虽然都有其合理性,但也都不能切实使共青团完全走出困境。关于第一种就团抓团的思路,我们已经作了分析,它是必要的,但是依然很难摆脱传统的团建怪圈。至于第二种只强调与新生成的青年社会组织之间建立关系,而忽视团的组织覆盖问题,同样也将陷入自身组织不断消失的局面。

共青团工作内在的逻辑逼迫我们,必须通过走出自身的思维困境,来解决环境变化带来的工作困境。这就意味着我们必须在思维上走向辩证法,否则共青团工作困境是无法被根本打破的。

第四节 共青团改革的应对举措

如果从共青团工作规律角度来看,组织存在与组织有效,实际上是共青团发展中具有根本性意义的一对规定性。存在是基础,有效是目的。只强调一面而不重视另一面,都可能导致共青团组织无法走出环境所带来的困境。但是为什么在不同时期以及不同区域人们所强调的重点会不同,实际上,这本身就是辩证法的一个组成部分。因为不同时期和不同区域的共青团工作所面临的急迫问题是有差异的,所以解决这些急迫问题就成为了他们的工作重点。这就导致,我们从阶段和局部来看,对策是不周延的,但是从全局和整体来看,这些对策又是必要的。不过,辩证法认为事物发展也不是单纯的否定,否则就陷入了黑格尔所谓的"坏的无限"之万劫不复的恶性循环,而是存在着一个"正—反—合"的过程。我们认为,解决网络社会条件下的共青团困境,可能需要用"合题"的办法。具体来说,有以下五个方面需要强调:

第一,应该将存在与有效统一起来。我们必须看到,如果基层团组织缺失,那么共青团嵌入社会的组织网络基础就消失了,这就不利于共青团与青年建立联系。但是如果有效性消失,那么这些建立起来的基层团组织也无法发挥作用。因此,我们在新的条件下,应该十分重视共青团的存在与有效的统一。

第二,应该将改革开放以来的成果和经验统一起来,打造升级版的共青团。三十多年来,不论是在存在方面还是在有效方面共青团在回应市场经济和网络社会过程中,在团中央层面和地方团组织层面都积累了许多经验。在网络社会进一步深化的今天,我们应该将这些经验进行有效整合,走出对立的建团思维,将之统一到更高层面的共青团组织形态创新上,通过打造共青团的枢纽型组织形态以构建复合型团青关系。

第三,应该推动青年社会组织力量转化为共青团建设的资源。市场经济深化和网络社会生成,其后果之一,就是在现实中产生了大量青年社会组织,使社会形成了自我组织化的能力。因此,我们必须通过构建枢纽型组织形态,推动共青团与这些青年社会组织建立密切联系,并将之作为共青团服务青年的资源以及激活共青团基层组织的手段。

第四,应该重视共青团在网下物理空间和网上虚拟空间的作用发挥。网络社会生成标志着社会空间由传统的单一的物理空间向二元的物理空间和虚拟空间转变。由此青年人同时生存于物理空间和虚拟空间之中,这就要求共青团必须在这个空间中同时发挥作用。这就使共青团在组织形态、技术手段以及思维理念等方面都应该作出创新。

第五,应该重视共青团在社会领域和政治体系的组织功能的实现。近些年来,共青团的探索更多是在社会领域层面,虽然在政治体系内部如何发挥共青团作用有一些探索,却见效甚微。我们认为在网络社会条件下,青年利益和意志通过网络已经作了比较充分的表达,共青团如何将这些表达进行有效整合,并在政治体系予以反映就成为共青团很重要的一个功能之一。当然,关于政治体系层面共青团作用发挥还有很多工作可以做,因为这是网络社会条件下作为政党青年组织的一个新命题。

第二十八章　为守护正义而包容自由：复合型团青关系构建的政治哲学基础

　　对政治现象，人们可以从政治科学角度予以研究，也可以从政治哲学视角予以把握。前者是对现实的把握，回答的是"现实是怎么样，应该怎么看这一现实"；后者是对价值的追求，回答的是"如何有价值，价值是什么"。不过两者之间并非是截然分开的，从一定意义上说，前者是后者的基础，后者是前者的深化。中国共青团作为中国政治中的一个重要政治组织，我们也同样既可从政治科学角度予以研究，又可从政治哲学角度予以把握。通过对中国青年生存形态变迁和中国共青团组织形态发展的科学研究，我们发现团青关系构建问题是当前共青团工作中最重要的战略问题，并且我们还发现在新的历史时期背景下的团青关系应该是一种复合型关系。不过在研究中，我们还深刻体会到，要能够有效和切实构建复合型团青关系，还必须从时代精神角度来把握这一关系构建的内在价值，因为这不仅关系到团青关系构建的具体方向和内容问题，而且还关系到共青团在具体工作中所要坚守以及如何坚守核心价值的问题。这就要求我们必须在科学研究基础上，从政治哲学角度对复合型团青关系的内在价值予以把握，以期为新的历史时期共青团工作提供一些形而上的思考。

第一节　共青团发展的反思性认识：探究团青关系构建的政治哲学基础的意义

　　政治的目的在于通过创造有序公共生活从而为社会发展和优化以及个

体发展和自由提供现实基础，而秩序形成既靠政治行动以建构外在社会秩序，又靠政治价值以建构内在精神秩序，只有内在精神秩序与外在社会秩序形成有机统一之时，有序的公共生活才能获得巩固和深化。对于共青团来说，要使其工作能够增进中国政治发展和社会发展，同样也必须将实践和价值有机统一起来，这就要求我们对共青团不仅要从政治科学角度进行研究以推动其实践上的科学性，还必须从政治哲学角度进行把握以增强其价值上的合法性。由于团青关系构建是新时期共青团发展中具有战略性意义的基础工作，其中涉及共青团工作的最根本问题，因此对其所包含的价值要素进行反思对于共青团发展来说就具有十分重要的意义。

一、为建构精神秩序而探寻行动价值：对共青团发展进行反思性认识的必要

从本质上说，政治是指通过公共权力的建立和运用来建构有序的公共生活。因此，政治组织从根本来说是以实践为取向的，以其行动来建构公共生活。然而如何建构以及这种建构中不同主体状态以及主体之间关系应如何安排等，除了在实践中通过博弈形成外，还需要有一个让人们感到可以接受的价值基础，从而使这种秩序不仅在外在社会领域中形成，还在内在精神世界中予以实现。这就要求政治组织所有行为背后都必须有强烈的价值取向。而共青团作为中国共产党的青年组织，组织特性使其成为一个当然的政治组织，由此中国共青团也同样有着实践取向和价值取向。因此，对于共青团来说，我们不仅需要对其行动方式进行科学化研究，以提高其实践的合理性和有效性，而且还应该对其行动中所包含的价值内涵进行反思性把握，以提高其工作的合法性与自觉性。

然而对于政治组织来说，社会却是具有相对自主性的，社会自身也存在着自身的价值诉求，如果在社会多元条件下，这种价值诉求还将是多元的。如果政治组织所具有的价值取向与社会所拥有的价值诉求存在着巨大差异的话，那么结果只有两个：要么政治组织动用强制手段使社会接受其价值；要么政治组织所提倡的价值被社会所边缘化。这两方面后果都使政治组织

无法在精神层面实现对社会进行有效建构的目的。由此，从反向中，我们可以得出一个判断，那就是为了有效建构社会中的精神秩序，政治组织价值取向应该与社会价值诉求取得一定共识，并在此基础上发挥其引领和建构作用。这里就需要对社会价值诉求情况予以把握。因此，对于共青团来说，就必须很好地研究青年的价值诉求，并上升到哲学层面予以把握。

由上可知，我们对共青团工作进行反思性认识，实际上包含着三方面内容：一是对共青团自身价值取向的把握，二是对青年的价值诉求的认识，三是推动共青团组织价值内容得以发展。具体来说，就是在把握共青团价值取向的基础上，通过分析青年价值诉求，根据时代精神和共青团职责要求，推动共青团工作价值内涵的发展和创新，使其既能反映共青团应有职责和根本价值，又能反映时代精神和青年诉求，从而具有对青年产生有效的价值引领的能力。

二、团青关系的构建与维护：共青团工作的战略性基础

中国共青团是中国共产党为了实现对青年的有效领导以及保持自身可持续发展而建立的，它存在和发展的根本目的就是通过有效影响和整合青年，为中国共产党长期和持续的领导和执政奠定青年基础。正是在这个意义上，中国共青团被称为中国共产党的助手和后备军。从组织理论角度分析，我们可以由此得出一个判断，那就是中国共产党是中国共青团最根本的权力来源，而青年是中国共青团所需要影响的主要对象。因此，对于中国共青团来说，党团关系和团青关系就成为对中国共青团组织形态发展具有决定性意义的一对权力关系。①

由于历史因素和社会因素的变化和影响，党团关系与团青关系也在不断发生变化和变动。1922年中国共青团（当时的名称是中国社会主义青年团）成立之后，由于共产国际和青年国际之间的关系原因导致中国共产党与中国共青团在组织关系上存在着制度性缺陷，再加上当时社会和政治环境

---

① 郑长忠：《关系空间变迁的政治逻辑——中国共青团组织形态发展研究》，《中国青年研究》，2012年第5期。

因素的影响，从而导致了党团之间出现了一些关系没有理顺的现象。1936年，基于统一战线需要，中国共青团被改造为西北青年救国会。1949年，中国共青团在全国重建之后，新的历史和政治条件使党团关系不论是在组织上还是在政治上都得以理顺。新中国成立之后，在单位社会体制背景下，不论是党团关系还是团青关系都处于顺畅状态。不过"文革"出现，整个中国政治形态都陷入危机，党团工作也受到了严重冲击。

改革开放之后，共青团组织得以恢复，党团关系同样也得以复原。然而随着改革开放深入和市场经济建立，青年生存状态开始发生变化，单位社会背景下的团青关系模式已经不适应青年变化了的需要。随着网络社会在21世纪初开始在中国生成，青年生存形态再次发生变化，作为一种区别于传统党团组织的社会自组织化的力量已经开始生成，这就意味着青年可以自组织起来，甚至在一些领域中还导致共青团组织出现边缘化现象。这就意味着，如果共青团不能快速回应，构建适应青年生存状态的团青关系模式，团青关系就可能进一步疏离，进而导致中国共产党领导和执政的青年基础弱化乃至丧失。从这一角度来看，重新构建团青关系以及探寻适应青年发展需要的新的团青关系模式，就成为共青团当前工作中具有根本性意义的战略任务。

三、把握时代精神以建构价值基础：探寻团青关系构建政治哲学基础的意义

黑格尔认为所谓哲学不过是"被把握在思想中的它的时代"[①]，马克思也认为"任何真正的哲学都是自己时代精神的精华"[②]。诚然，作为抽象的时代精神，是每一个时代特有的一种普遍精神实质，内在于人们的集体无意识之中。不过，正如马克思所说："意识在任何时候都只能是被意识到了的存在，而人们的存在就是他们的实际生活过程"[③]，因而这种时代精神不是一种神

---

① 黑格尔：《法哲学原理》，范杨等译，商务印书馆，1981年，第12页。
② 《马克思恩格斯全集》（第一卷），人民出版社，1956年，第120页。
③ 《马克思恩格斯选集》（第一卷），人民出版社，1972年，第30页。

秘的东西,而是建诸于生产力基础上所形成的人们的交往关系、生存形态和活动方式的集中表现。从另一角度来说,时代精神贯穿于各类人群之中,在不同人群中和不同共同体中有着其具体表现。因此,所谓哲学不过是对时代精神的一种把握,实际上就是对不同时期的建诸于生产力基础上所形成的交往关系、生存形态和活动方式予以反思性把握而已。这种把握不是对其具体内容的描述,而是对其背后价值的探究。这种对价值的探究,其目的是让人们可以此来更好指导实践,使实践能够自觉地与时代精神相吻合。对于共青团来说,要把握时代精神以指导自身工作,就必须通过对变化了的青年的交往关系、生存形态和活动方式进行研究,对其背后所包含的基本价值予以把握,以及探寻共青团组织自身的基本功能和价值定位,以此来确定团青关系构建的基本逻辑。这就使我们对团青关系构建的政治哲学基础进行探究,不仅具有一定学术理论价值,而且具有较强实践指导意义。

第二节　作为发展过程与权利基础的自由: 青年生存形态与需求内容发展的本质规定

探究共青团工作和团青关系的政治哲学基础必须从青年交往关系、生存形态和活动方式入手,然而这种探究并不是对这些内容的直接描述,而是对其背后所蕴含的本质和价值予以把握。实际上,青年生存形态不过是每个时代社会成员生存形态的一种典型表现而已,因此对青年生存形态价值内涵的理解就必须从人与人之间以及个人与社会发展的一般关系角度予以分析,从而上升到政治哲学高度予以把握。历史唯物主义认为,任何本质的探究都必须从历史角度予以把握,因此我们对青年生存形态的价值内涵的把握也同样将之置于发展的历史过程来进行考察。

一、自由与正义:作为本体性政治诉求的一对基本价值

复旦大学政治学教授林尚立先生曾经指出:"人的政治期望与政治设

计,不管是现实的,还是理想的,都包含本体性的政治追求,即对自由与正义的追求。自由是人面对自己而形成的本体性的政治追求,正义是人面对社会而形成的本体性的政治追求。自由与正义的有机结合,是人类的美好理想,这样的社会,也就是马克思理想的'自由人的联合体'。但是,在现实社会发展中,在难以克服的资源匮乏条件下,自由必然要遇到正义的约束,反过来,正义必然要遇到自由的抗争,自由与正义的相容与相斥左右着人类的政治期望与政治设计。"①由此可知,自由与正义是作为人类的本体性政治诉求的一对基本价值。正是基于对自由与正义关系的认识以及对"自由为何"和"正义为何"的认识的差异,导致不同历史时期的政治诉求以及不同政治哲学家对政治认识存在着差异,也使人们对政治发展的期望和设计有着不同的内容。

二、作为权利的基础与作为发展的过程的统一:自由的内涵

人类之所以能够创造历史,是因为人不仅具有欲求,而且具有意识。我们将有意识的欲求称为利益。有意识的欲求来自于人的想法、喜好和理想,具有无限性。而这种无限性是基于人的意识的作用,而不是基于动物性的欲求。正是在这一意义上,康德将人的意识与自由意志联系起来,并认为真正的自由是指人在道德实践意义上具有不受自然律束缚、摆脱肉体本能而按自身立法行事的自由意志。②诚然,在思想领域内,这种自由是绝对的,不论其是否可能。但是有意识的欲求即利益要能够得到实现,却必须在现实的社会平台中予以落实,也就是说必须有相应的现实的社会基础,这一社会基础就是最基本的自由,否则就无利益可言,比如,奴隶社会的奴隶在不自由条件下就无所谓利益了。而自由要成为最重要的社会基础,其基本前提就是A自由与B自由共存,拥有与他人自由并存的自由就是权利。因此,权利的本质

---

① 林尚立为陈周旺的《正义之善:论乌托邦的政治意义》(天津人民出版社,2003年)一书所写的序。

② 邓晓芒:《灵之舞——中西人格的表演性》,上海文艺出版社,2009年,第203~204页。

是自由,自由是权利的逻辑起点和本质体现。正是因为现实的自由和权利必须在现实的社会中才能得以落实,而现实的社会却是历史的和发展的,不论是作为权利基础的自由还是作为自由表现的权利的实现都需要通过社会发展而不断获得。正是在这一意义上,马克思将不断推动人类获得进一步自由的过程称为人类解放的过程。不过,要实现这一解放,不能简单停留在观念和思想之中,而必须通过改变人们的物质性的交往方式和生存形态才能达到,因为在马克思看来"人的本质并不是单个人固有的抽象物。在其现实性上,它是一切社会关系的总和",同时,"社会生活在本质上是实践的"。①由此可知,我们可以得出判断,那就是作为人的本体性规定,自由不是抽象的,而是具体的和历史的,在本质上是权利的基础,在特性上是发展的过程。

三、青年生存形态变迁:走向自由的过程

马克思认为:"人的依赖关系(起初完全是自然发生的),是最初的社会形态,在这种形态下,人的生产能力只是在狭窄的范围内和孤立的地点上发展着。以物的依赖性为基础的人的独立性,是第二大形态,在这种形态下,才形成普遍的社会物质变换,全面的关系,多方面的需求以及全面的能力的体系。建立在个人全面发展和他们共同的社会生产能力成为他们的社会财富这一基础上的自由个性,是第三个阶段。第二个阶段为第三个阶段创造条件。"②这就是马克思关于人类社会形态发展的三阶段理论。在马克思看来,从"人的依赖关系",到"以物的依赖性为基础的人的独立性",再到"建立在个人全面发展和他们共同的社会生产能力成为他们的社会财富这一基础上的自由个性",既是人类社会形态发展的过程,也是人类得以解放和自由不断深化的过程。在这里,马克思实际上是将人的生存状态、交往关系视为人类自由和解放的基础条件。

我们认为马克思上述对人的生存形态、交往关系与自由之间关系的论

---

① 《马克思恩格斯选集》(第一卷),人民出版社,1972年,第18页。
② 《马克思恩格斯全集》(第四十六卷上册),人民出版社,1979年,第104、107页。

述,不仅对整个人类历史发展来说具有规律性意义,而且还可以将之作为一种视角运用到一个阶段社会,特别是从传统社会向现代社会快速转型的社会的分析,新中国成立以来的社会正是这样一个样本。同时,青年人作为其中最敏感的群体,我们更可以将其作为样本之样本予以审视。

新中国成立之后,为了克服传统社会"一盘散沙"的特征与现代化建设的组织化诉求,中国共产党在宏观上建立了以国家权力为资源配置手段的计划经济体制,在微观上建立了以政党组织为社会建构主体的单位社会体制。在单位社会背景下,社会成员的利益实现与单位之间有着高度相关性,社会成员完全依附于单位组织。青年作为社会成员的一个组成部分,也同样依附于单位组织,我们将处于这种状态下的青年称为单位化青年。市场经济体制建立,使多元所有制开始出现,同时,也使单位社会体制开始衰微。社会成员与职业共同体的关系就由原来的依附性向契约性转变,马克思将处于这种状态下的人称为原子化个体。因此,我们将这一部分与职业共同体之间处于契约化状态的青年,称为原子化青年。

随着市场经济的发展,处于原子化状态下的社会成员,基于共同兴趣、价值或利益,开始寻求在职业共同体之外聚合的机会。恰好在这一阶段,信息革命浪潮涌进了中国,互联网开始成为中国人的日常生活的一个重要工具和交往平台。网络社会的出现,使人们可以利用互联网,打破了需要在物理空间内接触的传统限制,在虚拟空间内快速地实现跨区域的交往互动,并形成多样化的话语公共空间和行动组织网络,从而在虚拟空间中形成基于全新交往方式的社会组织模式。由于网民的大部分是青年人,因此这种基于网络或在此基础上形成的自组织现象的参与主体主要是青年人。我们将这种处于自组织状态下的青年称为自组织化青年。①

从上述分析中我们可以看到,三十多年来,中国青年经历了三个阶段的生存形态,实际上也伴随着青年的自由度不断提升的过程,在这一过程中,青年主体意志不断得到强调。正是从这一角度来说,走向社会主义使中华民族摆脱了帝国主义的奴役而使民族整体获得自由与发展,而建设中国特色

---

① 郑长忠:《复合型团青关系:新时期团青关系的实现形式——兼论共青团枢纽型组织形态建构的内在机理》,《中国青年研究》,2012年第10期。

社会主义使中国人民个体不断获得自由和发展。

四、生活机会获得和生活方式选择:基于双重时序下需求内容的当代青年权利

作为后发国家,中国走向现代社会是基于全球现代化发展逻辑和中国自身发展逻辑而实现的。中国从传统走向现代是由全球的现代化浪潮所导致的,改革开放之后,对外开放使中国全面融入了世界发展,互联网普及又使这一进程不论是在速度上还是在深度上都得到了巨大推进。由此,中国社会发展不仅受到了全球化影响,同时也使全球化成为中国社会发展的一个参照坐标和逻辑空间。诚然,全球化和现代化浪潮推动了中国走向现代社会,但是在走向现代社会的过程中,中国却有着自身逻辑,同时中国社会中的不同群体也根据自身条件,按照自身的逻辑和速度进行发展,并呈现出自身特点。由于中国社会是在双重乃至多重逻辑力量推动下发展的,从而导致中国社会发展处于全球前沿时序和中国自身时序之中。双重乃至多重时序对中国社会发展产生了全面影响,这也是中国社会发展中许多困境的根源所在。

双重乃至多重时序体现在中国社会发展的各个方面,同样也对中国青年生存形态以及需求内容产生影响,从而使同一时期不同青年的权利内容存在着较大差异。从纵向来看,改革开放以来不同时期青年整体的生存状态和交往方式处于发展状态,青年整体在不断获得自由。但是由于不同地区和不同条件下的青年可获得发展的条件存在着差异,这就导致同一时期不同青年的生存状态和需求内容存在着较大差异。再加上,全球化和网络化使全球其他地区的价值理念和生活方式等对不同群体的青年也产生了不同影响,从而进一步催化了青年群体的分化。上述影响使不同青年群体最重要的需求内容存在着较大差异,具体表现在有的青年群体处于对生活机会的追求阶段,比如许多农民工和刚走出校门的青年正在为获得生活机会和较好待遇而奋斗,而有的青年却已经处于对生活方式的追求阶段,比如许多白领青年在思考应该如何对待生态、身体、自我认同和生活方式等问题。根据英

国著名学者吉登斯的观点,前者涉及的是"解放政治"内容,而后者涉及的是"生活政治"内容。[①]

　　作为发展过程的自由历程,青年人先后经历了单位化、原子化和自组织化等形态,而作为自由表现的权利内容,青年人在当前却具有追求生活机会和追求生活方式的差异。当前,青年的三种生存形态在社会中并存,其中许多人还同时兼具两种生存形态,同样在部分青年中也兼具对两种权利内容的追求。虽然处于不同生存形态的青年对权利内容的需求不可能完全一致,但是基于网络化建构,对生活方式的追求可以比较明显地在自组织化青年中体现出来,虽然其中一部分人可能还正在追求生活机会。

第三节　参与集体主义重塑以守护正义: 共青团的使命

　　任何一个社会的意识形态都必须对个人与社会之间的关系作出说明,并形成相应的价值理念以协调其中关系。由于"自由是人面对自己而形成的本体性的政治追求,正义是人面对社会而形成的本体性的政治追求"。因此,关注个人与社会之间的关系也就转化为追问自由与正义之间的关系。这一理论关系要求我们在从生存形态发展和权利内容差异两个角度对中国青年的自由内涵予以探寻的同时,也必须对关系到青年整体发展以及社会整体发展的正义内涵予以把握。正义作为一种维护社会向善的价值内容,需要有现实的物质力量予以守护,而中国政治发展逻辑使这一守护任务由作为领导力量和执政主体的中国共产党予以担当。这就意味着在青年整体发展中协助中国共产党守护正义的任务也就必须由中国共青团来完成。

---

① 胡颖峰:《吉登斯现代性思想研究》,中央编译出版社,2011年,第121页。

一、在青年中守护正义：执政党青年组织的使命

在古代中国社会中，小农社会特征以及历代统治者的努力，使中央政府成为了最强大的组织社会和建构精神的力量，相对而言，社会自身力量却被严重削弱。因此，随着清王朝的崩溃，中国社会就陷入了"一盘散沙"的境地。在中华民族寻求组织化力量之际，具有高度组织化和现代性的政党就应运而生，并历史地承担起了组织和领导社会建立国家和改造社会的使命。经过历史选择，中国共产党成为了这一历史使命的最终担当者。建构现代国家和现代社会的使命，不仅要求中国共产党必须在现实物质层面实现对国家和社会的组织，还要求其必须在精神价值层面担负起守护正义的任务，并使二者有机统一起来。因为社会建构不仅需要构建外在的社会秩序，而且还要构建与之相匹配的内在的精神秩序。为此，中国共产党自诞生以来就不断提出并守护着与社会发展、时代精神相匹配的价值理念，并采取相应手段予以落实。这不仅是社会发展要求，而且也是中国共产党合法性获得的基础。

中国共青团兼具中国共产党的青年组织和中国青年的先进组织两重属性。作为前者，基于党的领导基础巩固的政治诉求以及中国共产党作为社会正义守护者角色的道义使命都要求中国共青团必须在青年中扮演正义的守护者角色。作为后者，青年整体发展以及青年在整个社会和政治体制中的权利获得和保障都需要中国共青团来担负正义守护的使命。与中国共产党相同，中国共青团能否切实担负起青年发展的正义守护者的任务，直接关系到中国共青团在中国政治体系内以及在社会和青年中能否获得充分的认同。

二、重塑集体主义：基于时代精神与社会主义原则的发展

"只要人类社会存在，就存在正义问题"，"正义之所以重要，在于它是保持社会存在、维护社会秩序正常运转的最基本的因素。从整体上而言，正义

是满足全体的需要,从个体上而言,正义是满足个人的需要。而整体与个体的矛盾,意味着正义包含着内在的张力。正义的内在张力保持着动态的平衡,社会就处于正常秩序的运行之中。正义在社会历史发展过程中吸纳新的因素,产生新的平衡,促进社会的进步。由于社会发展状况不同,正义的内核因之而别"。①为了建构社会正义,社会主义社会将集体主义作为社会主义道德的基本原则,认为"个人和集体之间、个人利益和集体利益之间没有而且也不应当有不可调和的对立。不应当有这种对立,是因为集体主义、社会主义并不否认个人利益,而是把个人利益和集体利益结合起来。社会主义是不能撇开个人利益的。只有社会主义社会才能给这种个人利益以最充分的满足。此外,社会主义社会是保护个人利益唯一可靠的保证"②。

新中国成立之后,基于社会主义社会建设的需要,中国共产党就将集体主义作为社会正义建构的核心内涵和基本内容。然而由于在计划经济和单位社会背景下,整个社会处于一元化状态,现代化建设所需要的高度组织化成为内在需求,而现实中又缺乏既有的根植于社会的组织化力量,因此政党和国家力量成为建构社会的主要力量。在这样的背景下,集体主义中的个人与整体关系,就转化为个人与单位组织以及党组织之间的关系,集体主义原则就以组织在先方式存在,随着这种逻辑的极端化演绎,个人的权利就受到了严重挤压,甚至一度消失,从而使社会发展内在动力受到严重削弱。

正是基于这一现状,改革开放之后,个人权利开始受到重视,由此中国不论是在经济方面还是在社会方面都得到了快速发展,集体主义应有内涵开始得到了恢复。21世纪以来,随着市场经济发展和网络社会生成,社会成员的自由和权利得到了进一步发展,社会结构和社会观念的多元化现象日益增加。为了有效建构社会正义,推动集体主义内涵发展,中共中央提出了构建社会主义核心价值体系的任务。经过一段时间探索,党的十八大报告提出了要"倡导富强、民主、文明、和谐,倡导自由、平等、公正、法治,倡导爱国、敬业、诚信、友善,积极培育社会主义核心价值观",充分反映了时代精神和

---

① 万绍和:《从古代正义到现代正义》,浙江大学博士论文,2004年。
② 《斯大林选集》(下卷),人民出版社,1972年,第82页。

社会现状,深化了集体主义内涵,使国家、社会与个人三个层面的正义内涵得以明确。由于构建社会主义核心价值体系,是以坚持凝聚共识为基础的,这就意味着集体主义内涵发展是基于对整体和个人的充分尊重而形成的,这一机制使以集体主义为核心的社会正义中包含的整体与个人之间关系能够随着时代发展保持动态平衡,从而保证了集体主义内涵能够获得社会各方认同,同时也能够保证集体主义成为长期维护社会秩序的社会正义的核心内容。

三、参与集体主义重塑以守护正义:共青团的努力

"党有号召,团有行动",党团关系逻辑使中国共青团在中国共产党全面重塑集体主义的过程中,也以自身实际行动参与其中。这种参与没有停留在口号或观念上,而是通过推动共青团行动逻辑创新以呼应之,并且常常使这些新的行动逻辑成为整个社会新理念的倡导性内容,其中,最典型的就是"青年志愿者行动"的提出。为落实计划经济时期的集体主义,共青团中央于1962年推出了雷锋这一典型,后来党中央将其所体现的集体主义精神以"雷锋精神"予以概括。在这里,雷锋精神充分体现了"组织在先"的行动逻辑。1993年,为了适应市场经济背景下的集体主义内涵,共青团中央推出了"青年志愿者行动",使行动逻辑从单纯"组织在先"向"在尊重主体基础上服务社会整体"转变,一是使个人与社会、个人与整体双方意愿和目的都得到实现,使集体主义内涵获得了充分体现;二是为集体主义有效落实提供了与市场经济背景相匹配的内在机制,使集体主义的实现有了社会成员的意愿基础,走出了过去那种通过组织动员乃至强制才能实现的困境。这就意味着共青团以自己的实际行动和逻辑转化为集体主义提供了一种落地机制,不仅在青年中达到了守护正义的目的,而且也在全社会范围内为实现正义而做出了自己的贡献。

第四节　为守护正义而包容自由：
复合型团青关系构建的价值诉求

共青团兼具政党青年组织与青年政治组织两重身份。作为政党青年组织，共青团需要维护政党，为政党领导和执政奠定牢固的青年基础；作为青年政治组织，共青团必须代表青年，为推动青年发展和维护青年权利而发挥作用。要实现这两方面功能，都要求共青团必须与青年建立密切联系。然而要构建密切的团青关系，既要与青年建立外在的关系，还要获得青年的认同。这就要求共青团必须根据不同青年生存状态和权利内涵的差异性与他们建立复合型关系，进而在实现对青年有效引领基础上为青年发展和社会进步守护正义，也为政党领导和执政奠定青年基础。

一、守护正义与包容自由的统一：共青团双重身份统一的内在诉求

《中国共产主义青年团章程》规定："中国共产主义青年团是中国共产党领导的先进青年的群众组织，是广大青年在实践中学习中国特色社会主义和共产主义的学校，是中国共产党的助手和后备军。"这就意味着中国共青团具有双重身份：一是作为中国共产党的青年组织，二是作为先进青年的群众组织。前者是以服务政党为诉求的政党青年组织，后者是以代表青年为诉求的青年政治组织。然而不论是从组织生成的历史逻辑角度来看，还是从组织运行的权力逻辑来看，后者都由前者所决定。不过，不论是作为政党的青年组织还是作为青年的政治组织，要实现其使命和功能，首先必须获得青年的认同，否则都只能成为自娱自乐型的狭隘的封闭的精英性团体。对于共青团来说，认同的建构必须回到组织属性和青年特性中来寻求其中的内在机理，具体来说，在现阶段，共青团的认同建构机理需要从以下两个维度予以把握：

第一个维度是从共青团双重身份的功能实现的工具性诉求来把握。作为政党的青年组织,共青团必须有效整合青年并获得青年认同,而要获得青年认同就必须对不同青年群体的自由和权利予以充分尊重,同时还应该能够基于服务社会整体发展所需之正义,将不同群体以及政党与青年在价值层面的共识进行凝聚,并予以倡导和坚持,由此,绝大部分青年才能对共青团进而对中国共产党产生基于理性的认同。作为青年的政治组织,共青团必须表达青年利益和维护青年权利,要表达不同青年利益和权利,就必须正视和尊重不同青年群体的生存形态和权利内容的差异性,进而推动政策与舆论予以支持。同时,由于不同青年群体所处阶段的差异,不论是对弱势青年群体还是对社会整体道德建设,都需要共青团作为青年政治组织来坚持正义,推动群体之间相互帮助,推动青年参与社会道德建设,从而推动青年之间和社会内部的和谐与整合。这就意味着,从其组织双重身份各自功能实现的工具性需要来看,共青团就必须将"守护正义"与"包容自由"有机统一起来。

第二个维度是从共青团组织与青年整体之间关系的价值性诉求来把握。在前文中,我们已经提到,中国政治和社会发展逻辑赋予了中国共产党为中国社会进步和发展而守护正义的使命,同样也由此导致中国共青团必须自觉承担起在青年中守护正义的使命。随着青年群体结构和权利内容的多元化,共青团要能够使以集体主义为基本内涵的社会正义得以在青年中获得普遍接受和认同,不仅需要充分尊重不同青年的生存状态和权利内容,还必须在此基础上进行提升和抽象,使其实现超越。这就意味着在包容和整合青年个体的自由和权利基础上实现社会整体正义,是共青团在价值层面上处理组织与青年之间关系的一种内在要求。

二、复合型团青关系:共青团双重身份统一的外在实现

"守护正义"与"包容自由"的有机统一既是共青团双重身份统一的内在诉求,也是内在于共青团与青年之间关系的价值规定。诚然,这种价值规定可以停留在单纯的以话语和符号为内容的意识形态层面,但是最终要能够

使该价值内涵转化为建构青年对政党认同和促进社会整体发展的一种现实力量,还必须将之转化为一种具有物质性特征的现实的具体关系,即具体的团青关系。共青团与青年之间要建立密切关系,同样也要在价值认同和关系网络上下功夫。然而生存状态和行动逻辑的多元化导致青年在价值认同和关系网络需求上存在着差异性,从而要求共青团与不同生存状态的青年之间的关系在构建上需要基于不同逻辑和原则而展开,这就意味着团青关系在具体类型上应该是复合的,而不应该像单位社会时期那样以单一类型来构建团青关系。

诚然,青年生存状态和行动逻辑的多元化决定了共青团需要通过构建复合型团青关系才能与不同类型的青年之间建立密切的联系。然而青年自组织化现象的出现,标志着社会具备了区别于传统党团组织和经济组织为组织主体的自我组织能力。这就意味着在团青关系构建中,共青团不仅需要考虑遵循具有差异性的逻辑与不同类型青年建立联系,而且还必须思考如何有效整合其他组织化力量,实现共青团在社会和政治领域内的主导性地位。[1]建立复合型团青关系并且在这一关系构建中维护和保持自身的主导性地位,从根本上来说,还是由共青团的双重身份决定的。中国共产党的领导地位决定了作为政党青年组织的共青团必须能够密切联系青年,并在青年中维护和保持主导性地位,而作为先进青年的群众组织即青年政治组织,共青团要能够实现对青年的有效整合和引领,同样也必须与青年建立密切联系,并处于主导性地位。

三、为守护正义而包容自由:复合型团青关系构建的本质规定

从上述分析中,我们可以得出以下基本判断:共青团要实现对青年的有效引领和整合,在价值理念上必须做到包容自由以守护正义,在权力关系上必须做到建构复合型团青关系以实现有效主导。前者是共青团政治权威实

现的认同性基础,后者是共青团政治权威实现的现实性基础。前者是后者实现的本质规定,后者是前者实现的现实基础。由于青年的生存形态和需求内涵存在较大差异,导致他们的行动逻辑也存在着区别,因此共青团与不同青年之间的关系建构逻辑也应该存在差异,从而构建起复合型团青关系,这就意味着复合型团青关系的构建体现了对青年自由和权利的包容。而通过共青团来推动不同青年群体之间相互帮助,并能够在不同青年群体起到主导性影响,从而为守护正义奠定基础。由此,我们可以知道,"为守护正义而包容自由"是复合型团青关系建构的本质规定和价值内涵。

结　语

密切团青关系是共青团发展中具有基础性意义的政治任务,而构建关系不仅涉及外在的物质性的关系,而且涉及内在的价值性的认同。市场化、全球化和网络化使青年生存形态和权利需求内容都发生了巨大变化,共青团作为政党青年组织与青年政治组织的双重身份导致其不仅要重视和尊重青年群体变化情况,而且还要为政党有效领导和青年整体发展担当起应有责任。这就要求共青团必须通过将包容青年自由与守护社会正义有机统一起来,同时,还必须通过构建复合型团青关系和构建枢纽型组织形态来落实这一价值诉求。

第二十九章 复合型团青关系：新时期团青关系的实现形态

——兼论共青团枢纽型组织形态建构的内在机理

作为现代社会产物，政党出现的目的就是为了联系国家和社会，从而推动国家和社会之间的有机互动。因此，深入社会，并与社会成员建立联系是政党发挥作用的基础和前提。而政党联系社会除了依靠自身力量外，还必须通过建立相应组织体系，推动其外围政治性组织与相应群体建立密切关系来实现。作为中国共产党青年组织，中国共青团存在的最根本目的就是服务于中国共产党的长期领导和执政，因此密切联系青年并与各类青年建立紧密的关系，就成为共青团实现其政治使命的基础和前提。然而随着市场经济建立和网络社会生成，青年生存状态多元化和行动逻辑多样化导致了共青团与青年之间关系不能再按照计划经济时期那样的单一化模式来建立，同样作为其实现的组织化基础，共青团组织形态也应该作相应调整。下文将围绕着新时期团青关系和共青团组织形态发展这两个共青团建设中最根本的问题进行研究，以期对共青团进一步发展提供一些战略性思考。

第一节 建立紧密的团青关系：共青团的一项本质性政治任务

密切联系社会是政党有效实现其职能的重要前提之一，而共青团是中国共产党领导和整合社会的组织体系的一个重要组成部分，与青年之间建立密切关系就成为共青团政治职能实现的一个基础工作。青年的政治作用和社会影响随着市场经济发展和网络社会生成获得了质的飞跃，对于整个政治发展来说，共青团作用获得了凸显，从而使密切团青关系构建成为共青团一项具有本质性和基础性意义的政治任务。

一、密切联系社会：现代政党市质规定

在人类社会从古代政治文明向现代政治文明转型的初期，现代社会与现代国家之间产生了严重的冲突和矛盾，甚至达到了不可调和的地步。为了缓和冲突和矛盾，作为一种内生性的制度安排，现代政党就在这一博弈中生成和发展起来了，并被赋予了联系国家和社会的中介性功能。随着现代社会的发展，特别是资产阶级和无产阶级矛盾的加深，无产阶级政党随之诞生，并被赋予了改造社会和推翻资本主义制度的使命。由此，作为现代政党的两种类型——资产阶级政党和无产阶级政党就这样在历史和逻辑上几乎在同一时期被催生出来。由于后发国家需要一种具有现代性的组织化力量作为其构建现代国家的力量，因此在历史逻辑的演绎下，现代政党就成为了绝大部分后发国家建设现代国家的核心领导力量。然而不论是任何一个时期和任何一种类型，政党要完成自身使命，都必须做到有效地组织社会。诚然，在组织社会过程中的手段和强度可以不同，但是与社会成员之间建立紧密联系，构建良好的政党—社会关系是所有政党都需要重视的基础性工作。

二、共青团：中国共产党整合和联系青年的制度性安排

中国传统社会的"一盘散沙"特征和中国古典国家的腐朽无能，导致了中国国家形态从古典向现代转型，无法凭借社会阶层和国家制度的支撑来实现。在选择以军队作为建构国家的支撑性力量的尝试失败后，寻求新的支撑性力量就成为中国现代国家建设中的一项历史性命题。由于现代政党在价值层面上具有现代性，在工具层面上具有组织性，因此建构现代国家的使命就历史性地落到了现代政党的身上。然而由于中国国民党不论是在价值上，还是在工具上都不能很好承担其建构现代国家的使命要求，最终，民族

和历史都选择了中国共产党作为领导中国建设现代国家的核心力量。

中国共产党之所以能够获得领导现代国家建设的资格，一是因为中国共产党以工人阶级为基础，以最大多数人获得解放为诉求，从而在价值上获得了人民的认同；二是因为中国共产党作为新型无产阶级政党有着较强的组织力并形成了政党领导军队体制，从而在工具上为民族独立和国家统一提供了组织化基础。这就意味着中国共产党的成功，从工具层面来看，是以其在组织社会和动员社会的有效性为基础的。如果对此作进一步分析的话，我们就会发现，这一有效性实际上除了政党自身作用以及政党领导军队之外，还通过中国共产党构建以其为核心的组织社会和动员社会的组织体系来实现的。这一组织体系构建实际上是从建党过程中，就开始着手进行，其中最早是建立了青年团组织，[①]随后在党的一大和二大上提出发展工青妇组织的任务，[②]从而为中国共产党所确立的"党的一切活动都必须深入到广大的群众里去"[③]的原则的落实提供了组织基础。因此，中国共青团从一开始就是中国共产党作为组织和动员社会的组织体系的一个重要组成部分，其任务之一就是组织和动员青年，[④]为此1927年6月第三次党章修改时，专门增加了一章，明确党"与青年团的关系"[⑤]。

党建国家的历史逻辑规定了中国共产党承载着建立国家和建构社会的使命。在建设和发展国家与社会过程中，中国共产党除了发挥党组织的核心作用外，还将在革命年代动员社会所形成的组织资源运用于建设和发展中，

---

① 李玉琦主编：《中国共青团史稿》，中国青年出版社，2010年，第28~41页。

② 中央档案馆编：《中共中央文件选集（一九二一——一九二五）》，中共中央党校出版社，1989年，第6页、76~89页。

③ 党的二大"为了把党建设成为一个革命的群众性的无产阶级政党，大会提出了两个重要的原则：一是党的一切活动都必须深入到广大的群众里面去；二是党的内部必须有严密的、高度集中的、有纪律的组织和训练，并且要求'各个党员不应只是在言论上表示是共产主义者，重在行动上表现出来是共产主义者'"。中共中央党史研究室编：《中国共产党历史》（第一卷上册），中共党史出版社，2002年，第102页。

④ 在考虑建党时，陈独秀提出了四项工作，其中一项就是"我们很重视青年，不仅需要其中少数急进人物参加，而且需要用各种形式来组织广泛的青年，使他们参加多方面工作"。（李玉琦主编：《中国共青团史稿》，中国青年出版社，2010年，第30页。）

⑤ 《中国共产党章程汇编（一大——十六大）》，中共中央党校出版社，2006年，第34页。

形成了以党组织为核心、以工青妇为外围的组织体系。1956年党的八大党章中关于"党同共产主义青年团的关系"中,规定"中国共产主义青年团在中国共产党领导下进行自己的工作。青年团中央受党中央委员会的领导。青年团的地方各级组织同时受同级党组织和青年团上级组织的领导",并明确"共产主义青年团是党的助手"。党的八大这一规定意味着共青团作为以政党为核心的组织体系的最重要组成部分在制度上予以了明确,成为了政党联系和整合青年的一个制度性安排。1982年十二大党章,对共青团性质作了进一步表述,规定"中国共产主义青年团是中国共产党领导的先进青年的群众组织,是广大青年在实践中学习共产主义的学校,是党的助手和后备军"①。党的十二大党章这一表述,不仅再次明确了共青团是作为共产党联系和整合青年的制度性安排,而且还意味着共青团是中国共产党政党自身发展的一个制度性安排。

三、在领导下一代到掌握下一个时代之间:青年化社会背景下密切团青关系的政治意义

现代政党是现代国家和现代社会出现之后为了缓和社会与国家之间冲突和矛盾而建立的一个制度性安排,这就意味着现代政党是现代社会的产物。现代社会是在工业革命之后才得以快速发展的,"工业革命造成了人类历史的重大变化,它不仅意味着经济巨大增长,而且意味着社会的整体变动"。一方面,工业革命不仅改变了生产工具,提高了生产力,而且还催生了新的生产组织形式、出现了以火车为代表的新的交通工具,从而改变了人们的交往方式。另一方面,随着工业革命的发展,社会孕育出了两个新的阶级,一个是工厂主阶级,另一个是工人阶级,由于这两个阶级在旧制度下都没有选举权,无法在现存政治体制内提出自己的要求,从而成为了18世纪末和19世纪初的英国议会改革运动的主力军,并最终促成了1832年的议会改革,②

---

① 《中国共产党章程汇编(一大—十六大)》,中共中央党校出版社,2006年,第78、117页。

② 钱乘旦、许洁明:《英国通史》,上海社会科学院出版社,2002年,第213~250页。

由此拉开了现代政党诞生和发展的序幕。随后,在上述两方面因素相互促进下,现代政党开始获得了快速的发展。①这就意味着,现代政党的出现是建立在工业化社会和现代社会的交往方式的基础上,或者说,现代政党是以工业社会和现代社会为基础的现代政治组织,其运行方式与工业化社会和现代社会的交往方式具有较大的同构性。

然而随着20世纪末开始在全球出现的信息革命的浪潮,作为新一轮技术革命,它所产生的后果不亚于工业革命。除了对生产力具有巨大推进作用外,同样的,它也从根本上改变了人们的交往方式,标志着人类社会从工业社会进入到网络社会。由于其所拥有的特点,网络社会导致了许多既有的人为性和制度性区隔开始被冲毁,从而使社会权力开始在不同群体间转移,其中最具典型意义的就是青年人获得了从未有过的参与权力,使社会开始从工业社会的中年人掌握社会权力的中年化社会,向网络社会的青年人权力得以剧增的青年化社会转变。另外,由于信息革命改变的是人们的交往方式,因此它不仅导致社会运行的权力主体发生变化,而且还导致社会和政治运行的机制发生了变化。这就意味着政党需要快速调整自身的运行方式,使其从适应工业社会交往方式向适应网络社会交往方式转变。同时,由于网络社会所具有的青年化社会特征,也要求政党必须比以往任何时候都要更为重视与青年建立密切关系。实际上,上述两方面是相互统一的。这就意味着,政党与青年之间密切关系的建立,不仅意味着对下一代人的领导和整合,而且意味着对下一时代的引领和把握。由于从21世纪初开始,中国进入了网络社会,已经成为全世界拥有网民数量最多的国家了。因此,上述网络社会背景下与青年之间建立密切关系的意义同样适合于中国共产党。而在中国共

---

① 以工人阶级政党诞生和发展为例,可以很清楚看出上述两个方面之间关系互动对现代政党发展的作用。马克思在《共产党宣言》对此作了以下说明:"工人开始成立反对资产阶级的同盟……他们斗争的真正成果并不是直接取得成功,而是工人的愈来愈扩大的团结。这种团结由于大工业所造成的日益发达的交通工具而得到了发展,这种交通工具把各地的工人彼此联系起来。只要有了这种联系,就能把许多性质相同的地方性的斗争汇合成全国性的斗争,汇合成阶级斗争。而一切阶级斗争都是政治斗争。中世纪的市民靠乡间小道需要几百年才能达到的团结,现代的无产者利用铁路只要几年就可以达到了。无产者组织成阶级,从而组织成为政党这件事,不断地由于工人的自相竞争而受到破坏。但是,这种组织总是一次又一次地重新产生,并且一次比一次更强大,更坚固,更有力。"

产党领导和整合社会的组织体系分工中，共青团承载着具体联系青年的职责，因此建立密切的团青关系，就成为共青团在新的历史时期中，最重要的政治任务之一。

第二节 社会转型与青年生存状态多元化：团青关系发展的现实依据

既然与青年之间建立密切关系，是共青团在任何阶段都需要重视的一项本质性和基础性的政治任务，那么寻求团青关系建立的内在规律就成为共青团工作的一项十分重要的理论任务。历史唯物主义认为，任何时期的政治关系及其组织形态都必须以社会关系和交往关系为基础并与其相适应。这就意味着，共青团要与青年建立密切关系首先需要了解每一阶段青年以交往方式为核心的生存状态及其行动逻辑，[①]并以此为基础调整自身组织形态和行动逻辑。

一、青年生存状态多元与青年行动逻辑差异

社会变革可以由制度变迁引起，也可以由技术革命带来。对于中国来说，改革开放以来先后经历了这两方面因素引起的社会变迁，并由此带来社会结构的转型。根据历史唯物主义观点，社会变迁和结构转型必将带来人们以交往方式为核心的生存状态和行动逻辑的变化。青年作为社会成员的一个重要组成部分，上述这一变化必然在青年群体中得以体现。从纵向来看，改革开放以来，单位化青年、原子化青年与自组织化青年的这三种生存状态的青年类型先后在中国社会中出现。但是从当前横向情况来看，这三种青年

---

① 马克思认为交往是人类的基本存在方式和人的社会性的本质体现。同时，马克思还把不同历史时期的交往关系从形态上划分为发展着的"以人的依赖关系为基础""以物的依赖关系为基础"和"人的自由全面发展"的三种交往形式，在不同的交往形式下，人的生存状态存在着巨大差异。（李白玲：《晚年马克思恩格斯交往观研究》，中央编译出版社，2009年，第166~177页。）

状态却是在社会中同时并存,由于是三种状态并存,因此彼此之间存在着相互影响,甚至在一个青年身上可能同时存在着两种状态。

马克思认为:"人的本质并不是单个人所固有的抽象物。在其现实性上,它是一切社会关系的总和",而"社会生活本质上是实践的"。[①]这就意味着,以交往方式为核心的生存状态决定了人们的行动逻辑,因此处于不同生存状态下的青年行动逻辑就存在着较大差异。所谓青年行动逻辑差异主要体现为青年在不同生产状态下基于广义上的利益而与职业(学习)共同体、政治组织、社会组织之间互动原则的差异,或者反过来说,也可以指后者对青年的影响可能和程度。具体来说,对于单位化青年、原子化青年和自组织化青年来说,他们有着以下的行动逻辑:

单位化青年主要是处于传统政治和经济形态与力量占支配性地位的职业(学习)共同体中,他们的利益实现与职业共同体之间相关度较高,同时与这些共同体内的党团等政治组织之间也存在着较大利益相关度,由此,职业(学习)共同体及其中的党团组织对他们具有较大影响力。但是在市场经济背景下,个人主体意识较计划经济时期来得强烈,因此这种具有相对依附性和强制性的生存状态与个人的主体意识之间存在着一定张力。正因为如此,一些单位化青年常常在另一空间内寻求一种相对自主的生存状态,如,目前高校学生普遍以班级化和社团化兼具的方式存在着,以及机关、事业单位和国有企业青年中也有许多是以单位化和自组织化状态生存着的。

原子化青年主要处于非公企业之中,他们与职业共同体之间的利益关系主要是基于契约基础,同时与党团组织之间的利益相关度较低或没有直接利益相关,因此职业共同体对他们存在着有限度的影响力,而党团组织对他们的微观影响力较低甚至没有。但是由于与职业共同体之间只是契约化关系,因此原子化青年中相当部分缺乏应有的社会性网络支持,缺乏相应的归属感。这也是相当一部分原子化青年在职业空间之外,愿意参加如老乡会等传统社会组织,或网络社会背景下出现的各类青年自组织。

自组织化青年除了一部分以专职或半专职从事社会组织的人员之外,

---

① 《马克思恩格斯选集》(第一卷),人民出版社,1972年,第18页。

绝大部分的参与者都是单位化青年或原子化青年。他们之所以主动参加基于兴趣等为基础而形成的青年自组织，或是希望能够获得相对自主的行动空间，或是获得相对平等的尊重空间，或是获得相对温情的归属空间，或是基于现实利益需求。从马斯洛需求理论来看，参加这些组织的青年的动机遍布了从最底层的生存和安全需求，到归属需求，再到相对较高的尊重需求和自我实现需求的各个层面。总之，这些需求都是他们在既有的企业空间内无法得到的互补性的内容。因此，这些青年对社会组织十分认同；对政治组织的态度比较复杂，既有排斥的一面，又有渴望得到支持和认同的一面；对职业共同体的态度主要以互相不影响和不干预为原则。

二、青年生存形态和行动逻辑多元化与团青关系建构逻辑复杂化

对于政治组织来说，它的存在和发展的目的就在于能够对相应群体的社会成员产生影响，从而使其功能得以实现。而要达到这一目的，对于政治组织来说，就需要与社会成员建立关系，这种关系可以是宏观层面的，即基于价值性认同而形成的认同关系，不一定需要直接的具体接触性或网络性的微观层面的关系作为基础。但是这种宏观层面的关系要能够得以巩固，并转化为现实物质性力量，就需要微观层面的关系作为支持和维护。由此，我们可以得出以下判断：政治组织与社会成员之间关系的建立，需要价值认同和关系网络两方面作为支持，只有前者比较虚幻，只有后者比较功利。同样，共青团与青年之间要建立密切关系，同样也要在价值认同和关系网络上下功夫。然而生存状态和行动逻辑的多元化导致青年在价值认同和关系网络需求上存在着差异性，从而要求共青团与不同生存状态的青年之间在关系构建上需要基于不同逻辑和原则而展开，这就意味着团青关系在具体类型上应该是复合的，而不应该像单位社会时期那样以单一类型来构建团青关系。

第三节 复合型团青关系：
新时期团青关系的实现形态

　　青年生存状态和行动逻辑的多元化决定了共青团需要通过构建复合型团青关系才能实现与不同类型的青年之间建立密切的联系。另外，青年自组织化现象的出现，标志着社会具备了区别于传统党团组织和经济组织为组织主体的自我组织能力。这就意味着在团青关系构建中，共青团不仅需要考虑与不同类型青年之间遵循具有差异性的逻辑建立联系，而且还必须思考如何有效整合其他组织化力量，实现共青团在社会和政治领域内的主导性地位。因此，复合型团青关系构建既要包括共青团如何与不同类型组织之间建立关系的内容，而且还应包括共青团如何实现主导性的办法。这就要求共青团在构建团青关系中，乃至整个共青团建设中必须走出片面的、非此即彼的形而上学的思维，形成着眼于共青团政治本质的辩证思维。

一、青年自组织化与共青团边缘化可能：值得关注的倾向

　　马克思主义关于经济基础决定上层建筑的理论告诉我们，作为现代社会产物，在政党与社会之间关系上，政党的功能和角色的变化必须根据社会发展要求不断进行调整。为此，中国共产党在社会领域中的具体功能和角色先后经历了社会革命的动员性力量、社会再造的组织性力量、社会转型的支撑性力量和社会建构的整合性力量的变化。然而中国社会的内在逻辑以及党建国家的政治逻辑，决定了社会建设和发展需要中国共产党承担起领导的职责。中国共青团作为中国共产党的助手和后备军以及国家政权的社会基础之一，政治建设和国家建设的使命要求共青团在不同的历史时期都应该在与青年关系中扮演并承担着主导者的角色。

　　计划经济时期和市场经济体制建立的初期，社会结构和青年群体生存

状态的特性决定了在与青年的关系上,共青团的主导性地位巩固毋庸置疑,即使在一些领域中出现共青团组织空白或认同性下降等现象,但是在整个社会中并没有其他组织性力量可与其竞争。然而随着市场经济逐渐发展和网络社会日益生成,青年生存状态开始从单位化青年和原子化青年向自组织化青年转变,这就意味着在社会中已经出现了区别于传统党团组织和经济组织之外的存在于社会之中的自我组织力量。这种力量并非只是由青年个体自发性形成的,而是还有其他社会力量参与其中,并且这些力量既有国内的,也有来自境外的。这就意味着,在社会中存在着与共青团产生竞争的其他社会性乃至政治性的组织化力量。如果不能回应这种挑战,实现有效发展,中国共青团就有被从部分领域的形式边缘化向实质边缘化转变的可能。这是团青关系构建中需要面对的区别于过去的一个具有根本性战略意义的挑战和命题。

二、复合型团青关系:在重构团青关系过程中实现共青团主导性

根据上述分析,我们可以得出一个基本判断,那就是之所以我们要建立复合型团青关系是基于两方面原因的:一是青年生存状态和行动逻辑已经由单一化向多元化变化,因此用单一模式与青年建立关系已经不能适应变化了,需要建立复合型的模式,实现共青团与青年建立关系的有效性;二是社会中存在着与共青团产生竞争的其他组织化力量,如果不能有效将这些力量整合进来就可能导致竞争性的零和博弈,这就需要建立复合型团青关系,使共青团主导地位的巩固得以实现。这就意味着我们在构建复合型团青关系时,必须将上述两方面内容充分考虑进去,并有机联系起来。为此,我们认为应该从以下三个方面着手,实现复合型团青关系的构建:

(一)基于不同行动逻辑,以差异化的关系网络嵌入不同类型青年,为密切团青关系提供微观物质性关系基础,使共青团的主导在工具层面上成为可能

1.在单位化青年中,共青团关系网络嵌入的做法

(1)共青团应该更加重视青年的政治社会化和现实发展机会等方面内容的改进,使既有团组织作用得以有效发挥。如完善大中学校团支部的组织生活会和推优入党等工作,机关、事业单位以及国有企业中的青年干部和青年员工的成长空间提供等。

(2)健全单位化青年内部身份差异性群体的团组织,为职业共同体内不同群体的利益表达和需求服务提供组织网络支持。如国有企业要在派遣工群体中建立团组织。

(3)重视单位化青年中的自组织化现象。如高校学生社团,共青团要通过相应网络和平台建立与社团的关系。

2.在原子化青年中,共青团关系网络嵌入的做法

(1)共青团应该尽可能在各类非公企业和农民工群体中建立团组织,既是为共青团政治性组织网络嵌入这些组织奠定基础,更是为这些组织中处于原子化或半原子化状态的青年提供社会网络支持,同时也为这些经济组织提供了社会服务性资源输入的关系网络。

(2)共青团要与这些经济组织的负责人基于精英统战原则建立关系,改革青年联合会组织设置和组织运行机制,在发挥作用、实现凝聚的基础上,允许条件成熟的地区在街镇层面成立青联。同时,发挥青年企业家协会和青年商会的作用,在凝聚企业家个体的同时,使共青团组织网络能够进入企业。

(3)以志愿者方式,实现对原子化青年以及企业建立相应关系,实现对原子化个体的整合。

3.在自组织化青年中,共青团组织网络嵌入的做法

(1)建立相应整合和联系平台。如上海团市委建立的青年家园民间组织服务中心或广东佛山团市委建立的青年自组织联谊会等,最大限度寻找到作为自组织化载体的青年社会组织,并通过这些平台推动共青团与青年社

会组织之间互动,以及青年社会组织之间的互动和合作。

(2)在有条件的青年社会组织中建立团组织,但是由于这些组织可能对建立团组织存在着排斥现象,因此建立团组织可以作为一种备选方案,不作为强制性手段,而将最大化团结这些组织作为关系网络建立的首要任务和目的。

(3)推动青年社会组织以项目化方式与基层团组织之间建立联系,使青年社会组织与整个共青团组织体系建立密切关系。

(4)以志愿服务为纽带,推动青年社会组织参与共青团推动的志愿者行动,并与共青团各级志愿者服务中心建立组织联系。

(二)基于不同生存状态,以正面性的社会正义凝聚不同类型青年,为密切团青关系提供宏观价值性认同基础,使共青团的主导在价值层面上成为可能

不论是处于哪种生存状态中的青年,在现实中都需要面对社会、面对职业共同体和面对自己(包括个人和家人),需要对这三方面负责,这就意味着绝大部分青年本质是受这三个基本维度影响着的。因此,共青团在构建团青关系时必须同时考虑这三方面内容:考虑社会维度,才能获得大部分人支持;考虑职业共同体维度,才能获得这些组织的支持;考虑青年个体维度,才能获得具体青年的支持。但是对于不同群体和职业共同体来讲,其他青年群体或其他群体就是社会内容,整体社会也同样是社会内容。因此,共青团可以通过高扬社会正义和具体服务青年的方式,来凝聚不同类型青年的支持、认同和信任。在单位化青年中,通过强调对青年社会责任履行和对青年成长服务以及对青年职业共同体的责任,来全方位调动青年认同;在原子化青年中,在全面强调基础上,重点强调对青年个体的支持和服务;在自组织化青年中,更多是强调其社会责任,并提供为其社会责任履行的平台和机会。

（三）基于不同需求内容，以针对性的发展性资源服务不同类型青年，为密切团青关系提供具体服务性资源基础，使共青团的主导在内容层面上成为可能

社会资本理论认为，关系网络除了能够提供人与人之间的信任之外，还能够以此为纽带为提供彼此缺乏的资源奠定基础。因此，共青团通过建立复合型团青关系，很重要的一个方面就是希望通过发挥共青团作用，为不同类型青年提供针对性的发展性资源。作为中国共产党的青年组织，共青团是中国最大的青年组织，具有"点多、线长、面广"的组织特征，从理论上讲，只要有青年的地方，共青团就能够将组织网络或工作触角延伸进去。因此，共青团可以将不同青年中所拥有的资源通过组织网络和组织体系，基于社会运行原则进行调剂，从而在青年社会资源相互补充过程中，满足不同青年群体的需求。由于是基于共青团组织网络和组织体系来完成这些服务，从另外一个角度来说，这些资源就因此转化为共青团组织发展的团建资源。规模上和政治上的优势使共青团所具有的上述优势是其他青年组织所不可比拟的，因此只要共青团能够根据复合型团青关系的逻辑进行有效转型，就能够将这些优势开发出来，使其在服务青年具体内容的丰富性和可能性方面也将是其他青年组织所不可比拟的，从而为共青团的主导性地位的巩固奠定良好基础。

三、复合型团青关系与共青团的新思维：新时期青年工作的辩证法

目前的共青团建设中存在着两种对立性工作思维：一种认为共青团建设首先必须以团组织建设为主，应该加大"两新"组织建团力度，要把气力下在消灭空白点上，并以共青团自身组织活动为主，对青年社会组织工作无需过多关注，因为这些组织是统战性组织，况且这些组织的背景我们也并不清楚，何必去惹麻烦。另一种观点认为，目前由于大量青年社会组织已经出现，应该加大对它们的整合力度，要把重点放在对这些组织的互动上，无需将力

量放在对"两新"组织的建团中，因为在"两新"组织中即使建立了团组织，这些团组织也很难存活，更不要说发挥作用了。

从一定意义上说，上述两方面观点都说出了目前共青团工作的一部分规定性，但都是片面的，或者说是共青团工作中的形而上学思维的一种体现。前者实际上是单位社会体制团青关系逻辑和青年工作模式在新的历史条件下的演绎，但是他们看到了一个十分重要的规定性，那就是团组织在基层存在是共青团存在以及整合青年的基础和前提，没有组织存在谈何对青年整合。后者虽然看到了社会转型所带来的青年群体生存状态以及政治组织在新的历史条件下应该根据新的变化而调整自身，但是他们却忽视了对组织自身的建设。因此，在更高层面上将上述两种观点统一起来对于共青团发展来说，就显得十分重要，否则，或将贻误发展，或将导致组织弱化。复合型团青关系概念的提出从本质上来说，就是为了走出上述两方面对立所导致的思维和现实困境，为共青团建设和发展提供的一种辩证性思路。

复合型团青关系的辩证思维体现在以下三方面：一是在共青团联系的对象上，不是停留在单位化青年和原子化青年上，而是扩展到目前三种类型青年，在对象上体现全面性；二是在与青年建立关系的原则上是根据不同类型青年的行动逻辑来确定，以整合青年有效性为依据来确定具体的关系网络类型；三是在资源效用上，将不同类型青年之间作为相互服务的资源，同时既将共青团基层组织的数量和规模作为吸引青年社会组织的资源，也将青年社会组织作为共青团服务原子化青年和单位化青年的资源以及激活非公企业中团组织的重要资源和手段。在这里，各类青年既是共青团的整合对象，也成为共青团的建设资源；同时，共青团既是各类青年的整合主体，也成为各类青年的发展资源。这样，构建复合型团青关系的思路就在着眼于共青团本质的基础上，不仅将上述两种对立的共青团建设思路有机统一起来，而且也回应了社会中人们对共青团作用的质疑。

第四节　共青团枢纽型组织形态：
复合型团青关系实现的组织化基础

从本质上来说，组织就是一种关系空间，是基于一定目标和功能，按照一定原则和制度将人们整合起来的一种关系复合体。在这一关系复合体中，人们之间以权力为核心而形成的所有关系行为和组织生活的总和就称为组织形态，它包括组织权力、组织结构、组织过程与组织价值四个要素。对于共青团来说，团青关系建立就意味着共青团内部关系与不同类型青年之间的关系对接，而密切的团青关系就意味着这种关系对接的成功，从而实现共青团组织权力对青年的有效作用。这也就是说，复合型团青关系要能够得到有效建立，就必须建构与之相适应的共青团组织形态。具体来说，我们认为要达到这一目的，共青团就必须从以支配性为诉求的单维权力运行模式的平面化的同心型组织形态向以引领性为诉求的多维权力运行模式的立体化的枢纽型组织形态转变。

一、多维度的关系网络与互补资源的有效供给：复合型团青关系对共青团组织形态的工具性功能要求

密切的团青关系意味着共青团的内部关系与不同类型青年的外部关系的有效对接，这种对接的实现体现在关系网络上，从而使共青团的组织权力能够对青年产生有效影响。在市场经济和网络社会条件下，在团青关系上，青年处于相对被动的地位，这就意味着要建立密切的团青关系，需要共青团主动按照不同类型青年的行动逻辑来调整组织的关系结构以及共青团与青年之间的关系过程。因此，在复合型团青关系构建过程中，共青团需要在各级团组织中形成与单位化青年、原子化青年和自组织化青年之间有机对接和有效互动的组织结构与运行机制，并将存在于不同类型青年之中的资源盘活为互补性资源，在不同青年之间进行有效供给。为了达到这一目的，以

设区市为例,共青团必须在各级团组织中进行组织结构和运行机制的再造,具体如下:

(一)市级团委

(1)指定具体部门,或建立相应部门或机构或组织,来负责与各类青年社会组织联系,并尽最大可能寻找各类青年社会组织,在提供服务过程中实现对这些青年社会组织的有效整合。同时,将这些青年社会组织所能提供的服务性项目建立目录,提供给区县及基层团组织,以便与基层社区、企业、机关团组织对接。

(2)推动学校部门对各高校内学生社团可提供的服务性项目进行登记建立目录,并推动这些项目与社区团组织和企业团组织进行对接。同时,推动相同类型的学生社团建立市级联盟,作为学联的一个组织成员,以免这些组织在校园外发生进一步的自我组织或被其他组织力量所组织。

(3)推动城市工作部门全面整合各类青年意识,并将其作为深化街镇团组织格局创新的具体内容,与专门从事青年社会组织工作的部门合作,推动资源在不同类型青年之间供给。

(4)推动青年志愿者工作部门的工作机制转型,从过去由直接整合个体青年开展志愿服务的模式向兼具整合个体青年和自组织化青年共同参与志愿服务的模式转变,并在具体运作过程中,重点探索有效整合自组织化青年组织平台和运行机制。

(5)组织部门应该持续大力推动非公企业团组织建设的工作,并探索建立和激活并举的思路,要形成与其他部门合作的方式推动团建工作,强调建团目的在于构建青年支持网络,并采取以自组织化青年服务性资源输入方式来推动团组织建立。

这里需要强调的是,目前在机关部门中普遍存在着业务区隔现象,这对整合青年十分不利,要将打破部门工作区隔作为建立枢纽型组织形态的十分重要的内容之一,首先实现机构组织内部整合。

(二)区县团委

(1)参照市级团委进行相应组织结构和运行机制的改革。

(2)区县团委重点应在于尽可能整合到足够多的青年社会组织,以便街镇团委和其他基层团组织与其进行项目合作。另外,区县团委要对各街镇和各社区、企业等基层团组织具备的各类资源和需求进行盘查,以便作为提供给各类青年社会组织的资源。

(三)街镇团委

(1)要加大对非公企业团组织建立的力度,整顿和完善社区团组织,并推动建立区域性团组织联谊性组织,使区域内团组织之间资源可以得到有效共享和有效互补。另外,有足够多的基层团组织是吸引青年社会组织的重要资源。

(2)开发青年中心功能,将青年中心作为辖区内基层团组织与青年社会组织(含学生社团)之间进行项目对接的重要平台,从而使青年中心真正恢复其关系空间的本来面目。

(四)其他基层团委或团支部

(1)根据所在职业共同体或社区共同体的需要,除了自我开展活动外,还可以与青年社会组织(含学生社团)联合开展活动,借用其专业性活动能力来激发团组织活力。青年社会组织也因此得以扩展其活动的范围和服务对象以及获得相应的组织发展和活动资源(如场地、资金等)。

(2)高校团组织也应改革社团管理体制,通过将学生社团进行分类,然后由团委各部门或学生会各部门兼任相应类型社团的秘书处,使团委和学生会从管理型向真正服务型转变,并在此过程中,构建团委与社团之间的新型关系。

二、基于社会正义的认同性信任的有效达成：复合型团青关系对共青团组织形态的价值性功能要求

人区别于动物就在于人有思想和意识。人的思想和意识既能够对客观事物进行审视和认识，同时也能够对自我进行审视和认识。在自我认识过程中，人需要解决两方面根本问题：一是生命的意义，二是存在的意义。对生命意义的关怀和回答，形成了终极关怀；对存在意义的回答与关怀，形成了社会关怀。从根本上来说，任何政治都需要回答上述两方面问题，但是随着现代社会发展，社会关怀问题成为现实政治需要关心的首要和核心问题。社会关怀不仅关系到个体的安身立命，而且也涉及社会共同体的维系发展。因此，对于政治组织来说，在与社会成员互动过程中，就需要回答共同体自身的价值和意义，即组织的价值基础。这就意味着政治组织要能够做到与社会成员之间建立密切联系，在价值层面必须做到社会成员个体具体关怀、社会一般价值和组织自身价值基础之间的有机统一。

其中，个体具体关怀与社会一般价值的统一形成了我们所谓的社会关怀。社会关怀的内容在不同时期有着不同的具体规定，我们将每个历史时期反映时代精神的社会关怀称为社会正义。因此，政治组织与社会成员密切关系的建立在价值层面上就体现为组织自身价值基础符合和反映社会正义。对于共青团来说，组织价值基础就体现在反映时代精神、表达青年利益和服务社会大众三个方面有机统一上，也就是说这三个方面组成了共青团所追求的社会正义。

组织价值既体现为价值追求的理论表达，更表现为组织行动的关系逻辑和具体内容。由于受宏观上的时代精神特征与微观上的青年生存状态共同决定，因此组织行动的关系逻辑在不同历史时期和在不同青年群体中存在着一定区别。对于共青团来说，具体情况如下：

在不同历史时期，共青团组织行动的关系逻辑存在着差异。在计划经济时期，为了与单位社会体制建构逻辑相匹配，共青团中央在1962年推出了雷锋这一典型，而雷锋精神就体现为"党叫俺干啥，俺就干啥"，以及"不论放在

哪里都能闪闪发光"的钉子精神。提倡向雷锋学习实际上反映了共青团组织行动的关系逻辑,主要体现为组织在先的计划经济精神。为适应市场经济体制的社会建构原则,1993年团中央推出了"青年志愿者行动",而志愿者精神就体现为在充分尊重个人主体意志基础上,为了社会正义和社会公益而志愿奉献自己的时间、财物等行为。这就意味着,青年志愿者行动实际上反映了共青团组织行动的关系逻辑转变为主体在先的市场经济精神。

在不同青年群体内,共青团组织行动的关系逻辑也应存在差异性。在单位化青年中,应该在尊重青年主体意志基础上,保持着主体在先与组织在先之间的张力,并在不同空间和领域内实施差异性的行动逻辑,如团组织内部和学生、青年社团内部分别强调组织在先和主体在先的原则。在原子化青年中,共青团应该以强调主体在先原则为主,在此基础上适当要求组织在先。在自组织化青年中,应该强调主体在先原则,这里主体作为青年一方包括青年社会组织和青年个体两方面,作为共青团一方也是主体的体现。这里需要说明的是,主体在先原则是指青年意志和共青团意志都作为平等的主体意志,不是只有青年作为主体,而是双方都作为主体,因此主体在先原则体现为双方平等合作原则,而不是支配原则。

在具体内容上,不同生存状态的青年有着不同的需求和价值认同,共青团需要在坚持整体正义的基础上,对不同群体强调差异性的价值内容,实现对不同群体青年的有效凝聚,具体内容在前文中已经作了详述,这里就不再展开说明了。

这里需要强调的是,共青团与青年之间关系的建立只有工具性的关系网络是不够的,一定意义上说团青关系构建的最终目的在于认同和信任,因此关系网络只是作为构建认同和信任的工具性基础和手段。在构建认同和信任时,既可以通过关系网络和资源支持而形成感性认同与信任,更应该通过坚持社会正义而形成理性认同和信任。这两方面都是共青团需要努力追求的具体内容,而对于共青团来说,只有根据复合型团青关系建构的原则,才能最终实现。

三、引领性的枢纽型组织：复合型团青关系实现的共青团组织形态

从上述分析中，我们可以对基于复合型团青关系构建原则实现的共青团组织形态的具体内容作出以下概括：

在组织权力以及权力运行机制上，复合型团青关系原则要求共青团应该改变单位社会时期形成的遵循共青团一元化逻辑的单向度的以组织在先原则为基础的支配性权力运行方式，构建与不同类型青年之间遵循差异化逻辑的双向或多向互动的多维度的兼具组织在先和主体在先的引领性权力运行方式。

在组织结构以及关系网络构建方式上，复合型团青关系原则要求共青团应该遵循资源供给有效性和共青团组织主导性两个原则，在不同类型青年中遵循差异性行动逻辑建立相应的关系网络，并在此基础上改进共青团自身组织结构，形成以共青团为枢纽的推动不同青年之间合作和服务的互为资源的立体的组织架构和网络渠道，并在整合和服务青年过程中，将其转化为共青团自身建设的资源和条件，从而为共青团建设从封闭式向开放式转变奠定组织基础。

在组织价值及其实现方式上，复合型团青关系原则要求共青团应该遵循市场经济和网络社会条件下的社会结构和价值结构的特点，在坚持共青团自身组织意识形态基础上，通过寻求多元社会意识形态的共识，突出社会正义的内容，实现共青团对青年的价值整合从政治性引领向兼具政治性引领与道义性引领相结合转变，并在不同类型青年中针对性强调相关内容，使共青团能够最大限度获得各类青年的认同和信任。

如果能够实现上述要求，那么共青团就能够在组织形态上做到遵循市场经济和网络社会的时代精神，根据不同生存状态青年的行动逻辑，建构兼具整合性和差异性的关系网络和价值内容，使共青团在工具性和价值性上成为引领、整合和服务青年的枢纽性核心，于是，我们就可以将这种组织形态称为枢纽型组织形态。

结　语

中国政治发展的历史逻辑演绎导致中国共产党在中国政治建设和社会建设中占据着核心领导地位。政党运行方式和组织特性导致中国共产党在领导社会过程中，需要通过构建以中国共产党为核心的社会整合的组织体系。共青团作为该体系重要组成部分之一，与青年建立密切关系就成为其一项基础性的政治任务。市场经济建立和网络社会生成导致青年生存状态和行动逻辑的多元化，从而要求共青团与青年建立密切关系，在具体模式上应该从单一形态向复合形态转变。复合型团青关系要求共青团能够适应对不同类型青年整合的差异性和主导性的需求，这就要求共青团必须构建以引领性为诉求的多维权力运行模式的立体化的枢纽型组织形态。

第五部分　复合型团青关系、组织形态创新与共青团发展

第三十章　以有效支持存在：
群团基层组织建设的方向

　　工青妇等群团组织是中国政治体系的重要组成部分，是党和国家沟通、联系社会的制度性与组织性渠道，是保证中国政治有效运行的重要支持，也是中国社会健康发展的内在机制。群团的基层组织是群团组织联接其所联系对象的终端网络，基层组织能否有效发挥作用，关系相应群团组织功能的正常发挥。然而改革开放之后，群团的基层组织建设一直被"有效与存在"之间的张力所困扰。我们认为，群团改革必须面对并且解决这一问题，使基层组织实现有效与存在的有机统一，为群团组织功能的有效发挥奠定基础。

第一节　功能有效与组织存在的双重困境：
改革开放以来群团组织基层建设的问题

　　我国群团组织是在不同历史时期，党为了有效团结与联系人民群众而推动建立或整合的。有的群团组织是在新中国成立之前建立与整合的，成为民主革命取得胜利的"三大法宝"中的"统战线"与"党的建设"的重要组织性内容与组织化手段，是党团结与联系人民群众的重要组织载体；有的群团是新中国成立之后，党对之前已有的群众组织进行整顿，并根据工作需要新建立一些群众组织，在此基础上，将其中部分群众组织纳入政治体系中，这些群众组织被官方称为群众团体，简称群团或群团组织；改革开放以后，随着形势发展与工作需要，又建立了一些群团组织。虽然不同历史时期，这些群团组织在联系对象与组织特性上存在一定程度的差异，但是需要有联系其所联系对象的组织通道却是共同的，这就是需要建立相应的组织体系与组织网络，其中，基层组织的建设就成为这一组织体系与组织网络能够发挥作用的基础所在。

然而改革开放特别是市场经济体制建立之后，由于社会结构以及社会成员交往方式与生存形态发生巨大变化，群团组织不论是在运行方式还是组织形态方面都开始出现不适应，其中比较突出的一个问题就是这些群团组织的基层组织或直接联系成员的组织网络，开始出现消逝或严重弱化等"边缘化"现象，所谓消逝有两种现象：一是已经有的基层组织开始退出有关领域或单位；二是新出现的领域与单位群团组织的基层组织没有或无法建立。这就意味着，社会转型导致群团组织的基层组织面临功能弱化与组织存在的双重困境。

第二节　以功能有效支持组织存在：改革背景下群团组织基层建设的方向

面对基层组织的功能弱化与组织空缺的双重困境，对于绝大多数群团组织来说，更多是以解决组织存在为首要任务，而推动组织功能有效性实现相对来说就成为一项次要的任务。这是可以理解的，因为没有存在就没有所谓作用的发挥。

然而我们也看到，许多群团组织却一直陷入以下基层建设的三个"怪圈"：一是对于那些已经建有基层组织的"怪圈"，即"瘫痪—整顿—再瘫痪—再整顿……；二是对于那些本来就没有建立群团基层组织的"怪圈"，即"空白—建立—再空白—再建……；三是上述两种现象的综合，即"空白—建立—瘫痪—再建立—再瘫痪"或"空白—建立—瘫痪—空白—再建立—再瘫痪—再建立"，等等。

分析上述几方面团建"怪圈"现象，我们认为主要有四方面原因：一是为建立组织而建立组织，或者说单纯为组织的"存在"而推动组织建设；二是基层组织建设逻辑依然停留在改革开放之前或是改革开放初期，与市场经济后社会运行逻辑存在较大差异；三是没有将基层组织建立与其功能有效发挥联系起来；四是对基层组织功能及其实现方式不了解或理解不到位。归根到底，就是对功能作用发挥与组织存在之间关系理解不到位，或者根本不去理解。

由此我们认为，在群团改革背景下，应该将三方面内容结合起来考虑：一是对群团的基层组织功能进行再定位，并将其实现作为基层组织建设的最主要内容；二是对市场经济建立之后与网络社会背景下的社会结构与社会运行逻辑进行再考察；三是对基层组织建立方式进行再探索，以符合转型后的社会结构与运行逻辑。

总之，只有遵循社会运行规律，着眼组织功能有效发挥，才能实现基层组织的顺利建立与持续发展，而不能为了建立基层组织而建立基层组织。我们必须改变基层组织建设的逻辑与观念，切实推动基层组织建设与发展，走出基层组织建设的"怪圈"。

第三节　重塑组织形态以统一有效与存在：改革背景下基层组织建设的对策

不论是群团改革背景下，还是在任何条件下，群团组织的基层组织建设应该以有效与存在并重进行推动。因为从社会科学的结构–功能理论角度来看，结构的存在以功能存在为前提，如果功能不存在，那么结构即使存在也无法可持续。既往群团组织的基层组织建设的一些做法与现象就证明了这一点。然而要实现功能有效与结构存在并举，仅仅停留在上述原理层面是完全不够的，而是需要通过系列过程来实现，也就是说，需要通过系统工程来完成，具体来说，就是要通过对群团组织的组织形态重塑，推动基层组织实现有效与存在并举。

群团组织形态重塑涉及方方面面，对于关系基层组织的有效与存在的问题来说，需要推动以下三方面内容：

第一，在群团组织的基层组织功能确立上，应该与整个群团组织的功能重新定位联系起来，以明确基层组织的功能及其实现形式。过去，群团组织的基层组织,或者其政治性被强调,或者其服务性被强调,实际上这些都是片面化定位群团组织的功能。在群团改革背景下,中央将群团组织特性确定为"政治性、先进性与群众性"三方面,这就意味着要在功能实现的同时兼顾三方面。为了使上述与三方面内容得以同时实现,群团组织需要起到与"血管"系统相类似的功能,必须同时发挥"动脉""静脉"与"毛细血管"三方面功能:"动脉功能"就是必须将政治意图与服务内容通过群团组织网络输送到其服务对象;"静脉功能"就是必须将服务对象的困难与问题,通过群团组织网络反馈到政治体系内部,从而转化为政策调整或新政策出台的依据;"毛细血管功能"就是需要通过基层组织将上述两方面功能与联系对象产生直接对接,并最终起作用。

第二,在具体组织结构或是狭义组织形态层面上,应该从科层化的组织形态转变为生态化的平台性的枢纽型的组织形态,并发挥群团整个组织体系功能为基层组织的有效与存在服务,而不是独立地让基层组织自己发挥作用。过去,我们遵循计划经济体制与单位社会体制的运行逻辑,遵循科层化方式进行组织形态建构,保证组织形态与当时社会结构相匹配,从而使群团组织功能得以实现。如今,上述组织形态已经不能适应新的历史条件,必须重塑组织形态,以群团组织作为平台,以整合体制内外与组织内外的资源,并以共赢方式实现这些资源的整合,提高推动这些资源转化为基层组织服务其联系对象的能力,而不是简单的仅仅让基层组织独立发挥作用。

第三,在推动群团组织的基层组织建立方法与逻辑上,应该从传统的组织"供销"逻辑向组织"营销"逻辑转变,以提高相应领域与单位对群团基层组织的接受度。群团组织的基层组织对于各个领域与单位来说,是外在力量的嵌入,相对于其自身职能来说,不是一种内生性需求。过去,我们通过政治性与行政性力量推动群团的基层组织的直接嵌入,这就是所谓组织"供销"逻辑,其结果是即使组织建立,由于不是内生的,很快就会"瘫痪"或"消亡"。正确的做法应该是,对相应领域与单位自身发展与内部管理等需求进行分析,并将群团的基层组织部分功能与这些需求对接,从而使群团的基层组织转化为这些领域与单位的内生性需求,而后再借鉴相应的"营销"手段,实现群团基层组织的有效嵌入,并做到功能有效与组织存在并举。

第三十一章　团内民主与共青团基层组织制度创新研究:以基层团组织"联推竞选"为例[*]

  自1978年以来,随着改革开放的深入和社会主义市场经济体制的建立,中国社会经历了恢复与转型两个阶段。党和政府在推进社会恢复与转型的过程中,采取的是渐进的改革方式,通过不断推出各项政策,让原来被国家所吞没的社会逐渐成长起来。在具体推动社会发展的过程中,主要是由原有的各种政治、社会组织来实施各项改革措施,而这些政治、社会组织在与社会互动中,为了适应变化了的社会的要求,通过调整自身功能和推进制度创新,从而也实现了自身转型。"经济和社会发展所引发的社会组织和结构的变迁,是政治发展的重要动力,因为,社会组织和结构的变迁必然带来对政治权力和政治权利进行重新分配的要求。"[①]因此,在此过程中政治体制改革也得到了深化。

  共青团作为党的助手、后备军,是一个政治性较强的群众性组织。不论是在战争年代,还是在和平建设年代,共青团总是作为一个重要的群众性组织,协助共产党团结带领教育青年,围绕党的中心任务开展各项工作。新中国成立后,共青团作为整合社会的一种组织与力量,发挥着重要的作用,从而成为中国政治体制中的一个组成部分。由于它是从战争年代和计划经济时期走过来的,在其身上,也深深地打下了传统政治的烙印。因此,随着改革开放新时期的到来,特别是社会主义市场经济的建立,共青团作为负有政治任务的群众性组织,也同样面临着在与社会互动的过程中,如何主动转型的

---

  * 刊载于郑长忠:《中国共产党党内民主制度创新》,天津人民出版社,2005年。

  ① 林尚立:《当代中国政治形态研究》,天津人民出版社,2000年,第467页。

第五部分 复合型团青关系、组织形态创新与共青团发展—*323*

问题。中国社会的恢复与转型为共青团带来的主要课题有：①随着改革开放的深入和社会主义市场经济的建立与完善，在原有的经济、社会组织之外，出现了大量新型的经济、社会组织，这些组织不论是在所有制性质，还是在社会功能等方面均与原有的组织有较大的差异。如果说由于历史等原因，在原有的经济、社会组织中，共青团的价值取向与组织设置等与它们具有同构性、内生性的话，①那么对这些新型的经济、社会组织来说，共青团就是一种异构性、外生性的组织或是同构性、内生性较弱的组织。目前，这类经济、社会组织已大量涌现，单从企业来看，在数量上已远远超过纯粹的公有制企业。面对这些经济、社会组织，共青团如何在其中建团，或服务于其中的青年，都存在着较大的挑战。②在那些目前建有团组织的各类组织中，由于社会的转型冲击、共青团自身制度缺陷等原因，出现了团组织活力不强、甚至大面积瘫痪等现象。③社会的转型，带来了青年的生存状态与内在需求的较大变化，共青团在协助党组织团结、带领与教育青年中，如何正确自我定位、如何转变功能，从而适应社会的变化，切实地服务好青年，同时又不失自身的价值诉求，这也是共青团需要面对的问题。

从政治学角度看，上述问题中的前面两个主要是由制度缺失与制度空转造成的。因为对于新型的经济、社会组织来说，大部分组织中目前还无团组织或团组织无法服务到其中的青年，这种现象对于共青团来说，无疑是制度的根本性缺失。对那些已建有团组织的各类组织来说，活力不强或瘫痪，以及有些制度的实施不是按其实质性的内容和精神进行操作，而是为其它的潜规则所代替，导致正式的制度处于空转之中，从根本上来说，这造成了维护组织活力存在的有效制度的实质性缺失。因此，对于这些问题的根本性解决，在于通过制度创新，实现制度的有效供给，在制度创新与有效供给的

---

① 在新中国成立初期，由于社会总资源不足，不论是城市还是农村，社会的各个领域都被单位化，从而实现国家对社会资源的整合与统筹。党组织作为一种组织网络，分布于全国大大小小所有单位中，与行政权力一起对各单位进行领导与管理，从而形成从中央到基层全面的党政一体化，有利于政策的实施与统一的调配。同样，作为党的外围组织的共青团，也作为社会的一种整合力量，以组织网络渗透到各个单位中，具有了合法性的基础。因此，从其性质来说，对于原有的各种经济、社会组织来说，共青团在它们中的存在具有同构性与内生性。具体原理可参见刘建军的《单位中国》（天津人民出版社，2000年）。

过程中,解决问题,服务青年,推动社会,①同时实现团组织自身的转型。

改革开放以来团的各级组织不断采取各种措施,进行各项制度的创新,从而实现自身的转型。近年来,一些地方的基层团组织采取"联推竞选"方式产生团组织领导班子的做法,就是一种有效的制度创新。这一做法的创新之处在于,通过开发原有团内选举制度中已有而尚未落实的民主资源,还基层团内选举制度以本来面目,从而使长期存在的潜规则退出,扭转了制度空转的现象,实现了制度的实质性供给,达到了制度创新的效果,激活了基层团组织的活力。②

---

① 对于各种经济、社会组织中的青年,从根本上来说,是需要有属于自己的组织的,如果不是由共青团或团的外围组织来满足这些要求,同样会由别的组织(或自发或外来)来代替,这从西方发达国家发展的类似情况中可以得到证明。那么对于这些经济、社会组织来说,或许它们担心团组织这一具有政治色彩的群众组织在其中设置,会造成国家及政党的力量对它们的渗透与干预,但它们没有想到目前中国共产党及政府,在政策上是以经济建设为中心,在具体的措施上是能够支持它们的发展。因而,对于共青团来说,这些经济、社会组织的作用也在于服务青年与服务企业相结合,从根本上说是能够起到缓解企业与青年员工间的张力的。若是由那些自发或其它性质的组织代替了这一功能,可能对企业自身的发展不会带来什么正面的效果。"务实功利的动机,空虚无聊的精神生活,沉重的身份歧视,这种生存情态又遇到包工头的嚣张和欠薪的威胁。虽然是一个非常庞大的群体,但由于缺乏有力的价值观支撑,缺乏理性的群体意识,缺乏健康的权利表达渠道,当遭受到自认为不公的待遇时,他们会以一种偏激而绝望的方式发泄出来。这种表达对整个社会具有相当大的危险。看《资本论》就是一种不满的表达形式。当他们不能维护自身正当权益时,会以当年工人看待资本家的眼光看待今天的包工头,看待今天的社会,看待身边的不公平,如此会带来什么样的后果?"(曹林:《资本论、脱衣舞和民工的价值危机》,《中国青年报》,2003年3月21日,第5版。)

② 国内关于这方面的研究,主要是集中在一般工作性研究,从笔者所搜集的资料情况来看,从学术角度进行研究的较少见到。为了对这一问题进行研究,笔者在阅读这些工作性研究成果及相关理论和现实研究资料的基础上,于2003年1月份到福建省邵武市对曾开展过"公推直选"(当地称"联推竞选")的一个村、一所中学和一家企业进行了为期3天的实地调查,并与相关的人员进行了个别访谈(方式为一对一,访谈时无其他人员在场)。2月份还走访了共青团福建省委组织部,搜集了全省开展"公推直选"的相关资料,并对这些资料进行了研究。同时,笔者还查阅了1922年至今的团中央的主要文件(中国共青团网站的历史文献部分),阅读了其中关于组织建设的相关文件。本书将采用政治学的相关理论对这一问题进行研究。

第一节 团内民主:共青团的性质及其基层组织制度选择的逻辑必然

团的性质与指导思想决定了团内民主是中国共青团建设和发展的内在要求,而共青团诞生以来的实践,也充分证明了团内民主对于中国共青团建设和发展来说不仅是一种制度形态,而且是一种基本的政治生活。团内民主状况的好坏对团的自身生存与发展具有十分重要的作用,团内民主的动力机制内在地维护了团组织的存在与发展,然而这一动力机制并非是机械地发挥着作用,它需要人们去把握去运用。更重要的是,团内民主的实践历史也充分证明了,团内民主内在地存在着自身的边界。它的作用的发挥也并非是一帆风顺的,同样地存在着内在与外来的各种制约因素,而这些制约因素与环境、时代的条件、任务是紧密相关的,从而决定了团内民主的程度、质量及其发展的路径。对团内民主的基本原理与内在机制的研究,是新时期进一步加强团内民主,从而推动共青团组织转型的理论基础。

一、团内民主的缘起与内涵

(一)共青团的建立与团内民主的缘起

共青团的成立并非是一帆风顺的,其中经历了许多曲折,但是也正是这些经历使团的创始人们对团的性质与指导思想有了更明确的认识,也为团内民主从制度上最终建立奠定了基础。

1920年8月,在上海共产主义小组的指导下,成立了上海社会主义青年团①,北京、广州、长沙、武昌等地也相继成立了社会主义青年团。后来由于团内成员的成分复杂以及无统一的领导机构等原因，于1921年5月宣布解散。这次解散为后来团的建设提供了深刻的经验与教训。1921年7月,中国共产党刚刚成立,就立即研究了在各地建立和发展社会主义青年团,并将其作为党的预备学校的问题,并决定吸收优秀团员入党。中共一大闭幕不久,党立即派出许多党员去加强领导团的工作。8月,张太雷从莫斯科带回了青年共产国际对中国建团的指示。中共中央局即决定由张太雷等人主持团的恢复工作。1922年5月中国社会主义青年团第一次代表大会召开,会议选出了团的中央领导机构;明确了与青年共产国际的关系,成为青年共产国际的一个支部;通过了团章和有关决议案。②关于青年团的组织原则,在这次团代表大会通过的团章中没有明确规定,直到1928年7月团的第五次全国代表大会通过的团章,才第一次写上:"中国共产青年团和少年共产国际的其他各支部一样,其组织原则为民主集中制。"并对"民主集中制"原则的具体内容进行了规定。③之所以在建团多年后,才在团章中明确写上以"民主集中制"为内容的组织原则,这与共产党的情况有关,因为中国共产党也是在1927年6月才在《中国共产党第三次修正章程决议案》中,第一次在党章中明确提出民主集中制原则。④

虽然在团的建立初期,并没有以团内法规的形式明确规定组织原则为"民主集中制",但从当时中国社会主义青年团与青年共产国际的关系,建团初期团章所体现的精神,以及当时团内实际政治生活的情况来看,都体现了"民主集中制"的精神。当时青年团的负责人施存统在1923年6月团的二大之前写的《本团的问题》中的有关内容可以证明这一点,文章写道:"自苏维埃

---

① "中国共产主义青年团"的名称前后有过多次变更。1920年8月~1925年1月为"中国社会主义青年团",1925年1月~1937年2月为"中国共产主义青年团",1937年4月~1945年3月为适应抗战的需要,共青团被改造为"青年救国会"(性质为抗战时期党领导下的青年抗日民族统一战线组织),1949年4月重建青年团,名称为"中国新民主主义青年团",该名称用至1957年5月,1957年5月至今为"中国共产主义青年团"。

② 李玉琦主编:《中国共青团团史简编》,中国青年出版社,1997年,第8~17页。

③ 《中国共青团章程》(中国共产主义青年团第五次代表大会通过),载团中央的"中国共青团"网站(http://www.ccyl.org.cn/)中"历史文献"栏目(1922—1932年)。

④ 林尚立:《党内民主》,上海社会科学院出版社,2002年,第17页。

制度起到少年共产团止,凡共产主义的一切组织所根据所采取的根本原则,都是'德谟克拉西的中央集权'。简单说,就是'民主的集中'。本团的组织,也即基于此种根本原则而成立。民主的集中制,有两种重要精神:一是执行期间的绝对服从,一是任何主张及行动均以多数意见为基础并得由多数意见加以最后的判决。简单说,就是一种由下而上的集权制,不是由上而下的专制。"①同时,建团初期关于团的性质、工作重点等的争论,领导人的产生以及每次代表会议之前和会议过程中所展开的讨论和对存在问题的批评,都体现了当时团内充分民主的精神。②

团的性质内在地规定了团内民主的理论与制度地位,建团初期的团内民主实践,为团内民主内化为团内制度的精神以及成为团内健康的政治生活的优良传统奠定了基础。然而不论是青年共产国际、中国共产党还是中国共青团,当时都还处于幼年时期,各组织内的成员对于民主集中制原则的理解都存在着许多差异,③造成了对"民主集中制"原则,或"家长制"或"极端民主化"理解,为后来党、团发展过程中的"民主"与"集中"总是存在着巨大的张力种下了基因。

(二)极端民主化的教训与团内民主的边界

中国共青团成立之初,曾发生过极端民主化现象,最终导致了团组织的解散,这一事件给后来团的建设和发展留下了深刻的经验与教训。中国社会主义青年团一大的一份文件对此有着较详细的记载:"那时的中国社会主义青年团,只不过带有社会主义的倾向,并没确定了哪一派社会主义。所以分子就很复杂:马克思主义者也有,无政府主义者也有,基尔特社会主义者也有,工团主义者也有,莫名其妙的也有。因为分子如此复杂,所以凡遇见一件事情或一个问题,各人所提出的解决方法或意见,就不能一致,常常彼此互

---

① 载团中央的"中国共青团"网站(http://www.ccyl.org.cn/)中"历史文献"栏目(1922—1932年)。

② 从现有的资料来看,团的二大之前,根据团中央要求,展开了热烈的讨论,为团的自身建设与完善,奠定了很好的基础。另外,从初期历次团代会关于大会报告的决议案来看,大会中所体现的批评与自我批评的民主精神是很充分的。

③ 如施存统的《本团的问题》就是因当时团内存在的一系列问题的争论而写的,文中将"民主的集权制"作为一大点来写,可知当时团内对于这一问题的重视程度以及分歧程度。

相冲突。在这种状态下面,团体规律和团体训练,就不能实行。团体的精神,当然非常不振。到了1921年5月,看看实在办不下去了,就只得宣告暂时解散!……社会主义青年团的恢复,由一部分青年马克思主义者所发起。他们得了第一次失败的教训,所以恢复的时候,就主张确定主义使分子不至于复杂。于是他们就确定社会主义青年团为信奉马克思主义的团体,不过表面上却说是研究马克思主义的团体……中国社会主义青年团既发达到这个程度,就感到从前的组织和训练有不能应付的地方,非另筑更稳固的基础不可。于是上海临时中央局就议决定于1922年5月5日在广州召集全国大会,解决本团根本问题。"①由此我们可以看到,团组织建立的历史就是在与各种非马克思主义思想斗争的过程中成熟起来的历史,最初的中国社会主义青年团的解散,使当时团的领导们认识到,青年团组织必须是一个有着统一的价值信仰的团体,必须是有着科学的组织原则的组织。共青团成立的过程也是一个选择与成熟的过程,多元成分导致的失败与极端民主化的教训最终使团组织选择了马克思主义作为自己的价值信仰,选择了民主集中制为自己的组织原则。

回顾这一段历史,我们认识到,团内民主虽是一般民主原则在团内的体现,但它与一般性民主又有着实质性的差异。由于共青团作为政治性组织,有着其自身的政治特点与价值诉求,决定了团内民主存在着自身的特点与边界,那就是团内民主的目的在于激活与维护团组织的活力,从而保证团组织的存在与发展。在这里,民主既是目的,也是手段,而不是简单地为了民主而民主。由此决定了团内民主只能是在民主集中制原则的框架内的民主,而不是一般意义上的民主。这也从一个角度说明了,在团的历史中,长期存在着"民主"与"集中"的张力的必然性。

(三)党内民主——团内民主的体制内环境与合法性重要来源

虽然在共青团的历史中,由于在建团初期所面临的任务与工作对象和

---

① "中国社会主义青年团第一次全国代表代表大会文件"之《中国社会主义青年团的建立与青年共产国际的关系》,载团中央的"中国共青团"网站(http://www.ccyl.org.cn/)中"历史文献"栏目(1922—1932年)。

共产党有着相当程度的同构性，因此有过一段党团关系比较微妙的经历，按当时的提法就是青年团存在着"第二党"的倾向，但从共青团成立的历史来看，不论是1920年的成立，还是1921年团的恢复，都是在共产主义小组与中国共产党的直接领导下进行的。除了1922年团的一大没有就党团关系作出明确的规定之外，从1923年8月团的二大开始，多次通过或下发了有关"本团与中国共产党关系"或相关的决议或通知，明确团组织在政治上要与共产党保持一致。在1930年的《中国共产党、中国共产主义青年团中央通告第八十九号——关于党团划分组织》①中规定："共产青年团是无产青年的领导者，是在党领导之下的共产主义青年组织。"至此，党团之间领导与被领导的关系得到了最终明确。但从实际工作来看，党团之间实质的领导与被领导的关系，从一开始就存在着。1946年再次恢复青年团后至今，党领导团的关系不但从制度上规定下来，而且在实际政治生活中已完全得到贯彻。

虽然中国共青团在工作上是独立的，但它与中国共产党，不论是在奋斗目标、价值信仰上，还是在组织原则上，都是一致的。同时，党团之间领导与被领导的关系，决定了共青团组织在自身发展方面，内在地受到共产党的领导与制约。党的建设与发展直接成为团的建设与发展的环境和动力。从党团的建设与发展的历史过程来看，党内民主的状况直接决定了团内民主的状况，团内民主的发展无法离开党组织的认同与支持，从而使党组织的认同与支持成为共青团团内民主重要的体制内合法性来源。这也是团内民主与一般性民主的重要区别之一，从而成为团内民主的边界之一。

根据以上分析，我们可以对团内民主定义如下：所谓团内民主，是指在中国共产党的领导下，中国共青团基于自身的性质、任务和宗旨，依据民主集中制的基本原则，对团的组织、体制和过程所作出的民主的制度规定以及由此形成的团内政治生活。共青团作为一个政治性组织，其性质决定了团内民主必须以团的生存与发展为最高原则。

---

① 载团中央的"中国共青团"网站(http://www.ccyl.org.cn/)中"历史文献"栏目(1922—1932年)。

二、民主与集中的张力

中国共青团的组织性质决定了团内民主必须在民主集中制的框架下展开。然而由于民主集中制原则存在着内在的"民主"与"集中"的张力，以及不同时期的任务和环境对团组织所产生的外在压力存在着差异，从而导致了团内的"民主"与"集中"的现实张力。从团的历史来看，团内民主的状况与空间，随着不同时期的任务与环境的差异而发生变化，一旦团内民主的空间缩小，必将造成以民主集中制为原则所设计的团内制度变形，从而导致维护团组织自身存在与发展的实质性制度的缺失和活力减退，最终引起团组织在体制内外的合法性下降或丧失。

（一）组织原则与任务、环境

为了把握共青团民主集中制原则中所包含的"民主"与"集中"的内在张力在现实中的演绎及其特点，我们有必要回顾团的建设与发展的相关历史。

建团之初，极端民主化造成了团的解散，使团的创始人们深刻意识到，只有以马克思主义的民主集中制原则作为自己的组织原则，才是唯一正确的选择。青年团第一次恢复之后，团的一大所设计以及后来不断完善的团内各种制度，充分体现了民主集中制原则，团内政治生活也能够充分地体现民主集中制原则的精神，这时团内民主的发扬也较为正常，有着较大的民主空间。不久，由于国民党叛变革命，全国团的组织受到了严重的破坏，这时的主要任务是如何重建各地团的组织，而不是如何激活与发展团组织的问题。环境与任务决定了需要派大量人员到各地去建团和开展工作，此时，团内强调更多的是"集中"，民主的空间相应就缩小了，然而当时团中央的领导集体还是能够保持清醒的头脑，仍然看到团内民主对于团的自身建设的根本性作用,不断地就加强团内民主的问题发出通知。①但随着党内实行王明"左"倾路线,共青团也受到了严重影响,团内民主的空间越来越小,并对外实行关门主义,白区的团组织严重萎缩,成为狭小的组织。虽然遵义会议之后这种现象有所改变,但主要中心的战斗任务客观上仍有着"集中"的要求。这种现象一直保持到1937年4月共青团被改造为抗日青年救国会。1949年1月再次恢复了青年团,团内民主在制度规定与政治生活上都得到了恢复。

随着新中国的成立,共产党与共青团的任务都发生了变化,共青团也相应地被整合进党的整个系统之内,组织功能也相应发生了转型,成为党与政府整合社会的一个重要的组织网络。由于计划经济对于集中的内在需求,党内的民主集中制原则再次发生了畸形,民主空间日益缩减,作为共产党领导下的共青团其团内民主也日趋萎缩。"文革"期间,共青团组织受到重大冲击,导致共青团系统陷入瘫痪,更无团内民主可言。1978年10月,团的十大召开,意味着共青团的组织与各项制度再次恢复的开始。相应的,团内民主制度与作风也得到了恢复。然而由于"文革"的冲击,这时共青团系统的精力还主要放在整个系统的恢复与整顿上。

随着改革开放政策的实施,社会的各个领域都发生了较大的变化,新的社会问题不断涌现,青年思想意识快速变化,这些都对共青团的原有组织设置与工作内容、方法产生了重大的冲击,为此,全团上下都将工作重点放在调整组织设置和在新的社会经济组织中建立团组织的问题,以及调整工作

① 如在1927年12月13日的《中国共产主义青年团中央通告沪字第二十四号——关于组织问题》中写道:"支部是团的组织基础和工作单位,过去很少有健全的支部生活,支部只是一个传达命令和政治鼓动的机关,没有内部独立之工作。支部书记,多是指派而不经过选举,特别是生产支部基础薄弱,这就是团的工作不能深入青年群众与青年群众密切联系的根本原因……五、支部书记及委员会是本团基本的干部,这些干部是健全支部工作的前提,支部书记及委员会应当尽可能经过选举,不用指派形式……八、团内民主主义问题——现在实行民主主义最严重的意义,是启发团员群众,注意党的政策及实际斗争策略的讨论。更其重要的是要吸收大批工农分子到指导机关担负工作。以民主精神来改造团的组织,这个关连是现在最重要的问题。其意义:(1)能充分的吸收大批工农分子到指导机关里来指导工作;(2)使全体团员参加团的生活,讨论党的策略及团的工作方针;(3)使团员群众来讨论党与团各种实际斗争的策略;(4)实行指导机关由代表大会或团员大会选举;(5)以后开除同志应由支部决定,经上级机关批准;各级机关开除负责同志,须得到上级机关批准,在未批准前,只能停止职权与工作。"[载团中央的"中国共青团"网站(http://www.ccyl.org.cn/)中"历史文献"栏目(1922—1932年)]

内容、手段上。不论是恢复、整顿，还是调整、建立，都需要发挥各级组织的积极性，尊重各级组织的创造性，在团内行政的决策与任务执行方面发扬了民主，从而客观上推进了团内民主的发展。更重要的是，随着市场经济体制的建立和完善，经济生活民主化日益加强，外在环境对团组织及团员、团干部的思想意识产生着影响，为深化团内民主创造了重要的条件。同时，党内民主与人民民主的步伐加快，也为团内民主的进一步推进创造了很好的体制内认同基础。社会发展的形势，不论在环境上，还是在任务上都对团内民主的深化提出了要求。

从共青团团内民主的发展历程来看，民主集中制成为共青团的组织原则，是由其组织的性质、任务以及历史的教训、经验决定的。作为组织原则，民主集中制是一种内在的约束机制，它自身规定中包含着"民主"与"集中"之间的张力，只有保持着适度的张力，组织才能健康发展，才能既具有活力，又不会失控。对于这种张力应偏向哪一边，组织的领导集团的主观作用是很重要的，但起根本性作用的还是客观的社会、政治环境及任务要求。战争年代客观要求"集中"，即使组织的领导人再怎么强调"民主"，具体的执行过程也很难充分。而在市场经济体制日趋完善的条件下，民主已成为时代的要求，组织为了在社会及内部保持其合法性，进而维护其自身的存在，追求民主也就成为一种必然。

（二）民主危机与制度缺失

上述是从外在因素与组织原则之间互动的角度，把握团内民主与民主集中制原则的关系。这里要重点探讨在团的历史中，造成民主集中制框架下团内民主缺乏的体制内原因。

1928年7月的共青团第五次全国代表大会通过的团章对民主集中制原则第一次作如下全面的规定："中国共产青年团和少年共产国际的其他各支部一样，其组织原则为民主集中制。民主集中制的基本原则，分以下几点：（1）下级指导机关和上级机关，是由团员大会代表会和全国代表大会选举之。（2）被选出来的机关，对选举者负责按期报告工作。（3）下级机关应承认上级机关的决议，迅速的执行少共国际执行委员会和本团上级机关的决议，严格遵守纪律。(4)党和团的政策和各种问题,只有在相当机关未决定以前,团员可尽量讨论,一经决议后,每个团员必须无条件的执行,即一部分人或某地组织不同意亦须服从。(5)地方组织,虽不同意党和团的上级机关决议,亦须执行其决议,但下级机关有权上诉,一直到少共国际大会。(6)在秘密条件下,如果没有实行经常选举的可能,团的上级机关可以指定下级机关,同样的要得到上级机关的批准可指定新委员参加各级委员会。"①

　　1928年的团章对民主集中制原则的规定,在现在来看,应该还是比较正确的,也是符合当时的实际情况的。同时,我们从其它的相关制度来看,在当时的情况下, 也是基本具备了实施的条件。这体现了当时党团领导人的智慧,更重要的是与共产国际和青年共产国际的直接帮助有关。②然而有了基本制度为何不能保证后来的团内民主的充分发扬?笔者认为,除了上文中已提到的环境、任务的原因之外,还有以下两方面共青团体制内的重要原因:

　　一方面,配套制度没有跟上,从而为基本制度在落实过程中过多体现领导者个人意志留下较大空间, 造成民主集中制原则在实际执行过程中的扭曲, 导致团内发扬民主的困难。选举制度是各项民主制度中最为核心的制度, 然而直到1992年才正式颁布团内民主选举的规范性团内法规:《中国共产主义青年团地方各级代表大会组织选举规则(暂行)》和《中国共产主义青年团基层组织选举规则(暂行)》。而在此之前,虽然依据团章也制定了一些规定,但都不够系统和严密,没有形成制度的法规和工作规范。③也是直到1988年5月团的十二大通过的《团章部分条文修正案》以及这两个规定才明确提出"团内选举必须实行差额选举"及具体规定。④另外,关于执行民主集中制原则中的"少数服从多数"的要求等,也没有实质性的可操作的规定。这些都对实质性发扬团内民主造成了障碍。⑤

---

① 载团中央的"中国共青团"网站(http://www.ccyl.org.cn/)中"历史文献"栏目(1922—1932年)。

② 1928年7月的中国共青团第五次全国代表大会是在莫斯科召开的。

③ 共青团中央组织部:《共青团选举工作问答》,中国人事出版社,1993,第5页。

④ 同上,第6页。

⑤ 在具有较长民主实践的西方国家中, 对民主的具体实施的操作性制度及技术都十分重视,并在学术界有大批学者对此进行研究。历史和实践都证明了,这些措施与技术,对完善民主制度,保证民主实施,排除各种干扰都起到了重要的作用。

另一方面,特殊条件下的政治生活内化为潜规则,从而导致正式制度的实质性缺失,或特殊条件下形成的制度,没有及时地随社会政治条件的变化而创新,造成团内民主的危机,导致了团组织的困境。团内的民主制度规范了团内民主的实践,团内的各种政治生活也对团内民主制度的发展起着推动作用。但是对制度来说,政治生活有着根本性的决定作用。在特殊条件下,为了维护组织生存和发展允许采取一些较极端的行为,这是必要的。如战争年代,由于经常情况紧急,需要快速作出决定,客观上要求人员选拔、决策制定等强调集中,自上而下。但是,这种极端性的政治生活,只适合于特殊情况,是非常态的,若是把这种条件下的政治生活上升为制度,对于组织的正常发展与长期存在来说,是不利的。实际上,这种将特殊条件下的政治生活上升为制度,存在着两种情况,一是成为以正式规定出现的制度,对后来的政治生活进行强制规范;二是正式制度虽未变化,但这些在特殊条件下的政治生活成为一种潜规则,在日常实际政治生活中代替了正式的制度,使正式的制度处于形式上的空转状况。这两种现象都导致维护组织的健康生存与发展的实质性制度的缺失,造成团内民主的危机。这两方面的现象在团内大量存在着,直到现在仍未有较大改变。

民主集中制原则中的"民主"与"集中"之间的张力,以及团内民主发展所应具备的时代性与制度性的因素,都要求我们现在必须高度重视团内民主建设。一是时代的特征、社会的转型决定了共青团组织的生存与发展,必须通过加强团内民主来激活其生命力,通过强化团内民主来维护、加强其体制内外的合法性。二是深化团内民主应在制度创新上下功夫。具体说来,团内民主的制度创新要做好以下两方面工作:一是对团内民主进行合理的制度安排,就是要根据团组织性质与团的民主集中制原则,不断供给团内民主制度;同时,对在特殊条件下形成的制度,要根据团的性质与时代要求,进行大胆改革,使之能够真正体现民主集中制原则的要求,拓宽团内民主的空间。二是努力开发团内现有的民主资源。党、团的各级组织及党、团干部要明确组织生存与发展的规律,以及时代对于团组织民主化的要求与压力,提高团内民主的意识,在团内政治生活中自觉地遵守民主集中制原则,严格执行已有的团内民主制度;更为重要的是要采取切实有效的措施,通过制度创新,特别是要加强配套的可操作性的具体制度的供给,来迫使长期起作用的潜规则退出,还团内民主有关制度以本来面目。

三、团内民主的复归
——基层团组织制度困境与共青团组织转型

(一)社会转型与基层团组织制度困境

"文革"结束之后,特别是党的十一届三中全会之后,共青团面临着两大任务:恢复整顿与改革发展。

"文革"期间,共青团组织受到了严重的冲击,"四人帮"一度企图用"红卫兵"组织来取代共青团,虽然没有得逞,但共青团系统从上到下长期处于瘫痪与半瘫痪的状态。因此,恢复整顿工作的任务十分繁重,特别是团的基层组织很不健全,当时团中央的一份文件对此作了粗略的描述:"由于林彪、'四人帮'的摧残,团组织受到了严重创伤,团的系统领导遭到严重破坏,青年工作的许多重大是非问题被搞乱了。有百分之三十左右的团支部松散无力,大批团员基本上没有受过团组织的系统教育,相当一部分团员不能发挥模范作用。团组织在青年群众中的威信下降了……团的基层组织特别是农村团支部还很不健全,这是团的建设上一个十分突出的问题。"①

团系统的整顿恢复工作刚刚开始不久,国家实行改革开放政策,整个中国社会进入了恢复与转型阶段,又为共青团带来新的课题,主要有:①随着改革开放的深入和社会主义市场经济的建立与完善,在原有的经济、社会组织之外,出现了大量新型的经济、社会组织,这些组织不论是在所有制性质,还是在社会功能等方面都与原有的组织有较大的差异。如果说由于历史等原因,在原有的经济、社会组织中,共青团的价值取向与组织设置等与它们

---

① 《共青团中央关于印发胡德华同志、韩英同志在共青团全国组织工作座谈会上的讲话及团中央关于加强团的各级领导的几点意见通知》(1979年12月15日),载团中央的"中国共青团"网站(http://www.ccyl.org.cn/)中的"共青团中央文件库"栏目(1979年)。

具有同构性、内生性的话,那么对这些新型的经济、社会组织来说,共青团就是一种异构性、外生性的组织或是同构性、内生性较弱的组织。目前,这类经济、社会组织已大量涌现,单从企业来看,在数量上已远远超过纯粹的公有制企业。面对这些经济、社会组织,共青团如何在其中建团,或服务于其中的青年,都存在着较大的挑战。②在那些目前建有团组织的各类组织中,由于社会的转型冲击、共青团自身制度缺陷等原因,出现了团组织活力不强、甚至大面积瘫痪等现象。③社会的转型,带来了青年的生存状态与内在需求的较大变化,共青团在协助党组织团结、带领与教育青年中,如何正确自我定位、如何转变功能,从而适应社会的变化,切实地服务好青年,同时又不失自身的价值诉求,这也是共青团需要面对的问题。

1979年12月,团中央为此召开了共青团全国组织工作座谈会,研究如何恢复整顿与改革发展。1984年之后又多次召开共青团全国组织工作会议,研究团的基层组织建设。但是团的基层组织建设仍一直处于较薄弱的状况,非公社会经济组织团建大面积出现空白,农村基层团组织长期处于"瘫—建—瘫"的怪圈中,其它基层团组织的活力不振。如果从政治学理论角度看,团的基层组织中出现的这些问题与困境,其根本性原因在于制度缺失与制度空转,而制度空转实质上也是一种制度缺失。因为对于新型的经济、社会组织来说,大部分组织中目前还无团组织或团组织无法服务到其中的青年,这种现象对于共青团来说,无疑是制度的根本性缺失。对那些已建有团组织的各类组织来说,活力不强或瘫痪,以及有些制度的实施不是按其实质性的内容和精神操作,而是为其它的潜规则所代替,导致正式的制度处于空转之中,从根本上来说,这造成了维护组织活力存在的有效制度的实质性缺失。

(二)团内民主的复归与共青团组织的转型

党的十四大提出要在我国建立社会主义市场经济体制。市场经济对于政治发展的内在要求,使共青团组织面临着全面转型的任务。1993年12月,根据党的十四大的精神,团的十三届二中全会通过了《在建立社会主义市场经济体制进程中我国青年工作战略发展规划》(以下简称《发展规划》),提出要"坚持与国家经济和社会发展战略相一致""坚持与建立和完善社会主义市场经济体制的进程相协调""坚持与青年需求和发展相适应"以及"坚持与基层实际情况相符合"的指导原则,实施"跨世纪青年文明工程"与"跨世纪青年人才工程"两大重点工程,调整和改革共青团和青年工作的运行机制。[①]《发展规划》的提出标志着共青团组织功能全面转型的开始,共青团组织从适应计划经济的协助党组织由上到下的单纯整合社会功能,转变为适应市场经济要求,立足于在服务青年、反映青年利益的过程中,教育与带领青年;在自身工作定位、力量安排与运行机制方面,由之前的局部调整实现到适应市场经济的全面转型。1998年12月,团的十四届二中全会通过了《共青团工作跨世纪发展纲要》[②],根据党的十五大精神,结合共青团和青年工作的实际,进一步推进和深化了共青团组织功能全面转型。

市场经济体制的建立与完善以及共青团组织功能的转型,都对共青团团内民主的深化和自身合法性基础的转型提出了要求。共青团是一批信仰共产主义的青年们,为了救国图强和在中国实现社会主义而建立的,它积极协助中国共产党,在自己的工作范围内为国家的解放和民族的独立做出了巨大的贡献。它在全体青年中的威望,以及它对团员们的凝聚力,正是以其历史上的贡献为基础的。这也成为在新中国成立后长期的计划经济时期中,共青团能够协助共产党成为整合社会的重要组织力量的原因之一。随着改革开放的深入和社会主义市场经济体制的建立与完善,原有为国家所统合的社会日渐成长起来,各种政治、社会组织在推动社会发展的过程中,也逐渐实现自身的转型。共青团作为有着较强政治性的先进青年组织,同样担负着团结带领教育青年的任务,但是转型了的社会要求共青团对团员青年领导的权威,不能仅仅建立在历史的贡献所形成的资格上,必须要有现实的依据,要让团员青年对共青团有新的认同感,即团组织对团员青年的领导权威的合法性基础必须转型。

改革开放以来,团组织中面临着团员意识淡薄、团组织的凝聚力下降等问题,这些都是共青团的合法性危机的一种表现。在现代社会中,不论是组

---

① 载团中央的"中国共青团"网站(http://www.ccyl.org.cn/)中的"共青团中央文件库"栏目(1993年)。

② 载团中央的"中国共青团"网站(http://www.ccyl.org.cn/)中的"共青团中央文件库"栏目(1998年)。

织权威,还是个人权威的形成,都必须通过民主的方式获得。对于共青团组织来说,摆脱合法性危机的一个重要措施就是要加强团内民主建设。一是要通过具有实质性意义的团内民主选举。选举是权威的合法性基础,由于选举是选举人权利的实现,是他们利益的表达和综合,是团内制度的合法运作,所以经过选举产生的团组织的领导集体,具有很强的合法性基础,从而增强了团员青年的认同感。二是要通过团组织经常、主动和准确地表达和服务团员青年的利益。这就要求团内要有浓厚的民主气氛和作风,在决策、执行过程中能够有切实的保证民主精神得以贯彻的机制。

近年来,在基层团组织的民主选举中,一些地方团组织根据团内选举的有关规定,对团内的民主选举工作进行大胆改革,采取"直选""公推直选"或"联推竞选"等方式选举团组织班子及其成员。[1]这种采用不定框子、不定调子、不指定候选人的民主选举方式,是团内民主选举的一个具有实质性意义的制度创新,它的创新之处不在于提出新的具体民主制度,而在于对原有团内制度中民主资源的开发。通过不定框子、不定调子、不指定候选人的民主选举,过去在选举中长期形成的由党组织指定候选人的做法[2],从选举制度中退出,改变了团内民主选举的形式化现象,从而实现团内民主选举制度的实质性复归。根据有关部门的报告以及笔者的调查,采取这一方式选举的基层团组织,团干部的积极性以及团组织的凝聚力都有了较大程度的提高,组织的活力明显增强。关于这方面内容,在后面将作详细的分析。

采取"直选""公推直选"或"联推竞选"等方式选举团组织班子及其成员的做法,是为了摆脱社会转型造成的基层团组织制度困境,转变基层团组织的合法性基础的一种有效措施,是基层团组织的自发性制度创新的尝试,对

---

[1] 尹德明、阳向东:《吉林省九台市城子街镇实行村团总支书记直接民主选举的调查报告》,载团中央的"中国共青团"网站(http://www.ccyl.org.cn/)中的"团的研究文章"栏目。黄晓炎:《"公推直选"是激活农村团工作的根本方法》,《福建共青团》,2000年第11期。

[2] 虽然党组织不再提出具体的团组织领导班子成员候选人,但团的性质与制度的规定等方面都充分体现党的领导。具体来讲,在选举中的资格审查、结果报批等方面都是由党组织来把关的,若当选的团的领导人在工作中不能履行职责或有违法、违规行为,党组织仍然可以将其处理和撤换。通过这种方式产生团的基层组织领导人,有利于团组织及其领导人的威信,有利于拓宽选人用人的途径,不但没有改变党管干部的性质,而且有利于党管干部从人治方式向法治(制度)方式的转变。

于团内民主的复归与深化具有重要的标志性意义，标志着共青团组织由功能性转型向全面转型过渡的开始。

（三）基层团组织制度创新与团内民主复归的路径

1988年8月，团中央根据党的十三大精神，研究制定并印发了《关于共青团体制改革的基本设想》（以下简称《基本设想》），《基本设想》中提出了"共青团体制改革的目标是：把共青团建设成为社会职能和法律地位明确，民主生活健全，基层充满活力，能够代表青年利益，真正赢得青年信任的先进青年的群众组织。通过改革，使共青团在中国共产党的领导下独立自主地开展工作，在社会主义物质文明、精神文明和民主政治建设中更好地发挥积极作用"。并从"明确共青团的社会职能""代表和维护青年的具体利益""参与社会协商对话""改革团的组织制度""改革团的干部人事制度""建立民主决策和民主监督机制""转变活动方式，分开搞活基层"和"扩大团的活动经费来源"八个方面对共青团体制提出改革意见，其中包含着大量的团内民主的措施。《基本设想》的大部分内容在后来的工作中得到贯彻，还有一部分设想由于整个社会环境及实施的条件不成熟，没有得到落实，但这些设想为将来团内民主的发展提供了进一步开发的制度空间。

分析《基本设想》中已落实与未落实的内容，以及后来现实的团内民主发展情况，我们可以清晰地看到改革开放以来，团内民主发展与共青团组织转型的现实路径：改革开放后社会开始转型，在与处于转型中的社会互动过程中，团组织逐渐对自身的功能进行局部调整，随着社会主义市场经济的建立与完善，共青团组织进入了功能与运行机制的全面转型阶段。组织功能和运行机制的转型以及现实的困境，客观上都要求加强团内民主建设，推动组织自身的合法性基础的转型。在团内民主发展的进程中，民主作风与民主决策机制的建设超前于合法性基础的转变；而推进合法性基础转变的团内民主措施首先从基层开始。

在以上的路径中，大部分内容已在前文作了分析，这里重点阐述两个问题：

一是为什么推进合法性基础转型的团内民主的措施会滞后于团组织功能转型和民主作风与民主决策机制的建设？任何改革中的理性行为都遵循

着这样一条原则:先解决紧急的,而后再解决根本的;先解决容易的,而后再解决困难的。共青团的团内民主的发展也遵循着同样的原则。改革开放后社会发生快速转型,首先对团组织提出的挑战是如何转变功能,做到服务于青年变化的需求,服务于社会的发展,从而完成党交给的任务。这需要共青团从战略上进行调整,要求总体性的工作方式与工作内容的变化,从共青团的整个系统来说,这是较紧急之事。但这些事情的实施并未完全涉及共青团的合法性基础问题,因为社会转型的程度并未发展到这一地步。另外,功能转型与加强民主作风与民主决策机制的建设相对容易,它毕竟只是涉及共青团自身能够解决与操作之事,是团的行政,而非团的政治。要对团的选举制度进行突破,推进团的合法性基础的转型,涉及的问题并不是共青团自身能够解决的事情,需要与总体的政治改革进程相匹配。

二是推进合法性基础转型的团内民主措施为什么要首先从基层开始?①共青团组织的合法性危机的压力,在基层中体现得最为强烈。长期以来,基层团组织的凝聚力下降,团员的组织意识薄弱,农村团支部为"瘫—建—瘫"的怪圈缠绕,等等。直接困境的逼迫,使基层党团组织不得不进行制度创新。②从基层开始的中国政治民主化的路径,为基层团组织的团内民主选举制度的创新创造了环境与体制内的认同基础。由于党组织对共青团的领导关系,决定了党组织的认同对于团内民主制度创新来说,具有决定性作用。因此,农村村民委员会的直接民主选举以及农村党组织的"两推一选"的做法,都为基层团组织的团内民主选举的制度性突破提供了体制内的认同性依据,也决定了推进共青团合法性基础转型的团内民主措施从基层开始的路径。

第二节 联推竞选:当前共青团基层组织团内民主的主要模式

一、民主选举制度:团内民主制度的核心

从民主的一般概念来说,民主包括三方面内容:作风民主、决策民主和选举民主。其中选举民主是民主的核心内容。亨廷顿认为:"民主政治的核心程序是被统治的人民通过竞争性的选举来挑选领袖。"[①]在共青团组织中,民主选举制度同样也是团内民主中的核心制度。它对民主作风制度与民主决策制度的形成与落实具有决定性作用,同时它的有效实施是共青团组织合法性获得的制度性保证。不论是一般性民主还是团内民主,选举的民主化程度都是民主质量的重要衡量指标。因此,当我们研究基层团组织的团内民主制度创新问题时,团内民主选举制度的创新情况就成为需要关注的重点。

二、联推竞选:当前基层团组织团内民主选举制度创新的主要模式

(一)基层团组织团内民主选举制度创新的直接背景

如果说社会转型造成基层团组织长期困境以及总体性的政治体制改革,是团内民主选举制度创新总背景的话,那么基层团组织中长期存在团内民主选举制度自发创新的事实与基层民主政治的快速发展,就是基层团组织团内民主选举制度创新的直接背景。

基层团内民主选举制度自发创新的事实及其影响。根据笔者的调查,基

---

① [美]亨廷顿:《第三波——20世纪后期民主化浪潮》,刘军宁译,上海三联书店,1998年,第4页。

层团内民主选举制度自发性创新，最早发生在许多学校的团支部班子选举中。学生的思想既单纯又活跃，从小学开始，在班干部与少先队干部的选拔与产生中，学生就有较强的竞争意识。教师们为了发挥学生的日常自我管理的作用，也经常将竞争意识往正确的方向引导，除了刚入学的第一学期是由班主任指定之外，班干部绝大部分是由学生自己选举产生的，一年或一学期改选一次。小学班干部采取完全竞争性的选举，是一个人人生中最初始的民主政治生活的经历，这也是一个社会最为基层的民主选举活动，而这些民主政治生活对人们后来的民主意识的形成，具有十分重要的政治社会化的作用。除了刚入学的第一学期外，采取完全竞争性的选举产生班干部的做法，从小学到大学毕业，在相当多的学校中都是较长期存在的事实。初中二、三年级之后，在学生中开始发展团员，于是各班级中的团支部的干部选举也受班干部的选举影响，除了刚入学的第一学期之外，大部分是由团员采取完全竞争性的选举方式产生的。

大、中学校中的班级团支部完全采取竞争性选举，实际上是改革开放以后（1980年代初直到现在）①长期存在的基层团内民主选举，它的产生与存在完全是自发性的。由于班级及班级团支部（特别是在中、小学中）在社会中的利益分配等方面对整个社会以及一个地方、单位的影响几乎微不足道，所以在它们那里长期存在着的民主选举的现象就不会引起人们的关注。实际上，班级的班委、团支委的完全竞争性的选举对整个社会的精英培养及对后来的社会基层民主政治的发展都有一定影响。关于后者，笔者认为以下两方面就较能说明问题：从笔者近年来的调查情况来看，许多学校团内民主的深化实际上都是对原有班委、团支委完全竞争性的民主选举进行规范，以及在此基础上向团总支和基层团委发展，并且在深化的过程中遇到的困难也最小。另外，在对实行"联推竞选"试点的农村团支部调研中发现，农村的团员绝大部分是在学校中入团的，特别是那些有较强参与意识并参加竞选的团员，有相当一部分在学校期间担任过班干部、团干部。即使是那些没有参加竞选的

---

① 根据笔者对学校生活的记忆（1975—1990年），并走访了部分曾担任过中小学班主任的教师而得出的结论。

团员,也反映对这一做法并不感到陌生,因为在学校中选班干部与团干部也与此类似,只是没有这么正规而已。①

基层社会组织与党组织的民主选举制度创新,为基层团内民主制度创新提供了体制内外的认同基础以及制度创新的技术参照。团中央组织部1997年对率先在吉林省实行村团总支书记直接民主选举的九台市城子街镇进行调研,认为"村民委员会实行'海选'为村团总支书记直接民主选举营造了'大环境'。随着'村民委员会组织法(试行)'的深入实施,吉林省农村基层民主建设进入了新的阶段。1994年全省村民委员会第三次换届选举中,有15.8%的村实行'海选',到去年底今年初的第四次村民委员会换届选举,全省60个县(市、区)中,57个县(市、区)采用'海选'。城子街镇此前成功进行的村民委员会'海选',在全镇范围内形成了民主的大环境,村团总支书记直接民主选举具备了广泛基础。同时,由于村团总支书记直接民主选举与村民委员会'海选'在选举方式上有相似之处,因此,直接民主选举村团总支书记的做法也就应运而生了"②。另外,基层团组织的"联推竞选"的做法,也是在农村基层党支部普遍实行"两推一选"的条件下,参照党组织的做法,并在其基础上推广到各个领域中,同时将这一做法运用到条件较成熟的一些基层团委的选举中。③

(二)基层团组织团内民主选举制度创新与"联推竞选"

从目前各地的试点情况来看,基层团组织团内民主选举制度创新的做法主要有"直选"和"联推竞选"(有些地方在团支部或团总支的选举中称为"公推直选")两种选举团组织班子及其成员的方式,这两种方式的差异在于候

---

① 共青团中央组织部的尹德明、阳向东在《吉林省九台市城子街镇实行村团总支书记直接民主选举的调查报告》中也有相同的结论:"在调查中我们发现,城子街镇的村团总支书记直接民主选举之所以成功……与大量回乡的初、高中毕业生在校期间参加团组织开展的民主选举对他们的影响密不可分。"

② 尹德明、阳向东:《吉林省九台市城子街镇实行村团总支书记直接民主选举的调查报告》,载团中央的"中国共青团"网站(http://www.ccyl.org.cn/)中的"团的研究文章"栏目。

③ 黄晓炎:《"公推直选"是激活农村团工作的根本方法》,《福建共青团》,2000年第11期。

选人推选方式的不同。具体的做法如下：

首先，成立选举领导机构，加强选举工作的组织领导。制定换届选举工作方案和日程，在团员青年中进行思想发动和选举准备。

其次，民主推选候选人。民主推选候选人有两种方式：一是团员"直选"的方式，由全体团员(团员数或支部数较多的基层团委换届选举，则召开团代表会议)以无计名投票方式，从年龄在28岁以下的青年党员和团员中，推选团组织的班子成员或主要负责人候选人人选，然后提交选举领导小组进行资格审查(审查人选年龄条件和是否有违法违纪行为)，确定正式候选人。二是"联推竞选"方式，是在28岁以下的青年党员和团员中，将个人自荐、团员或青年联名推荐、团组织推荐以及党组织推荐的人选，提交选举领导小组进行资格审查(审查人选年龄条件和是否有违法违纪行为)，符合条件的人选在由全体35岁以下的青年和团员的大会(团员数或支部数较多的基层团委换届选举，则召开团员、35岁以下青年的代表会议)上进行竞选演讲，而后由全体青年和团员(或代表)以无记名投票方式，推选出团组织的班子成员或主要负责人候选人人选。基层团委选举中，候选人产生后，按规定报上一级团委审批。

再次，竞选演讲。全体候选人在全体团员选举大会(或团代表大会)上进行竞选演讲(采取"联推竞选"的方式不再重复演讲)，阐明自己的任期目标、工作思路和具体措施，回答团员(或团员代表)提出的问题。通过竞选演讲，使全体团员(或团员代表)加深对候选人的了解，便于他们对候选人进行比较、选择。

又次，召开团员大会(或团代表大会)，无计名投票、差额选举。为保证参加选举的团员(团员代表)充分表达自己的意愿，选举采取无计名投票方式，并当场统计票数，当场公布选举结果，得赞成票超过实到会团员(团员代表)半数的当选(要求实到会参加选举的人数必须超过应到会人数的五分之四，方能进行选举)。如遇候选人得赞成票均未超过半数，再就得票最多的2名候选人进行第二轮投票。

最后，选举结果报同级党组织和上级团组织批准，并由上级团组织发文公布。从笔者的调研情况来看，这两种方式的做法在各地都存在，但自从农村推行党支部"两推一选"的做法后,更多地方采取"联推竞选"的方式选举基层团组织领导班子。"联推竞选"的做法不单在团支部一级的选举中实行,目前许多地方已扩展到基层团委的选举(主要是单位内的团委,跨单位的基层团委还较少见)。所涉及的领域有农村行政村、城市社区、大中学校(公立学校主要在团总支以下较多,民办学校中有扩展到校团委这一级)、机关、企业(许多扩展到企业团委这一级)。

三、"联推竞选"做法中制度创新情况分析

通过"联推竞选"产生基层团组织领导班子的做法,主要创新之处在于它挖掘与运用了团内已有制度中的民主资源,并根据共青团基层组织性质与时代发展的要求,在非原则性的程序上对团内的有关选举制度进行了创新,从而推进了团内民主,扩大、巩固了团组织在基层的群众基础,提高了基层团组织的合法性,激发了基层团组织的活力。具体说来,"联推竞选"做法中制度创新表现在以下两个方面:

一方面,根本性的制度创新。采取完全竞争性选举,推进了团内民主制度复归,实现基层团组织合法性基础转型。团员"直选"与"联推竞选"这两种做法,都有一个十分突出的特点,就是采取完全竞争性的选举。候选人不再只是由党组织或上一届团的委员会或上一级的团组织来提名,而是通过由个人自荐、团员或青年联名推荐、团组织推荐以及党组织推荐等途径提出人选,而后提交选举领导小组进行资格审查(审查人选年龄条件和是否有违法违纪行为),符合条件的人选在团员大会,或全体35岁以下的青年和团员的大会(团员数或支部数较多的基层团委换届选举,则召开团员、35岁以下青年的代表会议)上进行竞选演讲,由全体青年和团员(或代表)以无记名投票方式,推选出团组织的班子成员或主要负责人候选人人选。这一做法是符合团章与《中国共产主义青年团基层组织选举规则(暂行)》中关于基层团组织民主选举的规定的。

但是在过去的基层团组织的选举中的情况并非如此,各种规定中的制度为那些特殊条件下形成的制度或潜规则所代替,形成了文本上的制度与

实际执行的制度存在差异的现象。从根本来说,是由于在战争年代与计划经济时期形成的党对团的领导关系具有较明显的"人治"特征,原有的党团关系的制度性关系被扭曲了,最主要表现在团组织领导班子的人选由党组织,甚至党组织中的主要领导决定,而后交给团组织的有关会议履行相关形式上的合法手续,即所谓"定框子、定调子、指定候选人的民主选举方式"。这种方法产生的团组织领导班子的合法性只是来源于党组织,而不是来源于团员与青年。这是基层团组织长期存在困境的重要原因之一。

从历史角度来看,新中国成立后党组织确实是团组织合法性的重要来源之一,但时代的变化,特别是市场经济的建立,对于团组织来说,其合法性来源应进行适当的调整,除了党组织外,还应同样重视团员、青年的认同。只有做到党组织与团员青年的认同并重,才能紧密团结团员青年,完成党的各项任务。因此,在基层中,党对团组织的领导,特别是在团组织中体现党管干部的原则,应由过去通过对具体人头的管理,转变为通过建立制度、把握条件来管理干部。只有如此才能做到用制度管人,做到从政治上领导,实现党内政治生活的制度化与法制化。"联推竞选"的做法,正是体现了共青团组织中党管干部由对具体人员的管理到对通过充分运用和发挥团内制度来选拔与管理团干部转变,使过去的团组织选举中的制度外的潜规则退出政治生活,团内民主选举制度因此由形式转为实质,推进了团内民主的发展,实现了基层团组织的合法性基础的转变,提高了基层团组织在团员青年中的认同感,为整个共青团组织在转型后的社会中获得新的合法性奠定了基础(因为对大部分团员青年来说,身边基层团组织的情况是他们认识团组织最直接与感受最深的对象)。我认为,这也正是我国民主化进程从基层开始的重要原因之一。

另一方面,具体程序性的制度创新。采取竞争性候选人提名与公开性竞选演讲,增加了团员青年政治参与权和政治知情权。"直选"与"联推竞选"这两种做法,特别是"联推竞选"在候选人提名过程中,经过了两道程序:"荐举"和"公推"。"荐举"包括个人自荐、团员或青年联名推荐、团组织推荐以及党组织推荐,在这一过程中,只要是有参与意识的团员、青年都可以自荐(指团员)或联名推荐他人。"公推"指被"荐举"的经过资格审查(审查人选年龄条件和是否有违法违纪行为）符合条件的人选交由全体团员和35岁以下非团员青年的大会,由这些人员发表竞选演讲,经与会全体团员青年无记名投票产生规定人数的候选人。而后将这些候选人交团员大会进行差额选举,并当场公布选举结果。这些做法实际上是对《中国共产主义青年团基层组织选举规则(暂行)》中有关规定的内容进行具体化和制度化,从而实现了选举性质的根本性转化。①在这一过程中,团员与非团青年合法的政治参与权得到了充分体现,不论是参与竞选还是参与推荐、投票的权力都得到了保证。同时,由于参加竞选的人员,必须发表竞选演说,以及选举结果当场公布,从而使全体团员青年对参加竞选的人员想法与个人情况,以及选举结果拥有了充分的知情权。

采取了由团员和35岁以下非团员青年共同投票决定候选人,与团员大会(或团代会)选举产生团组织领导班子相结合的做法,扩大了基层团组织的群众基础,实现了团组织的先进性与群众性相结合的诉求。"联推竞选"的候选人推荐,采取的是个人自荐、团员或青年联名推荐、团组织推荐以及党组织推荐相结合推荐人选,以及由团员和35岁以下非团员青年共同投票决定候选人。这一做法打破了基层团组织领导班子的人选推荐权与候选人的决定权局限于党团内部的传统,扩展到35岁以下的非党团员青年。这一做法使团组织的合法性基础扩展到体制外的青年,从根本上实现了团组织拥有代表、团结、带领和教育青年的责任与权力。团组织领导班子在团员大会(或团代会)上通过差额选举产生,这样团组织的先进性就能通过制度形式得到保证。"联推竞选"做法中的这两道程序的结合,从制度上解决了长期困扰

---

① "第九条 团内选举应尊重和保障团员的民主权利,充分发扬民主,体现选举人的意志,任何组织和个人不得以任何方式强迫选举人选举或不选举某个人。""第二十二条 团的支部委员会、总支部委员会由全体团员酝酿提名,上届委员会根据多数团员的意见确定候选人,提交团员大会进行选举。团的支部委员会也可以不提候选人,经全体团员充分酝酿后,直接投票选举产生。""第二十三条 团的基层委员会委员,凡召开团员大会选举的,由上届团的委员会在组织团员民主推荐、充分酝酿的基础上,根据多数团员的意见确定候选人预备名单,报同级党组织和上级团组织同意后,提交团员大会进行选举;凡召开代表大会选举的,由上届团的委员会广泛征求所属团组织和团员的意见,提出候选人的名单,报同级党组织和上级团组织同意后,提交大会主席团,经大会主席团初步确认,提交各代表团(小组)酝酿讨论,大会主席团根据讨论情况确定候选人名单,提交代表大会进行选举。"(共青团中央组织部:《共青团选举工作问答》,中国人事出版社,1993年,第157~159页。)

团组织的先进性与群众性相结合的困难的问题，为共青团不但成为先进青年利益的代表,而且成为全体青年代表奠定了初步的制度性基础。也从根本上解决了基层团组织民主集中制中的民主与集中的张力问题，从制度上为团内民主长期存在与正常运作提供了保证。

第三节　激活组织:"联推竞选"的绩效分析

一、基层团组织团内民主制度绩效衡量标准的界定

美国著名政治学家罗伯特·D.帕特南认为,评价代议政治制度时,"我们既必须评估它对其选民要求做出反应状况，又必须评估它在管理公共事务时的效率"。即"一个好的民主政府不仅要考虑它的公民的需求(即,它是回应型的),而且要对这些要求采取有效的行动(即,它是有效率的)"。[1]罗伯特·D.帕特南的这一观点,对政治民主制度绩效的衡量标准的确定具有一般性意义，是我们界定基层团组织团内民主制度绩效衡量标准的重要依据之一。但是在分析"联推竞选"的制度绩效时,还必须充分考虑团内民主以及共青团作为中国政治性群众组织的特性。具体来说,我们必须从一般民主制度绩效衡量标准、团内民主特性与共青团组织自身的特性三个维度,来考虑与确定"联推竞选"的制度绩效衡量标准。

团内民主选举作为代议政治在团内的体现，民主制度的一般性原则对团内民主制度具有重要的参考价值。因此,从一般民主制度绩效衡量标准来看,就是在实行"联推竞选"之后,基层团组织及其领导班子对于团员青年的要求,是否能够积极反应或比过去更注重团员青年的要求,以及能否快速或比过去更快地对团员青年的要求采取有效的行动。这一条标准是团员青年最为关心的,因为对他们来说,参加"联推竞选"就是希望能选出一个积极为

---

① ［美］罗伯特·D.帕特南:《使民主运转起来》,王列、赖海榕译,江西人民出版社,2001年,第72页。

他们服务并能反映他们要求的团组织领导集体。因此,这条标准是团员青年监督基层团组织的领导班子，以及作为在下一次换届时是否继续投其中某个团干部的票的重要依据；同时也是上级团组织与同级党组织评价这批团干部的重要依据之一。

共青团作为一个政治性组织，其性质决定了团内民主必须以团的生存与发展为最高原则。因此,从团内民主的内在规定性来看,衡量"联推竞选"的制度绩效，必须以其是否能较好或比过去更好维护基层团组织的正常运作,以及提高基层团组织活力、增强基层团组织吸引力与凝聚力的程度为第一标准。

当前中国政治与社会互动发展的逻辑，决定了共青团组织作为有着较强政治性的先进青年群众组织，负有贯彻、执行党和政府的方针政策,做好党的助手的任务，这是共青团组织有别于其它一般性的群众组织之处。因此,从共青团自身特性来看,衡量"联推竞选"的制度绩效时,还必须考虑实行"联推竞选"后,基层团组织执行党与政府以及上级团组织任务的能力、效率与态度改进的程度。这也是上级团组织与同级党组织对基层团组织的监督、评价的重要依据之一。

根据以上分析，我们可以将衡量"联推竞选"的制度绩效的标准确定为以下三个方面:一是基层团组织的吸引力与凝聚力增强情况；二是执行党与政府以及上级团组织的任务的能力、效率与态度改进情况；三是对团员青年的需求与困难情况重视并有效解决。

二、"联推竞选"的制度绩效分析

根据团中央组织部与共青团福建省委的调查结果，结合笔者对开展过"联推竞选"的若干地方与单位的调研情况来看,实行"联推竞选"的基层团组织在上述标准的三个方面情况都有着不同程度的提高,有些基层团组织有着实质性的变化。如团中央组织部对1997年9月在吉林省九台市城子街镇实行村团总支书记直接民主选举的调查后形成的报告中指出:"直接民主选举村团总支书记,给城子街镇农村基层团的建设和团的工作带来了深刻变

化……98%的团员青年反映,团的工作比以前活跃了。"①具体制度绩效情况分析如下:

(一)基层团组织的吸引力与凝聚力增强情况

任何组织生命力的丧失,一个根本性的原因在于该组织中的领导成员与普通成员,对参与组织活动缺乏内在的动力。对于共青团基层组织来说,特别是农村基层团组织,之所以长期存在活力不强甚至瘫痪的情况,很重要的一个原因也是基层团组织中团干部与团员组织、参与团组织活动的内在动力缺失。实行"联推竞选",从根本上激活了团干部与相当部分的团员青年的内在动力,从而增强了基层团组织的吸引力与凝聚力。这可以从团干部与团员两个角度来分析:

对于团干部来说,"联推竞选"做法中有三个方面的压力与吸引力激发了他们的内在动力:

第一,竞选时的承诺与连任的愿望。在过去,基层团组织的团干部人选主要是由党组织确定,而后进行选举。对于当选的团干部来说,更多感到的是被任命,需要负责的对象是那些提拔他们的人以及党组织,只要党的主要领导满意即可。许多基层团干部并非专职从事团的工作,还兼有其它更为具体的工作,由于团的工作存在着弹性,而兼职的工作却常常较刚性,并且党、政领导相对更重视这些刚性的工作,而对共青团工作不够重视。这样,团干部就自然地将绝大部分时间用于其它的工作上,共青团的工作也就被忽视了。实行"联推竞选",这些当选的团干部在竞选时对全体团员青年,对当选后的工作有过许诺,上任后这种许诺对团干部们是一种压力,同时也是团员青年们对他们监督的依据,是他们的诚信的一种表现。更重要的是,如果这些当选的团干部在任上无所作为,下一次换届时团员青年们就不投他们的票,那么这些团干部就无法再连任了。笔者在对福建省邵武市若干个实行"联推竞选"试点团组织调研时发现,许多团干部都反映感到这一压力的存

---

① 尹德明、阳向东:《吉林省九台市城子街镇实行村团总支书记直接民主选举的调查报告》,载团中央的"中国共青团"网站(http://www.ccyl.org.cn/)中的"团的研究文章"栏目。

在。比如,有一家股份制企业实行中层干部选聘制,其中团委书记是通过"联推竞选"产生的,两年换届一次,如果下一次换届时没有当选,就必须回到普通职工的岗位上,不能享受中层干部待遇,这就对团委书记产生了很大的压力。因此,实行"联推竞选"后,团干部除了需要对党、政负责外,更要对团员青年负责。这样,他们除了需要认真做好兼职工作外,对共青团的本职工作就必须更为重视。

第二,基层民主政治的空间与个人进步的可能。共青团是党的助手、后备军,长期以来共青团是党内政治录用的一条特殊且重要的渠道。传统的自上而下的挑选、录用的方式,使基层团干部的兴趣点与关心处是在上,而非在下。于是,共青团的工作出现了较严重的行政化倾向,从而造成基层团组织的活力下降等困境。随着社会转型的日益加速,特别是基层民主政治改革的推进,如农村的村民委员会与党支部的领导班子通过竞选产生,企事业单位的领导班子和中层干部通过选聘制来产生,这些都使基层党政干部的选拔与晋升规则发生了重大的变化。虽然共青团作为党内政治录用的重要渠道仍然不变,但其在基层录用的方式与路径却发生了重大的变化。团干部作为基层党政领导的重要来源,不再像过去那样,由党组织将他们直接作为后备干部,离开团的岗位后直接安排在党政相关的位置上。而是鉴于共青团的特点,在他们比其他人员更年轻时,就能在共青团岗位上得到较全面的锻炼,使他们具备了参与竞选、组织协调等从政所必备的经验与能力。另外,他们在团内的竞选中能够胜利,说明在青年人中有较好的群众基础,当选后的工作岗位又为他们进一步接触其他人员创造了条件。由于以上两个方面的原因使他们在离开共青团的岗位后参加党政领导的竞选时,在能力、经验、人际关系与年龄等方面占有优势。这样,共青团作为党内政治录用的重要渠道之一,就从简单提供位置转化为公平提供平台,从对具体的人的培养与选拔转化为通过提供制度与机制来选拔符合条件的人员。

正是基层民主政治的总体性推进,带来了共青团作为党内政治录用渠道中的规则变化,从而使青年人特别是大部分没有所谓"背景"而又有较强的政治抱负的团员青年,对能成为团干部进而有机会更好地从政有着较大兴趣。笔者在福建省邵武市实行"联推竞选"的某个行政村团支部的调研中了解到,全村团员不到100人,而报名参加团支委竞选的团员就有二十多人。之所以会有这么大比例的人报名参加竞选,其中一个很重要的原因是,在这之前的连续三位团支部书记离开团的岗位后,都被选进村"两委",目前的村党支部书记与村委会主任都曾担任过团支部书记。曾担任过村团支委而目前在村"两委"中任职的人数还不止上述三位。

这一规则的变化,从两个方面对团干部产生影响,从而激发了团组织活力:一是有一定政治抱负,参与意识、活动能力和群众基础较好的人,能够主动参加团干部的竞选,从而为团干部队伍素质的提高奠定了基础;二是担任团干部之后,为了个人进一步的发展,能积极开展工作,倾听团员青年意见,不断扩大与各方面的交往,注重提高自己的能力。这样从团干部的队伍素质与工作态度两方面保证了基层团组织的活力。

第三,自我表现的动力与市场经济下对能力的追求。笔者在调研时,也接触了一部分团干部,发现他们之所以要参加"联推竞选",并没有什么政治上的抱负,动机也较单纯,具体说来有以下几个方面:一是由于在学校期间长期担任班干部或团干部,回到农村后除了自己的生意或农活之外,仍有参与集体活动的冲动和需求,于是就参加竞选了。二是自己的事业较成功,产生了希望能够为其他人做点事的念头。三是个别人好胜心较强,看到现任的团干部能力、积极性较差,想自己来试一试。四是感到有必要通过参加竞选与担任团干部来锻炼自己,提高组织协调与社会交际能力,更好服务于自己今后的事业。这些动机促使他们参加竞选,也促使他们在共青团岗位上,较认真地为团员青年服务。如,1997年团中央组织部的《吉林省九台市城子街镇实行村团总支书记直接民主选举的调查报告》中提到,直选产生的吉林省九台市城子街镇朱家村团总支书记朱庆江上任后,组织青年到自家的鱼塘,现场讲授养鱼技术。[①]

对于团员来说,如果只有团干部的努力,而没有团员青年的内在动力的激发,那么团组织的活力也是无法得到激活的。对于团组织来说,实行"联推

---

① 尹德明、阳向东:《吉林省九台市城子街镇实行村团总支书记直接民主选举的调查报告》,载团中央的"中国共青团"网站(http://www.ccyl.org.cn/)中的"团的研究文章"栏目。

竞选"可以从以下四个方面激发团员青年的内在动力：

第一，青年人对人际交往与群体活动的一般性需求。人是天生的社会动物与政治动物。对于青年人来说，社会交往与群体活动是其内在的需求。诚然，青年人在日常生活与工作中，有着工作性或自然的与他人交往以及参加集体活动的机会，然而这种交往与集体活动并不能完全满足人们的需求，特别是在现代社会中，人们还有参与一种属于自己的组织的需求。尤其是在农村，文化、精神生活的单调，对于受过一定教育的青年人，特别是对于那些刚离开学校回乡的青年来说反差十分强烈，他们希望能有条件和环境来满足他们这些要求。也许他们并不清晰地明白这些要求和愿望，但在笔者的调研中，相当多农村的团员青年反映说实行"联推竞选"后，团支部组织他们开展了许多文体活动，他们感到很满意，从这点就可以看出农村青年人对文化、精神生活以及健康的同龄人之间交往的需求是多么强烈，因为这些是一般性的商业性的娱乐活动所不能代替的。[1]同时，这也是团员青年对基层团组织开展的活动的最低要求。然而在过去由于团干部的动力缺失，许多基层共青团组织连这些活动都没有组织，从而造成团组织的吸引力丧失，团员也因此对团组织失去信心，对团组织的各类活动也缺乏热情，由此团组织的活动就更难组织了，如此的恶性循环最终导致团组织的瘫痪。因此，许多基层团组织在"联推竞选"后的活动力度加大，使团员青年对于社会交往与集体活动的需求在团组织中得到满足，团员青年对于参加团组织活动的兴趣与热情再次得到恢复（这些主要指企业与农村团组织）。

第二，团组织特有的组织资源的吸引力。除了上述满足团员青年健康的社会交际与集体活动的功能，共青团组织还有它特有的组织资源对于团员青年来说具有吸引力，主要表现在共青团是一个全国性的青年组织，同时又

---

① 曾经有人认为共青团没有什么作用，不过是组织青年人搞一些文体活动而已，于是就把共青团戏称为"娱乐团"。其实他们没有想到，文体活动对于青年人是十分重要的，通过组织正常的青年人间的交往活动对于青年人的精神健康是十分必要的。特别是在精神、文化生活十分贫瘠的地方，或对于工作压力极大如一些非公企业中的职工来说，像学校里的青年人那样的正常文体活动与集体活动几乎是奢侈品[可参见《清华社会学评论（2002年卷）》（社会科学文献出版社，2003年）中的《生存的文化——通过私人信件透视外来个人的生活》]。如果，在这些地方中共青团组织能组织一些类似的活动，那就不是一般意义的工作，而是具有政治性意义的。

是共产党领导下的负有政治任务的群众组织，这两个特点决定了共青团组织有着为团员青年服务的健全的组织网络和较丰富的信息与人才资源，以及有着帮助团员青年提高素质的责任。由于信息搜寻需要成本以及现有社会组织能够为信息的成本效益提供稳定的结构，①再加上当前我国市场中的信任等社会资本稀缺等原因，决定了许多团员青年对共青团组织提供的信息与服务有着较强的信任感，对于农村来说更是如此。改革开放以来，特别是团的十三大之后，各级共青团组织根据社会变化与不同时期团员青年的需求，不断调整工作内容，根据不同领域的特点提出有针对性的工作和服务项目。因此，只要基层团组织的团干部能够结合实际，认真执行上级的要求，所开展的各项工作和活动是能够得到团员青年欢迎的。实行"联推竞选"后，由于基层团组织团干部积极性的提高，推出各项工作与服务，团员青年对团组织的特有资源有了更深的体会，增强了基层团组织的凝聚力和吸引力。如，团中央组织部调研组在《吉林省九台市城子街镇实行村团总支书记直接民主选举的调查报告》中反映到，实行"直选"的城子街镇"各村团组织围绕党支部的中心工作和团员青年致富成才需求，开展了丰富多彩的活动。98%的团员青年反映，团的工作比以前活跃了…… 目前，全镇87.6%的团员青年参加了团组织举办的致富实用技术培训班"。"团组织的凝聚力普遍增强。以前团员不爱团、青年不跟团的现象有了根本改观。去年9月份以来，城子街镇半数以上的适龄青年向团组织递交了入团申请书，团员队伍和入团积极分子队伍迅速壮大。陈家村团总支在1990年至1997年的8年间，一共只发展了3名团员，而在直接民主选举后的8个月中就发展了3名团员，共有15名青年递交了入团申请书。调查中，82%的团员青年表示在个人事务与团组织的活动发生冲突时，优先参加团组织的活动。"②

第三，基层民主政治的空间与个人进步的可能。如上文中提到"基层民主政治的空间与个人进步的可能"对团干部产生着较强烈影响一样，对团员

① 周雪光：《西方社会学关于中国组织与制度变迁研究状况述评》，载应星等编：《中国社会学》，上海人民出版社，2002年，第320页。

② 尹德明、阳向东：《吉林省九台市城子街镇实行村团总支书记直接民主选举的调查报告》，载团中央的"中国共青团"网站(http://www.ccyl.org.cn/)中的"团的研究文章"栏目。

青年的影响也十分明显。主要体现在以下两方面：一是有从政意识的团员青年，希望通过积极参加团组织组织的各项活动，扩大交际面以及增加表现自己的机会，为今后在团内或基层民主中的其它民主选举奠定基础。特别是对那些曾参加过"联推竞选"的团员或青年党员来说，为了能够获得下一次的成功，更是会积极参加活动，而这些人的参加对于现任团干部工作来说也是最有力的监督。二是一些团员青年虽然个人并没有什么从政动机，但是基于基层民主政治的规则有利团干部发展以及团干部们希望人们支持他们的工作，为了自己未来能够长期得到基层领导人的庇护，就积极参加团组织的活动，以期与这些团干部建立良好关系。

第四，团干部的动员及与团干部的私人关系。"联推竞选"客观上还从两个方面促使团员对团组织产生向心力：一是团干部的动员。通过"联推竞选"当选的团干部，一般说来，在工作主动性、号召力等方面都较不错，因此在开展活动时，若有些活动团员对此积极性不高，他们经常会发动领导班子中的各成员分头去动员，每个人只要发动数名团员，就能保证活动的正常开展（只要不是有人数要求的活动）。二是团员与团干部的私人关系。许多学者认为，中国社会中的人际关系是经济和社会组织的主导结构之一。它的本质是促进人们之间恩惠交换的一系列人际关系，从而保证了组织的有效运转。[①]同样，在基层团组织活动中，这种现象也存在，从一定意义上讲，"联推竞选"后团组织的活力之所以能够有所加强，与客观上运用和发挥了这种主导结构的作用是分不开的。因为能够在"联推竞选"上获胜的团干部，人际关系都较好，每一个团干部身边都有一批私人关系较好的团员青年，这样，在开展活动时许多团组织除了以组织名义通知、号召之外，团员青年中相当一部分是通过每个团干部的私人关系获得动员，从而保证团组织活动的正常进行。

从以上分析中，我们可以发现，实行"联推竞选"之所以能够增强团组织的活力，最根本的原因在于，在基层政治全面民主化的背景下，由于实行"联推竞选"，导致基层团干部产生与发展的规则和路径发生了根本性的转变，从根本上激发了团干部的内在动力，从而在制度与机制上为基层团组织活

---

① 边燕杰：《找回强关系：中国的间接关系、网络桥梁和求职》，载《中国社会学》，上海人民出版社，2002年，第223~224页。

力的持续提供了保证。

（二）执行党与政府以及上级团组织的任务的能力、效率与态度改进情况

关于实行"联推竞选"后，基层团组织执行党与政府及上级团组织任务的能力、效率与态度改进情况，以及对团员青年的需求与困难情况重视并解决的情况，在前文关于"基层团组织的吸引力与凝聚力增强情况"的部分中，对其中相当部分内容已作了分析。在这一部分与随后的一部分中，主要是对这些情况从另一侧面作一简要的梳理。

共青团自成立起，就在自己的纲领中明确了必须在政治上接受共产党的领导，这就从根本上决定了共青团与其他一般性的群众组织的区别。新中国成立之后，共青团更是成为党整合社会的一个重要组织。随着改革开放的深入与市场经济体制的建立，共青团的性质决定着它肩负着在自己的工作领域中服务于变化了的青年需求，以及推动社会转型和发展的任务。共青团的性质与历史、现实的任务决定了，基层团组织有着贯彻、执行党和政府的方针政策以及上级团组织的任务的责任。对于基层团组织来说，实行"联推竞选"后，从三个方面提高与改进了执行党与政府以及上级团组织的任务的能力、效率与态度：

第一，实行"联推竞选"从制度与机制上保证了基层团组织活力的长期持续。基层团组织，特别是农村基层团组织，走出了"瘫—建—瘫"的怪圈，为执行党与政府以及上级团组织的任务奠定了根本性的基础。

第二，实行"联推竞选"后，基层团组织执行党政、上级团组织的任务的动机，由被动的行政化的执行向主动的服务性的工作转变，保证了任务落实的实效性。也就是说，过去，基层团组织的工作评价体系是由党政领导与上级团组织来制定的，工作主要是做给上级看的，因此存在着被动执行与形式主义等现象。实行"联推竞选"后，工作好坏是由团员青年来评价的，这决定着团干部是否能得到团员青年的支持，决定了其未来的发展。因此，这时团干部执行上级的工作，更多地会考虑团员青年的需求，会将上级的任务与团员青年的需求结合起来执行，注重的是实效，而不是形式。这就为上级的任务切实落到实处提供了有效的机制。如，"实用技术培训工作"和"农村青年

文化节"是共青团农村工作中的文明工程与人才工程的重要内容,现在许多实行"联推竞选"后的农村基层团组织,都主动地将这两项工作作为服务团员青年的重要内容,因为这与团员青年的实际需求相吻合。如,吉林省九台市城子街镇实行村团总支书记直选后,朱家村团总支书记朱庆江上任后,组织青年到自家的鱼塘,现场讲授养鱼技术;请村里的"能人"对青年进行农业实用技术培训;组织青年为村里的"五保户"提供志愿服务,受到广泛好评。全镇87.6%的团员青年参加了团组织举办的致富实用技术培训班。①

第三,"联推竞选"提高了基层团组织领导人的威望,增强了团组织在紧急时期的动员能力。笔者在调研的过程中,好几个村庄、单位的党政领导都反映说,团组织实行"联推竞选"后,在紧急时期,如洪水爆发等情况下,团干部组织动员团员青年的能力较强。究其原因,在于通过"联推竞选"出来的团干部,为大部分的团员青年所认可,从而使这批团干部在团员青年中有着较高的威信,相应的,他们在紧急时期的号召力就较强。

(三)重视并解决团员青年的需求与困难情况

在共青团早期历史上曾有过关于共青团自身定位的大讨论,就是有名的关于共青团"先锋主义与取消主义"的争论。后来,经过党、团的共同努力以及在革命斗争中的实践,逐渐形成了明晰的党团关系,从而也解决了共青团定位的问题。"党的助手、后备军"的性质与定位,规定了共青团作为先进青年的群众组织,在国家的实际政治生活中所应发挥的作用与作为执政党的共产党有着质的差异。历史上形成的,并已为党团内外所认同的共青团的性质与政治责任,决定了党组织与团员青年对共青团工作的期望值是有限度的。因此,团的十三大以来,团中央提出要在新时期将对共青团工作的要求用"青年文明工程"与"青年人才工程"来整合,集中全团力量来实施,长期坚持,而不是包罗万象、包打天下。同样,在基层中,团组织也只能是协助党组织有重点地做好服务青年工作,这是团内民主的制度绩效与一般民主中对政府绩效衡量标准要求的重要差异之处。

---

① 尹德明、阳向东:《吉林省九台市城子街镇实行村团总支书记直接民主选举的调查报告》,载团中央的"中国共青团"网站(http://www.ccyl.org.cn/)中的"团的研究文章"栏目。

实行"联推竞选"后,对于基层团组织来说,并非是在工作范围上有重大的突破,而是团干部对于团员青年们的实际需求与困难更为重视,在自己力所能及的范围中,更快速、更有效地为团员青年们服务。从笔者调查与有关资料反映的情况来看,由于"联推竞选"导致了以下三个方面的变化,使团干部对团员青年的需求与困难的重视态度和解决能力有了较大程度的改进与提高:

第一,团员青年利益表达渠道得以建立与拓宽。"联推竞选"做法,不但为团员青年在选举时自由表达自己意志的提供了途径,而且也为选举后团员青年的利益表达创造了内在机制。实行"联推竞选",使团干部的个人发展与其被团员青年所认同与接受直接联系起来,这就促使团干部不论是在选举前还是选举后,对团员青年的意见都非常重视,并乐意多与团员青年接触。这样就为团员青年表达自己意见创造了良好的条件,一些地方多年未开的生活会重新受到了重视,私下里的征求意见更为普遍,团员青年直接向团干部提意见与建议也日渐多起来。

第二,团员青年对团干部的监督机制得以形成与发挥。"联推竞选"做法,为团员青年监督团干部创造了一个根本性的监督机制,那就是直接的完全性竞争的选举。如果团干部不能重视团员青年的意见,关心团员青年的需求,团员青年可以用直接提意见、政治冷漠与不投票等方式来对团干部进行监督,其中完全竞争性选举是这一系列监督方式的根本性基础,从而保证了监督的刚性。

第三,团组织固有的组织资源得以开发与利用。由于共青团组织在国家政治生活中的特殊性地位决定了,它拥有着其它一般性群众组织所不具备的各种资源。但在过去,这些资源很大一部分被闲置,无法为基层的团员青年所利用,其中的一个重要原因是由于基层团干部工作动力缺失。实行"联推竞选"后,许多基层团组织的实践都证明了,大部分受到团员青年肯定的活动、工作都是由于这些团干部积极利用了团组织中所固有的组织资源,包括各级团组织长期开展的一些活动以及团组织所提供的各种信息资源等。如"青年文明工程"与"青年人才工程"中所包含的一系列活动,对团员青年的发展都具有很大帮助。"联推竞选"后的团干部由于在各种机制的激发下,都十分重视运用这些现成的组织资源来为所在团组织的团员青年服务，从而极大提高了满足与解决团员青年需求和困难的能力。

第四节　主体缺失、经济制约与党组织认同："联推竞选"的制约因素分析

"联推竞选"作为重要的基层团内民主制度创新，对于提高基层团组织活力和推进基层团组织整体性转型具有十分重要的作用与意义。然而根据笔者的调查与有关资料的反映，"联推竞选"做法在试点与推广过程中并非一帆风顺，而是遇到了诸多困难，存在着各种制约因素。这些制约因素中有客观性原因，也有人为性的主观认识问题，概括起来有三个方面：团员与团干部的主体缺失，经济落后的制约，以及党组织与上级团组织的认同与支持问题。

一、主体缺失：社会变迁中的农村基层团组织困境

主体缺失对于任何组织来说都是一个致命性的问题。如果是主体的完全缺失，那么就意味着组织的消亡；如果是组织主体中的精英缺失，那么就意味着组织活力与质量的下降，甚至导致组织的瘫痪。随着改革开放的深入与市场经济体制的建立与发展，主要由于人口流动加速，导致了基层团组织，特别是农村基层团组织，开始出现团组织的主体缺失现象，有些地方还十分严重，成为困扰农村基层团组织的一个重要问题，也是农村基层团组织出现"瘫—建—瘫"怪圈的原因之一。团组织主体缺失的现象，对于基层团组织实行"联推竞选"来说，是根本性的制约因素。

农民外出打工成为大部分内地或相对贫困的农村地区的一种普遍现象，而这些人员中35岁以下的青年占绝对多数。由于不同地区的外出打工青年人的比例不同，农村基层团组织的主体缺失的程度也就存在着差异，从笔者调查与有关资料反映的情况来看，主要有以下三种情况：一是团员青年实

际的完全缺失。根据有关学者的调查,有些村庄外出打工的人数占劳动力的74%,总人口的50%。[1]根据笔者的调查,像这样的村庄中,团员青年几乎全部外出打工,但这些外出团员的团组织关系仍然在所在的村里,绝大部分不会转移,也无处可转移。这样的农村团支部就是空壳的支部,完全瘫痪,因为它已无实际主体存在。这种现象比例较小。二是大部分或部分团员青年的缺失。这种现象比例最大,在农村团组织中普遍存在。三是团员青年中精英分子的缺失。如,素质较高的团员或年轻党员大部分外出打工,甚至团员大部分外出打工(团员的素质在农村青年中一般都是较高的)。

主体缺失现象对农村基层团组织的"联推竞选"做法的制约性影响,主要有以下两个方面:

一是团员缺失,导致团员大会召开的困难。在上述第一种现象中,所在的团组织实际上已消亡,团组织的所有活动都无法开展,更不用说实行"联推竞选"。第二、三种现象对"联推竞选"的实行也存在着严重的阻碍作用,主要是团员大部分外出打工,当留守的团员数量少于法定人数时,"联推竞选"的团员大会就无法召开。按规定,如果团员超过一定时间没有参加团组织活动或交团费,便以自动离团处理,但如果这样执行,那么团员数将急剧锐减,许多地方为保证当地团员数,只好对此不作处理。况且,这些团员一部分还在逢年过节时回乡,偶尔也参加团组织的活动,并集中数月或半年交一次团费,或托人代交,只是在选举时不在。这种现象也是导致有些地方的农村团支部多年没有换届的原因之一。于是,许多地方团组织在换届时,遇到这种情况只好向上级团组织打报告,以在家的团员数为基准来确定人数比例,个别地方还将本村在本县、市上学的学生团员叫回来参加选举,以保证选举的正常进行,但这些学生团员的团组织关系毕竟不在村团支部,然而这也是一种无奈的选择。还有一种现象就是,大部分团员外出,只有极少数的团员在家,在这种情况下是根本无法进行换届选举的,更不用说实行"联推竞选"。

二是团干部人选或团干部的缺失,导致"联推竞选"的流产或团组织班子的瘫痪。由于团员中的素质较高者绝大部分外出打工,留守的团员素质普

---

① 周大鸣:《外出务工与输出地政治结构的变迁——以江西省为例》,载《农民工——中国进城农民工的经济社会分析》,社会科学文献出版社,2003年,第188页。

遍不高,对参与政治生活严重缺乏热情,有些地方出现要实行"联推竞选",却没有人愿意报名,导致"联推竞选"的流产。许多地方的团干部当选之后,由于外出打工,导致团组织班子瘫痪。当然,在笔者调查中,也了解到一些团员外出打工数年后返回家乡,这些人的素质有的较高,有的也较一般,但都有一个特点,比过去更活跃、更愿意参加政治生活,观念也较新。在"联推竞选"中这批人当选的占了较大比例。有关学者对外出务工对农民工输出地的政治结构变迁的研究中,也反映到回流的农民工对基层政治产生着一些良性影响。①但是有关研究也显示,农民工回流的比例极低,特别是目前在25岁以下的第二代外出务工者,由于价值观的变化,愿意回乡的比例就更小了。②因此,在偏僻与贫困的农村地区,团组织主体缺失的现象将有可能进一步加剧,而不是缓和,至少在短时间内是如此。这也说明在城市外来务工者中,建立团组织任务之艰巨与责任之重大。③

二、经济制约:基层团组织团内民主的物质性约束

在市场经济条件下,经济因素对于政治生活的影响是相当之大的。共青团工作,也同样地受到经济因素的影响,特别是在农村与企业中,经济因素更是成为团组织工作的制约性因素,它对"联推竞选"做法的影响也是十分明显的。概括起来,有以下两个方面:

---

① 周大鸣:《外出务工与输出地政治结构的变迁——以江西省为例》,载《农民工——中国进城农民工的经济社会分析》,社会科学文献出版社,2003年,第192~194页。

② 王春光:《新生代农村流动人口的外出动因与行为选择》,载《农民工——中国进城农民工的经济社会分析》,社会科学文献出版社,2003年,第196~205页。

③ 有学者在调查中发现,城市外来务工者对属于自己的组织以解决精神性问题与利益维护具有强烈的渴望(也许这些渴望他们本身并不明确知道)。如王春光在他的研究报告中写道:"我们在北京一个外来人口自己组建的组织,碰到农村来的年轻人,他们对我说:'我们外出打工,非常寂寞,没人聊天,没人交流。现在有了这个组织,每周大家一起聚一聚,聊聊天,还是挺高兴。'但是像这样的自治组织,在农村流动人口中几乎找不到第二个。"(王春光:《新生代农村流动人口的外出动因与行为选择》,载《农民工——中国进城农民工的经济社会分析》,社会科学文献出版社,2003年,第202页。)这些现象都是值得团组织重视的,也是团组织在新时期所应该做的工作。

1.间接影响

经济因素对"联推竞选"做法的间接影响,是指当地或所在单位的经济状况决定了团组织的主体缺失情况,以及团员青年对政治生活的态度,从而对"联推竞选"做法产生了影响。在上述关于"主体缺失"部分的分析中,我们知道,出现主体缺失现象的一个很重要的原因,是由农村团员青年外出打工造成的,这些农村地区普遍较贫困。经济原因不但导致了这些地区团员青年大量外出打工,而且在一定的时间内使当地的团员青年对当地的基层民主政治产生了淡漠情绪,因为在这些地方担任村委会、党支部干部与团干部,并不能给他们带来什么实质性的利益。然而在经济条件较好的村庄,情况与此就刚好相反了。在企业,情况与农村也类似。这些情况对"联推竞选"工作造成了严重影响。

2.直接影响

经济因素对于"联推竞选"做法的直接影响,是指当地或所在单位的经济状况好坏,对团组织的工作经费与人员工酬等影响,从而对"联推竞选"的实行产生直接的影响。笔者在调查中了解到,当前农村的许多地方,召集农民开会必须支付误工补贴或请吃饭。对于一些农村团组织来说,由于所在村庄经济不好,平常的团组织活动与召开换届选举大会的所需经费都无法支付。另外,在一些经济条件较差的农村中,只有当选了村"两委",才能有一定的补助费,如果团支部书记不能选进村"两委",在经济上几乎没有补助或补助极少。因此,许多村庄为了保证各类村级组织的完备,又减少经济负担,就指定一名年轻的村"两委"成员来兼任团支部书记,这样"联推竞选"的实行就不会被当地的党组织所采用与认同。因为通过"联推竞选"产生的团干部,不一定就能被选入村"两委",而由村党组织提名的年轻村"两委"成员又不一定能够在"联推竞选"中获胜,为了保险起见,干脆不去冒这个险。但是在经济条件较好的地方,由于村级财政较好,不论是团组织的活动经费,还是团干部的补贴都能得到满足,再加上这些地方的年轻人民主意识与参政意识较强,于是实行"联推竞选"在经济因素方面的制约就较少。在企业中,情况也类似。

三、党组织认同：党团关系逻辑在团内民主中的演绎

党、团的历史与性质，决定了共产党对共青团的领导关系。领导关系除了体现在政治上的领导之外，最重要的体现在对团组织的领导干部的决定权上。"联推竞选"的做法，核心在于团组织的班子成员的候选人，由党组织独立提名，变为由个人报名、团员青年推荐、团组织与党组织提名相结合，由候选人经团员或团员代表的简单酝酿到由全体团员与35岁以下的青年召开会议投票决定。这一转变是对基层党管干部模式的改革，是由对具体人头的管理到通过制度来管理。因此，团组织的"联推竞选"做法，如果没有党组织的支持，是根本无法实现的。这也决定了，只有待村委会"海选"、农村党支部实行"两推一选"以及企事业单位的人事制度改革等，都已实行后，团组织的"联推竞选"的做法，才能够在较大范围内为基层党组织所认同与支持。虽然如此，"联推竞选"做法在具体试点与推广的过程中仍然困难重重，一些地方还出现了反复。

根据笔者的调查，在党组织方面有三个原因造成了"联推竞选"实行的困难：一是部分地方的党组织负责人存有私心，于是以各种理由顶住，再加上目前还只是处于试点阶段，他们就更有理由不执行。二是部分地方党组织领导人不重视、怕麻烦的心理也是造成"联推竞选"实行困难的原因，因为许多基层党政干部认为共青团对于当地的发展所起的作用并不明显，所以对于共青团建设来说多一事不如少一事。三是部分基层党组织领导人对在共青团中采取"联推竞选"做法，有不同看法，或是根本不同意，或是机械认为目前只是要求在党组织中这么做，还没有要求在团组织中推行。因此，据曾实行"联推竞选"的地方团的领导机关同志介绍，他们在实施这一做法过程中，在做基层党组织负责人工作方面花了很多时间，特别是要取得一些乡镇党委书记的支持很不容易，只要取得乡镇党委书记的支持，村党支部的工作就没问题了。同时，我们也看到，在一些党组织较支持的地方，"联推竞选"做法的实行就比较顺利。所以近年来中央提出"党建带团建"的要求，对于共青团建设来说确实是十分重要的。"联推竞选"做法中存在的党组织认同与支

持问题，再次说明了团内民主需要与整个国家的政治民主化的总体步伐相一致的客观现实性。

第五节　组织维系与推进团内民主的统一：共青团基层组织团内民主与制度创新的现实选择

中国政治发展的历史逻辑和现实任务，以及青年发展的内在需求，决定着共青团组织必须存在与发展。这一前提决定了，推进共青团组织发展的措施都必须以维系共青团组织存在为最低诉求，并应力排障碍，努力提高团组织的活力。因此，在推进共青团基层组织建设时，应坚持组织维系、制度创新与推进团内民主相统一，根据组织所处的环境、条件决定所采取的措施。

一、组织维系：团内民主的目的诉求与客观制约之张力中的理性选择

从上述关于"联推竞选"制约因素的分析中，我们可以看到，推进团内民主虽然对于激活与提高基层团组织活力具有重要作用，也是时代发展对团组织自身转型的一种要求，但是由于体制内固有的缺陷以及人们认识、利益的差异性和社会发展的地区不平衡性等因素，造成了团内民主在推进的过程中仍然遇到种种困难。这些困难有些是属于主观认识问题，而相当部分是客观性制约。随着整个社会的基层民主政治的进一步推进，那些主观性困难将会逐渐得以克服。但是那些客观性制约并不容易克服，其中部分问题不仅给推进团内民主造成困难，而且已成为基层团组织存在的威胁，如主体缺失和经济制约，以及在制约因素中没有提到的非公企业的团建困难等。面对这种情况，加强基层团组织建设就必须坚持因地制宜，分类指导，不能搞一刀切。对于条件具备的基层团组织要大力推进"联推竞选"等团内民主的制度建设，而对于那些尚不具备或制约因素较多的地方，应以保证团组织存在为主要目标。同时，我们还应该看到，实行团内民主的前提也在于团组织的存

在。因此,维系基层团组织的存在是我们在团内民主与客观制约张力中采取的最为必须的措施与目标。在维系团组织存在的措施中,就如在战争年代由于大量团组织被破坏,为了维系基础团组织的存在,只得采取一些集中的方式。同样的,在目前的这种情况下,在条件较困难的地方也只得实行一些传统的办法来保证。这是团内民主中的"民主与集中张力"原理在新时期的体现。

从目前的情况来看,对于那些由客观制约因素造成的困境,各地团组织主要通过以下三种做法来保证基层团组织的维系:

1. 采取"三位一体"做法或年轻村"两委"兼任团支书

所谓"三位一体"的做法,是指从党团员青年星火带头人中选拔配备村团支部书记并经村民选举兼任村委会科技副主任的做法。这一做法是由团中央、民政部与国家科委于1995年12月提出,其最初目的在于通过在农村实行"三位一体"做法"能够较好地把农村基层群众自治组织的力量、团组织和广大青年的生力军作用与青年星火带头人的技术优势结合在一起,投入到科教兴农的伟大实践当中,解决农业技术推广体系在村级断层的问题,有利于建立起在家庭联产承包责任制和市场经济条件下的农村村级科技推广工作机制。从党团员青年星火带头人中选拔村团支部书记并兼任村科技副主任,还能使优秀的农村青年较早地走上适当的岗位进行必要的锻炼,有利于改善农村基层干部队伍的知识结构、素质结构,培养村级后备干部"[①]。同时,许多地方党团组织为提高团组织的工作实效,要求在有条件的地方,通过规定程序,推行村团支部书记进"两委"的制度,提高基层团组织在所在村的领导体制中的规格与地位。这两个制度,在一些地方落实得较好,起到了应有的效果,但在一些地方变成了由年轻党员的村委会副主任或"两委"成员来直接兼任团支部书记,而不是通过"联推竞选"的方式产生。这些主要发生在"联推竞选"条件约束较严重的地方。这种直接提名或任命做法,虽然有悖于团内民主的精神,但对于团组织存在的客观条件较差的地方来说,为了维

---

① 《共青团中央、民政部、国家科委关于推广农村青年星火带头人、村团支部书记、村委会科技副主任"三位一体"配置的意见》,载团中央的"中国共青团"网站(http://www.ccyl.org.cn/)中的"共青团中央文件库"栏目(1995年)。

系团组织的存在,它却是一种较理性的选择。因为在经济条件较差,特别是那些村财政状况较差以及团组织主体缺失较严重地方,通过年轻的村"两委"成员兼任团支部书记,既保证了团支书工作的落实,又解决了团支部书记人选缺失问题,从而维系了团组织存在与正常运转。

2.下派团干部

在一些地方团组织中,特别是在贫困农村,主体缺失现象十分严重,有些地方没人愿意担任团干部,甚至连符合条件的年轻村"两委"成员的人选都找不到,按理说在这些地方没有团组织的存在条件,然而在这些地方中,却仍有一定数量的非团员青年与部分素质偏低的团员。对于这些团员青年来说,却是最需要社会与国家予以帮助的,因此在这些地方建立与恢复团组织是十分必要的。许多地方的团的领导机关,是通过下派团干部的方式来解决这一问题。如河北省石家庄市的共青团组织在开展农村团建的"城乡青年1+1,双学双促求发展"活动中发现,农村部分团组织瘫痪的直接原因是找不到合适的团干部。2002年12月,共青团石家庄市委联合市委组织部、市财政局向社会招选了100名城市优秀青年志愿者到农村担任团干部。这些青年志愿者是经组织推荐报名和考察筛选的,他们的党团组织关系直接转接到村,纳入村干部管理序列,日常管理由乡镇党委负责,任职期间每月每人补贴150元生活补助,由市财政统一发放。他们任期两年,期满后回原单位工作。据统计,这批团干部到位后,至2003年4月上旬,新建团支部31个,整顿团支部25个。他们的到来,既健全、活跃了农村团组织,又成为农村青年增收成才的带头人,他们帮助村里青年学技术、寻项目、找市场,增加致富门路。[1]

3.调整组织设置

由于社会转型与变迁,新的社会经济组织大量涌现,人口流动速度加快,这些都对原有的团组织设置方式提出了挑战。从20世纪80年代开始,团中央就提出,要根据社会经济发展变化情况,调整团组织设置,各地团组织也做了大量试点。但是对于这一问题,到目前为止,还未得到完全解决,特别

---

[1] 李海峰、许海涛:《石家庄:百名城市青年志愿者到农村做团干部》,《中国青年报》,2003年4月19日,第1版。

是在非公企业中建立团组织的问题,已成为团建工作中的一个大难题。但是需要通过调整组织设置来扩大团组织的覆盖面,已成为全团上下的共识。

二、组织维系与推进团内民主的统一:基层团组织团内民主渐进改革的逻辑必然

团内民主的目的诉求及其现实制约,要求我们必须以维系团组织的存在作为团建工作的最低诉求。但是强调组织存在的维系,并非是对推进团内民主的否定,理性的选择是要坚持保证组织存在与推进团内民主建设相结合。也就是说,在加强团组织建设的过程中,要立足于团组织的存在,突破那些落后于时代发展的观念,大胆进行组织设置的创新,并采取有效的措施维系团组织存在,扩大组织在青年中的覆盖面。同时,对于具备条件或通过努力可以达到的地方,要积极推进团内民主建设。在推进团内民主建设的过程中,不追求整齐划一和严格强调层次的递进,而是从实际出发,根据条件成熟的情况来确定工作对象与工作内容。这样,可以做到既推进了民主发展,又保证了组织的维系;既强调了先进,也照顾到了落后;既保证了正常工作的开展,又不耽误团内民主的进程。具体说来,在下一步推进团内民主的过程中,可以从以下三个方面来把握工作对象与工作重点:

首先,在党政认同程度较高的地方,可以进行团内民主选举制度的进一步深化的试点。如,在那些乡镇党政领导班子实行"海选"的乡镇团委中推行"联推竞选"的做法。一是为全团的团内民主的深化创造经验,提供制度空间;二是为在全国其它地方的团内民主制度创新工作,提供更多体制内组织认同的力量。

其次,根据条件成熟的情况决定推进团内民主的层次。基层团内民主的推进工作要与组织维系和制度创新相结合,决定了不同领域、不同地区的团内民主化的进程可以不同,甚至有些地方的基层团内民主工作,可以因基层部分地方或大部分地方由于客观性选择较难推进团内民主选举,而在其条件成熟的上一级先开始。如,在一些地方的村级团组织实行"联推竞选"的制约因素较多,可以在条件相对成熟的乡镇团委一级实行。

最后,在条件允许的情况下,个别地方团组织的团内民主制度创新进程可以快于社会总体民主化的进程。团内民主由于其内在的限度规定,决定了其进程相对于其它基层社会组织(如村民委员会选举)以及总体的政治改革来说,或是滞后或是同步。这种现状对团内民主的发展影响来说,可以从两个方面来考虑:一是其它社会组织及政治体制改革的其它部分先行(包括人大改革的进程、党内民主的进程),可以为团内民主的发展与深化提供制度创新的参照样本。二是虽然党团关系对于团内民主的内在限度规定,决定了团内民主进程的速度,但在政治体制改革总体进程加快的情况下,由于体制内认同的提高,不排除团内民主制度创新的进程在某些地方与某些方面,可以快于党内民主以及政治体制中其它部分改革的速度。因此,这种现状对于下一步团内民主的推进来说,共青团组织具有一定的后发优势,当然这仅是就团内民主的推进的体制内障碍与创新可参照性来说,而不是指具体推进的其它难度。这就要求各级团组织的领导集体,要能够积极跟上,紧抓机会,努力推进。对于各级党组织的领导集体来说,应充分认识到团组织在政治体制中的位置,以及团内民主制度推进对于维护其执政合法性基础、推进党的干部制度改革和落实党推动社会发展的任务,都具有重要的作用。

第三十二章　青年志愿者行动与
团青关系重建*

　　作为中国共产党的青年组织,共青团的青年政治组织身份,决定了由共青团推动的青年志愿者行动具有政治和社会两重属性。其政治性体现为,共青团通过开展青年志愿者行动, 成功地寻求到一种与市场经济相契合的行动逻辑,从而为构建市场经济背景下团青关系奠定了良好基础。其社会性体现为,共青团通过开展青年志愿者行动,满足了多元社会对公益、利他等精神的需求,以救济市场原则所带来的原子化和功利化等弊病。青年志愿者行动的政治性实现必须以其社会性为基础, 而其社会性的具体实现形式却随着社会变化而不断变化,从而导致其政治性的实现形式也应随之而发展。另外,作为中国共产党的青年组织,共青团处于中国政治体系空间内,其行动逻辑和创新举措不仅受自身发展逻辑所决定, 而且还受到党的政策等因素所影响。

　　当前, 中共中央关于社会管理创新的决定就是共青团推动青年志愿者行动进一步发展的体制内的推动性力量和合法性基础。由于社会管理创新精神与青年志愿者行动进一步发展的自身逻辑具有内在一致性,从而使中央作出社会管理创新的决定成为了共青团通过推动青年志愿者行动发展以重建团青关系的一次良好契机。为此,我们认为有必要对共青团所推动的青年志愿者行动发展的内在机理以及发展方向进行梳理和研究, 并在此基础上形成全面推动青年志愿者行动发展的思路。

---

　　*　刊载于《中国青年政治学院学报》,2013年第4期。

第一节　团青关系重建与共青团行动逻辑转换：青年志愿者行动的政治功能

1993年12月共青团十三届二中全会通过了《在建立社会主义市场经济体制进程中我国青年工作战略发展规划》，决定实施青年志愿者行动，而这一规划的目的就是为了贯彻1993年11月党的十四届三中全会通过的《中共中央关于建设社会主义市场经济体制若干问题的决定》。[①]因此，我们可以得出以下判断：青年志愿者行动是共青团为了适应市场经济所采取的一项措施。诚然，这一措施提出时，人们对其政治功能可能并没有作出多少深入估计，但是在后来实践中，却充分展示出其内在的政治功能，其中，最突出一点就是使共青团行动逻辑发生了转换，从而为构建符合市场经济青年生存形态的团青关系奠定了基础。

一、青年生存形态与共青团行动逻辑：团青关系构建的内在机理

中国共青团是在党团关系与团青关系两个权力关系维度中生存与发展的。其中，党团关系决定了共青团组织形态的存续必要，团青关系决定了共青团组织形态的实现方式。在党团关系中，党组织是决定因素，而在团青关系中，青年是决定因素。对于团青关系来说，青年的生存形态又是青年因素中的关键。青年生存形态变化将导致青年行动逻辑发生变化，甚至与各类社会组织或政治组织之间关系的态度也将发生变化。对于共青团来说，如果青年生存形态发生变化就可能导致曾经与之相适应的共青团组织形态走向不适应，从而导致共青团与青年之间关系在认同度和密切度上都可能因此受到影响。这就要求，共青团必须根据青年生存形态的差异性，调整自身行动

---

① 李玉琦主编：《中国共青团史稿》，中国青年出版社，2010年，第348~349页。

逻辑,并在此基础上构建相应的组织形态。

1949年青年团重建之后,党团关系得到完全理顺并得以牢固确立,解决了共青团组织形态存续问题。但是新中国成立之后,团青关系问题却不断被提出,根本原因之一就在于社会结构变化所导致的青年生存形态不断发生变化。具体来说,由于社会结构变化使青年先后经历了单位化、原子化和自组织化①的生存形态,特别是自21世纪以来,这三种青年生存形态还同时存在,这就意味着青年生存形态不仅先后发生了巨大变化,而且在当今整个青年生存形态还十分复杂。为了维护团青关系,共青团就必须不断推动自身发展,使自身行动逻辑能够跟上青年生存形态的变化和发展。

二、学雷锋活动与共青团行动逻辑:计划经济时期团青关系的本质规定

如果对团青关系进行分析的话,我们会发现,在这一对权力关系中,实际上涉及几个方面内容:权力主体内容,权力主体相对分量,权力运行方向和权力主体之间认同状态等。如果青年生存形态发生变化后,那么团青关系中上述所涉及的四方面内容都可能因此发生变化。为了维系并推动关系的紧密化,作为权力主体另一方的共青团也应该就这四方面内容进行针对性地调整,从而为新的关系内容的形成奠定基础。我们将在权力关系相对稳定状态下,某一方权力主体在关系内容要素中所体现的相应特点,称为权力主体的行动逻辑。由此,我们就可以得出一个结论,那就是由青年生存形态变化而引起青年行动逻辑调整时,为了使团青关系得以维系,共青团的行动逻辑也应该发生变化。而在青年处于某一种生存形态下,共青团就应有相应的行动逻辑。诚然,行动逻辑可以贯穿于共青团工作的各方面,但是为了倡导性需要,共青团会在实践中提出某一种典型性行动或活动,其中就集中体现了共青团在这一时期的行动逻辑。

---

① 单位化青年是指单位社会背景下依附于单位组织和基层党、团组织的青年。原子化青年是指市场经济条件下与职业共同体之间处于契约化状态的青年。自组织化青年是指网络社会条件下基于网络或在此基础上参与自组织的青年。

在计划经济体制背景下,单位社会是通过政党组织建构起来的,政党组织网络成为社会组织化基础,基层党组织成为每一单位的全方位的领导核心,而共青团作为政党青年组织,共青团与青年之间有着高度利益相关性,青年处于与党团组织和单位有着高度依附性的单位化状态。为了适应计划经济体制和单位社会体制,1962年共青团中央推出"学雷锋活动"①,这一典型活动在充分反映单位化青年的生存状态基础上,不仅体现了团青关系中的组织在先行动逻辑,而且也为当时社会建设和意识形态建设提供了一个现实的操作内容,从而受到了党中央和社会的一致认同。

三、青年志愿者行动与共青团行动逻辑:市场经济时期团青关系的本质规定

改革开放的深入,特别是市场经济体制的建立,导致计划经济体制退出和单位社会体制衰微。在此背景下,青年人的主体性得以强调和发展,同时,青年特别是职业青年更多是通过契约方式与职业共同体发生关系,因此青年人的生存状态就呈现出原子化的状态。青年人生存状态发生了变化,就导致了需要寻求一种与市场经济背景下青年生存状态和行动逻辑相匹配的机制,作为构建共青团与青年关系的基础,同时,也要求共青团必须改变自身行动逻辑。为此,在1993年团的十三届二中全会上,共青团中央推出了"青年志愿者行动"方案。青年志愿者通过招募方式产生,因此在行动逻辑上体现为招募方与被招募者之间存在着主体平等与双方合作的倾向。随着该活动的推动,青年志愿者行动成为共青团一项十分重要的品牌项目,并且受到全社会接受和认可,现在已经成为社会建设的一个基础性内容,这就说明青年志愿者行动体现了市场经济背景下能够反映时代精神和青年生存状态的构建团青关系的一种机制,体现了新时期共青团的行动逻辑。

---

① "学雷锋活动"体现两方面精神:一是集体主义和组织在先逻辑,重点体现在"党叫俺干啥,俺就干啥"以及"不论将俺放在哪里,俺都能闪闪发光"的钉子精神上;二是利他主义,重点体现在所谓"傻子"精神上。近年来,重提"雷锋精神"实际上重点是开发后者,特别是将其与志愿精神联系在一起时,更能看出这一点。

第二节　自主社会力量生成与社会管理创新提出：
青年志愿者行动发展的背景条件

作为共青团适应市场经济要求构建团青关系的一个机制，青年志愿者行动的具体内容和实现方式，必须随着社会发展和青年生存形态变化而不断调整，不过共青团作为中国共产党青年组织的特性决定了青年志愿者行动发展还必须服从于中国共产党执政方略，并在青年发展需要和党的建设要求之间寻求相应对策。另外，青年发展需求不过是社会发展需求在青年领域中的体现而已，社会发展同样也会对党的建设提出新的要求，也需要政党在执政方略上作出调整，党中央关于社会管理新格局实际上就是这种调整的具体表现。由此，社会管理新格局的提出实际上就成为共青团推动青年志愿者行动进一步发展的政治背景和社会背景。

一、从经济领域到社会领域：基于国家职能的社会管理创新发展逻辑

考察社会管理创新问题，我们不能简单从字面上予以理解，而应该将之放在国家职能理论视角下予以把握，这样，其实质才能呈现出来。马克思主义国家理论认为，国家分为对外和对内两方面职能，对外职能包括外交和国防，对内职能包括政治统治和社会管理，其中社会管理又涉及经济领域和社会领域。党的十一届三中全会以来，改革开放政策所涉及内容大部分是关于国家社会管理职能的调整的。由于计划经济时期的单位社会体制使政治、经济、社会处于一元化和未分化，国家和政党的政治性力量成为经济和社会建构的唯一力量。社会主义市场经济体制建立标志着在经济领域中政府力量与市场力量进行了合作，实现了第一次社会管理创新。随着市场经济发展，除了在经济领域出现了多元经济所有制外，社会领域也开始发生变化，社会成员的主体意识不断生成并日益高涨，社会各类具有自主组织化力量开始

大量出现,从而使社会自主性开始生成。这就要求国家在社会领域中的管理职能也应该作出相应调整和创新。

二、社会自主组织化力量生成与社会管理新格局提出：社会管理创新的发展

改革开放之后特别是市场经济体制建立之后,在社会领域中,除了社会成员在市场经济作用下主体意识不断生成和高涨之外,还有一个很重要的现象就是社会自主组织化力量开始大量出现。这里所谓自主组织化力量是指由社会自身内部形成的与传统党及其外围组织以及国家力量所推动建构的组织载体有区别的社会性组织化力量。这些社会自主组织化力量生成主要由三方面因素导致:一是市场化孵育。市场经济一方面导致社会成员从单位化成员向原子化个体转变,另一方面也使这些原子化个体存在着希望在自主条件下结成社会组织的内在需求,从而孵育了大量社会组织。二是全球化导入。由于西方国家具有结社传统,并且20世纪大量国际组织在许多国家中建立和发展,因此随着中国对外开放深化,其中一些国家的或国际的社会组织就进入了中国。三是网络化推动。从21世纪初开始,中国进入了网络社会,互联网特性使人们可以快速地跨区域实现组织化,这就使组织各类或松散或紧密的社会组织变得更容易了,从而使社会组织自21世纪以来呈现井喷状态。面对社会领域这些变化,党中央决定对社会领域管理方式予以创新,提出"党委领导、政府负责、社会协同、公众参与"社会管理新格局,从而推动在社会领域中在党的领导下实现政府与社会组织化力量和个体力量之间的合作治理,实现社会管理第二次创新。

三、社会管理新格局提出与共青团创新的政治保障获得：青年志愿者行动发展的体制内理由

作为中国共产党的青年组织,中国共青团兼具政治性和社会性的特点,使其在推动自身发展和开展各项活动中,都必须考虑其在政治空间中的合

法性以及在社会空间中的可能性。诚然,二十多年实践证明,青年志愿者行动是共青团创设的,与市场经济相契合的,体现新时期共青团行动逻辑的构建团青关系的一种机制,但是共青团的上述组织特性决定了,要进一步推进青年志愿者行动实现跨越性发展,同样必须考虑政治空间内的合法性和社会空间内的可能性。从现实来看,党中央关于社会管理新格局的提出为青年志愿者行动进一步发展提供了体制内政治保障,并且社会管理新格局提出的历史逻辑和政治逻辑也为进一步推动青年志愿者行动发展提供了思考维度和现实内容。

第三节　从整合原子化青年到整合自组织化青年: 青年志愿者行动发展的对象内容

党中央关于社会管理创新的决策及其逻辑,为青年志愿者行动进一步发展提供体制内合法性以及具体方向可能性,但是在具体实践中,共青团还必须根据青年生存形态发展以及青年志愿者行动自身运行规律来确定具体内容和实现形式,并在此基础上,进一步推动团青关系的发展。

一、网络社会生成与自组织化青年出现:青年生存形态发展

改革开放以来,中国经历了两次社会转型,第一次转型是由市场经济体制建立基于制度变迁引起的社会结构变迁,第二次是由互联网普及基于技术革命所引起的社会结构变迁。从对青年生存形态影响角度来看,第一次社会转型使青年由依附于单位的单位化青年向具有较强自我意识的原子化青年转变,第二次社会转型使原子化青年向自组织化青年转变。[①]关于前者我

---

① 郑长忠:《走向政党主导的多元合作:中国公民社会的生成逻辑——基于对中国共青团与青年社会组织关系的考察》,《中国青年研究》,2010年第8期。

们已经在第一部分中作了说明，这里主要对后者的机理进行分析。

改革开放之后，改革使市场经济得以建立，开放使全球化对中国产生深刻影响。市场经济在使青年成为原子化个体的同时，还带来了两方面后果，一是青年自主意识上升，二是青年基于自主意识而产生自组织化的诉求。全球化使各类以青年为服务或参与对象的跨国或国际社会组织得以进入中国。21世纪以来的互联网普及，不仅使上述两方面因素所带来的青年自组织化诉求的落实速度得以加快，而且使青年组织化呈现出既区别于传统的西方青年社会组织，也区别于传统的中国青年社会组织的形态和方式。这就意味着中国青年生存状况不仅开始出现了自组织化形态，而且还具有着强烈的时代性和前沿性特征。

二、自组织化青年与青年志愿者行动参与主体变化：青年志愿活动的新特征

1993年共青团推出青年志愿者行动，是在党中央刚刚作出建立社会主义市场经济体制之际。当时，大部分城市青年处于单位化青年状态下，因此许多人对此感到疑惑："我们不是已经有学雷锋活动了，为什么还要搞青年志愿者行动？"但是随着市场经济的深化，越来越多的青年，在价值观念上主体意识生成和发展，在生存形态上进入原子化青年，这就使青年志愿者行动内在特质得以体现，并由此成为共青团组织青年最重要的机制和手段之一。为顺应青年生存状态变化，青年志愿者行动所整合的青年也主要是以原子化青年和单位化青年为主，并成为整合原子化青年最有效的一种机制和手段。由于在市场经济体制建立初期，社会自身还缺乏自组织力量和能力，因此青年志愿者行动的组织主要是由共青团来承担，甚至是唯一的组织主体。然而随着网络社会的到来，社会自我组织能力生成之后，其中，有相当大比例的青年社会组织都是基于青年公益和志愿心理基础而诞生的，并且许多青年社会组织功能就定位在公益和志愿上。这就意味着青年志愿者参与主体在生存状态上不仅仅处于原子化和单位化状态，而且还呈现出自组织化状态，另外，在青年志愿者活动的组织者方面，也不仅仅是共青团一家，而是

各种社会力量都在参与。

三、整合对象立体化与团青关系重建：推动青年志愿者结构发展的政治诉求

从社会建设角度来看，在青年志愿活动中，只要有利于志愿精神发展、有利于志愿活动开展，不论参与主体是谁，组织主体是谁，都将受到欢迎。然而从政治学角度来看，社会建设问题并非仅仅关系到社会发展，而且还将影响到政治发展。对于中国共青团来说，青年志愿者行动不只是一种一般性活动，而是构建团青关系的一种机制，具有较强的政治功能。因此，在青年志愿者活动参与主体和组织主体发生变化的条件下，共青团能否有效调整青年志愿者行动的具体形态和实现方式，不仅关系到活动有效性问题，而且还关系到团青关系构建问题。我们认为，在单位化青年、原子化青年以及自组织化青年都成为参与主体，并且社会力量参与青年志愿者行动组织的背景下，共青团必须推动青年志愿者行动形态和实现方式发展，其中关键之一就在于要构建一种机制让自组织化青年及作为其组织载体的青年社会组织与共青团之间建立一种合作关系，从而实现共青团对其整合的目的，并在此基础上推动共青团与自组织化青年建立一种密切和良性关系。

第四节　从组织志愿活动到构建志愿体系：青年志愿者行动发展的工作内容

青年生存形态发展不仅导致青年志愿者行动参与主体和组织主体的变化，而且还对青年志愿者行动组织形态、活动形态等也都产生了影响。在这样的条件下，中国共青团要能达到在青年志愿者行动中继续获得主导权的目的，就必须在工作理念和战略内容上进行调整。

一、从单纯被组织到在被组织与自组织之间:志愿活动组织形态发展

从根本上来说,志愿者活动都是基于参与者志愿的基础上,在这里参与者的主体意识获得充分实现和尊重。在组织形态上,青年志愿活动具有三种类型:一是完全个体化形态,主要是指由个人直接对他人予以志愿服务,不与他人合作进行志愿活动;二是自组织形态,主要是指由青年自发结合形成的有组织的志愿活动;三是被组织形态,主要是指青年参与既有组织力量开展的组织活动。另外,我们还可以从青年是由党团等传统组织化力量,或者说是由体制内组织力量来组织的,还是由社会自主力量来推动组织的,来区分被组织与自组织的形态,前者我们称为被组织,后者称为自组织。不论是从哪一角度区分,从青年志愿者活动发展的历史角度来看,其组织形态都呈现出从单纯被组织向兼具被组织与自组织方向转变的趋势,当然纯粹个体化形态也进一步增加。

二、从单纯集中性到在集中性与日常性之间:志愿活动开展形态发展

从志愿活动开展的形态来看,在青年志愿者行动提出的初期,志愿者活动更多是围绕着一些重要节假日或重大赛事而集中性展开。随着社会发展和社会中志愿精神的发展,虽然集中性的志愿活动依然还是主要内容,但是日常性的志愿活动越来越受到重视和认同。①因此,从单纯集中性开展活动向集中性和日常性并重开始成为志愿者活动的一种趋势。其中,个体化形态和自组织化形态,对日常性内容更为关注。

---

① 郑长忠:《洗礼后的平凡——后世博时代的志愿者行动研究》,《中国青年研究》,2010年第10期。

三、从组织志愿活动到构建志愿体系:共青团工作内容的发展方向

社会结构变化和青年生存形态发展导致了青年志愿活动在组织形态和开展形态上都发生了较大变化。不论是作为构建团青关系的机制,还是作为共青团推动青年志愿精神发展的手段,青年志愿活动上述变化都要求中国共青团在工作内容上应该进行调整。基于目前参与者有单位化青年、原子化青年和自组织化青年,我们认为共青团在推动青年志愿者行动时要考虑两方面内容:一是要将整合对象扩展到三部分人员,而不能只是停留在单位化青年与原子化青年;二是要搭建将三部分人员都能整合进来的机制。具体来说,共青团不仅要直接面对单位化青年和原子化青年来组织志愿活动,而且还要构建相应的志愿体系将自组织化了的青年整合进来,并推动各类青年社会组织参与由共青团所构建的志愿体系以及志愿活动。

第五节　从单纯志愿活动到共青团枢纽型组织构建: 青年志愿者行动发展的组织诉求

对于中国共青团来说,青年志愿者行动是建构团青关系的一种机制和手段,因此根据青年生存形态变化情况来推进青年志愿者行动发展,其目的是为了更好地调整团青关系。但是青年志愿者行动毕竟只是建构团青关系的一种机制和一种手段,要能够将这一机制和手段实现最大化,不仅要在青年志愿者行动本身上下功夫,还必须推动整个共青团组织形态发展。或者从另一角度来说,就是在推动青年志愿者行动发展时,要自觉与推动共青团组织形态发展联系起来。

一、志愿活动开展与共青团组织建设的疏离：一个需要纠正的现象

虽然青年志愿者行动从本质上来说是共青团建构团青关系的一个机制和手段，但是任何事物发展都有其相对自主性，青年志愿者行动也是如此，一旦其成为一种工作体系开展起来，就有着自身路径。不过任何一个事物发展如果只是着眼于其自身，而脱离其所在的整体系统，这种相对自主性就可能只受某一逻辑所左右而与整体发生偏离。由共青团所推动的青年志愿者行动，具有以构建团青关系为诉求的政治属性和以弘扬志愿精神为诉求的社会属性。从整体情况来看，青年志愿者行动在推进过程中，这两重属性基本上能够做到相统一，但是在现实中，也存在着一种现象，那就是在一些地方，更多是受其社会属性所作用，导致了青年志愿者行动开始与团的建设之间关系日显脱离，成为了为志愿活动而志愿活动。其中一种比较普遍的现象就是，没有将志愿行动与激发共青团活力建立起来，特别是在联系和组织原子化和自组织化青年参与青年志愿者行动过程中，这种现象就更为凸显。如果我们将前文所提到的共青团在推动青年志愿者行动中存在的问题也一并计入，那么这就意味着，在青年志愿者行动中实际上存在着两个极端现象：一是共青团封闭性开展志愿者活动，将社会性组织力量完全排斥在外；二是为志愿活动而志愿活动，逐渐偏离了服务共青团建设的目的。这两种现象都将不利于密切团青关系的构建。

二、从单纯志愿活动到共青团枢纽型组织构建：共青团整体性的重建逻辑

根据共青团发展的逻辑方向，针对青年志愿者行动中存在的问题，我们认为正确的做法应该是，以构建复合型团青关系为根本诉求，将青年志愿者行动作为重要手段和机制，推动共青团构建以其为主导的、能够整合多元形态青年的枢纽型组织形态，从而达到青年志愿者行动的政治性和社会性的

有效统一。这就要求,在推动青年志愿者行动时,就不能只是为活动而活动,必须将其与整合社会中各类志愿者组织以及推动共青团组织形态建设和发展联系在一起。这就意味着,我们在推动一些志愿者组织对某类对象进行服务时,不能只是与其所在单位或直接个人进行联系,而是应该推动志愿者组织与该对象所在共同体中的团的基层组织进行对接,使志愿服务开展过程成为激活基层团组织的过程。比如,我们可以推动各类志愿者组织与村级团组织进行对接,开展关爱留守儿童的活动,这样部门不仅能够达到服务目的,还能达到整合志愿者组织和激活村级团组织的目的。

第六节　在行动逻辑转换中实现对青年的文化引领：青年志愿者行动发展的价值诉求

共青团与青年之间关系的建立只有工具性的关系网络是不够的，从一定意义上说,团青关系构建的最终目的在于认同和信任。在构建认同和信任时,既要通过关系网络和资源支持而形成感性认同和信任,更要通过倡导社会正义而形成理性认同和信任。在多元社会背景下,共青团在倡导社会正义时,必须将尊重生存方式与倡导社会正义结合起来。[①]青年志愿者行动,就是这样一个既能够推动关系网络建立,又能够倡导社会正义的机制,同时还能够将尊重青年生存方式与倡导社会正义有机统一起来的载体。不过,这些内容只是青年志愿者行动的潜在功能,要将这些功能实现,还需要共青团在实践中予以开发。

一、尊重青年生存方式与共青团职责：多元社会背景下青年组织的命题

市场经济发展导致社会变化,不仅使人的利益存在着较大差异,而且还

---

① 郑长忠:《洗礼后的平凡——后世博时代的志愿者行动研究》,《中国青年研究》,2010年第10期。

导致人的生存方式和活动方式呈现出多元化倾向。青年的生理性和心理性特征使青年在同一时代社会成员中最容易感知和反映社会的变化，导致青年生存方式和活动方式常常具有前卫特征，体现了一个社会中的人们对新的生存方式和活动方式的探索。①吉登斯认为，当社会成员生存方式呈现多元化现象，并且社会成员也对其自身生活方式有着较深刻的认识和认同时，就标志着生活政治的到来。面对生活政治的到来，各类政治组织必须以尊重社会成员的生活方式选择作为其工作的重要内容。②共青团作为中国共产党的青年组织，不仅是政党的青年组织，同时也是青年的政治组织，其政治性和青年性都决定了，在青年生活方式和活动方式多元化条件下，共青团要与青年之间建立良好和密切的关系，就必须以尊重青年差异化和多元化的生存方式和活动方式为基础。

二、倡导志愿精神与实现多元社会的和谐：现代政党青年组织的使命

文化哲学认为"文化作为人类实践活动的类本质对象化，集中体现为人之历史地凝成的稳定的生存方式和活动方式"③。因此，人们对某种价值追求，其背后关怀就是对某种生存方式和活动方式的认同。然而在现代社会条件下，多元化生存方式和活动方式应该受到人们尊重，但是在一个时期的同一个社会中，要形成一种内在聚合力和一种内在和谐度，就需要倡导一种人们具有共识的价值，即一种具有共识的生存方式和活动方式。这就意味着，在现代社会条件下，价值追求必须实现尊重多元生存方式、活动方式与倡导共识价值的统一。在主体意识充分发展和社会日益多元的条件下，要能够推动社会整合和社会和谐，就必须克服市场经济原则所带来的原子化和功利化等弊病，倡导公益、利他等为内容的志愿精神，而这种志愿精神也是根植

---

① 郑长忠：《在整合多元中实现对青年的价值引领——文化建设中的共青团角色》，《中国青年政治学院学报》，2012年第5期。

② 胡颖峰：《吉登斯现代性思想研究》，中央编译出版社，2011年，第199页。

③ 衣俊卿：《论文化哲学的理论定位》，《求是学刊》，2006年第4期。

于人性中的一种社会关怀意识。这种精神,除了社会成员自发提出外,还需要由国家及其执政党予以倡导,而共青团作为执政党的青年组织,就意味着倡导志愿精神成为共青团的一项职责和任务。

三、在整合多元中实现对青年的文化引领:青年志愿者行动发展的价值追求

在市场经济体制建立之初,共青团就提出开展青年志愿者行动,从一定意义上说,具有很强的预见性和创造性。通过开展青年志愿者行动,不断倡导志愿精神。到目前为止,志愿者活动不仅为党中央所认可,并已成为党推动社会建设的主要手段之一,而且也受到社会各界所欢迎,各类社会组织也大量参与了志愿者活动的组织。

二十多年的实践证明,青年志愿者行动已经成为凝聚社会多方共识的一种机制。不过,要让这一机制在新的历史条件下得以更好发挥,共青团还必须注意到以下两方面情况,并在实践中予以切实应对:一是共青团对价值的引领,从一定意义上说是区别于宣传部门或文化部门的,宣传部门或文化部门主要着眼于通过符号化手段推动而实现,而共青团却是符号、行动和组织全方位介入,因此在志愿者精神倡导上,共青团除了一般号召和开展相应活动外,还必须重视组织化手段的运用。二是在互联网背景下,网络将会推动具有相同生存方式和活动方式的青年实现聚合而形成各类青年自组织,这就意味着青年自组织成为青年多元化的生活方式和活动方式的组织化形态。因此,下一步青年志愿者行动应该通过相应组织网络手段吸引或吸纳这些青年自组织参与志愿行动,从而为价值引领奠定组织化基础。

结　语

由于所遵循的原则不仅与市场经济原则有着内在契合性,而且符合现代社会建构的内在需求,因此青年志愿者行动成了市场经济背景下共青团

与青年之间建立密切关系的一个重要机制和基础手段，其内在原则也成为了共青团在新的历史时期的行动逻辑。然而随着市场经济深化和网络社会生成，青年生存形态发生了变化，这就要求青年志愿者行动在整合对象上必须从单位化青年和原子化青年向自组织化青年拓展。党中央关于社会管理创新决策的提出为青年志愿者行动这一发展方向提供了体制内的政治合法性。为此，共青团必须从以下三个方面推动青年志愿行动进一步发展：一是在工作内容上，必须从强调组织志愿活动向强调构建志愿体系上转变；二是在组织诉求上，必须从重视青年志愿者行动本身到重视构建共青团枢纽型组织形态上转变；三是在价值引领上，必须从着眼于行动本身向兼具着眼于具体行动开展和组织基础构建上转变。我们认为，只有如此才能够做到不仅推动青年志愿者行动进一步发展，而且还能使青年志愿者行动作为密切团青关系重要机制的功能在新的条件下得以有效实现。

第三十三章 接班人政治的制度化空间：共青团"推优"制度发展与农村基层党员年轻化[*]

在中国农村，共产党基层组织的存在不仅是政党领导的基础，同时也是乡村治理的需要。对于基层党组织来说，党员存在是其存在的前提条件，因此农村基层党组织要能够可持续发挥作用，在党员方面就必须在数量、素质和年龄三个方面有保证。其中，党员年龄这一变量既对农村基层党组织整体作用的可持续性产生影响，而且也对党员数量和党员素质产生影响。然而在当前中国农村基层党组织中，特别是在村级党组织中，党员老化已经成为全国性的普遍现象，从而成为农村基层党建和乡村治理中的一个严重问题。虽然造成农村党员老化现象的原因有多方面，但是从制度层面来看，共青团"推优"工作不到位是其中一个重要原因。因此，如何有效推进农村共青团"推优"制度发展，不仅关系到共青团自身工作，而且关系到政党领导和乡村治理的有效性和持续性问题。下文将根据上述逻辑并结合当前中国农村现实情况，对共青团"推优"制度发展与农村党员年轻化之间关系进行研究，以期从制度层面对共青团在农村如何根据时代要求更好发挥党的助手和后备军作用提供一些理论性思考。

---

    * 该文写于2009年。

第一节　基层党组织与农村发展：中国的逻辑

在封建社会的经济制度、政治制度和社会制度的共同作用下，传统中国农村治理主要是在中央政府权力控制的基础上，由具有土地财产的地主和具有科举功名的乡绅以及具有宗族权威的族长等力量在或合作或合一等方式的作用下得以实现的。由于在中国传统社会中，经济制度、政治制度和社会制度存在着内在同构性和一致性，从而导致整个中国农村长期处于相对稳定和停滞的状态。

随着中国古典政治文明的终结和现代政治文明的开始，在中华人民共和国建立过程中，为了实现人民的解放和推动生产力的发展，中国共产党领导人民通过政治革命和社会革命，推翻了地主、乡绅和族长等传统力量在乡村社会中的统治，建立了以基层党组织为核心的农村基层社会的领导和治理体系；同时，通过土改和合作化等手段，改变了封建土地制度，并逐渐向土地集体所有制过渡。在社会主义改造之后不久，在宏观层面的计划经济体制配合下，中国共产党在农村建立了以基层党组织为核心的政社合一的人民公社，实现了农村治理形态的全面再造。[1]然而由于人民公社体制脱离了中国农村社会实际，虽然初衷是以推动生产力为目的，但是实践结果却严重阻碍了生产力发展。为此，在中共中央作出改革开放决定，并在农村实现了家庭联产承包责任制后，人民公社体制开始解体。1983年10月12日，中共中央、国务院发出了《关于实行政社分开建立乡政府的通知》，到1985年，全国农村建乡工作全部完成，标志着人民公社体制彻底终结。[2]

随着家庭联产承包责任制的实施和人民公社体制的终结，农村开始建立村民自治制度，并逐步形成了以基层党组织为领导核心的新型乡村治理

---

[1]　《关于人民公社若干问题的决议(一九五八年十二月十日中国共产党第八届中央委员会第六次全体会议通过)》，载中共中央文献研究室编：《建国以来重要文献选编(第十一册)》，中央文献出版社，1995年。

[2]　张明楚主编：《中国共产党基层组织建设史》，福建人民出版社，2008年，第357~358页。

模式。在以村民自治为主要内容的新型乡村治理模式中,基层党组织的作用主要体现为以下两方面内容:一是通过基层党组织,实现党对农村的领导,使执政基础得以巩固;二是弥补村民自治制度中的一系列缺陷,促进农村社会快速发展和有效治理。前者自新中国成立以来都是如此,而后者最重要内容体现在对农村治理能力的救济上,重点有两方面:

一是克服了村民自治中人才、资源和信息的局限。法律要求,村委会成员必须由本村人员担任,同时村务必须由本村民众共同来决定等。由于在村一级中,不论是人才、资源还是信息等都是相当有限的,但是按照上述村民自治的法律规定,人才等输入就相当困难,从而限制了许多地方农村的发展。而从各地实践和全国情况来看,主要是通过政党组织网络对基层党组织救济的方式来克服这些局限,如许多地方通过大量下派机关干部担任村级党组织负责人的办法,实现人才、资源和信息输入农村的目的。目前,在全国范围实行的招收大学生担任村官,也是通过党的组织途径来完成。

二是弥补了日常乡村治理力量的不足。村民自治最重要内容体现在选举和重大事务决策上,但是现实乡村治理,除了这两方面内容外,还有大量的日常具体事务需要完成,然而由于实行家庭联产承包责任制之后,特别是市场经济体制的建立,人们对乡村公共性事务关心程度不断下降,因此这些事务的完成在日常治理中常常受到人手不足等问题的限制,导致质量下降或无法进行。在具体实践中,许多地方也主要是通过基层党组织的力量来克服治理力量缺失的问题。如各地农村纷纷采取"设岗定责"等方式,发挥无职党员的作用,通过政党组织化的方式增加乡村的日常治理力量。这种做法从20世纪80年代中期开始就在一些地方的农村中出现,[1]目前在全国各地开始得到普遍实行,一些省(如福建省)还在全省范围内进行推广。[2]

从上述分析中,我们可以得出以下判断,那就是社会转型的逻辑和党建国家的逻辑决定了中国共产党在农村的基层组织,不仅发挥着政治领导的

---

[1] 杜渺、卞永国、舜太运:《如何发挥无职党员的作用》,《探索》,1989年第5期。

[2] 《中共福建省委组织部关于学习永安市八一村的经验做法加强和改进村级组织建设的通知(2009年12月18日)》。

基础作用,而且在不同历史时期还扮演着改造农村社会、建设农村社会从而推动农村社会发展的主导性角色。因此,加强农村基层党组织建设不仅关系到政党自身的领导基础问题,而且关系到中国农村整体发展方向和质量。

第二节　党员队伍老化与农村政治精英断层：需要面对的一个政治问题

党员是政党的主体基础,没有党员也就无所谓政党组织了,同时政党组织的作用发挥主要是通过政党组织整体性的权力影响和每位党员的作用发挥两方面完成。前者是政党作用的整体表现,后者是政党作用的微观基础。因此,党员存在和作用发挥是农村基层党组织存在和作用发挥的前提与基础。然而从具体层面来看,党员存在以及作用发挥对基层党组织存在和作用发挥的影响,还与党员整体数量、党员个体素质以及党员年龄结构三方面有密切关系。其中,党员队伍年龄结构的影响最大,而且对其他两个要素也产生了较大影响。

党员年龄结构对基层党组织整体的直接影响主要体现在以下两方面：一是从静态方面来看,虽然党组织可以通过整体权力对其所在的社会共同体各年龄段的人员产生影响,但是从党员个体影响来看,不同年龄段党员对同年龄段的社会成员之间的影响更为直接,因此党员年龄结构情况将影响基层党组织作用发挥情况;二是从动态方面来看,党员年龄结构将影响基层党组织的党员队伍的可持续性问题,如果年龄结构不合理,或导致党员队伍断层,或导致党员队伍后继无人,从而影响到基层党组织作用的可持续发挥。

党员年龄结构对党员整体数量的影响主要体现为两方面：一是如果党员年龄结构不合理,就会导致某一年龄段党员数量较少,从而影响了整体数量;二是如果党员年龄老化,就可能导致恶性循环现象,或是观念差异导致对年轻人入党过于挑剔,使许多青年人无法入党,或是党员整体老化,使党组织对青年人吸引力弱化,这两方面都会导致吸收青年党员的数量减少,从而导致党员数量下降。

党员年龄结构对党员个体质量影响主要体现为：一是党员年龄结构不合理导致党员数量下降，为了保证党员数量增长或稳定，一些地方党组织就会要求基层党组织在短时间内突击性地加快发展党员，从而导致对党员质量的忽视；二是党员个体素质，不仅体现在政治素质上，而且还体现在能力和观念上，随着社会发展速度加快，不同代际的社会成员不论是在观念内容上，或是新技术运用能力上，还是在建构新型社会网络意识上，都存在着巨大差异，而党员年龄结构不合理特别是老化现象严重，就会导致年轻党员数量较少，客观上就造成了基层党组织中的个体党员素质的相对下降，从而使基层党组织整体无法适应新的社会发展。

从上述分析中，我们知道，在党员主体建设方面，党员年龄结构对党组织作用发挥和可持续发展影响最大，而其中党员老化现象的负面影响最为严重。然而根据各地组织部门或党校系统所作的调研报告显示，在2004年之前，农村村级党组织中普遍存在党员队伍严重老化现象，甚至有人用"七个党员五颗牙"来形象描述上述现象。如广东郁南县一些村党支部的党员60岁以上的占了四成多，个别村接近一半，而35岁以下的只占一成多，平均年龄达50多岁，个别村近60岁。[1]为了解决农村党员老化现象，2004年6月中共中央组织部下发了《关于进一步做好新形势下发展党员工作的意见》，强调"要把农村发展党员工作同加强农村基层组织建设结合起来，切实解决一些地方农村党员带头致富、带领群众共同致富能力不强和村级党组织后继乏人等问题。对长期不做发展党员工作的乡镇和村级党组织，要加强指导和督促检查，必要时进行组织整顿"。文件下发之后，各地党组织也纷纷采取措施来解决这一问题，但是农村党员老化现象依然严重困扰着许多地方的农村党组织。2007年，一份关于重庆农村党建的调研报告显示，农村基层党组织党员结构不合理、党员老化现象还是较为普遍。据组织部门统计，重庆市农村党员队伍中35岁以下占15%；36至54岁占37.2%；55岁及以上占47.8%。村支

---

① 莫勉芝：《切实解决农村党员队伍"老化"的问题》，http://www.yunfu.gov.cn/govmach/zjb/3477-6510.html。

部(总支)中60岁的党员大多占20%~30%，多则达50%。[1]根据时任大连市委组织部副部长王乃波介绍，在大连，60岁以上党员占农村党员总数还是高达42%。[2]

由于基层党组织在农村不仅起到领导作用，而且还对乡村治理起到支持性作用，其中，党员队伍作为农村政治精英已经成为乡村治理的主体力量，因此党员队伍老化，不仅影响了农村基层党组织发展的可持续性，而且也导致了农村政治精英的队伍断层和素质下降，从而使乡村治理的后续力量缺乏和水平降低，直接影响到农村的整体发展。

第三节　基层团组织弱化与"推优"不到位：党员队伍老化的共青团责任

由于党员老化现象已经严重影响到农村整体治理水平，因此各地党组织都将解决党员老化问题作为农村基层党建工作一项重要内容来对待。归纳各地做法，主要有以下几方面措施：一是由组织部门对农村党员老化问题严重、多年不发展党员的村，实行了建档管理，与乡镇、村层层签订限期解决问题的责任书，对重视不够、措施不力的，及时亮"黄牌"，限期整改。二是各基层党组织不断强化措施，培育农村入党积极分子队伍，在工作方式方法上，变"坐等上门"为"主动上门"，注重从回乡大中专毕业生、外出务工经商人员、乡土拔尖人才、退伍军人、致富能人中挑选优秀青年作为培养对象。三是通过举办培训班、吸收参加党组织生活等方式，端正农村青年对党的认识，增强入党的责任感和荣誉感。许多地方都反映，通过上述措施，农村党员发展力度都得到了增强，特别是青年入党数量有所增加。

如果我们从另一角度对上述措施进行分析并结合其他关于农村党员老

---

① 谢撼澜：《着力提升农村基层党员的整体素质——重庆市农村村级组织建设调研报告》，http://www.192171.com/Article/JCDJ/NCDJ/200805/10070.html。

② 王乃波：《正确审视农村党员队伍"老化"问题——社会主义新农村党员队伍建设管理新思考》，《共产党员》，2007年第1期。

化的原因分析的资料情况,我们可以得出以下两方面判断:一是党组织工作不到位或不作为是农村党员老化的组织性原因。二是农村青年大量外出或青年入党积极性下降等是农村党员老化的个体性原因。

组织性原因从具体来看有以下两方面情况:一是由县级地方党委和乡镇党委工作不到位或不作为所致;二是由村级党组织工作不到位或不作为所致。从各地介绍情况来看,村级党组织不作为是主要原因。村级党组织不作为又有三种情形:第一种情形是村级党组织干部素质较低,不知如何适应新环境来推进党员发展工作,特别是青年党员发展工作;第二种情形是由村级党组织的干部以及党员(主要是干部)思想保守所致,总是觉得绝大部分申请入党的人员不符合条件;第三种情形是村级党组织干部或负责人基于宗族派系或担心有为青年人入党后会威胁到自己的地位等而有意不作为。

个体性原因也有四种情形:第一种情形是青年长期外出导致考察困难等;第二种情形是青年对入党没有兴趣,同时对村内政治参与等也不感兴趣;第三种情形是青年虽然对村内政治参与等感兴趣,也有入党的想法,但是没有脱颖而出的机会;第四种情形是青年对入党以及对村内政治参与等不了解。

先撇开党员老化的基层党组织原因,专门分析青年个体性原因,我们可以发现这些原因除了第一种情形外,其他三方面原因与村级团组织不作为有关。政治学理论认为人们的政治态度、政治情感、政治价值观和政治认知模式的形成,是通过一定媒介完成的,这些媒介包括家庭、学校、特定的政治符号、大众传播工具、政党等社会政治组织、工作场所、居住区等,这就是所谓的政治社会化。政治社会化过程的形式和内容是决定一个人的政治行为和政治态度的关键因素,也是决定一个政治系统稳定与否的关键因素。[1]《中国共产党章程》规定:"中国共产主义青年团是中国共产党领导的先进青年的群众组织,是广大青年在实践中学习中国特色社会主义和共产主义的学校,是中国共产党的助手和后备军。"这就意味着,在中国现有政治制度安排和组织体系安排中,中国共青团是帮助青年完成政治社会化特别是帮助青

---

[1] 潘小娟、张辰龙主编:《当代西方政治学新辞典》,吉林人民出版社,2001年,第426页。

年了解中国共产党的最重要的组织之一。但是近些年由于各种原因导致农村村级团组织严重弱化，导致共青团在农村整体影响十分有限，使其协助中国共产党完成青年政治社会化的功能受到了严重削弱，其结果之一就是导致青年参与乡村政治积极性以及对党组织了解和认同严重不足，进而导致青年入党积极性和可能性弱化。

另外，由于村级团组织不作为等因素也使党团之间具有衔接性的政治录用的制度化通道——"推优"制度未能发挥应有作用，导致了青年入党难度加大。为了从制度层面体现中国共青团作为中国共产党的"后备军"和实现"逐步增加党员队伍中年轻党员的比重"的目的，1982年共青团十一大将"推荐优秀团员作为党的发展对象"（简称"推优"）正式写入了团章。1986年中共中央组织部批转了共青团中央书记处《关于认真做好推荐优秀党员作党的发展对象工作的报告》，1992年中共中央组织部和共青团中央联合下发了《关于进一步做好推荐优秀团员作党的发展对象工作的意见》①。由此，"推优"工作成为共青团基层组织的一项基本任务和工作制度。《关于进一步做好推荐优秀团员作党的发展对象工作的意见》规定："今后28岁以下青年入党，一般应从团员中发展；发展团员入党一般应经过团组织推荐。使'推优'工作逐步成为党组织发展青年党员的主要渠道，使共青团员成为党组织发展青年党员的主要来源。"虽然农村青年党员数量偏少现象的责任主要在于基层党组织，但是由于许多地方的村级团组织整体弱化或不作为等原因，使"推优"制度未能得以切实执行，因此农村基层团组织也必须对此承担相应责任。

---

① 中共中央组织部、共青团中央：《关于进一步做好推荐优秀团员作党的发展对象工作的意见》，载共青团中央办公厅编：《党的十一届三中全会以来共青团重要文件汇编》，中国青年出版社，2001年。

第四节 优秀的"难以涌现"与
基层团组织制度空转:"推优"的困境

在调研中,我们发现"推优"制度不到位主要体现在以下四方面:一是农村基层团组织弱化或不作为,导致"推优"工作长期无法得以开展;二是村级党组织在发展团员入党时,根本不征求团组织意见,更没有执行"推优"程序;三是村级党组织已经决定发展某位团员入党,程序性地要求团组织给予办理"推优"手续;四是村级团组织也希望开展"推优"工作,但是却很难确定所谓优秀者,从而导致"推优"制度无法运行。分析上述情况,我们认为,"推优"制度不到位有三方面原因:一是农村党组织不重视,导致"推优"制度不转或虚转;二是农村团组织不作为或弱化,导致"推优"制度不转或假转;三是制度自身原因,导致"推优"制度难转。

在上述三方面原因中,我们认为农村团组织不作为或弱化是"推优"制度不到位的最根本原因,因为"推优"制度的执行主体是村级团组织,如果村级团组织不作为或严重弱化,那么"推优"制度运行的主体就缺失了,至于"推优"工作的其他方面内容就更不用说了。政治学认为人与制度是政治生活得以可持续发展的两个根本要素,人的存在是制度得以可能的基础,完善的制度能够有效推动政治生活的发展,从而推动制度所调节的共同体及其成员的发展。因此,在分析"推优"工作绩效时,我们不仅要关注运行"推优"制度的基层团组织状况,同时还应该重视"推优"制度本身的设计情况。然而在现实中,由于自"推优"制度建立以来,农村基层团组织弱化现象一直相当普遍,导致人们对"推优"工作关注点都落在村级党组织重视和村级团组织建设上,由此,"推优"制度中的缺陷就被遮蔽了。

1992年7月中共中央组织部、共青团中央颁发的《关于进一步做好推荐优秀团员作党的发展对象工作的意见》,对"推优"工作的具体步骤作了如下规定:"召开团员大会,团支部委员会介绍申请入党的团员情况,团员进行民主评议,提出推荐对象;团支部委员会在对推荐对象进行认真考察的基础上，讨论确定推荐名单，填写推荐对象审核表，报上一级团组织审定；上级团组织进一步考察审核后，签署意见向党支部推荐。团支部（总支部）书记和基层团委书记由上一级团组织在认真听取团员青年意见的基础上，直接向其所在单位党组织推荐。党组织要重视团组织的'推荐'意见，及时讨论研究，对被推荐的优秀团员，条件成熟的可以确定为发展对象，需要进一步培养、教育的可以列为入党积极分子。"同时还规定："农村团组织要把在深化农村改革，发展农村经济，带领群众实现共同富裕中的村组干部、科技示范带头人，以及在扶贫帮困和移风易俗等方面做出成绩的优秀团员，作为培养和推荐的重点对象。"①从面上来看，上述程序和要求似乎没有什么可挑剔的，然而如果在调研基础上对上述规定进行认真分析的话，我们会发现现有"推优"制度中存在着一个根本性的缺陷，那就是在现实中所谓的"优秀"的涌现难以在操作层面上予以刚性保证，导致这些"推优"步骤在现实中常常变为党组织确定入党对象后要求团组织补办的手续而已，从而使"推优"制度失去了其所应有的激励性功能。

所谓"优秀"难以涌现主要体现在以下三个方面：一是政治社会化过程缺失。"推优"工作是对已经提交入党申请书的团员进行"推优"，而在现实农村中，导致党员老龄化最重要原因之一就是青年人不申请入党，只要申请入党在许多地方很快就将这些人员列为积极分子，因此"推优"工作不过只是补办程序罢了，甚至不要这一程序也可以。如何让优秀青年团员产生入党想法或是愿意递交入党申请书，这就需要一个政治社会化过程，对于共青团来说，这才是"推优"的本质含义，并且需要相应的制度性安排，但是在现有"推优"制度中却只是提一些一般性的"培养教育"的要求，而没有可操作的途径和内容，由此陷入虚化。

二是政治积极性和参与积极性涌现途径缺失。政党作为政治组织其本质是行动性团体，而不是道德性或研究性团体，对于党员来说，政治参与意识以及政治责任意识十分重要，基层党组织边缘化或活力不足等现象很重要一个原因就是党员的上述两个意识的缺失。从传统党员吸纳方式和具体

---

① 共青团中央办公厅编：《党的十一届三中全会以来共青团重要文件汇编》，中国青年出版社，2001年，第422~423页。

要求来看,我们更多强调的是积极分子对组织的服从性,对自主的政治参与积极性相对忽视,导致许多党员只是所谓的"好人"或其他方面突出而政治能力平庸。在人民公社化或是单位社会条件下,也许需要这种党员,但是到了市场经济条件下和基层选举条件下的农村中,这种党员对于参与选举和进行治理都显得能力不足,从而削弱了基层党组织的战斗力。而在现有"推优"制度中并没有相应机制对参与能力强、责任意识强的团员得以涌现予以保障,因此在现实中,"推优"制度也只能被工具化地走过场了,或是即使能够正常运作,所推出的"优秀",也不能保证是政治参与和活动能力的优秀者,而更多也只能是所谓的"好"青年而已。

三是刚性锁定缺失。虽然有关"推优"工作的文件规定,"今后28岁以下青年入党,一般应从团员中发展;发展团员入党一般应经过团组织推荐",并设定了"推优"的具体步骤。但是这些步骤更多的是形式化而非实质性的制度安排,因而在现实操作过程中,被当作一道"手续"而已。因为这些所谓"优秀"团员不是通过更具说服力和约束性的程序所选定,从而导致党组织可以利用其党团关系中领导性逻辑对团组织予以反要求,这就使"推优"制度很容易被单纯地手续化了。其实上,即使是正常"推优",一般情况下,关于具体人选也必须在征求党组织意见之后才能进行,而如果党组织不同意,客观上也就不了了之了。这就导致"推优"制度依然很难起到推动农村党员年轻化的作用。

第五节 "推优"制度开发与
农村基层团组织发展:激活组织的一个机制

组织理论认为,组织的存在与发展都有赖于制度的支持,要保证组织的可持续发展, 就必须通过相应制度对组织成员产生有效的约束和激励来获得,约束使组织内的秩序得以可能,而激励使组织内的动力得以产生。但是不是所有制度都能同时产生约束和激励两方面作用, 因此组织必须建立由若干制度组成的制度体系,其中有的制度具有约束性功能,有的制度具有激励性功能。对于村级团组织来说,也同样需要建立相应的制度体系来保证其存在与发展。"推优"制度,对于政党组织来说是政党青年精英吸纳的制度渠道,而对于共青团来说就是政治性的激励机制。这就意味着,如果"推优"制度设置合理是能够对其运行组织——基层团组织产生一定提升作用的。这一推论实际上给了我们一个新的视角和思路,那就是我们可以从"推优"制度设计中存在的问题来寻求长期以来"推优"制度未能很好落实的原因,以及其无法起到激活农村基层团组织作用的原因。由于"推优"制度作为激励性制度,其激励对象是组织中的成员以及整个组织,而"推优"制度服务对象和执行主体也同样是组织及其成员,因此我们可以得出以下判断:"推优"制度无法到位和村级团组织的激励缺失,在"推优"制度方面是由同一设计缺陷原因引起的。这也就是说,如果我们通过完善制度设计,进而开发"推优"制度的内在潜力,不仅有利于推动农村党员年轻化的步伐,而且还能够激发农村基层团组织的活力。

当前,农村基层团组织出现瘫痪或活力不足的原因,归纳起来主要有以下三方面情况:一是主体缺失。主体缺失涉及团干部和团员两方面。在团干部方面主要有三种现象:第一种是完全缺失现象,团组织长期瘫痪导致连挂名的团干部都没有;第二种是实质缺失现象,即长期没有换届导致许多严重超龄人员依然还在挂名担任团干部,实际上有的连自己都忘记是所谓的团干部,在调研中,我们甚至发现有50多岁的人还在担任团支部书记的现象;第三种是部分缺失现象,即虽然也能够按期换届,但是绝大多数团干部是兼职的。在团员方面也有三种现象:第一种是真缺失现象,即绝大部分青年人长期到外地打工,村里几乎没有青年和团员;第二种是假缺失现象,即许多青年是在本地区打工,晚上或周末回村,但是许多团干部也将这部分人员与到外地长期务工青年等同起来,得出农村无青年团员的结论;第三种是被缺失现象,即许多团干部乃至一些党政干部,根本没有进行调查研究,就想当然地认为农村青年团员都外出打工了,村里无青年。①

二是激励缺失。激励缺失也涉及团干部和团员两方面。从团干部角度来看,激励缺失主要体现为:一是经济性激励缺失。在家庭联产承包责任制和市场经济条件下,个人利益实现主要是通过个人努力和市场机制来获得,担任团干部既占用时间,影响自己利益实现,又没有津贴,因此在经济上没有一点好处。二是政治性激励缺失。在农村实际工作中,村级团组织工作既不受党组织重视,也不受青年重视,努力做也不一定有好处,即使在政治上受重视也主要是团支部书记,其他团干部不可能有什么好处。从团员角度来看,激励缺失体现为三个方面:一是团组织不能给团员在经济上以实质帮助,二是团组织干部大部分都是任命性产生,团员对此没有多少发言权,同时在其他政治方面也不能给团员多少帮助;三是即使团组织开展了一些活动,绝大部分也是传统活动,不能对团员的社会资本积累以帮助。

三是能力缺失。团组织能力缺失主要体现在团干部方面,主体缺失和激励缺失在组织能力方面导致两方面现象:第一是能力的整体缺失,没有人从事共青团工作何来能力;第二是能力的严重不足,或是没有心思从事共青团工作,或是水平低下的人从事共青团工作导致组织能力严重不足。

从以上村级团组织现实情况分析,我们可以知道,造成团组织瘫痪或活力不足,既有客观原因,如团员真缺失等,但是更多的是人为原因,其中最重要的原因是激励不足。作为政治性组织,其组织特性决定共青团虽然也不排除有一定经济性激励要素存在,如为团干部争取到必要的工作津贴等,但是不可能将经济手段作为主导性激励机制,更多的还应该是通过政治性激励和社会性激励来激发组织活力。上文中我们已经提到,"推优"制度就是一项具有政治性激励的制度性安排,就说是,如果我们能够通过优化和开发"推

---

① 2008年下半年,笔者到河北省唐山市调研村级团组织"公推直选"工作,在选举工作动员阶段,访谈了许多县委分管领导、团县委书记以及乡镇团委书记,普遍认为此举不可行,理由是村里无青年。但是到了选举登记工作完成或是开始选举时,笔者再随机到一些村子进行调研,普遍发现参加选举的青年人都在数十人至一百多人之间,并且这些人员已经排除了半年以上外出人员以及学生青年(这些随机调研数据与后来团市委组织部统计的数据基本吻合)。这时再对上述那些党团干部进行访谈时,他们也只好回应说"没想到"。

优"制度,就有可能因此激活村级团组织。而"推优"制度之所以不能到位,其中一个很重要原因也在于村级团组织瘫痪或活力不足造成。这就意味着,优化和开发"推优"制度,有可能因此成为解开村级团组织弱化和"推优"不到位的双重循环困境的着手处。

第六节　走向开放性团内民主:
在重建团青关系过程中实现"推优"制度的创新

根据《中华人民共和国村民委员会组织法》要求,村委会干部必须通过村民直接选举产生,1998年《组织法》进一步修订之后,村民权利获得进一步提升,"海选"已经成为村委会产生的一种重要选举方式。在村民自治和村委会选举制度进一步深化的背景下,村级党组织选举工作也开始发生了变化,由传统上级提名和党内选举方式,向村民推举和党内竞争性选举相结合的具有较强开放性和民意性的"两票制"或"公推直选"的方式演变。目前"公推直选"已经在全国范围内推广。在基层民主制度成为中国政治基本制度之一的背景下,村委会"海选"和村级党组织"公推直选"就成为村级政治中两项最重要的制度安排,这就意味着选举制度成为村级政治的轴心制度,它们不仅影响着村级干部的产生,而且还影响到人们的政治行动逻辑。

在中国农村选举中,一位候选人要能够成功当选,除了一些非制度性因素外(如宗族因素等),从个人因素来看,需要具备以下条件:一是有参与村级政治的意愿,二是有较强的能力,三是有较高认同度。其中,作为党组织领导班子候选人,还必须具有党员的政治身份。这也就是说,上述因素成为在村级政治竞争中获胜的个人应具备的政治资本。因此,在选举成为农村政治常态时,候选人不仅需要在竞选过程中调动各种资源支持自己,而且还必须在平常积累政治资本。然而政治资本积累不仅需要个人自身努力,而且还需要相应的制度和平台予以支持,村级团组织就是这种平台之一。

共青团之所以能够成为村级政治以及政治精英的政治资本培育平台,是因为共青团具有以下四方面优势:一是平台优势,共青团作为村级组织体系的一个组成部分,担任共青团干部职务实际上意味着进入了村级政治的平台,从而为团干部提供了展示自己才能的机会;二是制度优势,作为政党青年组织,共青团与党组织之间存在着特殊制度化关系,如党员"推优"制度等;三是年龄优势,共青团组织作为村级组织体系一个组成部分,由于具有年龄优势,使共青团干部在村级政治精英竞争中长期具有年龄优势,从而为其获得政治资本赢得年龄和时间两方面优势;四是组织优势,共青团毕竟也是作为组织存在着,而任何组织存在和发展都需要通过组织其成员开展相关活动,在组织活动过程中,团干部因此积累了自身能力和青年网络。

但是在现实中,共青团在村级政治中并未如期成为培育政治资本的平台,反而在现实政治中被边缘化,具体原因如下:一是团干部兼职化导致团干部岗位边缘化。从20世纪90年代初开始,村级团组织书记绝大部分是由村"两委"年轻干部兼任,这些干部能够成为村"两委"已经在此之前获得了相应的政治资本,而进一步发展所需的政治资本的积累,更多的是靠其本职岗位所提供的平台来获得,这样,团干部岗位所具备的积累政治资本的机会,对他们来说已经没有吸引力了,从而导致团干部岗位所具有的激励效应被消解。二是团组织弱化导致团组织边缘化。由于团组织职能中缺乏刚性内容,因此在绝大多数地方的村级组织体系中被认为是一种形式化组织,许多团干部自身也这么认为,这就导致许多团组织没有开展活动,进而导致团组织形式化就由观念变成了事实,由此,团组织不作为就导致其积累政治资本的平台功能虚化了。从上述情况来看,共青团作为积累政治资本的平台功能之所以被消解,究其根本在于长期以来村级团组织主要是从保证组织存在方面来考虑整体建设,而不是从组织作为方面来考虑整体建设,也就是说,在考虑村级团组织建设时对团组织内部激励机制的研究和思考缺乏,从而导致了为组织存在而存在的形式化结果。这就意味着,必须通过推动制度创新,才能使共青团作为制度性平台所具有的潜在激励功能得以开发。

在基层民主政治不断发展背景下,我们认为可以通过推动村级团组织开放性的团内民主方式来开发共青团所具有的激励功能,使共青团发展获得内在的政治激励机制。具体做法如下:

一是改革村级团支部委员和书记选举制度,参照村级党组织的"公推直选"方式进行选举制度创新。对于农村青年主要在本地或周边乡镇创业或就业的地区,可以由本村青年"公推"候选人,而后召开关系在本村的团员大会进行选举。对于农村青年大部分长期外出,但是村里有小学青年教师和在附近就学的中学生,可以放宽条件,由留村(包括在周边乡镇发展的)青年以及小学青年教师和就学的14岁以上的中学生来"公推"候选人,同时,让这些学生中的团员获得双重团籍(即学校中的团籍和村团组织内的团籍),如果小学青年教师的团籍也不在村里的话,也让其获得双重团籍,而后召开团员大会,由关系在村里以及具有双重团籍的团员参加,选举产生村级团组织班子成员。

二是改进"推优"制度的具体做法,将"推优"制度与"公推直选"制度衔接起来。具体如下:对于那些"公推直选"产生的村级团组织班子中尚未递交入党申请书、已经递交入党申请书但尚未被列为入党对象的,以及入党积极分子的成员,分别以"建议党组织联系对象""建议作为积极分子"和"建议作为发展对象",向村级党组织推荐,并向乡镇党委组织部门报备。同时,由村级党组织和乡镇团组织推动那些尚未提交入党申请书的团干部积极向党组织靠拢和递交入党申请书。这就意味着在常规性"推优"工作的基础上,制度化地、批量化地向党组织进行推荐,至于具体入党,还是由党组织遵循"成熟一个,吸收一个"的个别入党原则进行。

三是改进村级团干部培训工作内容。长期以来,共青团基层干部培训工作内容主要侧重于共青团知识和农村经济工作内容。当然这些内容是必须的,但是在基层民主政治不断发展的背景下,这些内容就显得不够了,还应该增加以下内容:团干部如何通过开展活动和培育各类青年组织等方式获得青年认同,以及推动团内民主和开展共青团工作对农村基层民主建设的影响,包括为农村基层民主政治发展以及团干部个人发展积累政治资本和组织资本的意义与做法等内容。通过这些培训,使团干部充分认识共青团这一平台对未来个人发展的重要性,从而激发他们的工作热情,珍惜工作岗位。

以上改进和发展将推动农村团组织发展与"推优"制度发展之间产生良性互动,进而为双方各自走出困境提供一个有效的激励机制。具体理由如下:

一是开放性团内民主使团干部获得构建青年认同、组织认同和制度认同的机制,从而为其在村级政治中进一步发展积累了政治资本。在基层民主政治制度不断深化,特别是选举制度成为整个农村政治生活的轴心制度的背景下,参与意愿、个人能力和群众认同成为村级政治精英政治资本的主要内容。"公推直选"制度使有意愿参与担任村级团组织干部的人员得以涌现,同时,"公推直选"要求经青年和团员两个层面认同的人员才能在选举中胜出,这就为这些人积累了青年认同。同时,选举之后,自然就因此获得了组织认同和制度认同。这些认同为团干部今后参加村委会或党组织的选举积累了认同基础,一旦这些团干部通过培训后认识到了这一优势就会出现激励效应。

二是开放性团内民主使非团员青年与团员获得参与团内事务和监督团干部的制度性机会和权利,从而为调动团员和青年的积极性奠定基础。"公推直选"程序设计使非团员青年也能够对团干部和团组织发展产生制度性影响,从而为在新的历史条件下制度化地重建新型团青关系奠定了基础。对于团员来说,同样也获得了之前在团干部实际任命制条件下所无法获得的对团干部产生的发言权和表决权。

三是开放性团内民主与"推优"制度的结合,使"推优"制度获得了群众性基础和制度化机制,从而使"推优"制度由形式化的手续变为制度化的途径,回归"推优"制度的本质。"推优"制度在具体执行过程中之所以会出现"优秀"难以涌现的现象,主要原因在于没有相应机制来认同所谓的"优秀",而"公推直选"制度使有意愿从事政治的人得以涌现,克服了所谓优秀只是"好人"的代名词,而这些"好人"实际上不一定具有政治参与的意愿,一旦需要政治行动或治理行动时,这些党员不是没有参与热情,就是没有实际政治能力。"公推直选"使参与竞选的人员受到了青年和团员的双重选择,胜出者在综合素质方面相对来说是比较优秀的,所以这些人可以说是所谓"群众认同"的,从乡村党员发展标准来说,这些人也是更为符合条件的。

在"公推直选"后,由乡镇团委向党组织整体推荐这批团干部,使村级党组织吸收青年党员在对象上有了相对刚性的范围和时间周期,这样就为一些村级党组织在吸收青年党员方面的不作为倾向在制度上予以了阻断。根据《中国共产主义青年团章程》和《中国共产主义青年团基层组织选举规则

(暂行)》规定,团的支部委员会、总支部委员会每届任期两年或三年,委员数3~7人,一般情况下农村团支部委员都会安排5人。这样就意味着每2~3年时间内集中性"推优"数量就可以达到5人左右,通过两届努力即4~6时间,村级党组织青年党员就会增加近10名,这对于大部分村级党组织来说是一个很了不起的数量,更重要的是如果能够长期坚持下去,再加上常规化"推优"工作的推进,农村党员年轻化工作就能够获得制度化保障。

四是开放性团内民主与"推优"制度的结合,使团组织发展获得了激发性和持续性的双层激励机制。"公推直选"过程实际上是对青年和团员进行一次高强度的动员过程,同时在竞选过程中,许多候选人都作出了竞选许诺,因此一般情况下,新一届班子上任之后,都会按照承诺开展相应活动,团组织由此获得了激发性的激励机制。但是随着时间推移,激情可能会消退,特别是那些不是书记的团干部有可能消退得更多,而改进后的"推优"制度就成为了进一步激发他们的持续性激励机制,因为他们被推荐为"建议党组织联系对象""建议作为积极分子"以及"建议作为发展对象"等不同层次的"推优"对象,那么他们为了获得党组织和上级团组织的认可,还必须进一步努力,从而使他们在任期内能够整体保持较高热情。

第七节　党建带团建与强化乡镇团委的职能：　"推优"制度发展的组织保证

从上述分析中我们可以知道,不论是激发村级团组织活力,还是推动"推优"制度发展和落实都需要党组织支持和乡镇团委工作到位。从党组织方面来看,以下两方面工作需要党组织支持:一是推动村级团组织的"公推直选"。从现有各地试点情况来看,团内民主开展较好的地方都是有党组织予以支持的结果,如河北省唐山市在全市村级团组织中实行"公推直选",就是在中共唐山市委提出和领导下展开的。二是"推优"制度改进也需要党组织的支持。因为"推优"制度是涉及党团双方的,如果不能获得党组织支持,"推优"工作的改进不论是在全国层面的制度完善,还是在基层层面的制度试点或执行都是不可能的。从团组织工作方面来看，以下工作需要乡镇团委的努力才能完成：一是推动和落实村级团组织"公推直选"，二是推动和优化"推优"制度的具体落实。因此，党建带团建与强化乡镇团委的职能，是激活村级团组织活力和推动"推优"制度发展的组织保证。至于如何推动党建带团建工作和强化乡镇团委职能，已经超过本书涉及的范围，这里就不展开分析了。

结　语

　　党员老化问题已经成为阻碍农村党组织发展和乡村治理的一个十分严重的问题，因此推动党员年轻化成为了各级党组织十分重视的一项工作。共青团作为党的助手和后备军，不仅在政治属性上与政党之间保持着密切联系，而且在制度安排上也存在着许多具体的衔接，"推优"制度就是其中一项具有较强衔接性的制度安排。因此，从制度上来看，农村党员老化问题与共青团"推优"制度不到位也存在着较大关系。"推优"制度不到位与农村基层团组织弱化有关，同时也跟"推优"制度设计中的缺陷以及没有与时俱进相关。因此，在农村基层民主政治不断发展的背景下，我们必须通过推进农村团组织开放性和创新"推优"制度，在激发农村团组织活力和推进"推优"制度发展相互促进过程中，实现农村党员年轻化朝着制度化方向发展。

第三十四章　走出团建"怪圈"的努力：
新时期农村行政村团组织建设*

改革开放以来，随着农村家庭联产承包责任制的实行以及市场经济体制的建立，农村青年与村团组织之间利益相关度下降以及农村青年大量外出打工等原因，导致了村团组织陷入"瘫—建—瘫"的所谓农村团建"怪圈"。为此，长期以来，各级团组织一直在寻求农村团建走出"怪圈"的措施，但是整体成效并不明显。然而党的领导和农村现实对村团组织都存在着内在需求，这就意味着村团组织不仅不能放弃，而且还必须进一步加强。因此，根据并利用社会发展所产生的新的条件，重新激发村团组织活力，对共青团建设具有重要的基础性意义。为此，在对全国不同区位的七个省份的七个县进行典型调研基础上，我们对新时期农村行政村团组织建设进行了一些思考并在此基础上提出了相应对策，以供参考。

第一节　农村行政村团组织不能放弃：
基于政治诉求和社会现实的基本判断

长期以来，由于村团组织处于弱化乃至瘫痪状态，虽然各级团组织都采取了许多办法，但是效果并不怎么明显。因此，在团内的思考中就出现一种观点，认为在组织建设中可以放弃对村团组织建设的努力，甚至在村一级不再设置团组织，可以用别的类型的团组织来替代其功能。虽然这种观点较为

＊　刊载于《中国青年研究》，2014年第2期。

极端,但是在现实中,许多地方在具体实践中实际上已经放弃了对村团组织建设的努力,让其形式化存在着。然而在调研中,我们发现,不论是农村政治发展,还是农村社会建设,对村团组织的存在和发展都有着内在需要,即村团组织依然具有着现实的政治功能和社会功能,并且在相当长的时间内,这些功能还无法为其他类型的团组织所替代。至于团建困难,我们认为这是涉及团的组织形态转型问题,而非涉及组织存在的问题,因为是否应该存在是以其是否具有必要功能为前提的。

一、农村政治发展需要行政村团组织

作为政党青年组织,共青团存在是以党的长期和可持续的领导和执政为目的的,因此具有很强的政治属性。共青团的政治属性具体体现为其作为党的助手和后备军的职能定位上。由于共青团是作为一个整体存在的,因此它的政治属性和政治功能的实现,除了以组织整体方式体现外,还必须通过其在各个领域中的组织和团员作用来体现,即必须通过基层团组织的微观作用来贯彻。虽然随着现代化发展,城镇化进程在中国快速发展,但是城乡二元状态在较长时间内依然还会存在着,因此行政村作为传统和现代结合的产物,不论是在政治领导上还是在社会建设上,其功能都不可能很快被取代。这就意味着党对行政村的领导功能和服务功能依然还会长时间存在着,作为党的助手和后备军的共青团在行政村中的政治功能依然还存在着,最直接来说体现为以下三方面内容:

第一,为村"两委"提供年轻的接班人。村"两委"干部和党员老化现象在全国各地都十分普遍,虽然中组部近几年来通过一系列强制性措施,使党员老化现象有所缓解,但是这些措施都是组织性措施,而非制度性措施。而共青团作为党的助手和后备军是党的发展的一个制度性安排,因此通过加强村团组织建设,并在制度上进行一系列创新,将有利于从制度上解决村两委和党支部的接班人问题。

第二,为农村政治稳定提供网络支持。任何政治工作既要着眼于现在,更要防范于未来,既要着眼于和平时期,也要考虑到意外可能。共青团作为党的青年组织,同样也必须有这种政治意识。对于政治组织来说,应对政治风险,并能够在意外发生时起作用,其中一个很重要的基础就是自身组织网络能够进入,并且在信息上做到通畅,作用上做到有效。而要达到这一目的,就需要在平常不断培育和巩固组织网络。对于共青团来说,在行政村一级中已经存在着这样的组织,如果自动退出的话,再进入以及再培育就很困难了,一旦政治发展上需要的话,就来不及了。

第三,为农村青年认同党的领导奠定基础。政党领导和执政除了依靠政权力量之外,很重要一个基础就是民众的认同。而政党要获得民众认同除了具体政绩外,还必须依靠基层党、团组织对民众的服务以及与民众的良性互动来获得。因此,在农村,能够满足青年需要以及与青年建立良性互动关系是青年认同党的领导的一个重要基础,而这些任务也需要共青团来完成。

二、农村社会发展需要行政村团组织

作为政党青年组织,共青团具有两重属性,即政治属性和社会属性,其政治属性需要以其社会属性为基础。因此,上述共青团在农村的政治功能要得以实现除了第一点之外,后面两个内容实现都必须以共青团社会属性实现作为基础。而共青团社会属性实现又必须以社会发展中的现实需求为根据。对于农村社会发展来说,从一定意义上说,需要党组织服务的内容,也都需要共青团予以协助,不过从现实可能来说,至少以下三个方面内容需要共青团予以服务:一是慈善关爱性内容,比如对留守少年儿童的关爱,组织寒暑假在家的学校少年儿童开展活动等,以及对孤寡老人的关爱等;二是帮助农村青年创造发展机会,如为青年提供培训机会和致富信息;三是为农村青年提供文体娱乐生活等。虽然这些内容其他组织也可以帮助提供,但是共青团作为全国性组织可以通过整合体制内和体制外资源,以及其与政党的特殊关系,相对来说具有更多优势。

三、其他层级和类型的团组织代替不了行政村团组织

随着市场经济发展,农村经济组织化程度日益增强,其中最典型体现在两方面:一是大量企业在农村区域内出现, 二是大量农村专业合作组织出现。虽然上述组织化形式出现吸收了相当数量的农村青年,并且许多地方也努力在这些组织内建立团组织, 但是这些组织中团组织的功能依然无法替代行政村团组织。理由如下:

一是这些组织并非完全覆盖所有农村青年。从我们所调研各个县的统计数据来看, 常住村的青年数量依然相当大,并且在比例上最少的也达到20%左右,另外中西部县域内企业吸收劳动力的数量比较有限,而合作组织中参与者主要以中老年为主, 并且在中西部大部分地区农村合作组织数量相对较少。

二是这些组织中团组织功能依然不能替代行政村团组织的功能。村团组织功能并非只是服务于职业青年, 而且还要通过服务他们的家人从而获得青年认同,而上述两类组织中的团组织只能做到服务职业青年自身,农村中大量涉及农村青年的社会功能无法履行, 更重要的是农村中共青团的政治功能无法通过这些组织中的共青团来完成。

第二节　主体"缺失"、功能虚化、网络中断与团建怪圈:团组织发展的根本困境

虽然农村政治发展和社会建设对村团组织依然具有内在需求, 这就意味着村团组织存在着现实的政治功能和社会功能。但是在现实中,村团组织却长期陷入"瘫—建—瘫"的团建"怪圈"之中,即一种危机和不作为的状态。根据结构—功能理论观点,既然存在着相应功能,就应该有相应的以组织权力为核心的组织形态与之相匹配。然而功能存在而组织形态却陷入危机,这只能说明是组织形态跟不上环境变化, 这就意味着必须通过组织形态创新

来适应组织功能实现的要求。而要实现组织形态创新,首先必须把握现有组织形态中存在的现实困境及其无法实现应有功能的具体原因。

一、团建"怪圈"与村团组织发展困境

新中国成立之后,为了克服现代化对组织化的诉求与中国传统社会"一盘散沙"的矛盾,中国共产党在宏观上建立了以国家权力为资源调配机制的计划经济体制,在微观上建立了以基层党组织为社会领导核心的单位社会体制,从而为现代化建设奠定了组织化基础。基于共青团与党组织之间的特殊关系,在这一体制下,不论是农村还是城市,在宏观和微观双重机制作用下,青年与团组织之间有着较高利益相关度,共青团只要做好自身建设就不愁青年不跟团走。而在以政治力量为建构社会的组织基础条件下,共青团建设成为政治和社会建设重要内容,这样共青团不论是在与青年关系,还是自身组织建设完整性上都达到了历史上最完善的状态。

但是随着农村家庭联产承包责任制的实施和市场经济体制的建立,标志着国家权力和政党原则不再成为社会建构的唯一原则,市场作为一种制度性原则起到了十分重要的作用,青年与党团组织之间的利益相关度严重下降。这就导致计划经济时期所形成的团建原则以及团青关系建构逻辑,开始不适应新的时代内在要求和社会运行逻辑。

由于中国改革首先是从农村开始,因此从20世纪80年代开始,村团组织就开始出现弱化甚至瘫痪现象。为此,从80年代中期开始,团中央就意识到这一问题,并采取一系列措施对村团组织进行整顿,但是也正是从这一阶段开始,村团组织陷入了"瘫—建—瘫"的团建"怪圈"。不过,导致村团组织出现团建"怪圈"现象,既有社会结构变动原因,也有共青团自身建设的原因。

二、青年流动、利益相关度下降与村团组织的主体"缺失"

农村家庭联产承包责任制实施和市场经济体制建立，使农村村级团的建设面临着三方面挑战：

一是团员、青年与团组织之间利益相关度下降。家庭联产承包责任制和市场经济体制使农民主体性和独立性得到了空前提升，农民利益获得与党团等政治组织之间相关度严重下降，从而导致计划经济时期形成的以依附性为基础的团青关系开始受到挑战，共青团对青年的影响力较计划经济时期弱得多。

二是担任团干部的吸引力下降。由于农村青年个体利益获得与团组织之间利益相关度严重下降，许多有能力的青年更希望通过在更大市场空间中获得发展机会，或者希望自己的时间不受公益性和政治性活动挤占，因此除了一些集体经济比较发达的行政村外，大部分行政村团干部对许多青年来说吸引力不大。

三是人口流动所引起的青年外出使团组织参与和服务主体严重减少。家庭联产承包责任制和市场经济体制使大量农村剩余劳动力向城市转移，出现了所谓农村青壮年大量外出打工现象，从而减少了团组织参与和服务主体的数量。

上述挑战相应地使团组织的主体出现不同性质的"缺失"现象：团青关系利益相关度下降使共青团所能产生的影响程度被严重削弱，从而使共青团参与主体和所影响的对象在效用上被削弱或缺失；担任团干部对团员青年缺乏吸引力，致使团干部候选对象质量下降或缺失；青年大量外出，使团组织参与和服务主体减少或缺失。

三、无差异化标准设置与村团组织的功能虚化

长期以来，共青团机关职能部门惯例性地分为所谓战线部门和综合部门两种类型，战线部门主要负责条线工作内容和活动内容设计，而综合部门

主要负责基础性或某一维度的工作。涉及村团组织工作和建设,主要是由农村青年工作部门以及组织部等,其中青农部是战线部门,组织部等就是综合部门。在分工上,青农部负责村团组织工作内容和活动内容的设计与推广,组织部负责组织建设的制度和政策的制定与落实。从理论上讲,这种一纵一横的部门职责设定可以起到专业化分工效果,然而在现实中,却带来了工作、活动内容和组织制度、政策之间的设计未能从整体综合上和互相支持上予以考虑,而是各自都追求较高目标。虽然在工作中也一直要求要做到"分类指导",但是更多只是相对抽象的提倡,而未能将工作内容差异性、组织类型差异性与地区青年状况差异性联系起来,在现实中实际上造成工作内容和组织建设的无差异化标准设置,从而导致村团组织功能最终走向了虚化。对于许多村团组织来说,上级团组织所提出的工作内容实际上根本无法做到。这就导致"与其做不到,不如不做"。

四、乡镇团组织不作为与村团组织的网络中断

在调研中我们发现,虽然村团组织整体处于弱化状态,但是一些工作基础比较好的村团组织,依然还在发挥作用,我们可以感受到,这些村团组织更多是凭借村的团干部热情自我开展而获得。许多行政村团干部告诉我们,乡镇很少与他们联系。许多乡镇团委书记也告诉我们,他们很少与村团组织联系,其中开封县一位乡镇团委书记告诉我们说,他已经担任乡镇团委书记13年了,不过在这13年里只开过2次村团组织书记会议,并且还是在2005年之前。由此,我们可以得出判断,乡镇团委不作为使村级团组织与上级团组织之间出现了组织网络中断,团中央以及省市县团组织的指导性意见长时间无法传达到村一级团组织之中,村团组织也就只能"自生自灭"了,村团组织不断弱化也就成为一个自然结果了。因此,20世纪80年代中期团中央提出所谓"修好乡镇断头路,全团工作到支部"的口号,到现在还是有其内在合理之处。

第三节　转变视域、利用政策与重构主体：
寻求村团组织发展的现实力量

　　毛泽东在《中国社会各阶级的分析》一文中指出："谁是我们的敌人？谁是我们的朋友？这个问题是革命的首要问题。"这也就是说，寻找和明确革命的力量是革命的首要问题。实际上，这一命题和原则不仅适合于革命，而且适合于所有政治工作和社会工作。因此，寻求组织发展的现实力量，同样是村级团组织突破长期以来所形成的团建"怪圈"的首要问题。然而如何寻求现实力量，却是困扰着许多革命家和政治工作者的一大难题，毛泽东《中国社会各阶级的分析》一文也正是在大革命时期针对党内出现的这一困境而写的。对于寻求村级团组织发展的现实力量来说，也需要我们摆脱思维惯势，在调研基础上，通过转变和扩大视域，充分分析新的社会和政策条件，明确我们可以调动的主体力量。

一、在工作对象与工作力量之间：村团组织发展中的主体建构

　　对村团组织发展的现实力量的认识，我们必须分为两个维度来理解：第一个维度是对主体内容的认识，第二个维度是对主体存在空间的认识。从主体内容来看，我们认为推动村团组织发展的现实力量包括工作对象和工作力量两方面。工作对象应该包括直接对象和间接对象。直接对象是以组织特性所决定的主体成员为对象，对村团组织来说，就是青年以及少年，之所以将少年也算在直接对象中，因为少先队是由共青团领导的，共青团负有"全团带队"的责任。间接对象是以主体成员——青年的密切相关者为对象。当然，在现实中我们更多应该以直接对象为主。工作力量包括团干部和共青团工作的参与者。从主体存在空间来看，我们认为推动村团组织发展的现实力量不仅应该包括留在村里，还应该包括外出的以及其他非本村的力量。同

时,我们还应该看到,工作对象和工作力量之间存在着相互转化的可能。

二、"农村没有青年":一个不科学的判断

长期以来,人们在谈到村团组织弱化的原因时,首先提到的就是农村青年大量外出,并且许多党团干部甚至认为"农村没有青年了"。虽然家庭联产承包责任制推行之后,农村青壮年劳动力大量外出打工,确实是一种普遍现象,但是根据笔者在福建、河北等地调查以及这次对七个省的七个县的全样本统计,我们认为关于"农村没有青年了"的判断缺乏科学依据,这种判断更多是以一种感觉来代替现实。而实际上,农村中青年存在的情况主要有以下四方面特点:

一是并非所有职业阶段的青年都离开行政村。从本次调研的七个县的统计数据来看,一般情况下,行政村中常住村青年占青年总数可以达到40%以上。除了极个别村外,即使是劳务输出严重地区,行政村中常住村青年人数占青年总数至少在10%以上,如果算上在本乡内打工的青年,大部分村至少达30%以上,一般情况下行政村16~35岁的青年数普遍在200人以上,这样,留在本乡镇内的青年每个行政村至少有50人以上。

二是大部分行政村中存在着学生青年。由于人们谈到行政村中的青年时主要是考虑到职业阶段的青年,而实际上,在行政村中生活和活动的青年还应该包括学生青年,统计数据显示,一般情况下,每个行政村的初高中学生人数是职业阶段青年数的30%~50%。

三是常住村的职业阶段青年中已婚女性占相当大的比例。关于这一特点,我们这次调研没有具体的统计数据,但是在调研访谈中,许多村党组织书记和村团组织负责人都提到这一点,并且还告诉我们这些女青年普遍比留在村里的男青年素质要高。另外,在相关学术文献中也有类似的数据说明,如一份关于重庆市的调研报告显示,女性劳动力占重庆农村劳动力总数的75.29%,而其中留守妇女已婚的达到76.57%。[1]

---

[1] 周庆行等:《农村留守妇女调查——来自重庆市的调查》,《中华女子学院学报》,2007年第1期。

四是基于区域性差异,不同地区青年数量呈现光谱化分布。由于全国各地乃至一个地区中不同县、乡都存在着经济发展和工业化、城市化程度差异,这就导致不同地区和不同乡镇中行政村里的青年流动状态以及青年数量存在着较大差异,有的是纯粹输出,有的不仅外出数量较少而且还有一定数量外来务工青年。

三、转变视域、利用政策与主体重构:对村团组织工作对象与工作力量分析

解决了农村是否有青年问题,只不过是解决了团建工作中的一个基本疑问以及团建主体的基础问题,并非解决了团建工作的现实力量问题。因此,我们还必须对各类力量进行分析,并在此基础上对可能的主体进行重构,使之转化为现实的团建力量。我们认为在农村团建中存在着以下八方面主体力量:

第一,职业阶段的青年。职业阶段的青年主要是指年16~35周岁的,已经离开学校的农村青年。这部分青年是村团建工作的基础力量之一,其中团员是农村团建的骨干力量。这部分青年又分为三类:第一类是常住村的青年;第二类是在本县或本乡镇内打工的青年;第三类是常年外出打工的青年。从工作对象来说,这三类都是村团组织的工作对象。从工作力量来说,就需要辩证来看,第一、二类青年是团建工作日常依靠的力量,但是这些人员不一定会很积极;第三类青年从表面上看是团建日常工作无法依靠的对象,但是如果团组织能够通过互联网络将他们联系起来的话,他们所提供的信息和对家乡及其对家人的情感,就能够转化为团建的资源。当然,如果对这部分青年从另外一个维度进行划分的话,我们还可以将其分为一般从事农活或打工青年和已经致富的青年能人等,对于团建工作来说,这两部分青年所拥有的可转化为团建力量的资源存在着差异。

第二,学生阶段的青少年。学生阶段的青少年是35岁以下木行政村的学生青少年,不包括已经跟随父母到城市长期生活的学生青少年。这部分青少年包括两种类型:一是在县域内学校学习的,每天回家或是周末、寒暑假回

家的中小学学生,二是在外地大中专院校学习并寒暑假回家的青年学生。长期以来,学生阶段青少年并未被认同为村团组织的工作对象和工作力量,原因有两方面:一是管理体制因素。这部分学生的团籍或关系在学校,按照权限,归学校团组织管理。二是责任因素。多一事不如少一事的观念在作祟,许多村团干部认为不必去惹这一麻烦。这种理解主要是没有从团建资源角度来认识这批青少年的作用,实际上,对于村团组织来说,第一种类型青少年既是工作对象也是工作力量,而第二种类型青年更纯粹的就是工作力量。并且,学生阶段的青少年是最有激情的群体,只要能够将他们组织起来,便是激活村团组织的很重要的一种力量,至少使他们在寒暑假和周末中能够有活动和娱乐。同时,这些村里的留守少年儿童(父母双方或单方外出)的存在是村团组织可以整合行政村之外资源以及与这些孩子家长建立密切联系的很重要的原因。再从更为消极的角度来说,如果村团组织实在是不知如何作为,只要寒暑假能够将这些学生组织起来开展几场活动,从一定意义上说,也表明团组织存在着。

第三,乡村中小学教师。乡村中小学教师是指在行政村所在的乡镇内的中小学教师,可以是青年教师,也可以是中年以上的教师。对于村团组织来说,最好是在本村中就有中小学,这样,一是可以与中小学内的团组织联合开展活动,二是可以请老师帮助组织或指导一些活动。如果本村没有中小学,也可以请本乡镇里的中小学老师帮助指导一些活动。

第四,大学生村官。所谓大学生村官是指由党委组织部门招募的,在村里担任村委会主任助理或党组织副书记等职务的大学毕业生。作为农村治理的政党组织化救济产物之一,大学生村官是行政村中开展共青团工作最重要和最佳组织力量,他们具有三大优势:一是文化程度较高和公益观念较强,二是存在着一定激励机制,三是具有稳定的津贴待遇。从本次调研中,我们了解到,由大学生村官兼任村团组织书记的,普遍都表现得不错,即使乡镇团委不作为,他们也能够根据自己的理解,在村里开展相应活动。但是从目前情况来看,并非所有省份都能做到每个村都有一名以上大学生村官。

第五,村"两委"。上述四部分对于村团组织来说是作为成员和个体的力量来体现,而随后这四部分兼具组织力量和个体力量两方面内容。作为组织力量来说,在行政村中,整体来看,村"两委"是具有一定权威的,特别是村党组织,因此在制度和措施上,如果我们能够使村党组织有所触动的话,对村团组织工作将会起到相应的推动作用。作为个人力量来说,作为一种长期以来的准制度化做法,许多村团组织书记是由年轻的村"两委"委员来兼任。

第六,农村专业合作组织以及行政村内的企业。随着农村经济组织化程度进一步加深,许多农村地区开始出现一定数量的农村专业合作组织以及各类企业,这些合作组织和企业许多都是在相应行政村或跨越若干行政村存在着。这些组织具有一定财力和人力资源,同时许多组织已经建有团组织。村团组织可以与这些组织及其中的团组织进行合作。

第七,外来的社会组织。所谓外来的社会组织是指行政村之外全国范围内的各类社会组织。随着市场经济发展和网络社会生成,大量基于兴趣、价值和利益的社会组织通过网络不断生成,其中大部分是由青年人参加或发起。不论其专长是什么,这些社会组织有一个共同特点,就是发展到一定时候,都有比较强烈的公益和慈善的诉求,许多组织甚至经常在全国或本地区寻求公益服务的对象和机会。因此,这些组织可以作为村级团组织合作的对象,由于这些组织具有强烈的服务激情和公益诉求以及较强的资源动员、整合能力,因此我们可以建立相关机制将之转化为激活村团组织的一种力量。由于这些组织主要存在于城市和大型城镇中,而大部分地方团组织尚未将工作重点放在对这些社会组织的整合上,因此目前这些组织主要是通过私人网络自发地深入到农村地区进行服务,同时,共青团也没有整合到一定数量的社会组织。这就成为目前开发和整合社会组织力量,激活村团组织的最大障碍。

第八,上级团组织。村团组织是最基层团组织,是共青团嵌入农村社会的最末端组织,因此它的上级组织是指乡镇团委以上所有层级的团的组织机关。由于村团组织处于行政村之中,因此不论是在观念和资源上,还是人才和信息上,相对来说都是比较缺乏的,因此需要上级团组织予以支持和帮助。同时,从组织原理来说,上级团组织对最基础团组织予以支持和帮助也是本分。不过从目前情况来看,上级团组织支持和帮助村团组织遇到的最大瓶颈在于乡镇团委的不作为上,因此如何突破乡镇团委的瓶颈是下一步推动村团组织发展的关键之一。

从上述分析情况中,我们可以得出以下判断:

从工作和服务对象来说,职业阶段的青年和学生阶段的青少年,即不论是留在村里的,还是外出的,不论是关系在行政村的,还是在学校或外地的,只要是行政村里的青少年都应该成为村团组织的工作对象, 其中留在县域范围内的职业阶段青年以及在县域范围内学习的青少年应该成为村团组织工作的重点对象。

从工作力量来说,上述八部分人员和组织都应该作为村团组织可以依靠的团建力量。其中,职业阶段的青年和学生阶段的青少年中的团员是基础性力量,大学生村官和村"两委"中的年轻成员是最重要的骨干性力量,村"两委"是领导性力量,上级团组织是政策性力量,农村专业合作组织以及村内企业是联合性力量,外来社会组织是激活性力量,中小学老师是补充性力量。

四、寻求村团组织发展的现实力量:若干建议

根据上述分析,我们可以就重构村团组织的发展主体和现实力量,提出以下建议:

探索双重团籍制度,为村级团组织主体重构创造制度基础。重点探索学校学生具有学校和行政村双重团籍,使他们能够参加校村两边的活动,并担任行政村团内职务。

推动村团组织的组织格局创新。通过组织格局创新,使相关主体力量能够得到整合和激发。关于这一点将在本章第五节中详细说明。

全面推动大学生村官兼任村团组织书记的政策。对已经配备有大学生村官的行政村,建议全面由其兼任村团组织书记,至少让其兼任团组织副书记。从一定意义上说,大学生村官可能是村团组织走出团建"怪圈"的最重要的支点,因为团建"怪圈"的关键就在于村团组织书记不作为。

以关爱农村少年儿童为主题,开展"新的希望工程"和"新的服务万村行动",激活村团组织。整合社会各种力量,是激活村团组织的很重要的一种力量, 但是要整合社会各种力量, 应该找到村里青年和社会各界共同关心的

点——曾经是失学少年儿童,现在应是留守少年儿童。因此,建议提出"新的希望工程"的口号,将关爱农民工子女和农村留守少年儿童工作作为其内容,并且要像当年开展希望工程那样引起各方重视。同时,还应该开展"新的服务万村行动",在内容上应该将服务农村留守少年儿童工作(可以扩展到农村少年儿童,包括父母在村的孩子在内)为主要内容之一,并且发动各类经济组织和青年社会组织与村团组织进行合作,可以先由一家经济组织与若干家青年社会组织或者若干家经济组织与一家青年社会组织进行合作,而后与若干个村团组织进行合作。全国共有60万个行政村,如果我们能够整合到10万家经济组织和10万家青年社会组织(这些青年社会组织包括高校的大学生社团和白领中的各类青年自组织,也包括一些已经登记注册的社会组织),这样我们就可以对其中约10万~30万个行政村进行对口合作。经济组织负责出钱(当然也可以出人),青年社会组织负责出人开展活动(当然也可以自筹资金)。与这些经济组织和青年社会组织合作,可以通过团组织也可以直接与他们产生联系。在数量上,每个省需要动员的数量不过数千家,这样除了可以盘活经济组织资源之外,还可以将各类青年社会组织,包括各类青年自组织浮现出来,通过与其建立合作,使之能够与团组织之间建立联系,这也是新的历史条件下建立团青关系的一种战略性内容。如果每个对口组织每年能够与村团组织合作开展一次以上活动,从一定意义上说,就初步激活了村团组织。

通过严格团组织的纪律要求,以激发村"两委"动力。长期以来,我们一直认为村一级团组织工作基础较差,因此对其并没有太多要求。实际上,上级团组织自身对村团组织没有要求,村党组织也不会认真对待。反之,就会相对重视。因此,建议对村团组织要适当予以严格要求,应该建立工作评比和通报制度,可以在乡镇团委,也可以在县级团委直接进行。除了团内通报外,还必须通报给党组织。这样就有可能激发村党组织对团组织的重视,从而发挥村"两委"作用。

第四节　在保证组织存在与追求全面活跃之间：构建以基本功能为基础和差异标准为特征的功能体系

如果说寻求现实发展力量是团建工作的首要问题的话，那么有了主体和力量之后，应该做什么？做这些事的目的是为了什么？这就成为团建工作的关键问题。从政治学角度来说，村团组织功能以及功能实现的问题就是村级团建的关键问题。从一定意义上说，一定时期内组织的功能是相对明确的，但是由于条件差异，这些功能在不同组织中的实现程度存在着差异，这就意味着在团组织建设中存在着一个功能实现的标准体系。由于在这一体系中存在着最低标准和较高标准，从而在实施这一标准过程中可以做到既保证组织基本功能的实现，又促进组织发展。

一、在保证组织存在与追求全面活跃之间：地域性条件区别与功能实现差异

在第一节中，我们已经提到，在现阶段，村团组织存在着必要的政治和社会功能，是不能为其他层级和类型的团组织所替代的。在第二节中，我们还分析了，之所以长期以来存在着团建"怪圈"，原因之一就是村团组织功能虚化，而功能虚化是衡量标准没有根据地域性等条件进行细化或区别对待造成的。因为在不同条件下，村团组织实现其功能的程度不同。这就意味着，对于团的机关来说，首先必须清楚地知道，全国或者一个地区的不同地方的村级团组织所具备的条件是存在着差异的，为此，在推动村团组织建设过程中，要知道功能实现的最低限度是什么以及更好或者最理想的目标是什么？从一定意义上，只要紧紧盯住最低限度，绝大部分村团组织的基本功能就得以实现了。

那么对于村团组织建设来说，什么是最低限度呢？我们认为保证组织存

在就是村团组织的最低限度,因为组织存在是组织的所有功能实现的基础。而关于什么是团组织存在,却存在着两种理解:一是只要有人担任村团组织负责人就算是团组织存在。因此,目前许多地方村团组织由村两委成员兼任,就是要达到这一目的。二是不仅有村团组织负责人,而且还要开展一些基本活动,才能算团组织存在。从一定意义上说,若只有团组织负责人而没有开展活动,只能算是"僵尸化"存在,而既有负责人又能开展活动,才能算是"活体性"存在,因为只有开展活动和工作,组织才能有作为,功能才可能得以实现,即"组织的生命在于活动"。因此,我们所谓的"组织存在是村团组织建设的最低限度",是指既有组织负责人又开展了一些基本活动的现象。

二、在最低标准与较高标准之间:以差异化标准适应地域性条件区别

总结改革开放以来农村共青团工作经验以及本次调研各方面反映的情况,我们认为,为了实现村团组织的政治功能和社会功能,村团组织除了自身组织建设外,还可以围绕联系青年和服务青年两方面来设定具体内容,并且还应确定最低和较高两种标准。具体如下:

在联系青年方面,可以通过QQ等网络通信方式,建立本村青年联系和沟通网络。从本次调研中,村党组织与一般青年都普遍认为联系青年是村团组织应该做的最重要的工作之一。在过去的技术条件下,人员流动等原因使这一工作很难做到,随着互联网普及后,跨区域联系和多向互动在技术上已经不成问题了。通过建立青年联系网络渠道,可以为服务青年奠定基础。

在服务青年方面,可以分为三方面内容:一是开展文体活动。在文体活动的对象上,既可以针对职业阶段的青年和学生阶段的青少年,开展差异化活动,也可以开展能够共同参加的活动。二是开展帮助青年发展工作。在这方面主要针对职业阶段的青年,提供就业或致富的信息和培训等,学生的发展问题应该由学校负责。三是组织公益慈善活动。这方面主要包括两方面内容:一方面是公益性的,如开展围绕新农村建设中的环境卫生整治等活动,另一方面是慈善性的,如针对孤寡老人和留守儿童以及其他需要帮助的人

群开展活动。

在标准上,可以围绕上述联系青年和服务青年的两类进行设置,最低标准可以设定为在建立青年联系网络基础上,在文体活动、青年发展和公益慈善方面各开展一项活动。较高标准,可以针对上述两类内容的各方面内容设置相对丰富的系统内容。可以对改革开放以来团中央和各地关于农村团组织建设和活动的举措进行梳理,而后根据时代要求进行调整,转化为各项较高标准中的具体活动内容。

三、构建以基本功能为基础和差异化标准为特征的功能体系:若干建议

关于差异化标准体系实施问题,我们提出以下建议:

标准体系和等次等内容应该由团中央和省级团委来制定,差异化标准等次以及比例认定权交给地级团委和县级团委,其中地级团委来确定县级团委适应的标准等次结构比例,县级团委确定乡镇的标准等次和结构比例。

团中央和团省委应该提供各类活动的方案菜单和案例样本,直接发到村一级团组织,其中,西部地区可以由团中央直接印制,其他地区可以由团省委印制。

每年度可以按照这些标准进行考核,县级团委可以将考核结果通报给各乡镇党委,乡镇团委可以将考核结果通报村党组织。

第五节　全面创新县、乡、村团的组织形态:
激活村团组织的组织基础

作为全国性的青年政治组织,中国共青团是以一元化的整体方式存在着的,要激活基层组织和推动其转型与发展,除了基层团组织需要努力外,与之相联系的各级团组织的组织形态也都需要进行调整。这里最重要的层级,除了村团组织外,还包括乡镇团委和县级团委。如果说对于村团组织建

设来说,寻求组织发展的现实力量是首要问题,而明晰组织存在具体功能是关键问题的话,那么创新相关组织形态就是根本问题。

一、激活村团组织发展需要同时创新县乡村团组织形态

基层组织是一个组织的神经末梢,是组织嵌入社会的终端部分。由于基层组织所处的位置,从整个组织来看,不论是在资源和信息上,还是在人才和动力上都相对较缺乏,因此基层组织发展需要整个组织特别是上级组织的支持和督促。从一定意义上说,一旦基层组织开始出现一些根本性问题时,首先需要考虑的是整个组织以及各级机关是否存在着组织形态上的问题。上述组织学原理同样也适用于共青团。

村团组织是共青团的最基层组织,并且又处于市场经济背景下的农村之最基层,在资源、信息、人才和动力等方面在全国各类基层组织中相对来说也是最为缺乏的,因此村团组织建设更是需要上级组织和整个组织的支持与督促。然而团组织组织形态是在计划经济体制和单位社会体制下形成的,其运行逻辑与市场经济背景下的现实存在着一定差异,因此支持和督促村团组织,除了要在村团组织主体和功能上下功夫外,还必须创新其组织形态以及与之密切联系的县、乡两级团的组织形态。而所谓组织形态包括组织权力、组织结构、组织运行以及组织价值等各方面内容。只有通过组织形态调整,组织功能才可能被有效地实现出来,从而达到激活村团组织的目的。当然,组织形态创新不是推倒重来,而是针对组织形态中某一方面不适应之处进行调整和创新。

二、在业务指导与组织联系之间:再造团县委与村团组织的关系

我们认为在激活村团组织方面,县级团委可以在以下三方面有所作为:
1.业务指导
业务指导分为两方面:一是确定标准。根据团中央和省级团委制定的村

级团组织差异化标准，认定本县中各乡镇适用差异化标准中的等级结构比例，即每个乡镇中各村适用最低标准和较高标准的数量与比例。二是工作指导。包括业务培训和具体指导，业务培训主要是在团中央颁发的方案菜单和案例样本的基础上进行培训，具体指导可以是检查和指导相结合。

2.资源支持

资源支持主要是指通过县级团委出面向上级团组织、党委、政府、本县范围内团组织和社会范围筹集各类资金、物资和人力等资源，在此基础上支持村团组织建设。这里重点说明在本县范围内团组织和社会范围的资源筹集与支持村团组织的做法：

（1）向团组织筹集资源，主要是让县域范围内的机关、事业单位和企业单位的团组织与村团组织结对，要求它们与结对村团组织每年共同开展一场以上活动，对资金不做强制要求。

（2）向社会筹集资源，主要包括三方面：

一是组织本县假期回家大学生开展支持乡村的公益活动。首先要求县级团委通过电子邮件了解和掌握在外大学生假期回家情况，将回家学生以招募志愿者方式，按照乡镇分成若干小组，让他们与若干村进行结对，与村团组织合作开展活动。

二是向县域内经济组织或者外出办企业的本县企业家募集资金或让它们与一个或若干个村团组织进行结对。这些经济组织可以是企业也可以是农村合作专业组织，其中，可以先动员团属社团成员参加。既可以组织它们与村团组织结对，也可以通过筹措相应资金来作为大学生的志愿服务资金。

三是整合县域内、外的青年社会组织资源。随着市场经济深化和网络社会生成，在县域范围内和所在城市中一般都有大量青年自组织生成和出现，一般情况下，在一个县中至少有数十个以上，在城市中至少有数百个以上青年自组织存在，这些组织都有很强烈的社会公益诉求。因此，县级团委可以先与这些组织联系，并建立一个整合平台将它们联系起来，而后在它们之中提出服务乡村的公益性和慈善性的活动，让它们与一个或多个村团组织合作，这样一方面可以将它们转化为团建资源，另一方面也与它们建立了相应关系。

通过上述努力,可以做到对每个村有一个外来的团组织或经济、社会组织与其结对,每个结对对象如果能够做到每年共同开展一次以上活动,或公益、或发展、或文体,再加上本村自己开展一次以上活动,这样就可以做到每个村支部至少开展两次以上活动。更重要的是,通过上述结对活动,使这些村多了一些支持性信息和网络。

3.组织联系

团组织传统做法是遵循下管一级的科层制原则,对于县级团委来说,只要乡镇团委不作为,村团组织就与上级团组织失去联系了。为了克服这一障碍,我们建议,县级团委除了要进一步加强乡镇团委建设外,还可以直接与村级团组织负责人建立联系,如电子邮件和手机短信的联系。同时,还应该将涉及村团组织工作的通知,除了要下发给乡镇团委之外,建议还应该抄送给乡镇党委以及村党组织。

三、强化纪律、创新载体与枢纽作用发挥:通过激活乡镇团委带动村团组织

对于乡镇团委来说,要在推动村团组织发展中发挥进一步作用,需要在以下三方面进行改进:

1.强化纪律

强化纪律主要指两方面:一是县级团委对乡镇团委强化纪律,以激发乡镇团委的活力。如果乡镇团委不作为,虽然县级团委可以加强与村团组织联系,但是效果毕竟不好,因此加强乡镇团委建设是推动村团组织发展的必要环节。然而在乡镇团委,团委书记大部分是专职不专用或本来就是兼职的,长期以来,上级团组织更多是以所谓同情和理解的态度,不断予以迁就,于是乎,乡镇党委就认为,既然你的上级组织都不提出意见,那么我们就围绕中心大胆借用和挪用,而团干部也就顺势"不作为"了。因此,我们认为还应该重申"团要管团",进一步履行协管职责,对本乡镇团委进行相对严格的考核,并将考核成果通报乡镇党委,同时抄报县委组织部。由于中国共产党是一个有着严肃纪律的压力型组织,因此只要强调纪律,还是有效果的。这样

就可以达到引起乡镇党委重视以及激活乡镇团委活力的目的。至于经费,在乡镇一级是次要的问题。二是乡镇团委对村团组织强化纪律,以引起村党组织重视和激发村团组织活力。同样乡镇团委也应该对村团组织强化纪律,并将考核结果通报给村党组织。

2.创新载体

这次调研中我们了解到乡镇团组织格局创新之后,大部分乡镇团委并未因此被激活,关键问题依然还在于乡镇团委书记不作为上。诚然,这一问题是乡镇团委建设中的首要问题,但是我们也不排除与乡镇团委资源不足有关。我们认为,除了可以通过推动地方出台相关政策外,还可以给予乡镇团委一定团建经费,但是毕竟有限,也只够搞几场活动。因此,资源更多应该通过扩大整合和联系社会而后获得。因此,我们建议,在乡镇一级成立"创业能人协会"或"青商会"等,一是扩大社会整合和联系范围,主要是针对乡镇经济精英。二是可以增加经费和人力方面的资源来源。另外,我们建议可以通过激活乡镇青年中心,使其成为整合县级团委所整合的青年社会组织与乡镇各类资源以及村级团组织对接的平台。

3.枢纽作用

在乡镇一级存在着乡镇机关团组织、中小学团组织、其他事业单位团组织、企业团组织以及村团组织等各类团组织。实际上,这些组织之间存在着互相支持和互为资源的关系,比如与行政村团组织合作开展关爱留守儿童等活动,就可能成为企事业单位的团组织活动内容,这样对行政村和企事业单位来说,彼此都能成为对方的团建资源。然而要将本乡镇内部的资源实现共享以及使乡镇之外资源能够在乡镇之内配置等,都需要乡镇团委发挥其枢纽性的作用。同样,许多需要注入村团组织的资源也都需要由具有枢纽性的乡镇团委来帮助完成。

四、在重构主体和明晰功能过程中实现组织发展:从内部激活村团组织

所有外来的资源和帮助都需要由村团组织来具体承接,因此推动团组

织格局创新和制度创新以激活村团组织就成为一切工作的基础。具体来说，我们可以从以下两方面来推动村团组织发展：

推动村团组织组织格局创新，使组织格局适应重构后的村团组织的各类参与主体。建议扩大村团组织副书记和委员数量，一是可以将学生阶段的青年整合进来，如设置学少委员等；二是可以通过增加支部委员会数量，有更多人员参加工作，并通过他们动员更多青年参加活动，同时也避免以下现象的出现，即少数团干部外出就导致整个团支部没有任何骨干在村，从而引起团组织瘫痪。在团的班子成员中，要考虑到留守妇女的比例，因为在常住村的青年中，妇女比例较高，甚至能力和热情也更强。另外，可以试点行政村设立少先队的做法。总之，应该采取各种手段，让更多人能够参加到团建工作中来。

推动村团组织建设中的团内民主，创设激发团干部热情的机制，为党组织建设提供后备力量。在村"两委"选举产生的制度背景下，建议村团组织也能够采取公推直选方式产生，通过选举让团干部在村民中提高知名度，为他们今后竞选村"两委"提供社会资本和政治资本。另外，建议试点由公推直选出来的团干部直接作为推优入党的积极分子予以培养，从而为党组织提供党员的后备人选，制度化地解决农村党员老化问题。

结　语

基于资源、信息、人才等因素局限，任何具有群众性特征的政治组织的基层组织，都存在着不断被指导和救济的需求，否则就可能出现消亡和萎缩的现象。对于共青团来说，由于作为政党青年组织，因此在计划经济时期，单位社会建构逻辑使青年与其之间存在着较高利益相关度，从而使农村基层团建工作在新中国成立之后到"文革"之前这一阶段处于历史上最好时期。随着农村实施家庭联产承包责任制和全国实行市场经济体制，青年与其之间直接的利益相关度严重下降，再加上其他原因，就导致了村级团组织陷入了"瘫—建—瘫"的所谓团建"怪圈"。从一定意义上说，所谓团建"怪圈"实际上是村级团组织在所附着的社会利益结构消失条件下面临的一种困境。由于我们将计划经济时期的政治组织建设状况当作常态，因此就很不适应目前这种状态，故将之称其为"怪圈"。从一定意义上说，所谓团建"怪圈"现象实际上是现代政治组织的基层组织在市场经济背景下的一种正常的生存形态在共青团中的体现。这就告诉我们两个道理：一是对基层团组织必须予以经常性救济，除了不断努力和维护之外，没有一种一劳永逸的妙招；二是必须要有新的并有别于计划经济时期和单位社会背景下的团建新思路，通过重构基层组织主体，明晰基层组织功能，再造基层组织形态，从而在适应"怪圈"的过程中走出"怪圈"。

第三十五章　再造关系空间：
青年中心建设与政党青年基础重筑[*]

随着改革开放的深入,中国社会结构开始发生转型和变化,并不断对中国共产党整合社会的传统方式提出挑战。这就要求中国共产党必须适应变化了的社会情况,根据变化后社会的内在规律不断调整整合社会的方式,进而为推动社会发展奠定基础。社会结构转型所带来的社会逻辑和政治逻辑的变化,同样也在整合青年的工作中演绎,这就要求中国共青团也必须予以积极回应。青年中心就是中国共青团根据社会结构转型后的青年情况和现代社会内在规律,调整整合青年方式的重要成果之一,是共青团整合青年的组织创新的具体表现。但是由于青年中心是整合青年的一种全新组织方式,因此在青年中心性质定位、具体做法等方面,在实践工作中都存在着许多理解误区和认识不到位等现象,这些现象的存在将直接影响到青年中心建设的成效,进而影响到对青年整合的可能。为此,下文在对上海市20多个青年中心以及整体情况进行调研的基础上,就青年中心建设中若干根本性问题进行分析,并就如何进一步完善青年中心建设提出相应建议。

第一节　社会结构转型与基层团组织边缘化：
共青团面临的困境

中国共青团作为中国共产党整合社会的重要外围组织，在过去的历史

---

[*]　刊载于《当代青年研究》,2008年第1期。

中起到了十分重要的作用。同时，由于其组织特性以及长期与政党互动，中国共青团与中国共产党在组织结构以及整合社会机制等方面存在着高度同构性。因此，随着社会结构转型对中国共产党整合社会的传统方式提出挑战，共青团也开始出现了基层组织边缘化现象，从而直接导致共青团整合青年能力的下降。

一、市场经济体制建立与单位体制衰微：基层团组织边缘化的背景

新中国成立之后，为了快速实现现代化，中国在宏观层面建立了计划经济体制，在微观层面建立了单位体制。①由于单位体制是基于计划经济体制对社会生产结构和管理方式的内在要求所形成的一种组织化的社会结构，因此随着社会主义市场经济体制的建立和完善，单位体制就逐渐开始衰微。伴随着单位体制的衰微，许多新型社会和经济领域逐渐开始出现和成长，大量人员在单位体制外工作。仅从就业指标来看，由于非国有经济在整个国家的经济活动中的比重已经占到2/3左右，所以多数劳动力在非国有单位中就业。根据2003年国家统计局的统计：城镇2.478亿就业人员中，在国有单位中就业的人员总数为7163万，仅占总体的28.9%。②

二、单位体制衰微与政党整合社会传统机制失效：基层团组织边缘化的机理

随着改革开放的深入，特别是社会主义市场经济体制的建立和完善，在宏观层面，市场经济体制替代了计划经济体制，市场成为配置资源的主导手

---

① "单位体制实际内涵是：以党的基层组织为核心，以经济生产单位为基础，以计划经济体制为框架，以国家全面主导社会为动力，将社会生产和生活全部组织进各种各样的单位组织或单位体系，从而形成以集政治、经济和社会功能为一体的单位组织为基本构成要素的社会结构形式。"引自林尚立：《社区党建：中国政治发展的新生长点》，《上海党史与党建》，2001年第3期。

② 转引自李路路：《社会变迁：风险与社会控制》，http://www.chinalawedu.com/news/16900/178/2006/4/zh909914204972460022208-0.htm。

段,同时,全球化影响的加剧,各类资源不仅在全国范围内可以流动,而且还在全球范围内参与配置;在微观层面,单位体制的衰微,使大部分社会成员在单位体制外就业和生活,他们利益和权利的实现与基层党组织之间的相关性完全消失或是严重下降,而对于那些依然在单位体制内工作的社会成员来说,社会的开放性以及退出机制的存在,使他们与单位组织以及基层党组织之间关系的密切度,相较于计划经济时期,也发生了一定程度的变化。由上可知,市场经济体制建立和单位体制衰微,导致政党整合社会传统机制逐渐开始失效,其后果的一个重要表现形式就是基层党组织出现边缘化现象。作为政党整合青年的外围组织——中国共青团,在相同逻辑作用下,在社会政治生活中开始出现一部分团组织和团员所发挥的具体作用逐渐弱化甚至消失,从而导致这些团组织整合青年能力的较大程度下降或在青年中的主导地位丧失的团组织边缘化现象出现。

三、共青团整合青年能力下降:基层团组织边缘化的实质

从团的基层组织情况来看,目前,团组织"边缘化"现象较严重的主要发生在以下三个领域:一是农村,二是企业中的非纯粹公有制企业,三是社区。从上述的三个领域来看,团组织"边缘化"较严重的地方主要集中在以下两个方面:一是改革开放之后新成长起来的社会组织和新出现的社会领域,如企业中的非纯粹公有制企业以及社区;二是在单位制度衰微之后,单位制度退出的范围,如农村以及社区①。因此,概括起来,我们可以知道团组织"边缘化"现象主要发生在社会转型以及单位制度衰微后生成和转型的新的社会组织和社会领域里的基层团组织中。党的执政需要通过基层党组织及其外围组织来实现对社会的整合,保证社会成功转型和健康成长从而为政治发展奠定基础,也需要基层党组织及其外围组织来完成社会整合任务。但是从

---

① 目前的社区不论是在结构上还是在功能上与计划经济时期都存在着较大差异,因此本书认为目前社区既是去单位化的产物,同时在结构和功能上又具有新兴社会领域的性质(特别是城市中的一些"高尚"小区)。

上述团组织"边缘化"发生的领域情况来看,正是社会转型后的新的社会领域和社会组织中发生了团组织"边缘化"现象,而这些领域在中国目前社会中占据着最为重要的地位,并且已有各种社会力量在这些领域中自发成长起来而未能得到有效整合。从发生的类型情况来看,团组织空缺、空转以及合法性基础削弱,都使在这些领域中的团组织整合青年能力较大程度地下降。由此,我们可以得出一个基本结论:由于在最需要团组织整合的地方较长时间内出现较严重的团组织"边缘化"现象,其实质即意味着团组织整合青年的能力下降。

第二节　青年中心提出与整合青年方式转型: 共青团组织创新的举措

青年中心的提出,就是中国共青团适应转型后中国青年结构变化的需要,根据现代社会内在规律,所采取的旨在提高整合青年能力的一种组织创新。

一、社会组织化的两条路径:自组织与他组织

在社会转型条件下,不论是长期被单位化所限定的社会成员,还是在后单位条件下成长的人员,在工作空间和家庭空间之外的社会中,绝大部分都成为了原子化的个体。但是在社会领域中实现组织化,既是现代社会发展的客观需要,也是现代社会本质的内在必然。因此,随着社会进一步发展,除了既有各类政治性和社会性组织外,在社会领域内开始出现各类民间组织。根据一个组织是否按照外界特定干预而形成的,我们可以将组织生成方式分为自组织和他组织。[1]同样,我们也可以得出以下结论,那就是在社会组织化过程中,也存在着自组织和他组织两条路径。所谓自组织,是指在现代社会内在组织化动力驱动之下,社会自发生成各类组织。所谓他组织,是指政党、

---

[1]　孙志海:《自组织的社会进化理论:方法和模型》,中国社会科学出版社,2004年,第20页。

政府或者各类既有政治、社会组织，根据现代社会运作的内在规律，有意识推动和创建各类社会组织。

二、在政治与社会之间：共青团推进青年组织化的意义

青年是社会领域中最活跃的一个群体，因此现代社会以及社会成员对组织化的内在需求同样也适用于青年。甚至从一定意义上讲，在现代社会条件下，组织化是青年生存和发展的一种方式。如果说社会组织化存在着自组织和他组织两种路径的话，那么青年群体组织化过程中，也同样存在着自组织和他组织两种方式。由于目前处于青年群体组织化初期，或者说萌芽期阶段，因此如果共青团组织能够在这一时期介入，对青年群体进行组织的话，不但具有社会意义，而且还具有重要的政治意义。青年人的社会性需求满足，从一定意义上说，都能够通过社会组织化方式予以实现，甚至其中大部分内容也只有通过组织化方式才能更便捷地达到。同时，公民社会的生成也在这些需求推动下得以实现。①因此，如果共青团组织能够根据现代社会内在规律，推进青年群体组织化，就不但能够满足不同层面的青年人的需求，而且也能够在此过程中推动中国公民社会的发育和发展。从这一角度来说，共青团通过推动青年组织化，来达到服务青年需求和培育公民社会的目的，就具有重大社会意义。另外，这些也是中国共青团作为执政党的外围组织所应尽的职责。

从领导目的来看，中国共产党对社会的领导主要有两方面：从根本目的来看，主要是通过对社会领导从而推动和改造社会，最终为实现共产主义奠定基础；从现实目的来看，主要是通过对社会领导从而实现对社会的整合，为政党整体领导和政党驾驭国家政权提供支持。从领导社会方式来看，在计划经济时期，党对社会的领导是通过直接改造社会，建立单位体制，实现支配性领导。在市场经济条件下，根据现代社会的内在要求，政党领导社会的具体方式必须转变为通过整合社会，来实现主导性领导。因此，在建设市场

① 俞可平：《市场经济与中国公民社会的兴起》，载《市场经济与公民社会：中国与俄罗斯》，中央编译出版社，2005年。

经济体制的今天,要能够做到整合社会,首先必须通过政党主动组织社会来实现,不过,这时组织社会不能简单地从政党原则出发,而必须从社会原则出发。对于中国共青团来说,通过组织青年达到整合青年的目的,从而为政党领导和执政提供青年基础,就是中国共青团作为执政党的外围组织应有的使命。

三、青年中心:共青团整合青年方式的创新

从20世纪80年代中期开始,特别是90年代之后,中国共青团各级组织开始逐渐意识到社会结构转型对共青团整合青年传统方式的挑战,并不断采取各种手段和措施,克服基层团组织边缘化的现象,但是从整体效果来看,成效不大。进入21世纪之后,特别是党的十六大召开之后,中国共青团各级组织在多年探索基础上,在如何走出基层团组织边缘化困境问题上,开始形成了一系列符合现代社会内在逻辑的行动成果和组织创新。青年中心就是共青团调整整合青年方式的一项组织创新。所谓青年中心,是指在共青团领导下,面向广大青年,以联系、服务、引导青年为目的,以会员制、理事会制为主要运作方式的新型城乡社区青年组织。2003年10月全国城市青年中心建设工作会议认为,青年中心是旨在为促进经济和人的全面发展而自我组织、自主管理,服务会员、服务社区的新型社区青年组织。青年中心在组织形态、管理形态、活动形态和运转形态四个方面进行了创新。[1]

四、在推进组织创新中提升整合青年的能力:青年中心建设的实质

从对共青团组织发展的影响角度来看,青年中心在以下三个方面突破了共青团整合青年的传统模式:

第一,走出了"就团建抓团建"的传统思维。长期以来,共青团组织建设

---

[1] 《赵勇同志在全国城市青年中心建设工作会议上的讲话》,http://www.ccyl.org.cn/zuzhi/brief/images/bg.jpg。

只是停留在"就团建抓团建"的内容上，忽视了抓团建是为了整合青年这一目的。青年中心建设的提出，使共青团组织走出简单"就团建，抓团建"这一传统思维，直接以整合青年为目的，并将整合青年与做实团建有机联系起来，打破了共青团工作团内封闭运作的模式，推进共青团回归群众组织本来面目，从而为开发共青团整合青年的功能奠定了结构性基础。

第二，克服了传统政治中排斥民间组织的心理。新中国成立初期的社会主义改造期间，我国曾经历过对各类社会组织的取缔和改造阶段，因此在中国政治中，对民间组织存在着一种内在排斥的心理。[①]然而在市场经济条件下，包括各类草根青年组织在内的民间组织成长是一种必然。同时，对于中国社会来说，这些现象却是一种新鲜事物。因此，如何面对民间组织就成为中国政治中需要正确对待的一个重要内容。共青团中央提出在青年中心建设中要以社团联系为重点，这就在机制上突破了传统政治中对民间组织的排斥心理，通过整合各类青年组织实现对青年整合的目的。

第三，遵行现代社会内在规律来构建整合青年的机制。在现代社会中，社会利益多元化和资源配置市场化，导致人们可以、并且也希望通过基于利益、兴趣或价值而组成各类志愿性组织，来实现个人的需求。同时，这些组织的志愿性和组织性的特征，导致了这些组织内部能够生成大量社会资本，并进而为整个社会生成了大量社会资本，保证了社会内在的团结与和谐。因此，在现代社会条件下，各种政治组织能否有效推动这类组织生成，以及能否与既有的各类组织建立密切联系，是决定这些政治组织能否最大限度地团结社会和整合社会的关键。共青团中央通过建立青年中心，以形式上去政治化的方式，根据现代社会内在组织化要求，在后单位时期，及时介入青年组织以及加强与各类青年民间组织的联系，从一定意义上说，是符合现代社会条件下的政治运作和政治发展规律的。

由于青年中心建设直接从整合青年的目的出发，并按照现代社会内在规律来推动政治运行和组织发展，这就使共青团超越了简单"就团建抓团

---

① 俞可平：《市场经济与中国公民社会的兴起》，载《市场经济与公民社会：中国与俄罗斯》，中央编译出版社，2005年。

建"的组织建设和组织发展思路,为共青团基层组织走出边缘化困境提供了组织基础和工作模式,使共青团整合青年能力提高成为可能。

第三节　关系空间抑或物理空间：青年中心性质的再认识

青年中心是建立在市场经济条件下社会运行规律基础之上的，共青团整合青年的一种全新模式。在面对像青年中心这样一种全新整合模式时，相当多基层团组织及其干部，存在着许多不适应之处，其中突出表现就是对青年中心性质的认识有较大误差，这将直接影响到青年中心建设的成败和共青团整合青年的成效。因此,正确认识其性质就成为青年中心建设中的第一要务。

一、"青年中心＝物理空间＋活动项目"：青年中心建设中的根本误区

虽然团中央在提出青年中心建设时，已经明确表示"青年中心不是青少年活动阵地"[①]。但是在调查中我们发现，在相当多的基层团干部以及许多党政干部的认识中,青年中心依然还是"青年活动中心"。这就导致了以下两方面后果:一是他们认为青年中心并没有什么本质创新,只是为共青团工作增加一个物理空间而已。二是在青年中心建设的具体落实过程中,他们就不断要求地方或是基层党政机关,配备相应活动场所,并在这些活动场所之中设置一些所谓的青年喜闻乐见的活动项目等。如果用一个公式来表达相当数量的基层团干部和基层党政领导对青年中心的认识,那就是:"青年中心＝物理空间＋活动项目"。因此,在这些干部看来,建设青年中心,两个东西最重要:一是场所,二是项目。其实,这两个要素不过是青年中心建设中最为枝

[①] 《赵勇同志在全国城市青年中心建设工作会议上的讲话》,http://www.ccyl.org.cn/zuzhi/brief/images/bg.jpg。

末,甚至可以舍弃的东西,但在这些干部心目中却成为本质性的东西。

二、再造关系空间:青年中心的性质

要正确把握青年中心的性质，我们首先必须分析团中央关于建立青年中心的有关文件表述。《共青团中央关于加强青年中心建设的决定》在分析为什么要建立青年中心时指出:

随着改革开放和社会主义市场经济的深入发展，我国经济社会的深刻变革对青年的价值观念、行为方式和群体结构产生巨大影响,对青年工作和青年组织建设带来了机遇,也提出了严峻挑战。青年群体的不断分化、青年流动性的增强以及职业分布日趋广泛,要求共青团不断扩大对各类青年群体的工作和组织覆盖面;青年日益增长的多样化需求，要求共青团提供有针对性的有效服务;社会资源配置方式的变化,要求共青团运用多种手段整合资源,推动青年工作的发展。面对新形势新任务,共青团一方面要坚持不懈地把自身建设成团结教育青年的核心,另一方面要充分发挥基层各类青年组织联系、服务、引导青年的作用。大力建设城乡社区青年中心，是共青团在社会主义市场经济条件下实现青年工作社会化的必然选择,是延伸共青团工作手臂、健全青年组织体系的重要举措,是加强共青团能力建设的一项基础工程。①

如果对上述内容进行分析，我们可以对团中央创建青年中心意图作出以下判断:

第一,经济、社会深刻变革使青年在价值观念、行为方式和群体结构等方面都呈现多元化状态，导致传统青年工作和青年组织建设不能适应这一现状。为了能够在青年多元化状况下,获得对青年的主导与整合,共青团组织就必须在组织建设、服务手段和资源整合等方面进行创新。

---

① 《共青团中央关于加强青年中心建设的决定》(2004年12月17日中国共产主义青年团第十五届中央委员会第三次全体会议通过),http://www.ccyl.org.cn/zuzhi/brief/images/bg.jpg。

第二，在这些创新中，组织创新是基础。在新的条件下，从一定意义上说，所谓组织创新就是要重构青年组织体系，使这一体系能够重新获得对各类青年群体的覆盖和整合。这一体系再造包括两个方面内容：一是做强共青团——青年领导核心；二是做实各类青年组织——青年联系中介。然而不论是前者，还是后者，都必须走出计划经济时期的工作思维和工作模式，按照市场经济条件下社会运行内在规律建设。

第三，做实各类青年组织的一个重要组织创新就是建立青年中心。通过建立青年中心，一是将部分个体青年直接组织起来，二是将各类青年组织吸收进来，从而达到既直接联系了青年个体，又通过整合各类青年组织扩大了覆盖青年的目的。

从上述分析来看，我们可以进一步得出以下结论，那就是：

第一，青年中心作为社区新型青年组织，首先是一种关系空间，即通过青年中心这一载体，使青年人能够得以形成一种内在的有机关系。因此，其他要素都必须服从于这一性质，都必须以能够服务最大化构建关系空间为根本目的。面对这一性质，是否拥有固定场所、是否有明确的项目都已经成为相对次要的内容了，或者说这些要素都成为最大化构建关系空间的手段了。

第二，这种关系空间建设，从本质上来说，是共青团在后单位化条件下，透过青年中心这一载体，与多元化的青年群体重新建立联系的过程。从这一角度来说，创建青年中心这一关系空间，实质上是共青团通过再造关系空间，从而走出基层组织边缘化困境的一种努力。

第三，在青年中心的建设过程中，共青团组织必须成为其核心，即青年中心是政党青年工作组织体系中的一个组成部分，其目的在于最大限度整合青年，为政党领导和执政提供青年基础，否则就失去了其应有的政治意义，从而使青年中心沦为一般的社会民间组织。但是这里并不否定在具体建设过程中，走社会化的路径。甚至从一定意义上说，在现代社会条件下从事政治工作，我们必须学会以下策略，那就是：以社会化手段，达到政治性目的。

三、走出传统团建逻辑：实现关系空间再造的关键

从形态上来说，青年中心本身就是一个关系空间，而青年中心建设，其实质就是共青团与不同类型青年群体之间的关系再造，即从单位体制下以政治组织原则来建立与青年的关系，转变为市场经济条件下以社会运行原则来建立与青年的关系，从而实现重新整合青年的目的。因此，青年中心建设就不是简单的一个组织创新问题，而是整个政党与社会之间关系重构在青年群体中的一种具体表现，涉及共青团在与社会、青年互动过程中所采取的原则变化问题。这就意味着，要建设好青年中心，就不是简单的方法问题，而是涉及共青团战略整体转型的问题。这就要求共青团干部必须走出传统团建思维模式，按照现代社会内在运行规律来整合青年，重建与青年之间的关系。具体来说，必须做到以下四方面内容：

第一，必须认识到传统团建逻辑所依赖的社会结构已经发生变化，共青团整合青年工作模式必须遵循变化后社会逻辑进行转换。传统团建逻辑是在计划经济体制和单位体制条件下，依靠政党对资源配置整体性垄断与青年对政党及其外围组织——共青团的依附性而形成的。但是随着改革开放和市场经济体制建设的深入，计划经济体制已经退出，单位体制也严重衰微，包括青年在内的绝大部分社会成员可以从市场中获得利益和个人需求的满足。这就要求共青团必须按照转型后的社会逻辑，来转换整合青年的工作模式。从这一意义上说，共青团基层组织边缘化现象的出现，就是这种转换不到位所导致的后果。

第二，必须改变具体行为习惯模式，共青团工作必须从"政治供销"向"政治营销"转变。传统社会结构和社会资源配置方式导致了在政治上，不论是中国共产党还是中国共青团，更多习惯于居高临下"政治供销"的工作模式，强调简单灌输和控制。但是社会结构转型后，党团在具体工作过程中应该转型工作模式，要更多考虑包括青年人在内各类社会成员的需求和心理感受，否则其有效性将会大打折扣，这就要求共青团工作必须从"政治供销"向"政治营销"转变，从而保证政治有效性的实现。

第三,必须改进领导青年的方式,共青团对青年的领导必须从支配性领导向主导性领导转变。与供销型政治运作模式相适应的是支配型的领导方式,即通过控制资源配置权以及其他权力方式来达到社会成员对政党或共青团服从的目的。然而市场经济的建立以及依法治国方略的提出,都要求政党或共青团必须遵循现代社会和现代国家的内在规律来运作政治,使其合法性不是建立在简单的权力运用基础上,而是建立在对其执政或服务有效性的基础上。另外,绝大部分的社会资源是通过市场来配置,政党也已经无法做到对资源配置权的垄断,这就要求共产党和共青团必须在社会层面通过有效的社会整合和社会服务,使社会成员对其产生认同感,从而获得其对社会的领导。这里很重要的一个内容就是必须与各类既有的社会组织建立合作性关系,通过尊重其主体性,从而赢得他们对政党或共青团的认同,最终达到对其整合和领导的目的。为此,在具体工作过程中,既可以采取由政党或共青团与其直接联系和合作的方式,也可以通过搭建去政治化的合作互动的平台来实现。青年中心就是后者的做法。

第四,必须认识到服务青年最好的办法就是将他们组织起来,由他们自己服务自己。最了解自身需求的人是青年个体本人,如果能够将那些具有同样需求的人组织起来,那么他们就能够根据自身需求生成和提供各类活动项目,来满足自身需求。因此,共青团工作目标要从简单提供活动项目转为帮助创建组织上来。为此,我们建议今后在共青团工作中以及创建青年中心过程中,所有工作都应围绕着各类组织创建而展开,或是通过提供项目、开展活动而后将参加项目活动的人组建为相关组织,不能为活动而活动;或是将具体组织中已经证明有效的项目进行推广,并再以此为中介壮大各类组织。

第四节　构建关系空间的两条路径：完善青年中心建设的具体对策

通过上述分析,我们明确了青年中心的性质是一种关系空间,而不是物理空间。作为一种新型组织,青年中心包含着两个层面的内容:一是作为一种组织,它本身就是一种关系空间;二是作为一种共青团整合青年的平台,它为共青团与青年之间提供了关系互动的空间。不论是在哪一层面理解,作为关系空间的青年中心,都应该是以各类青年民间组织作为其支持基础,即"社团是青年中心开展活动的基本单元"①,否则,它就只能成为一个空的"空间"了。从这一角度来看,青年中心可以说是以共青团为核心的各类基层青年民间组织联盟。②构建这一联盟,就成为青年中心建设的基本内容了。

一、在"自组织"与"他组织"之间:构建关系空间的路径

关于青年中心这一关系空间的组织框架应该如何搭建,《共青团中央关于加强青年中心建设的决定》已经讲得非常清楚了,即"采取理事会管理、会员制参与的形式"。我们这里主要是就如何具体做实"社团"这一"基本单元"以及如何将各类社团转化为"基本单元",从而构建起青年人的关系空间,提出我们的建议。因为在调研过程中,我们发现在已建成的青年中心中,通过共青团努力以及借用党政力量,基本上都能出色完成搭建规定的组织框架的任务,但如何整合青年以及整合青年组织(社团),却是绝大部分青年中心的软肋。然而没有解决这一问题,青年中心功能就无法得以实现。

我们知道社会组织化过程存在着"自组织"和"他组织"两条路径,即"自组织"和"他组织"是社会关系空间构建中的两个一般性模式,这就意味着,我们在构建青年中心这一关系空间时,也可以遵循这两条路径来实现。在这里,所谓"自组织"的路径,是指青年中心理事会可以将社会中根据利益、兴趣和价值认同而组成的各类青年民间组织(社团),按照会员制方式整合进青年中心。所谓"他组织"的路径,是指青年中心理事会,根据青年利益、兴趣

---

① 《共青团中央关于加强青年中心建设的决定》(2004年12月17日中国共产主义青年团第十五届中央委员会第三次全体会议通过),http://www.ccyl.org.cn/zuzhi/brief/images/bg.jpg。

② 《共青团中央关于加强青年中心建设的决定》提出,青年中心建设要采取会员制形式,会员制包括个人会员和团体会员,但"鼓励个人会员参加一个或多个社团,为会员创造更多的接受服务和服务他人的机会"。

和价值认同的差异性，通过在开展有关活动基础上或直接推动有关青年民间组织(社团)的建立，而后再将它们按照会员制要求整合进青年中心。在具体建设青年中心过程中，这两条路径也不是简单分开，而是相互促进。

二、整合既有青年民间组织：扩大联系面的组织载体

在计划经济体制和单位体制快速退出，市场成为资源配置主要手段以及全球化对中国全面影响的条件下，社会成员特别是青年人的利益、兴趣和价值开始迅速分化，并呈现多元化状况，同时在法治意识和民主意识的催生下，个体权利意识和主体意识在青年中得到了普遍提高，并成为他们基本意识的一部分。基于上述因素，自20世纪90年代以来，特别是21世纪之后，青年民间组织开始获得空前的发展，而网络社会的兴起又进一步强化了这一趋势。青年民间组织特别是青年网络组织呈现出以几何级数速度增长的态势。大量社会成员加入了各类民间组织(主要是网络组织)，而青年人成为这些成员中的主体部分，在这些组织中青年组织也占据了绝大部分。从目前情况来看，这些青年民间组织除了青年自发成立之外，还有一些是各种社会和政治力量介入的结果。这些力量主要有：第一，市场组织。第二，国内各类非政府组织，如各类民间环保组织。第三，境外非政府组织，这些组织目前在许多著名高校都有其分支机构。第四，各类宗教组织。这些组织中有的是正式的宗教组织，还有一些是非法宗教组织。

同时，我们还必须看到，目前大量青年民间组织都还是处于非正式状态，这里除了有刚刚诞生而尚未完善的原因外，也有我们国家社团管理制度滞后的因素。但是这些组织随时都可能落地，成为相当有影响力的组织力量，其中最重要的原因是互联网的嵌入。因此，我们可以得出以下判断：目前我们国家青年人尚处于组织化初期，并且这些组织主要以志愿性和娱乐性组织为主，但是网络化因素使整个组织化过程得以缩短，并在其他各种因素介入后，在条件成熟时将可能成为一种具有高度动员性的组织力量。

面对着快速发展的青年民间组织以及各种力量介入青年组织的现状，共青团通过青年中心来实现对这些组织的整合就显得十分必要了。这不仅

关系到单纯地服务青年的问题,更重要的还在于获得这些组织的认同,从而为政党领导和执政提供青年基础。但是在调研中,我们却发现,相当部分已经建立的青年中心对于如何整合这些组织却一筹莫展。对此进行认真分析,我们可以发现有以下几个方面原因:一是青年中心负责人特别是基层团干部不作为。二是人为性区域分割导致整合青年民间组织的困难。三是青年民间组织自身特点导致整合工作的困难。四是政治风险导致整合青年民间组织的困难。针对这些原因,我们认为,应该通过以下措施,来解决以上整合青年民间组织中的困难:

第一,区县级以上团委要积极向高层党政领导以及相关部门反映整合青年民间组织的重要性,以取得党政领导和相关部门对这一工作的重视,并对可能出现的政治性风险有充分思想准备,从而为共青团干部在社会领域中为政党巩固青年基础提供必要的政治保证,否则,青年中心工作以及其他类似工作都必将无法获得长足的进展。

第二,遵循青年民间组织生成的内在机理,针对其跨区域性特征,建议通过由区县一级团委来推动各街镇青年中心联合掌握青年民间组织情况,并根据不同街镇特点,由区县团委推动相关街镇青年中心与相应青年民间组织建立关系,从而克服街镇层面寻找青年民间组织的困难,同时,也为街镇团工委取得街镇党政领导支持提供合法性依据。

第三,将寻找青年民间组织作为一项基础性工作。可以通过以下方式寻找各类青年民间组织:一是由青年中心负责人和既有成员有意识地通过网络或是人际来寻找。如通过举办相关研讨会等活动,将相关网站负责人以及网站社区论坛中的版主们组织起来。二是通过青年民间组织来推荐其他民间组织。三是通过上级团委以及新闻媒体介绍和推荐。

第四,青年组织化结果,将会体现为不同层次的组织类型。组织化效果更好或正规化程度较高的,将会表现为在民政部门登记的各类青年非营利组织等;组织化程度相对较弱的,将会表现为交友团体或兴趣团体等青年民间组织。对于青年中心来说,不但要整合前者,同时还要重视整合后者,因为对于大部分青年人来说,更愿意参加后者,因此整合后者将会覆盖到更多的青年人。当然后者的数量相对来说更加庞大,整合的工作量也将更大,但是不能因此而忽视对后者的关注,因为后者是潜在的前者,如果在其弱小时能够予以关注和培育,那么这是成本最低的整合投入。

三、创建各类青年社团组织:培育基本面的组织空间

在青年快速组织化的今天,共青团组织和青年中心不但要重视整合通过自组织生成的各类青年民间组织,而且还要由自己来创建各类青年组织。从一定意义上说,后者将更具战略性意义。这就意味着,提高创建青年社团的能力,是现代社会条件下,共青团干部所应具备的一项基本功。在调研中,我们也发现缺乏创建青年社团能力,已经成为制约青年中心发展的一个重要瓶颈。因此,我们认为,阐明创建青年社团重要性以及给出如何根据现代社会运行规律来创建青年社团的基本方法,对于进一步推进青年中心发展来说十分必要。

1.细化+聚合+联合:青年社团创建的基本方法

在调研中我们也发现,许多青年中心已经整合了若干青年社团。不过,这些社团主要是那些由共青团曾经创建的各种青年组织。但是如果对此进行分析的话,我们会发现,这些组织都具有以下三个特点:一是政治性或公益性程度较大,二是行政推动性较强,三是传统色彩较浓。这就意味着,这些基层团组织尚未按照现代社会中青年需求来创建青年组织。如果继续按照这样的方式来创建青年社团的话,将会出现青年社团创建严重形式化和行政化的问题,从而降低整合青年的有效性。因此,有必要明确现代社会条件下创建青年社团的基本方法。如果用一个公式来表述这一方法,那就是:青年社团创建=细化+聚合+联合。

(1)细化。所谓细化就是对青年需求进行分析和细化。这是创建社团过程中最基础性的工作。我们可以根据利益、兴趣和价值作为基本分析对象,来确立细化标准。具体过程中,可以按照职业、兴趣等来划分。

(2)聚合。所谓聚合就是将有共同需求的青年人通过一定载体将他们汇合起来,进而将他们组织成相对固定的组织(也可以是松散的)。

(3)联合。所谓联合就是将性质相同或者相近的青年组织,在更高层面

上(如县区层面)进行联合,组成更正规的组织。这些组织可以到民政部门登记注册。

上述三个过程中,前两者是基础,联合阶段应根据条件成熟情况而决定是否要推进。因此,对于基层团组织和青年中心来说,它们在创建青年组织时,最重要的是要学会掌握细化和聚合的基本方法。同时,基层团干部和青年中心负责人还必须清楚地意识到,各类志愿性和兴趣性社团组织,存在着较大程度的消亡率,因此不能因此而感到气馁。从一定意义上说,青年中心发展过程就是不断创建青年社团的过程。在此过程中,如果每年坚持创建15~20个社团,并能保持50%左右的存在率,积累若干年,那么成果将相当可观。

2.在现实与虚拟之间:青年社团创建的实现空间

目前,大量青年民间组织生成,是通过网络空间来实现。这是网络社会条件下组织生成方式的最大特点。之所以如此,是因为网络空间所具有的去中心化以及无边界等特征,实现了组织化中需求细化和成员聚合等功能,可以打破信息和区域的局限,在虚拟社区等网络空间中得以快速和广泛完成,从而使组织化更为便捷。上述网络社会组织生成机理,同样也是我们创建青年社团所应遵行的规律。根据这些原理,共青团基层组织和青年中心,除了通过既有的共青团等组织网络或组织方式在现实空间中推动青年社团的创建,还应该学会在网络空间和现实空间的互动中来完成。具体来说,可以采取以下几个步骤:一是细化需求,凝聚主题。二是网上聚合,网下聚会。三是依托活动,创建组织。

3.在整体与局部之间:青年中心建设中资源共享的机制建设

网络空间的无边界化与跨地域性的特征决定了,共青团组织要能够在网络社会条件下整合青年,就必须跳出以下传统的科层制工作分工的格局,即整合基层青年任务主要由基层团组织来承担,而县区以上的团组织主要负责政策制定和整合青年精英的任务。在网络社会条件下,整合基层的任务也必须靠区县以上团组织和基层团组织共同配合,才能实现这一目的。网络社会空间条件下的青年组织化已经突破了地域性限制,并可以通过网络获得资源跨地区聚合,但是既有的共青团基层组织却依然还是以地域性的方式存在,并且团内科层制还导致了基层团组织能够支配的资源严重不足。上述矛盾的存在,决定了在现有条件下,基层团组织以及处于街镇层面的青年中心,很难做到有力整合青年。因此,区县以上共青团组织必须形成整体观念,要直接介入区域内青年中心的组织创建具体工作,其中盘活区域内资源甚至向上级团组织提出资源上的请求,是最重要的一项内容。当然,这些资源主要还不是指资金资源,而是指专门性人才等资源。同时,区县以上团组织还要推动这些资源在区域内的各基层范围内统筹配置,从而解决基层资源不足和基层本位主义对青年整合的障碍。

结　语

市场经济建立和网络社会崛起导致社会结构发生重大变化。这一变化导致了两方面后果:一是青年与共青团之间利益相关度严重下降;二是青年组织化可以在网络空间获得快速和广泛实现。前者使共青团基层组织出现较严重的边缘化现象,后者使共青团整合青年的传统方式不断失效。从政治上说,这就意味着政党青年基础无法获得组织化支持,从而不利于政党的领导和执政。共青团通过推进组织创新,来适应这一变化的挑战,使自身整合青年能力不断获得提升。青年中心就是其中一个重要的组织形态创新成果。青年中心重大创新之处,就在于根据现代社会运行的内在规律,重新构建共青团与青年之间的关系空间,达到在以组织化方式服务青年过程中整合青年的目的。即通过再造关系空间,达到重筑政党青年基础的目的。在青年中心建设过程中,能否做到整合既有各类青年民间组织和创建青年社团,关系到关系空间再造的成败。因此,正确认识青年中心性质和提高整合与创建青年组织的能力,就成为进一步推进青年中心建设的关键。

本章主要是围绕着上述两方面内容提出相应观点和具体对策。但是由于调研范围主要是局限于上海这样的大城市。关于青年中心是否适合于农村社会或者农村青年中心建设如何进一步完善,以及当代农村社会特征决定了通过青年整合以巩固政党青年基础的目的,究竟应该走整合精英的道路,还是应该走扩大覆盖面的路径,在文中都尚未获得回答,这是本文不足之处,但也为下一步研究提供了具体方向。从这一局限来看,文中所谓的青年中心概念应主要指的是城市青年中心,尚不能涵盖农村青年中心。

第三十六章　从打破体制性区隔到构建枢纽型组织:深化街道团的组织格局创新与推动城市团的组织形态发展*

在与基层社会关系中，后发国家特性与党建国家逻辑决定了中国共产党不仅要扮演政治领导的角色，而且还必须履行推动和保障社会发展的职能。在具体实践中，除了由基层党组织担负主要责任外，中国共产党还构建了以政党为核心、以各类群众组织为外围的整合体系，通过具体性和区别化的联系与整合来保证上述功能的整体实现。作为中国共产党青年组织，共青团就是政党联系和整合社会的组织体系中一个重要组成部分。因此，共青团在基层社会中也承载着保持政治联系与推动社会发展的使命。同时，在整体组织体系分工中，政党青年组织的特性决定了共青团政治联系功能主要体现在通过构建良好的团青关系从而为政党奠定巩固的青年基础上，推动和保障社会发展功能主要体现在对青年群体的服务和整合上，并通过后者使前者成为可能。

随着市场经济体制日趋完善和网络社会不断生成，与计划经济时期和市场经济初期相比，青年群体结构已经发生了巨大变化，同时，城市社会发展也要求政党在推动基层社会方面的任务也应发生转型，即从保证社会顺利转型向构建社会生活共同体方向转变。青年群体形态变化和政党推动社会发展任务转型都要求城市共青团组织形态必须发展，这样才能有效服务与整合青年，进而为构建良好的团青关系奠定组织性基础。街道团的组织格局创新就是团中央顺应上述要求，推动城市共青团组织形态发展的一项具

有战略性意义的举措。下文将通过对率先全面实行街道团的组织格局创新的上海共青团的实践及其困境的分析，探寻该举措的内在规律和不足之处，并在此基础上，对进一步深化提出若干思考和建议，既为上海共青团进一步实践提供理论依据，也为全国实施组织格局创新介绍先行者的经验。

第一节　打破体制区隔与实现资源整合：街道团的组织格局创新的诉求

计划经济的管理体制导致与其相匹配的党团组织格局存在着严重的条块区隔的特性，市场经济体制建立之后，多元所有制结构的形成又使管理上和党团建设上出现了所有制区隔现象。双重体制性区隔使城市街道层面的团组织不论是工作范围还是资源整合都受到了严重制约，从而削弱了共青团整合青年的能力。为了适应社会发展和提升城市共青团能力，团中央作出了推进街道团的组织格局创新的决定，以期通过调整共青团街道层面领导班子组成人员结构的方式，来打破现实中的双重区隔。

一、社会建设一体化诉求与传统体制区隔化规定：街道团建背景中的矛盾

为了克服中国传统社会的一盘散沙状态与现代化建设的组织化诉求之间的矛盾，新中国成立之后，在生产资料公有制基础上，中国共产党在宏观上建立了以国家权力为资源配置机制的计划经济体制，在微观上建立了以政党组织为社会建构核心的单位社会体制。为了管理需要，所有单位及其中的党团组织都有相应的行政级别和条块归属，这就在客观上形成了一种基于管理权限而形成的体制性区隔。随着改革开放深入特别是社会主义市场经济体制不断完善，多元所有制开始发展，由此在现实政治和社会生活中，又出现了基于所有制差异而形成的体制性区隔。上述两方面体制性区隔也以相同的逻辑在共青团组织中得到演绎，使共青团组织内部也存在着以管

理权限和所有制差异引起的体制性区隔。

然而市场经济发展对社会建设存在着一体化的诉求，因为只有推动社会建设一体化，不同主体之间才能有效合作，才能缓解市场经济发展所带来的社会分化而引起的社会冲突。为此，中共中央在和谐社会建设总体要求中，就城市社会建设方面提出了要将社区建设成为城市社会生活共同体的目标。从本质上说，社会生活共同体建设就是推动社会内部各类权力有机化和资源共享性。虽然全国各地对社区范围的定位不尽相同，有的定位在居民区层面，有的定位在街道层面，其中上海就是将其定位在街道层面，但是不管如何，城市街道都承载着社会生活共同体建构的使命。

后发国家特性与党建国家逻辑决定了中国共产党基层组织不仅要扮演政治联系的角色，而且还必须履行具体推动和保障社会发展的职能。在现实中，中国共产党上述职能不仅由自身直接履行，而且还通过构建包括共青团在内的政党组织体系来有针对性和区别化地完成。因此，建构城市社会生活共同体的任务，共青团理所当然地要协助党来完成。然而具有双重体制性区隔的组织形态，使共青团在现实中无法承担起上述任务。这就意味着打破体制性区隔，推动城市共青团组织形态特别是街道层面共青团组织格局的发展和创新，就成为了一项紧迫的战略性任务。

二、以组织内制度变革消除体制性区隔影响：街道团的组织格局创新的机理

为了将街道团组织建设成为"联系团的领导机关和各类基层团组织的枢纽"，承担起"结合本区域经济社会发展实际，指导、推动各类基层团组织建设和工作的重要责任"。在试点基础上，2011年3月，团中央决定全面实施街道团的组织格局创新工作，力争用两年左右的时间，改变街道团组织的薄弱现状，使街道团组织切实发挥团的基层组织建设的"桥头堡"作用。

团中央关于街道团的组织格局创新的文件指出，街道"团的组织格局创新的首要任务是建设一个代表性强、带动力强、工作热情高的委员会"。要求在党组织领导下，放宽用人视野、严格选配标准，采取"编制内与编制外相结

合、专兼职相结合"的方式选配团干部,使街道团组织人员配置和工作内容更加符合经济社会发展和党的青年群众工作的要求。关于具体人员配备情况,文件作出了以下规定:选拔对象必须是"本地户籍或在本地长期居住、工作的青年,年龄一般应在35周岁以下;政治面貌为中共党员或共青团员,具有较高的思想政治素质,作风正派;热衷共青团和青年工作,在青年中有较高的威信"。"街道团(工)委书记应从街道行政事业编制内人员中选配。副书记、委员应采取编制内外相结合、专兼职相结合的方式选配。根据街道内青年群体结构和分布特点,重点从户籍民警、工商税务人员、教师、非公有制企业或社会组织负责人、青年社团负责人等不同青年群体代表中选拔。选配后,原则上非公职人员不少于总数的三分之一。"①

从上述内容来看,我们可以看出,这一创新主要以着眼于促进"街道团组织增强工作力量,拓宽联系青年的渠道,丰富工作资源、载体和内容"为目的,这就意味着以传统管理体制或所有制体制为区隔来狭隘确定街道团工作对象和工作范围的思路和做法必须得到克服。为此,团中央就在街道团工委人员组成上下功夫,通过强调以区域化为标准,消除管理权限和所有制差异所引起的双重体制区隔,从不同群体青年中来选配,从而达到了以组织内制度变革来消除共青团工作中体制性区隔的目的,拓宽了联系青年的渠道,为共青团有效联系和整合青年奠定了组织性基础。

三、打破体制区隔与实现资源整合:街道团的组织格局创新的目的

街道既是一个区域性概念,也是一个管理性概念。作为区域性概念,街道内有各类组织和个人,而作为管理性概念,街道有明确的工作职责和管理权限。在传统社会管理体系下,"人随关系走",大部分在区域性街道内的组织和个人的行政隶属关系和党团关系不在街道内,街道所能影响到的组织和个人只是关系在街道的那些人。随着市场经济发展,大量非公企业等非传

---

① 共青团中央:《关于全面推进乡镇、街道团的组织格局创新工作的指导意见》(中青发〔2011〕3号)。

统单位在区域性街道内出现，然而这些组织与传统管理体制根本没有所谓的"关系"，按照传统管理思维，这些组织根本就不属于街道负责的对象，特别是党团工作。因此，实际上按照传统管理体制和管理思维，街道党团工作的对象是较为狭窄的。事物总是具有两面性，如果工作联系对象是狭窄的，那么能够整合的资源也同样是有限的。由于没有工作关系，因此大量驻区的单位和组织的资源，对于街道党团组织来说，也是无法整合的。

正是在这种背景下，传统街道团工委不论是在物质性资源还是人员性资源方面都只能局限于街道传统工作范围的供给上，再加上街道团工委自身委员数量较少，导致街道团工委在可整合的资源上就受到了严重限制，从而使街道团的工作能力受到影响。团中央关于街道团的组织格局创新的目的就是促进"街道团组织增强工作力量，拓宽联系青年的渠道，丰富工作资源、载体和内容"。通过创新街道团工委建设，消除管理权限和所有制差异所引起的双重体制区隔，在扩大委员会成员人选来源的同时，还扩大了委员会组成人员以及副书记数量，使驻区各种类型的团组织都能得到有效整合，这样就从以下两方面为街道团工委能力提升创造了条件：一是通过与驻区组织的团组织建立了一体化的组织性联系，从而使街道团工委整合这些驻区组织的相应资源成为了可能；二是通过扩大团工委的委员来源和数量，增加了街道团工委工作的人员。

第二节　先行者的经验与困境：
上海共青团实践的启示

为了适应社会结构转型的需要，2004年年底中共上海市委提出探索社区党建工作新格局，2005年提出了区域化大党建思路。在这一背景下，2006年6月中共上海市委组织部和共青团上海市委联合下发了《关于进一步加强党建带团建推进区域性大团建工作的意见》，开始了在街道层面团的工作格局创新的探索。从内容来看，上海共青团在街道层面的工作格局创新的主要意图和具体做法，特别是一些关键性举措，都符合团中央关于街道团的组织格局创新意见的精神。因此，从一定意义上说，上海共青团是街道团的组织格局创新的先行者。

一、区域化大团建与街道团的组织格局创新：作为先行者的上海做法

中共上海市委为了推动城市社会生活共同体建设，在实施区域化大党建格局的同时，为了体现区域化理念，将社区定位在街道层面，以构建社区党建工作新格局来落实区域化大党建思路，调整社区党组织体制，推动街道党工委向社区（街道）党工委转制，并按照社区行政组织、居民区、驻区单位三条线，理顺党的组织设置，形成全覆盖的组织、工作体系。在区域化大党建理念指导下，2006年共青团上海市委也开始实施区域化大团建格局创新工作。

所谓"区域性大团建工作"就是按照市委关于区域性大党建工作的要求，坚持党建带团建，团建助党建，以组织创新和机制创新为抓手，以"两新"组织和居民区为重点，形成以社区（街道）团工委为核心，以区域内各级各类基层团组织为基础，区域青少年积极参与，社区青年组织共同推进的区域性大团建格局。按照社区党组织体制的调整要求，推进街道团工委向社区（街道）团工委的转制。把区域内各类团组织的代表以及青年中心、青少年组织和青年社团代表吸收充实到社区（街道）团工委领导班子，扩大社区（街道）团工委的代表性，增强对辖区内青年组织和工作资源的协调与牵动能力，扩大党团组织在社区的联系网络。推广"团工委委员联系团代表、团代表联系团员、团员联系青年"的"三联系"制度，建立社区团组织服务联系社区团员青年的有效网络。同时，按照形成合力的要求，建立了区域性大团建工作的整体协同机制和资源共享机制。①

在组织设置上，将青年中心、各类青年组织和社团纳入工作范围，采取"两部一中心"的模式，理顺组织关系，完善组织体系，做到组织全覆盖。①"两部"是指社区（街道）团工委下设综合工作部、居民区工作部两个工作部，各

---

① 中共上海市委组织部、共青团上海市委：《关于进一步加强党建带团建推进区域性大团建工作的意见》，2006年6月28日。

部组成人员一般为2~4名,最多不超过5名。工作部部门负责人和其他人员的构成要从有利于开展工作的角度进行考虑,一般由副书记兼任部长。其中,综合工作部主要对应覆盖社区(街道)内各级机关、事业单位、国有企业、"两新"企业的团组织。居民区工作部主要对应覆盖居民区的团组织。②"一中心"是指青年中心。

二、发挥青年中心作用与提升团组织资源整合力:作为探索者的上海经验

为了整合街镇区域空间范围内各类青年特别是组织化的青年,2003年团中央实施了在街镇层面由共青团推动建立青年中心的试点工作,2005年团中央决定在全国街镇层面普遍建立青年中心。因此,在2006年探索区域化大团建格局创新时,上海共青团就将青年中心建设作为一项"面向所有青少年的新型组织联系方式"之一列入其中。由于"社区团工委+青年中心"的新型社区共青团和青年工作网络是作为上海市委区域化大党建格局中一个重要组成部分,因此青年中心建设不仅受到了共青团重视,而且也受到了党组织重视,青年中心在上海市各区县的街镇层面普遍建立,大部分青年中心至今还在运行之中。

虽然团组织可以直接联系青年,但是在许多尚未建立团组织的非公企业中,共青团组织应该如何予以有效联系和服务,从而达到对这些青年的整合目的,是共青团在新时期需要研究的一项重要命题。在调研中,我发现上海共青团在基层主要是通过青年中心来完成这一任务。在中心城区的社区(街道)团工委,除了通过自身开展工作外,还以青年中心名义,或通过自我培育青年社团,或通过推动具有特色青年社会组织落地社区,来服务社区青年和楼宇青年。这就意味着,青年中心已经成为上海共青团社区(街道)层面整合各类资源的很重要的平台。

三、街道团的组织格局创新与有效整合青年能力不足：作为实践者的上海困境

区域性大团建工作格局创新的目的，主要是为了消除管理权限和所有制差异所引起的体制性区隔，实现区域内团组织资源以及有关社会资源的整合。根据调研，我们认为上述目的基本达到，也就是说，只要社区（街道）团工委动议，团工委委员所在单位不仅是在场所方面，甚至连必要资金都能够予以支持。但是我们在调研中也发现，通过街道团的组织格局创新，虽然能够消除体制性区隔，并在一定程度上增加街道团组织的资源，但是与共青团有效整合青年的要求还有很大距离。具体体现在以下三方面：一是虽然有资源但是没有足够人手开展大量活动，因为大部分人员是兼职的。二是即使开展了一些活动，由于绝大部分团干部开展细分化满足青年需求的活动的能力都较弱，因此开展的活动吸引力也不够。三是由于青年自组织大部分是依托网络生成，具有去地域化特征，在街道层面很难出现比较成型的青年自组织，因此青年中心更多只能是通过自身力量来培育青年社团，而这样的话，毕竟数量有限，即使都能发挥作用，要能够转化为团组织服务青年的资源，也是作用有限。

第三节　在整合对象与新型资源之间：需要不断认识的青年社会组织

街道团的组织格局创新的目的在于通过共青团组织内制度创新以消除管理权限和所有制差异的双重体系性区隔所引起的团建资源孤岛现象，以扩大资源整合范围和拓宽联系青年渠道，这对于激活和提升街镇团组织工作有着重大意义。这是一项重要理念创新和制度创新的举措，但是从上述分析中我们已经看到，如果仅仅停留于此，尚无法做到有效整合和服务青年。因此，我们还必须遵循团组织格局创新所蕴含的新理念和新思路，进一步寻

求新的对策和新的资源。我们认为,随着市场经济体制深化和网络社会到来而大量涌现的各类青年社会组织,就是这种可以为共青团所使用的新型团建资源。

一、社会双重转型与自组织化青年出现:青年社会组织大量生成的社会逻辑

新中国成立之后,为了克服一盘散沙的社会现状与现代化建设组织化诉求的矛盾,中国共产党在宏观上建立了以国家权力为资源配置机制的计划经济体制,在微观上建立了以政党组织为建构社会力量的单位社会体制。在单位社会体制条件下,社会成员与单位共同体之间存在着高度利益相关性,同样青年社会成员也对单位产生着严重依赖性,我们将处在这种状态下的青年称为单位化青年。随着市场经济体制建立和多元所有制出现,单位社会体制开始衰微,在职业空间内,社会成员与职业共同体之间是以契约方式建立关系,契约之外事务的实现社会成员都必须自己通过市场或社会予以解决,我们将处于这种状态中的青年称为原子化青年。市场经济发展和网络社会生成,使大量原子化青年在社会领域内通过传统人际方式或网络途径进行自我组织或被其他社会力量所组织,从而出现了大量青年社会组织,我们将这些处于通过社会力量或青年自身力量实现组织化的青年称为自组织化青年。自组织化青年的出现意味着区别于传统由共青团力量来组织青年的新的组织化力量开始出现,青年社会组织化格局已经由过去的党团一元建构模式向现在的多元力量参与建构模式转变。

二、自组织化青年出现与团青关系新命题:作为整合对象的青年社会组织

从目前来看,单位化青年、原子化青年和自组织化青年在社会中是同时并存的,但是随着自组织化青年出现,单位化青年与原子化青年就已经不是原来意义上的青年生存状态了,而是受自组织化影响十分严重,甚至三种状

态在一个人身上同时存在。由于不同状态下青年与社会和政治组织关系有着较大差异,因此当前团青关系建立就不可能像计划经济时期那样,只要通过加强团的自身建设就能实现对青年整合,而是应该有区别的与单位化青年、原子化青年和自组织化青年建立相应关系,我们将这种包含有区别化内涵的团青关系称为复合型团青关系。其中,对于单位化青年和原子化青年,共青团已经有相对明晰的思路,然而与自组织化青年关系应该如何建立,从近年举措来看,全国层面尚无明确思路。但是不管怎样,与自组织化青年建立关系都是一项具有战略性意义并十分紧迫的命题。

三、在青年自我服务与提升团组织能力之间:作为新型资源的青年社会组织

青年之所以愿意自我组织起来,主要是由于参加组织后能够满足自身某方面的需求。正是在需求细化的基础上,基于某种需求而通过网络途径或传统人际,某种组织才逐渐形成。从这个角度来说,青年社会组织是青年自我服务和自我满足的一种载体。[①]同时,由于参加这些组织的人员,绝大部分是自愿的,而且负责组织或后来成为组织领袖的人员一般都具有较高热情和较强组织能力或与该组织相适应的其他专业能力。因此,如果共青团组织能够有效整合这些青年社会组织,就可以将之转化为提升共青团服务青年的一种新型组织化资源。

第四节 有效整合青年与激活基层团支部: 深化街道团的组织格局创新的根本目的

团中央认为,推动街道团的组织格局创新的目的在于增强街道团组织工作力量,拓宽联系青年的渠道,丰富工作资源、载体和内容,以改变街道团

---

① 即使是公益性组织,也是满足人们内在的服务他人的需求,即从事公益的需求。

组织的薄弱现状,使街道团组织切实发挥团的基层组织建设的"桥头堡"作用。①然而街道毕竟还只是起到"桥头堡"作用,要能够有效整合青年,还必须通过激活基层团支部来实现。因此,如何激活基层团支部,应该作为街道团的组织格局创新实施中需要同步考虑的问题,而对于像上海共青团这样已经先行的地区,更应该将之作为进一步深化的主要内容和路径选择。

一、有效整合青年:共青团政治功能和社会功能实现的前提

作为执政党的中国共产党的青年组织,共青团的存在有两方面使命:一是为共产党长期领导和执政提供巩固的青年基础;二是在每一个历史时期有效服务和整合青年,帮助执政党推动社会发展。前者是共青团的政治功能,后者既是共青团的政治功能同时也是其社会功能的重要组成部分。然而不论是前者还是后者,都要求共青团必须有效整合青年,在当前,包括有效整合单位化、原子化和自组织化三种形态的青年。

二、激活基层团组织:共青团有效整合青年的基础

虽然整合青年的途径和机制有多种模式,但是通过基层团组织建设并使之担当起组织青年的任务,依然还是共青团整合青年的重要途径和机制。从目前来看,在单位化青年为主的领域内,如学校、机关、部队、国有企业、事业单位等,基层团组织基本还较健全,同时由于管理体制或所有制因素,这些领域内的青年整合工作,即使不是通过共青团也能够通过政党力量予以实现。但是在大量存在着原子化青年的非公企业等领域中,目前却面临着两大问题:一是团组织空缺,二是团组织不作为。在这些领域中,经常存在着即使团组织建起来了也不作为的现象,而基层团组织不作为又反过来使这些领域内的非公企业不愿意建立团组织,或其中的青年对团组织建立没有需

---

① 共青团中央:《关于全面推进乡镇、街道团的组织格局创新工作的指导意见》(中青发〔2011〕3号)。

求,增加了团组织建立的难度。因此,激活基层团组织或是在建团组织时就将活跃团组织考虑在内,就成为共青团有效整合青年特别是原子化青年的基础。

三、以有效整合青年激活基层团组织:深化街道团的组织格局创新的路径

基层团组织的生命力在于活动,并且是以满足青年需求为基础的活动。因此,居民区团组织或是非公企业团组织,要能够有效组织和影响青年,就必须开展受青年欢迎的活动,而这些活动,还必须是针对不同群体的不同需求而展开。然而在现实中,大部分基层团组织或是没有开展活动或是开展的活动不受青年欢迎,除了客观原因外,与团组织有关的原因有两方面:一是许多基层团干部(包括街道团干部)激情不足;二是大部分基层团干部不会根据青年需求创造性开展活动。这就意味着,即使通过街道团的组织格局创新,使街道团组织的资源得以壮大,但也还是无法将青年有效整合起来。通过调研,我们认为可以通过整合作为自组织化青年载体的各类青年社会组织来弥补上述不足,从而达到激活基层团支部的目的。

青年社会组织有各种类型,如娱乐类、体育类、交友类、公益类等,而每种类型中又有许多细分类型。在调研中我们发现,除了部分相对封闭性的社团外,大部分青年社会组织都有对外扩张的冲动,但是苦于没有场地和相应资源不足。而从目前上海情况来看,街道团组织是有能力整合到相应场地和资源的(如目前许多居民区活动场地是空置的)。因此,如果街道团组织能够整合若干青年社会组织与所属的基层团支部合作,那么实际上就是为这些团支部提供了活动方案和技术顾问,并且这些青年社会组织负责人和参与者都有较高的组织热情和较强的活动能力,如果每个支部跟若干个青年社会组织合作的话,每年就可以开展多项青年人感兴趣的活动,这样就激活了基层团支部。另一方面,由于这些青年社会组织长期与共青团合作,并且需要共青团提供场所等资源,客观上也就实现了共青团对这些组织的整合,并使它们成为共青团服务青年的一种新型资源。因此,通过整合自组织化青年

来激活基层团组织,进而服务原子化青年,就成为深化街道团的组织格局创新的一项重要内容和路径选择。

第五节　枢纽型组织建设与提升整合青年能力：城市团的组织形态发展的方向

虽然通过推动与青年社会组织之间合作将有利于基层团组织的激活,但是在城市中,青年社会组织更多是依靠网络或是依托高校而生成,这就导致在街道区域内无法整合大量的青年社会组织。因此,作为深化街道团的组织格局创新的一项重要内容和路径选择,以通过整合自组织化青年来激活基层团组织进而服务原子化青年就不能仅仅依靠基层自身来完成,而是需要建立新型整合青年的机制,并在此基础上,将街道团工委打造成联系团的领导机关和各类基层团组织、连接共青团组织与青年社会组织的团建资源集散的枢纽,进而实现整个城市共青团组织形态的创新和发展。

一、基层的局限:深化街道团的组织格局创新的限制

从生成方式来看, 目前青年社会组织主要是通过网络途径和传统人际两种方式生成,前者主要集中在职业青年中,后者主要集中在高校。由于单元房的建筑空间使居民区内青年之间互动较少,①同时楼宇内的企业白领单位间交往较少,而单位内基于各种原因很难甚至忌讳组成非正式团体,这就导致在街道这一行政性区域空间内,很难大量出现自发的青年社会组织。在上海调研中,我们发现街道联系青年社会组织最多有9家,而这些组织也都是由团组织自身培育的社团,而不是自发生成的,另外,我们还在一个街道发现有数个青年社会组织, 也主要是由街道团组织自身培育和引入非本街道的成熟的青年社会组织两部分组成。然而由街道团组织自身培养的青年

---

① 老年人情况就不同了,大批退休人员主要活动于物理社区内,而青年人主要活动于虚拟社区中而较少活动于物理社区。

社会组织毕竟数量有限(在调研中,我们发现数量最多的也只是上述的9家,况且是通过多年培育和累积后形成的),只能对活跃街道层面的团组织工作有帮助,而要起到激活基层团支部的作用,就很困难了。

二、整合青年机制建立与枢纽型组织建设:提升基层团组织能力的战略

以上海为例,为了有效整合青年社会组织,2006年,共青团上海市委建立了上海青年家园民间组织服务中心,随后在团市委机关建立了青年社会组织工作部。经过努力,青年家园联系了全市范围内的400多家青年社会组织,并开展了一系列服务性和展示性活动,受到了这些青年社会组织的欢迎。目前,还有大量的青年社会组织希望能够与青年家园建立联系。同时,上海有60多所高校,目前每所高校的学生社团少则有数十家,多则有200多家,这就意味着上海高校拥有数千家已经在学校注册的学生社团。在调研中,我们发现除了部分封闭性青年社会组织外,绝大部分具有进入社区或进一步扩张活动范围和参与人数的内在冲动。

因此,我们可以通过建立以下机制和通道,将这些包含高校学生社团在内的青年社会组织,引入社区,与街道团组织和基层团支部对接:以上海为例,可以在市一级层面,由青年家园和市学联分别对社会层面和高校内部适合与街道对接的青年社会组织进行梳理,通过区级团委或区级的青年组织服务机构作为中转或分解,而后配置到街道层面的青年中心或团工委,最后由街道团工委或青年中心负责与这些青年社会组织联系,或以项目合作方式、或以组织合作方式将这些青年社会组织与基层团支部对接,可以是一个团支部,也可以是联合数个团支部与这些组织进行对接。

如果街道团工委能够整合大批青年社会组织,就可以借助其力量以青年中心名义在街道层面开展一系列活动,并以此来吸引街道内部尚未建立团组织的非公企业青年参加,如果活动能够受到欢迎的话,就可以在此基础上,建议这些非公企业建立团组织,告诉他们这样我们就可以通过团组织网络将更多类似资源输入到他们的企业中,从而有利于服务其企业青年的发展,

也有利于其企业发展。这样就将激活团支部的逻辑予以建立团组织过程中。

三、并非只是基层团组织能力建设：枢纽型组织建设与城市团的组织形态创新

上述机制的建立，就使街道团工委成为了联系团的领导机关和各类基层团组织、连接共青团组织与青年社会组织的团建资源集散的枢纽。然而该机制的建立，从直接后果来看，是为了提升基层组织能力，而从更根本的后果来看，实际上，是使这些青年社会组织被有效地和深度地整合进共青团组织体系中，因为共青团具有庞大的组织网络和所能够整合的各类体制内资源和社会性资源，是任何一家青年社会组织所无法比拟的。如果这些青年社会组织能够与共青团保持长期和良性合作，那么他们将得到巨大的发展空间和发展机会，而反过来共青团也能够得到长期服务青年发展的有效的专业性的组织化资源，从而实现共青团组织与青年社会组织的双赢。因此，通过上述枢纽型组织的构建，将会使城市共青团组织形态得以发展，并在此过程中实现共青团组织能力的整体提升，从而为共青团与单位化青年、原子化青年和自组织化青年之间的复合团青关系的建构提供有效的组织化基础。

结　语

团中央关于推动街道团的组织格局创新是一项旨在通过共青团组织内制度创新以消除管理权限和所有制差异引起的双重体制性区隔，以实现团建资源有效整合和拓宽联系青年渠道的创新性举措，对于激活和提升街镇团组织工作有着重大意义。但是根据率先实践的上海共青团的经验，我们认为，仅仅停留在通过调整共青团街道层面领导班子组成人员结构的方式来打破现实中的双重区隔的格局创新上，还是无法实现有效整合青年的目的，而必须在此基础上通过建立新型整合青年机制，以激活基层团组织为诉求，不仅将街道团工委打造成联系团的领导机关和各类基层团组织的枢纽，而

且还必须将其打造为连接共青团组织与青年社会组织的团建资源集散的枢纽,进而推动整个城市共青团组织形态的创新和发展,实现共青团组织能力的整体提升,并为共青团与单位化青年、原子化青年和自组织化青年之间的复合团青关系的建构提供有效的组织化基础。

第三十七章　社区生活共同体构建的
共青团逻辑

——上海静安区"青春社区"创建与
城市基层团组织形态发展研究 *

作为中国共产党的青年组织,中国共青团具有政治功能和社会功能,而政治功能的实现,必须以社会功能为基础。其中,社会功能又包含两方面内容:一是围绕中心工作,发挥青年作用,参与所在共同体建设;二是根据青年需求,整合各方力量,推动青年发展。二者也是相辅相成的。组织理论认为,结构的存在是为了服务于功能的实现,而结构的变迁同时还受到社会环境的影响。共青团功能的具体内容以及共青团组织所处的环境和条件,都处于不断变化中,从而决定着共青团组织建设的重点、领域和方式因此而进行调整与创新。随着社会主义市场经济的建立和网络社会的生成,城市共青团建设也不断根据社会治理的变化和青年发展的需求,不断调整组织建设的重点、领域和方式。

这些年来,社区老化、青年全面发展的需求以及共青团前些年发展积累的条件优化,使青年工作重点重回社区,成为了城市共青团发展的一个新任务,同时也具有了可能性。上海市静安区团组织"青春社区"创建工作,就是在这样一个背景之下,探索青年工作重回社区,服务社区建设和青年发展,推动城市基层组织形态创新的一个重要举措,不仅对城市共青团基层工作的发展具有典型性探索意义,而且也对共青团组织形态的整体发展具有一般性借鉴价值。

---

* 该文刊发于《中国青年研究》,2019 年第 6 期。

第一节 重回社区:城市共青团工作的新命题

青年存在于社会之中,青年发展受制于社会发展,同时,青年发展也能为社会建设作出贡献。共青团作为党的青年组织,有责任推动社会建设,也有义务服务于青年发展。城市社区的"老化"现象,青年的全面发展需要回归社区,使共青团有必要将工作重点之一回归社区,同时,前些年共青团在社区之外发展所积累的条件,以及社区工作成为党政工作的重点之一,都为共青团重回社区创造了可能。

一、社区的"老化"与青年工作困境

从20世纪90年代开始,随着社会主义市场经济体制的建立和单位社会的衰微,为了承接从单位体制中退出的民众各项事务,我们国家开始在城市推动社区建设。由此,社区就从单位体制条件下单一的居住空间向具有多方面功能的综合性城市基层共同体转变。

由于中青年的主要活动空间在职业空间和学校空间之中,而退休了的老年人,社区就成为了他们全方位的活动空间。因此,在城市社区,老年人就成为了最为活跃的人群和社区建设的主要力量。然而社区毕竟是城市的基层生活共同体,也是一种新的政治空间,单位体制衰微之后,社区是城市基层社会建设和政治建设的基础性环节,也是党和政府联系群众的重要载体。因此,从20世纪90年代以来,社区建设过程中党政群组织都非常重视在价值上、制度上和组织上推动社区共同体建设,全方位联系社区居民。

共青团组织也非常重视在社区中的工作,推动社区团组织建设。但是在市场经济背景下和网络社会的条件下,青少年更多的活动空间在学校、单位、社区外的社会空间以及虚拟的网络空间。同时,共青团组织在社区中的活动内容和组织方式,也存在着许多局限性。因此,从总体来看,在居民区层面的社区共青团工作,成效并不明显。然而根据我们对业主论坛和青少年的调查,青少年对社区服务存在着比较强烈的需求,也具有一定程度的服务社区共同体建设的意愿。

这也就意味着,不论是社区共同体建设推动青少年参与,还是青少年发展提出对社区服务的需求,都需要加大社的青年工作,然而现实情况又使社区青少年工作面临着重重困难。这既是共青团社区青年工作的一个困境,也是城市社区建设中的一个难题。

二、"功夫在诗外":社区外青年工作发展与社区青年工作困境解决

青少年对社区服务有需求,对参与社区建设有意愿,共青团也在推动社区青年工作方面下过功夫,然而社区青年工作的效果却不是很尽如人意。诚然,造成这一后果原因有多方面,不过从共青团工作角度来讲,有两方面内容是重要的:

一是社区青年工作是市场经济体制建立和单位社会体制衰微之后才出现的新的工作领域,没有先例可行,组织建设方式与具体工作方法,受到计划经济与单位社会时期的路径影响。

二是社区是城市社会中最基层的空间,在资源禀赋上受到严重的制约,再加上共青团在社区内部的权力结构空间中的地位相对较弱,这就使共青团的资源更加缺乏。

基于这两方面原因和其他因素的影响,社区青年工作一度成为了共青团工作相对薄弱的环节,团组织将更多的时间放在社区之外传统领域和其他新兴领域的探索和创新上。不过任何事物,我们都需要辩证来看。正是因为共青团在居民社区之外的努力,客观上为共青团解决社区青年工作中的上述两个瓶颈创造了条件。

一是在整体的共青团组织形态创新理念上,经过多年的探索,已经基本上走出了计划经济与单位社会时期的团建思路,开始打破体制内组织之间的区隔,体制内外之间的区隔,以及物理空间和虚拟空间之间的区隔。

二是开始重视社会组织的力量,重视发挥社会组织的专业性和跨区域

性等特征的优势,服务共青团的工作,打破体制内外之间的区隔。

三是推动街镇层面的区域化团建工作,整合体制内部的和团组织之间的资源,打破体制内组织区隔。

四是积极适应网络社会,推动共青团组织形态创新,比如在全团构建以青年之声为平台的整体性青少年服务空间,打破物理空间和虚拟空间之间的区隔。

三、青年工作重点重回社区:基于青年发展与社区治理的双重逻辑

经过多年的努力,共青团在居民社区之外的空间和领域中的探索取得了许多成就,从而为共青团再次将工作重点转移回社区创造了条件。然而对重回社区来讲,共青团的社区青年工作要取得成效,只有这些条件还是不够的,还必须根据社区青年工作的内在规律和所需要实现的功能内容来进行创新与安排。具体来说,就是必须围绕青年发展和社区治理双重逻辑,来推动共青团社区青年工作的发展。

从青年发展逻辑来看,与社区青年工作相联系的青年发展,既有整体性的需求,也有每个阶段发展的需求;既有一般性的需求,也有个体性的需求。

马克思主义认为,人的本质是各种社会关系的总和,社区共同体是城市社区最基层的空间,也是人们生存和存在的基本空间之一。社区共同体是与人们关系比较密切的一个日常性的社会共同体空间,青少年除了可以在社区之外的其他空间内获得关系和发展的条件,社区共同体能为青少年全面发展提供一个帮助环节,而且是青少年健康成长不可缺少的一个环节。

青少年是个整体的概念,实际上青少年是一个快速发展、跨越性发展的阶段,其内部也分有许多不同的阶段,而在每一个阶段之中,不论是生理性、心理性还是社会性的需求都不一样,而许多需求都是需要在日常性的社区共同体空间内得到便捷性服务的,其中相当一部分内容是市场和社区外较难获得的。当然,个体性差异的需求,那就更多了。

从社区治理角度来看,目前主要是以中老年参加为主,特别是以老年人

参加为主,然而社区的生活是整体性的、多样性的,青少年的缺失实际上是社区建设发展存在不足的很重要的因素。因此,社区青年工作的发展,还必须围绕着社区治理的发展以及与青少年在其中发挥作用的机制结合起来,充分考虑到青少年的需求和青少年的作用。

由上可知,共青团工作重点为重回社区,既是为了满足青年发展的需要,也是推动社区治理发展的需要,而这两方面需要,实际上也是共青团在社区层面提高工作有效性和工作重点重回社区得以可能的重要根据。

四、重回社区:城市共青团工作的辩证法与新命题

社区青年工作是城市共青团工作的一个基础领域,是青年发展和社会治理的共同要求的内容。然而社区青年工作却经历了一个从全面重视到成为薄弱点,再到重新全面重视的过程。当然,这一过程与共青团全局性工作整体发展的重点转移和变化有关,但更多的是由社区青年工作自身发展的内在逻辑所决定的,体现了城市共青团工作的辩证法。

这一辩证法就是,某一新领域工作的出现,虽然一开始能够被给予重视,但还是受到之前的路径依赖与资源条件所影响。只有在整体工作形态和其它条件具备之后,这些领域的工作才能取得实质性的突破。这也就是说,共青团青年工作重回社区,并非仅是工作重点的一个转移,实际上还包含有新的工作理念、工作方法、工作条件的创新和发展。

第二节 青年发展、社区治理与团组织创新：
"青春社区"创建的根本诉求

青年发展和城市治理都对共青团青年工作重点回归社区有着内在的需求,社区之外的共青团工作的实践和探索,也为共青团青年工作重点回归社区积累了条件和资源。虽然各方面客观条件都已具备,但是共青团青年工作重点回归社区得以切实落实,还需要有足够的主观条件。静安区作为上海中

心城区,从一定意义上讲,上述两个条件比其他地方更为具备,同时,上海对社区建设的高度重视,群团改革也要求共青团组织必须以创新方式有效地联系群众、服务青年。正是在这样的背景下,经过静安区团组织的努力,以"青春社区"创建活动为标志,创新性地迈出了共青团青年工作重点回归社区的重要一步。

一、青春冲动与时代脉搏的共振:"青春社区"创建的背景与做法

上海市静安区面积 37.37 平方千米,全区常住人口约 107 万。根据区青少年监测指标数据和团的年统数据,全区 14—35 周岁的青少年人数约为 37 万,占人口总数的 1/3,还有 30 万白领青年工作在全区约 100 余个产业园区和重点商务楼宇中工作。这 67 万青少年群体是团组织的服务对象,更是区域建设发展的参与者和受益者。

近几年,静安区团委在一系列青年生存状态和实际需求走访调研中发现,不少青少年都表示对组织"无感"。这个"组织",既包括了团组织,也包括居住地的党组织、居委会。有青年人表示不知道居委会在哪里,有年轻人对共青团很陌生,对自己的团员身份很模糊。当前,社会对老年群体的关注度很高,各种服务的政策、设施都更倾向于老年人,而对体量庞大、生存压力较大的年轻人,他们衣食住行、休闲娱乐的需求,往往都是通过市场化途径用货币解决,各种组织给予的"归属感""支持感"反而很少。对组织失去了依赖感,找不到组织,逐渐就想不起组织,客观上也导致了团组织在青年心目中被边缘化了。

为了改变这一现象,近年来,静安区团委在落实静安区委和政府关于"美丽家园"建设的决定过程中,以"青春力量,让社区生活更美好"为主题,在居民区合理选址,精心打造"青春社区",动员青年力量回归。到 2017 年年底,"青春社区"将建成 49 个,延伸到 14 个街镇,实现街镇全覆盖。

"青春社区"创建工作是在团组织领导下,以青年和青年自组织为参与主体开展的。参加"青春社区"的青年主要是指以若干居民区为区域范围,所

有居住、工作、活动在社区的全体团员青年,以 14—35 周岁为主体,包括 45 周岁以下的人群;青年自组织是指以青年为主体,以某种目的为纽带,以自发成立、自主发展、自我运作为要求,活跃在社区的各类青年组织。

创建中,通过"四个转变",即把"老套路"变身"新方法",请青年"走出来";把"活动室"变身"团聚地",让青年"走进来";把"团队养成"变身"项目认领",把青年"组织起来";把"干好青年事"变身"参与社会事",让青年作用"发挥出来"。让青年从社会治理的"旁观者"变为社会治理的"参与者",力争走出一条青年社会化动员的新路径,在此过程中,也服务了青年发展,赢得了青年认同,创新了团的组织。

二、青年在社区生活共同体构建中获得发展:"青春社区"创建的青年诉求

静安区团委制定的《关于在全区各街镇进一步推动"青春社区"创建的工作方案》中对"青春社区"内涵作出以下表述:"青春社区是青年热切参与、共建共享而富有朝气、充满活力的社区共同体。创建青春社区,要紧紧依靠党的领导,发挥团的主导作用,吸引社会力量积极参与,依托社区活动阵地,有效服务青年需求,创新社区治理,树立团的品牌。"

这就意味着,在这一工作的策划与领导者意图中,"青春社区"创建工作的目的就是为了"有效服务青年需求""创新社区治理"和"树立团的品牌",这也就意味着,"青春社区"创建的诉求也可以概括为以下三方面内容:一是使青年在社区共同体构建中获得发展,二是使社区生活共同体在青年参与中获得生机,三是使共青团基层组织形态在服务与动员青年过程中获得创新。

我们来看第一诉求,就是通过创建"青春社区",使青年在社区共同体构建中获得发展。具体来说,可以从以下两方面来把握:

一是满足青年发展的具体需求。从创建方案来看,"青春社区"创建工作就是将满足青年发展需求作为首要诉求来对待。

创建要点的第一点,就是要求在"青春社区"创建初期组建排查队伍,全面掌握青年情况与需求。在排查中了解青年的意愿想法和需求诉求,建立社

区团员青年情况信息库,健全联系制度,加强对团员青年的关心和引导,为创建青春社区迈出坚实的一步。

创建要点的第二点,就是改造小区活动室,变身青年团聚地。不少青年对一些有创意的活动十分感兴趣,但不少居民区团组织却苦于小区没有固定的青年活动场所。在建设青春社区的过程中,团组织要尽量争取街道的支持,与居民区党总支和居委会充分沟通后,将中老年人以娱乐为主的活动室"变装"为"青春团聚地"。

创建要点的第三点,就是要广设创意活动,为青年创意点赞。青春社区的互动必须富有创意和特色。根据调查结果,开展符合青年口味和特点的大型户外亲子游园会、素质拓展、运动会、创意乐高搭建等活动项目并及时收集小区青年最需要的服务和活动项目,掌握好团员青年的"口味"。

创建要点的第四点,就是要开展创意技能比拼,吸引青年人才。社区中有许多才华横溢的年轻人,通过歌唱比赛、亲子绘画、厨艺比拼、最美全家福、微电影大赛等技能比拼活动,以公开报名参与的方式,就可以吸引这些才艺青年,发掘特色人才。

二是推动青年参与社区建设,使青年得以发展。虽然青年的活动空间大部分可以不在社区,但是居民社区毕竟是青年居住和生活的空间,也是青年日常生活距离最近的空间。虚拟性与工作性空间能够满足青年的许多需求,但是作为日常性共同体也是使青年回归生活和参与社会的最基础空间之一,在现代性乃至后现代特征日益发展的背景下,重回社区,也是青年本质发展的一个重要命题与内容。静安区团委开展的"青春社区"创建工作,第一步就是要让青年走出家门汇聚到社区公共空间之中,参与各类活动。

参与社会和共同体的建设,是人们社会性发展的重要途径,特别是非职业性参与公共或公益性活动,是使人的境界发展的重要手段。诚然,许多青少年也参与了一些公益性或公共性活动,但是却常常喜欢到外地乃至外国,而不屑对自身所在的共同体或身边的人给予关心和帮助。青少年处于人格与修养的形成期,因此推动青少年参与社区治理与社区建设,以及参与社区空间内的公益性或公共性活动,对青少年发展来说是十分必要的。

三、社区生活共同体在青年参与中获得生机："青春社区"创建的治理诉求

长期以来,社区建设是以老年人为主力军的,老年人可以为社区治理与建设提供稳定的支持力量,从而为社区基础秩序构建奠定了基础,但是也因此导致社区生活共同体显得暮气沉沉。"青春社区"创建的目的就是希望推动青年走出家门,走入社区,参与共同体建设,这就使社区治理与社区建设,不仅可以获得创新与创意的来源,而且还能获得新的社区治理力量。由此,可以使社区建设不仅可以做到生机勃勃,还可以获得可持续发展。这些方面在静安区团委制定的《关于在全区各街镇进一步推动"青春社区"创建的工作方案》中都得到了充分体现:

一是以需求为导向,发现培育青年自组织与青年骨干。围绕青年的需求兴趣,与各类青年团队合作,开展青年人喜闻乐见的、富有时尚元素的实践活动和项目,比如:亲子类、运动类、时尚生活类、交友类、公益服务类等。同时,进一步激发社区青春活力,吸引和发掘一批积极向上、有影响力的青年骨干成为社区活动和社区服务的策划人、志愿者和参与者。

二是推动青年参与社区"微公益"项目,成为社区智囊。近年来,不少社区青年都热衷于公益活动。但很多人不知道如何接触公益组织,怎样才能参与公益项目,对公益的理解还较为肤浅。其实,对于社区公益来说,可以做的事情远远超出了义卖捐赠的范畴。社区养老、亲子关系构建、停车位紧张等,都可以成为公益之源。而社区青年"草根"团队完全可以设计、承接社区"微治理"项目,促进社区为老服务、环境保护、文明养犬、邻里互助、公共安全等志愿互助服务、文明建设的深入持久开展。"青春社区"将支持团组织、社会组织、青年自组织与社区公益服务和活动对接。通过建立公益岗位认领机制,引入更多社会青年力量进入社区,为生活居住的社区出一份力。

四、团组织形态在服务动员青年过程中获得创新:"青春社区"创建的组织诉求

前文中我们已经提到,之前社区青年工作之所以成效不大,很重要一个原因就是工作创新不够,从静安区团委制定的《关于在全区各街镇进一步推动"青春社区"创建的工作方案》来看,创建工作就是要在满足青年发展需求与社区治理需求基础的过程中,适应新的社区建设与青年发展状况,推进团组织形态创新,让组织"强起来"。具体做法如下:

一是要扩大社区团员来源。具体来说,通过以下三个渠道来扩大社区团员的来源,形成以社区团员为主体的"青春社区"创建力量:第一,通过区教育局团委建立初高中在校学生团员到社区团总支报到的制度,鼓励学生团员积极参与青春社区创建活动。第二,在街镇团(工)委指导、居民区党总支领导下,发动社区小巷总理和楼组长的力量,入户调查确认团员、青年身份,动员广大团员青年参与"青春社区"建设。第三,建立公告制,以海报等宣传品号召团员青年主动到社区报到和参加青春社区活动。

二是健全社区团组织。所有居民区都要建立团组织,每届任期 2—3 年。一个居民区团组织, 如果团员在 3 人以上、30 人以下的可以建立团支部;30人以上、100 人以下的可以建立团总支。团的总支部委员会一般由 5—7 人组成,设书记 1 人,副书记 1—2 人。团的支部委员会一般由 3—5 人组成,设书记 1 人,必要时可设副书记 1 人。根据社区实际,建议建立与社区党建"三三制"相融合的社区团总支部—团支部—团小组三级团建组织系统。在社区层面建立团总支;在楼群网格层面建立团支部;在楼组层面建立团小组,团小组一般由 3—5 人组成,设团小组长 1 名。

三是创新团组织选举方式。第一, 公推直选法:居民区团组织一般都用"公推直选"的方式产生,即通过组织推荐、青年推荐和个人自荐并经党组织同意后提名候选人,由团员大会直接差额选举产生团的委员会委员和书记、副书记。第二,海选法:海选方式是团组织不设正式候选人的一种直接选举法。其过程为:由街镇团(工)委负责人和社区党总支负责人主持召开团员会

议,明确选举目标,公开班子结构。有意愿的团员青年直接上台演讲,竞选委员、副书记和书记。竞选内容包括自我介绍、团建方案、今后工作设想等,竞选结束后由全体团员直接对团组织书记、委员人选进行无记名投票,得票高者并且过半数者当选。

第三节 共青团与社区生活共同体构建:
"青春社区"创建的内在机理

"青春社区"创建工作,从本质上来讲就是共青团发挥自身优势来推动青年参与社区建设,同时在此过程中,青年的需求得到满足。这就意味着,共青团组织成为了社区生活共同体建构的重要机制和基础之一;满足青年的多方面需求成为社区共同体建构的动力和内容之一;通过共青团组织网络将社区组织内外的资源有效盘活和对接,成为了社区共同体建构的重要机制和方式之一。以上三方面共同组成了"青春社区"创建的内在机理。

一、社区生活共同体构建的组织化基础:共青团与"青春社区"创建

对中国城市来讲,社区生活共同体更多是建构性生成的,而不是自然演化而来的。社区是市场经济体制建立和单位社会衰微之后,由政党和国家推动建构的承接单位社会甩出来的民众事务的一个综合性社会空间。从社区发展的历史来看,其建构主要是由政党组织和政府力量来推动形成的。因此,作为生活共同体来讲,社区的建构需要有相应的组织化基础。作为中国共产党的青年组织,共青团就是在不同历史时期协助中国共产党有效领导和组织青年的一个群团组织,这就意味着发挥共青团作用,组织联系青年参与社区建设,就是城市社区建设的一个重要内容。

静安区团委推动的"青春社区"创建活动,作为共青团全面回归社区的创新性和探索性的举措,实际上就是遵循上述逻辑而在新的历史条件下,为

了克服社区老化而采取的一个行动。既是共青团工作的一项创新,也是新时期社区建设应有的内容。因此,"青春社区"创建活动能否取得有效成果,一方面必须照顾到青年发展需要,另外一方面也需要遵循社区建设的内在逻辑,同时还要遵循共青团发展的自身逻辑。

二、嵌入共青团组织网络:"青春社区"创建的组织基础

虽然参与社区建设是城市共青团工作的一项很重要的内容,并且在社区建设的初期,共青团也在社区中建立了相应的组织网络。然而随着主客观原因的变化,共青团在社区中的组织网络和工作内容,一度成为了薄弱点乃至被边缘化。因此,作为共青团工作重点重新回归社区的重要探索,静安区团委推动的青春社区创建工作在第一阶段也必须以在社区内部,以创新的方式恢复和加强团组织建设作为最急迫的工作,从而使共青团参与社区建设有了组织网络的基础。

从静安区团委制定的《关于在全区各街镇进一步推动"青春社区"创建的工作方案》来看,扩大社区团员来源、健全社区团组织以及创新团组织选举方式,也就是说,恢复与加强团组织建设,成为了青春社区创建的最重要的要点之一。同时,"青春社区"创建工作,还在共青团组织与社会组织之间建立联系,以及在推动居民区的团组织对接共青团整体组织网络上下功夫。这些内容都是遵循社区建设中的组织逻辑,所采取的重要措施。只有建立了共青团组织网络,才有了服务青年、整合青年和动员青年参与社区治理的基本力量、基础机制。

三、对接社区治理与青年需求:"青春社区"创建的内容基础

现代城市社区共同体与传统的农村社区共同体最大的区别之一就在于,传统农村共同体是通过血缘和文化等要素将人们组织起来形成联系,而现代城市社区共同体特别是我国市场经济建立之后通过建构方式而形成的

城市社区共同体，更多是一个陌生人社会，而要让一些陌生人重新联系起来，除了依靠组织化力量之外，还有一个重要连接纽带就是利益和需求机制。因此，在构建城市社区共同体的过程中，要非常重视民众需求的满足，并以此为基础而形成新型的共同体建构机制。

青年人在城市社区共同体中是最适应于现代城市特征的一群人，因此我们除了要发挥共青团等组织化机制之外，还应该非常重视青年需求的满足，并推动社区治理与青年需求之间的对接，从而使青年与社区发展除了组织化机制之外，还有一个广义上的利益性机制作为基础。静安区团委所推动的"青春社区"创建工作，除了重视组织化机制之外，还非常重视对接社区治理与青年需求。前文所提到的青年发展的需求满足的措施以及推动青年服务社区治理等内容，实际上就是有效对接青年发展需求与社区治理需求之间的关系，既有青年私人性需求的满足机制的建立，也有青年参与公共事务和公益活动的相应机制的建立。这些机制就使"青春社区"创建有了比较丰富和扎实的内容基础。

四、盘活社区内力量与引入社区外资源："青春社区"创建的资源基础

不论是发挥组织化机制，还是发挥利益性机制，共青团要推动青年参与社区治理，都需要相应的资源作为基础。这就要求共青团必须有效整合社区内部的资源，同时还要引进社区之外的资源。这些资源并非仅仅指的是资金和场地等物质性资源，还包含有组织资源、人力资源、信息资源、制度资源、经验资源等。

从社区内部资源的整合和盘活来看，共青团首先必须建立自己的组织网络，有了这些组织，才能够有盘活资源的基础，同时还应该发挥社区党组织和居委会作用以及社区内部其他组织化力量的作用。青年作为社区内活跃的力量和创新的来源，他们的观点和思路实际上就是一种信息资源和人力资源以及新型经验资源。这就要求共青团组织必须走出传统的思路，进行智慧众筹。

从"青春社区"创建方案来看,在社区内部资源的整合和盘活方面,静安团组织已经考虑得比较周全,不仅通过创新的方法整合到活动场地等物质性资源,而且在组织资源方面,比如创建自身的组织、寻求党组织和居委会的支持,以及盘活其他资源方面都有许多很好的探索。同时,还在开展智慧众筹等方面有了许多符合青年特点的创新之处。

在对接社区之外的资源方面,"青春社区"创建工作也积极利用共青团的组织网络和组织体系的优势,通过打破体制内的组织区隔,推动共青团组织体系力量,在团员寻找、资金信息聚合上迈出了重要一步,而且还打破了体制区隔,推动了大批社会组织参与"青春社区"创建工作,从而为"青春社区"建设注入了专业性和社会性力量。具体来说,我们可以从静安区团委制定的《关于在全区各街镇进一步推动"青春社区"创建的工作方案》(以下简称《方案》)得以了解:

《方案》要求要充分发挥区域团建优势资源。作为社区团组织,可以充分利用区域化团建工作委员会的资源,开展街镇团建工作。团市委曾提出了"横向联合、纵向联动、分级负责"的区域化整体工作格局,作为街镇团(工)委要善于整合各类社区团建单位资源,对接基层团支部,提供契合团员青年需求的多元化活动和服务。通过公益岗位认领机制,区域单位青年可以参与青春社区活动和公益类项目,努力让本区域不同类型、不同隶属关系的团组织、单位、青年个体资源下沉到社区开展活动,凝聚青年、反哺社区。

《方案》要求重点引入各类优质社会组织,打造专业版青春社区。团区委《关于招募社会组织参与"青春社区"建设的方案》欢迎上海市乃至全国的社会组织积极参与青春社区建设。《方案》希望做出一个青春社区的样板,让青春社区可以标准化"复制",而优质社会组织的介入,将可以推动青春社区朝着社会化、专业化、项目化、公益化方向发展,共同探索新时期动员青年和青年组织参与社会治理的新途径。鼓励社会组织参与承接基础调研类、活动项目类、志愿公益类项目,鼓励他们积极深入青春社区组织青年开展社区为老人服务、环境保护、文明养犬、邻里互助等各类志愿服务活动,增加青年对社区的认同感。

《方案》要求积极对接社会各界青年资源,邀大 V 给社区把脉。青春社区的创建,不仅要挖掘社区"内生"的力量,更需要外援。为了让青春社区能里应外合,攻克社区治理这道难题。团区委将积极整合各类社会资源对接社区。在2018年9月底举行的静安区青年联合会换届大会上,选举产生了307名青联委员,并同步成立了静安区青年企业家协会。这些青年才俊中有网络大V、社会组织负责人、新媒体从业者、自由职业等新阶层青年和留学归国人员、创业青年、知识分子等具有代表性的青年群体。团区委组织青联委员和青年企业家协会会员填写意向表,对接了各街镇"青春社区"创建点,他们将利用自己的个人专长、社会资源和网络影响力,更好地为"青春社区"创建项目服务;同时,在青春社区创建过程中,街镇团(工)委可以结合社区实际需求,有意识地将高校特色社团引入,与居民区团组织、青年草根团队进行对接,实现社团自身成长与社区资源共享的"双赢"。

第四节　社区生活共同体构建与
共青团组织形态创新:
"青春社区"创建的组织逻辑

　　共青团组织的存在并非是为了存在而存在,而是为了实现某方面功能。在城市社区建设中,共青团很重要的一方面功能就是推动青年发展和参与社区治理。共青团组织要能取得有效成果,也需要适应这两方面的要求,推动了自身的组织的创新和发展。共青团组织在推进"青春社区"创建工作过程中,也在这一逻辑作用下,推动了自身组织的创新与发展。

一、在结构与功能之间:"青春社区"创建与共青团组织形态创新

　　组织理论认为,任何组织结构的存在,都是为了实现某方面的功能。在城市社区共同体建构过程中,中国的逻辑是通过组织化机制来推动社区共同体得以生成与发展,共青团组织作为党的助手后备军,也在城市社区共同

体建构过程中,协助党组织青年,推动建构社区共同体,以及在推动社区共同体发展过程中,满足青年发展的需求。这就成为了共青团在城市社区层面的社会性功能。

由于过去在参与社区共同体建构过程中,主客观条件的限制使共青团未能很好完成参与社区共同体建构的任务。这一功能无法得以有效实现,很重要一方面原因就是相应的组织结构及其运行机制,也就是整个组织形态尚未摆脱计划经济时期路径依赖的影响。因此,如何适应市场经济和网络社会的要求,来推动自身组织的转型和创新,就成为了共青团在城市社区切实实现其相应社会功能的重要前提和条件。

"青春社区"创建工作,就是在新的历史条件下,为了有效实现推动青年发展和参与社区治理的这一社会功能,根据发展了的条件,推动共青团适应时代的要求和社区建设、青年发展的变化,创新性地在组织结构、运行机制、工作内容和价值诉求等方面进行的创新与探索。

二、重回社区与共青团基层组织嵌入:并非创新的创新

"青春社区"创建工作的开展,实际上是静安区团委探索共青团青年工作重点重新回归社区的一个重要举措,为了达到这一目的,共青团组织开始全面推进居民社区内部的团组织建设,使共青团组织网络全面嵌入社区内部,为共青团有效组织、动员和服务青年奠定了组织基础,也为共青团组织有效参与社区治理工作提供了组织网络。

在城市社区建设初期,共青团就已经在居民区层面上推动相应组织建设,因此这一次"青年社区"创建而推动团组织嵌入的工作,从表面上来看,并非是一次创新性工作,而只是弥补性工作。但是如果从共青团发展的辩证逻辑角度来看,我们就会发现,"青春社区"创建工作中的团组织建设和组织网络嵌入的工作,是在新的历史条件下、在新的理念指导下、适应市场经济和网络社会条件,根据社区发展和青年发展的要求,在高起点的基础上,以全新的运行机制和组织建立方式,来达到组织建设和组织嵌入的目的的。从这个角度来说,"青春社区"创建工作中所开展的团组织建设的任务,就是一

次创新性的尝试。不仅为推动青年发展和社区治理奠定了组织基础,而且在城市社区层面,还探索出了一条适应新时期基层城市、基层发展的共青团组织形态创新的路径。

具体来说,"青春社区"创建工作所涉及的组织建设的任务,在以下五个方面具有一定创新性的内容:一是在团员的整合上以社区为基础,突破了单位制团员认定的范围;二是在组织班子产生方式上,采取了团内民主的方式;三是在利用组织网络方面,打破了体制内组织的区隔,充分应用了之前在街镇层面上探索的区域化团建的成果;四是打破了体制区隔,主动与青年社会组织联系;五是建立社区青年理事会,促进青年组织合作化、提升青年组织领袖和团组织骨干的合力。

三、资源整合与组织联系拓展:"青春社区"创建中共青团与青年社会组织

共青团组织形态创新很重要一个目的就是利用新的组织方式,整合到更多资源,为团的工作服务。在上述文字中,我们已经对"青春社区"创建中资源整合方面的创新内容作了阐述,这里需要特别强调的就是,青春社区创建工作在积极运用和整合青年社会组织方面,迈出了重要的一步,对共青团组织的创新和发展来讲具有重要意义。

青年社会组织是在新的历史条件下,社会凭借自身力量对原子化的青年进行自我组织化的结果,因此对青年社会组织的联系与整合,实际上是新的历史条件下对具有新的生存形态与组织形态的青年进行组织和联系,是共青团在新的历史条件下做好青年工作、联系青年群体和青年个体的重要载体。因此,能否有效与青年社会组织建立联系,并充分运用其特点来服务共青团工作,不仅具有社会性意义,而且具有政治性意义。

青春社区创建工作在青年社会组织联系、整合和运用方面,不仅重视社区内部的青年自组织的培育和发现,同时还重视引入社会的青年社会组织的力量,从资源整合和资源引入方面来说具有创新意义,而且还在联系青年社会组织以及与青年社会组织形成新型关系方面作出了探索。因此,这实际

上是共青团组织形态发展方面,打破体制区隔,构建新型组织形态的一个重要探索。

四、作为平台与端口的组织形态:"青春社区"创建中制度创新与团组织发展

作为共青团探索在新的历史条件下推动青年发展和参与社区治理的组织形态创新,"青春社区"创建中的组织建设,不仅要能够在资源整合和联系青年等方面有新的举措,而且还应该将这些整合来的资源有效服务于推动青年发展和社会治理,这就要求在组织形态上有新的突破,其中一个比较典型的做法就是建立了社区青年理事会。

社区青年理事会的建立将促进青年组织合作化、提升青年组织领袖和团组织骨干的合力。社区青年理事会由社区团组织、青年自组织组成。设立理事会制度,理事由各青年团队负责人担任,理事长由理事会民主选举产生,一般由5—7人组成,建议理事长和副理事长由青年领袖或者团组织负责人担任,理事会成员通过合法程序兼任居委会干部、党支部成员、业委会成员、居民代表和楼组长等。青年理事会在社区党总支的领导下开展工作,联动团组织优势,做好青年事、服务社区事、参与社会事,从社会治理的"旁观者"变为"参与者",在美丽家园和美丽楼组建设中不断释放青春能量。

社区青年理事会的建立,实际上就是将各类的组织资源和组织网络体系在这里进行聚合,使其成为一个平台化和枢纽型的组织形态,同时也将资源在这里汇聚和配置,直接服务于社区治理和青年发展,发挥端口型的组织功能的作用。通过这一平台与端口,实现各类资源的汇聚协调和有效配置。

结　语

静安区团委推动的"青春社区"创建工作,是城市共青团青年工作重点重新回归社区的一个重要探索。"青春社区"创建工作是围绕推进青年发展

和参与社区治理而展开的，并在此过程中推动了共青团基层组织形态的创新，不仅对城市基层共青团建设具有借鉴意义，而且也对共青团整体组织形态创新和发展具有一般性的启迪。青春社区创建工作告诉我们，要在新的历史条件下，推动共青团组织形态发展，就必须对社会发展的新的形态有准确把握，同时还要充分理解市场化和网络化背景之下共青团组织形态变迁的内在机理，重新认识共青团基层组织的建立方式与实现机制。通过对新的领域中的共青团组织的社会功能、青年发展新的形态以及所在领域的社会结构变化的研究，探索最适当的组织结构及其组织实现的形式；重视利用新的机制来整合共青团工作所需要的资源以及运用组织重构的利益纽带；同时还要形成共青团组织发展的辩证思维，来推动共青团各方面工作的发展。

第三十八章　建构共青团组织创新的
体制内政治支持：
新时期高校党建带团建的定位*

　　共青团是在党团关系与团青关系这两对权力关系为坐标所形成的政治逻辑空间中生存与发展的，其中党团关系决定了共青团组织的存在与发展，而团青关系决定了共青团组织的存在与发展的具体实现形式。由于党团关系对共青团具有决定性作用，因此共青团组织随团青关系变化而发展的程度，最终还是受党团关系所左右。作为20世纪90年代出现的基层党团关系建构的制度性安排，党建带团建的目的就是在新的历史背景下，党组织凭借执政党地位，为基层团组织建设创造政治和社会条件，从而使团组织能够存在与发展。高校是知识青年聚集之处，从政党领导角度来说，强化高校共青团作用就具有十分重要的战略意义。因此，党建带团建在高校政治建设中就不仅是共青团发展的需要，而且是中国共产党有效领导的需要。不过，高校改革使大学生的生存状态发生了巨大变化，决定了高校共青团必须推动自身组织发展以适应这一变化。然而不论是党团关系因素，还是高校共青团工作所涉及的权限等因素，都决定了共青团要实现自身创新和发展，必须有党组织的有效支持，这也就成为新时期高校党建带团建的重点内容。

---

　　* 刊载于《复旦教育论坛》，2013年第3期。

第一节　共青团发展逻辑空间中的政党职能：
党建带团建的政治定位

要对新时期高校的党建带团建进行研究，首先必须对党建带团建作为制度的历史缘由以及内在机理进行分析，只有如此，才能以此为视角和理论依据，来分析高校党建带团建，并在此基础上把握高校党建带团建的内在逻辑以及新时期的工作重点和相应对策。

一、党团关系与团青关系：共青团发展中两对决定性的权力关系

中国共青团是在1922年由中国共产党创建而诞生的。中国共产党创建共青团的目的，就是希望通过共青团来有效领导和整合青年，从而为中国共产党在不同历史时期奠定青年基础，因此共青团被赋予党的助手和后备军的地位。从历史上看，中国共青团是由中国共产党建立的，而在1936年为了统一战线需要，中国共产党将中国共青团改造为西北青年救国会，并在1946年决定再次重建共青团，1949年在全国范围重建共青团。由此，我们可以知道，决定共青团存在和发展的决定性力量就是中国共产党。

随着改革开放发展，社会结构变迁导致青年生存形态发生了巨大变化，这就导致了青年采取"用脚投票"方式使许多领域基层团组织出现了"边缘化"现象，从而要求共青团必须根据青年生存形态变化而推动组织创新。这就意味着，青年生存形态决定了共青团组织生存和发展的具体实现形式。由上可知，不论是在本质上，还是在历史上，共青团组织都是在党团关系和团青关系这两对权力关系所决定的逻辑空间内生存和发展。党团关系决定了共青团存在与发展，而团青关系决定了共青团存在与发展的具体实现形式，对于共青团生存和发展来说，前者是根本，后者是依据。

二、经济体制改革与党建带团建的提出：基于历史的考察

为了克服现代化对社会的组织化诉求与中国传统社会"一盘散沙"之间的矛盾，新中国成立后，中国共产党通过在宏观上建立以国家权力为主导的计划经济体制和在微观上建立基层党组织为核心的单位社会体制，使中国社会实现了高度组织化。在这样的社会结构中，社会民众与单位以及其中的党团组织之间存在着高度利益相关性。随着改革开放政策实施，特别是市场经济体制建立，社会自身开始在经济领域出现了以市场为主体的组织化力量，同时经济所有制也出现了多元化。单位社会体制衰微使新经济和社会组织以及社会成员与党团组织之间的利益相关度也因此下降，由此出现了大量基层党组织和团组织边缘化现象，从20世纪90年代开始，大量非公企业中存在着党团组织空缺现象。党团组织"边缘化"现象出现标志着党团组织整合社会能力下降，这将影响到党的领导的社会基础问题。为此，20世纪90年代后半期，江泽民提出了"基础不牢，地动山摇"的警告。因此，在推进市场经济建设的同时，中国共产党也将市场经济背景下推动党的建设提高到"新的伟大工程"的高度来对待，全面加强党的建设，其中一项任务就是在新的经济和社会领域推动党组织建设。

虽然在"两新"组织中建党组织，存在着较大困难，但是中国共产党毕竟是执政党，因此在缓慢推进中，基本还是能够在规模以上的经济组织中建立党组织的，但是作为党的青年组织，共青团不论是其权威性还是地方党的相应部门对其的支持等，都赶不上形势要求。面对这样的局面，一些地方团组织就希望建立相应制度，借助党组织的威信和力量在新的领域内（如新经济组织）建立团组织，使团组织存在和发展得以可能。为此，1990年共青团福建省三明市委就率先在全国提出了"党建带团建"的工作思路，1992年共青团福建省委和中共福建省委组织部将之推广到全省，①2000年，在地方探索基础上，团中央与中央组织部联合召开了全国基层"党建带团建"工作座谈会。当党建带团建被上升为全国性基层党团建设中的一项制度时，其内容虽然

已经不再仅仅局限于在新经济组织党建带团建范围内，但是整体来看依然还是局限在共青团存在的基本条件的保障和落实上。

三、党建带团建与新时期党团关系建构逻辑：党建带团建的政治定位

综观建团以来的建构逻辑变化，我们认为，党团关系变迁情况可以分为五个阶段：第一阶段是从1922年5月到1937年2月的党团关系生成与磨合阶段，第二阶段是1937年2月到1946年11月的党团关系停顿与转折阶段，第三阶段是1946年11月到1978年10月的党团关系成熟与稳定阶段，第四阶段是1978年10月到1993年12月的党团关系复原与发展阶段，第五阶段是1993年12月以来的党团关系创新与深化阶段。关于这五个阶段的划分理由在笔者的《关系空间变迁的政治逻辑——中国共青团90年组织形态发展研究》②一文中已经初步作了说明，此处不再作具体阐述，这里需要分析的是党建带团建与党团关系第五阶段特点之间的关系。

如果说第一阶段党团之间还具有一定相对独立性的话，那么经过第二阶段的中断之后，第三阶段的共青团重建之后不论是在政治关系上还是在组织关系上，党团关系都进入了一个制度化的稳定阶段。不过，如果对第三到第五每个阶段进行分析的话，我们还会发现，这三个阶段党团关系在具体层面上还是存在着差异。第三阶段特别是新中国成立之后，党团关系是在计划经济体制和单位社会体制背景下发展的，党团组织是作为组织社会的直接力量而存在的，因此党团组织在基层单位中的组织存在和作用发挥，都是理所当然之事。但是到了第四阶段，情况就开始发生变化了，在经济体制改革所引起的社会结构变化之后，党团组织特别是共青团在基层社会中的组

---

① 骆志雄、杨鑫、龚青团:《党旗辉映团旗红——我市党建带团建工作20周年综述》,《三明日报》,2010年12月9日。《徐铮同志在全市基层党建带团建暨共青团系统深入开展创先争优活动座谈会上的讲话》,http://fj.gqt.org.cn/sms/dzdt/201012/t20101221_439521.htm。

② 郑长忠:《关系空间变迁的政治逻辑——中国共青团90年组织形态发展研究》,《中国青年研究》,2012年第10期。

织存在和作用发挥开始出现许多不适应之处。到了第五阶段，随着市场经济建立，社会已经出现自我组织的力量，党团组织作为组织社会的直接力量的功能受到了严重挑战，特别是在经济领域。作为执政党的基层组织，党组织在新经济组织等新兴领域中的嵌入，还具备着较大政治优势，但是团组织只是作为政党的助手的青年组织，凭借自身影响很难有效嵌入，为此，需要借助政党力量使其存在成为可能。甚至在以经济建设为中心的背景下，许多地方传统领域中的基层党组织对共青团也不够重视，进而导致基层团组织严重弱化。这就使党建带团建作为基层团组织建设的一项重要制度被提出，成为新时期党团关系建构的一项具体制度。

然而究其根本，基层"党建带团建"制度实际上是政党对共青团存在的救济性逻辑的演绎结果，虽然这里存在着政党为了自身发展和有效领导的因素，因为共青团毕竟是共产党领导和整合社会的组织体系中一个重要组成部分，但是从党团关系角度来看，现有基层"党建带团建"的制度性诉求更多还是体现在政党对共青团的救济和保障上，只是达到维护"存量"的目的。因此，能否在扩大"增量"上有所突破，就成为下一步基层"党建带团建"所应该突破的重点和努力的方向。所谓扩大"增量"，就是指根据社会结构变迁和青年生存形态变化，通过推动共青团组织形态创新和发展，进而为整体提升基层党组织整合社会能力做出贡献。由此，基层"党建带团建"制度，除了要为基层团组织存在提供保障外，还应该为其创新提供体制内的政治支持。

从上述分析中，我们可以对党团关系第五阶段的特点作出如下概括：一是社会结构变迁和工作重心转移，使共青团存在和发展需要党组织予以救济和保障；二是社会转型对政党整合社会的能力和方式都提出了挑战，要求共青团能够通过有效创新从而为政党整合社会能力提升和方式发展做出贡献。基层"党建带团建"制度发展实际上就是在这两个维度的张力中寻求空间。对于下一步发展来说，"党建带团建"制度建设必须走出单纯救济和保障思维，鼓励共青团通过组织创新以使组织更好存在。

第二节　大学生生存形态变迁与共青团创新压力：高校的新政治命题

作为社会结构的一个组成部分,高校也同样受社会转型影响,不过,高校的特点导致其发展所受到的冲击，虽然在整体上与整个社会的政治逻辑有着内在一致性，但是在具体表现形式上与整个社会的情况却存在着一定差异。这一逻辑也在"党建带团建"工作中演绎着。其中最典型的就是,高校共青团建设中不存在所谓"存在"的问题,而更多是"适应"和"有效"的问题,从而使高校共青团创新成为了新时期"党建带团建"中需要考虑的重点内容。

一、高校特征与高校共青团特殊作用：中国政治的逻辑

从政治建设角度来看,大学具有两方面功能:一是知识和理论的生产场所,二是政治社会化的培育场所。作为前者,高校是意识形态建设十分关键的领域;作为后者,高校是意识形态配置十分重要的机制。在当代中国历史上,高校也是政治建设中十分敏感的场所,许多政治运动和政治思潮的出现都与高校有着密切关系。因此,对于中国共产党的领导来说,高校就成为一个十分重要的领域。加强党对高校领导,不仅在教育内容上安排有思想政治课,而且在组织上坚持党委领导下的校长负责制,同时,还在机制上从不放松党团组织建设和政工队伍建设。由于政治社会化工作除了进行思想和理论上灌输外，很重要一个方式就是通过相应政治组织开展政治性或社会性活动而实现。由于大学成员主要由教师和学生两部分组成,其中,学生作为教育的对象,在数量上一般都超过教师,另外,中国这些年来,大学规模都在不断扩大,因此高校就成为知识青年生活和学习最密集的场所,同时也是青年思想最活跃的场所。因此，在政党的整合和领导社会的组织体系中的分工,共青团作为政党的青年组织,其职责就是联系青年,因此高校共青团工作在中国政治建设中就具有相当特殊的地位,不仅十分重要,而且也备受关

注。这就使高校共青团工作不像在其他领域中那样存在着是否能够存在的问题以及如何建团组织的问题。

二、从班级化生存向兼具班级化与社团化生存转变：大学生生存形态变迁

高校共青团要能够在政治社会化以及社会整合中实现对大学生的有效领导和有效影响，就必须根据大学生生存形态来建构自身的组织形态。因此，把握大学生生存形态是推动共青团工作发展的首要步骤。新中国成立以来特别是改革开放以来，社会结构转型特别是高校内部改革使大学生生存形态发生了巨大变化，具体情况如下：

新中国成立之初，我国参照苏联的教育体制，在高校中实行严格的学期—学年制，相应地在组织方式上也就采取班级制度，学生从入学开始就被安排在相应班级之中，并且除了个别学生是走读之外，绝大部分学生是按照班级相对集中地安排在相应的男、女生宿舍。班级不仅成为学业共同体，而且还成为生活共同体。在这样的背景下，学生与班级之间存在较高的利益相关度，我们将这种形态称为班级化生存。这种生存形态，随着"文革"后的高考恢复在大学中得以延续。高校中这种学生生存形态与当时整个社会以单位共同体为基础而形成的社会成员单位化存在有着相同的逻辑。

随着高校教育改革深化，特别是学分制的实行，大学生这一生存形态开始被动摇了。学分制使班级所具有的学业共同体功能开始消失，班级只剩下生活共同体的功能。在学分制削弱班级作为共同体的一部分功能，使学生在学业上获得更多选择的自由的同时，作为更为丰富的学生校园文化生活的组织载体的学生社团也开始在高校校园中逐渐发展起来，这就使班级作为生活共同体功能的一部分内容被社团所替代。许多高校中学生社团的数量不断增长，甚至一些大学本科生的社团数已经超过本科生的班级数，比如，复旦大学本科生的社团数为214个（这些还是注册登记的，如果包括没有注册登记的，数量将远远超过这个数），而本科生班级数却只有150个左右。这就使学生生存形态开始从班级化生存向兼具班级化和社团化生存转变。

近年来,一些高校如复旦大学和西安交通大学开始试点书院建设,学生从入学开始,在生活上,就从过去的以学院—班级为基础安排宿舍,改为打乱学院、专业和班级,随机安排宿舍,建立书院。这样班级作为生活共同体的功能就进一步被削弱了。书院以及宿舍开始替代班级作为一种生活共同体的类型出现,社团作为一种自由选择加入的共同体的作用就更加凸显,这就使学生生存形态发生了更深刻变化。而班级功能还剩下什么,就需要进一步研究。

三、大学生生存状态变迁与共青团创新压力:高校共青团发展的新命题

作为政治性群众组织,共青团需要嵌入社会之中才能起作用,因此共青团的组织形态建构必须根据不同时期的青年生存形态的变化而不断调整。新中国成立之后,在单位社会的建构逻辑作用下,以"支部建在连上"的方式,团组织就将其支部建在高校学生的班级中,使其不仅嵌入到学生的学业共同体中,而且还因此嵌入到学生的所共同体之中,团组织逻辑与班级建构逻辑具有高度的同构性。同时,受党组织委托,由共青团指导的学生组织,也基本上是以班级和院系为基础而形成组织关系和权力关系的。然而随着学生生存形态开始从班级化存在向兼具班级化和社团化存在转变之后,团组织在组织形态上应该如何变革,是否还只是坚守班级建团? 或者是将团组织建到社团中? 同时,由于社团本身就是作为学生自主性选择而形成的自组织性质的组织,因此对建团具有较强的排斥性,那么为了达到有效性,共青团组织形态又应该如何建构呢? 另外,学生会过去是以院、系和班级为基础的,现在学生社团大量出现,而学生会作为官方学生组织与社团之间应该建立什么样的关系呢? 这些都是学生生存形态变化之后对共青团组织形态发展所带来的挑战。对于共青团来说,面对这些挑战,继续坚持传统理念和做法,其有效性必将受到影响,唯一出路就是创新。

第三节 体制内政治支持与高校共青团发展：
党建带团建的现实功能

高校学生生存形态的变化，要求共青团必须根据这一变化来推动其组织形态的创新与发展，只有如此才能使共青团与高校学生群体变化趋势相契合。然而在回应这一要求时，不论是在权力关系上还是在具体的权力范围上，共青团都不具备完全的主体性，都需要党组织的有效支持才能实现，这就意味着作为体制内政治支持的党建带团建成为了共青团组织创新的重要前提。

一、党团关系与共青团发展的体制内支持：高校党建带团建的本质规定

作为基层团组织，不论是在制度逻辑上还是在行动逻辑上，高校团组织创新与发展都需要学校党组织的支持，具体来说，体现在以下三个方面：一是党团关系的制度逻辑决定了，共青团组织创新与发展需要党组织支持。团章规定，在领导体制上，共青团是在同级党组织和上级团组织双重领导下开展工作，并且整体上是以同级党委领导为主，只是业务上受上级团组织领导。因此，受到同级党组织认同和支持是十分重要的前提。否则，如果创新不受同级党组织认同，不仅创新工作很难进行，甚至团干部个人发展都可能因此受到影响。正是有这一制度性因素，党建带团建作为这一制度深化内容才被提出。二是制度逻辑和行动逻辑共同演绎决定了，学校党组织的支持是高校团组织的组织创新的重要保证。由于不同学校所遇到的问题存在着较大差异性，特别是一些率先进行高校管理体制改革的学校所遇到的问题更是与面上情况有着很大不同。这就意味着基层团组织的创新方案只能具有个案性，上级团组织也无法给予具体建议，需要自身探索，这就更需要学校党组织予以认同，因为在这里存在着一定创新风险。三是高校中现实的行动逻

辑决定了,学校党组织支持是高校团组织的组织创新的重要保证。组织特点决定了团干部在年龄和资历上比其他党委部门或是行政部门的干部要小和浅,再加上团组织的资源相对较少,而共青团组织创新可能会在各个方面与下一级基层党组织或是同级其他部门之间产生大量需要协调的事务,包括相应责任需要重新明确,这就可能因此产生许多困难,然而由于是制度性和组织性创新,没有既定的规则可遵循,如果没有学校党组织的支持,这些困难就可能无法解决。

二、共青团工作职责与领导权限的差异:高校党建带团建的现实逻辑

共青团是中国共产党为了联系和领导青年而建立的青年政治组织。从抽象的关系上看,上述表述可以概括为"中国共产党—中国共青团—青年"的关系。不过这一关系在历史发展过程中,基于各种原因,形成了一系列规范这一关系的制度。这些制度在现实工作中需要我们予以把握,以下就是其中一个重要内容:中国共产党对于各类青年组织都是具有领导权的,而共青团对官方的作为群众团体的青年组织没有领导权,而只是具有指导权。只有对少先队是例外,共青团受共产党委托对少先队具有领导权,然而少先队只是少年儿童组织,不是青年组织。因此,在制度上,共青团与青年联合会、学生联合会之间都只是指导关系,而不是领导关系,领导权归党组织所有。这就意味着,在对青年联合会和学生联合会作重大改革时,必须请示党组织。这一逻辑在高校中的演绎,就是学校团组织对学生会也只有指导权,而不是领导权,对学生会的领导权是归学校党组织的。因此,大学生群体生存形态变化除了对共青团造成冲击之外,同样也对学生会组织形态产生冲击,这就要求学生会组织形态必须创新,但是学生会创新最终决定权却是在党组织手中,不过工作上若出问题却需要团组织来负责。工作职责与领导权限之间的差异,导致共青团推动学生会等各类学生组织的创新和发展,客观上需要党组织的有效支持。

三、党建带团建与体制内政治支持：高校共青团发展的重要前提

从上述分析中，我们可以知道，不论是从党团关系在现实运行中的制度逻辑和行动逻辑来看，还是从共青团工作职责与领导权限差异来看，党组织的支持都是共青团组织创新的一个十分重要的前提。但是我们也还必须看到，一旦当党组织不能够有效支持或者是党组织基于各种原因对共青团组织创新的认识存在着不同看法时，共青团组织创新就有可能因此无法有效实现。这是从具体关系角度来分析的，而从制度运行角度来看，党团关系在基层是以党建带团建的制度方式予以落实的，党建带团建的目的在于让党组织重视团组织建设，但是在制度运行过程中，党建带团建制度如果不能针对性予以运用也可能因此对高校团组织的创新产生一定阻碍性作用。

第四节　从保证工作落实到促进组织创新：高校党建带团建的发展方向

党建带团建作为基层党团关系建构的制度性安排，对基层团组织获得自身建设的一般性条件来说是十分重要的保障，特别是在团组织存在十分困难的领域中，党建带团建更是起到根本性的救济作用。但是对于高校来说，共青团存在是不成问题的，因此党建带团建就不是救济性的，而是在提供一般保障条件的基础上，促进共青团组织形态创新，使高校团组织适应大学生群体的新的生存形态，从而增强共青团工作的有效性。因此，把握其特殊规律，就成为高校有效推进党建带团建工作的首要任务。

一、党建带团建提出背景与高校共青团发展的错位：一个需要关注的现象

党建带团建是为了克服市场经济建立之后一些新兴领域中共青团组织建立困难以及一些传统领域中团组织建设弱化的倾向，希望凭借党团之间的特殊关系，通过党组织力量来扭转团组织困境而形成的一项制度创新。从制度生成的背景来看，党建带团建是一项以基层党组织力量来救济基层团组织的措施，起到了保障性作用。保障性作用对于任何组织发展来说都是必要的，但是对于一些组织来说却不一定是关键的，高校团组织就是其中一种类型的团组织。相对于企业或社会组织特别是"两新"组织来说，高校在中国社会和政治的特殊地位和作用，决定了党团组织在高校中的存在具有很强的政治保障和现实基础，再加上长期以来高校党团工作的系统化和制度化工作，使其"存在问题"根本不成问题。诚然，高校团组织建设也需要党组织给予必要保障，但是相对于其他领域，特别是"两新"组织中的团组织来说，这种保障不是救济性的，而是正常的党团关系的制度性落实，甚至可以说是保健性的。共青团目前最大困境是如何根据大学生群体的生存形态变化来推进共青团组织以及其他学生组织的创新，这两年在网络上出现的对高校学生会以及高校团委激烈批评的现象已经从一个侧面反映了这一问题。上述党建带团建提出的背景与高校团组织困境之间的错位现象，既是导致目前高校党建带团建工作不到位的根源，也将是下一步我们推动高校党建带团建的根据。

二、保证共青团正常工作落实与保障型党建带团建：高校的现状与原因

虽然高校共青团目前发展中的根本问题与全国党建带团建所需要解决的根本问题存在着一定差异，但是从目前所强调的情况来看，高校党建带团建核心内容还是围绕干部配备、资源支持和党团工作同步性等方面而展开，

虽然也提到要支持组织创新等一些内容,但是并没有将之作为重点。从一定意义上说,依然还是停留在创造保障性条件以保证共青团工作正常开展上。之所以高校党建带团建依然还是强调保障性的内容,主要原因有三:一是制度的工具性原因导致。由于中央和地方的党建带团建制度需要照顾到各个领域,同样高校领域的党建带团建也必须从高校整体情况入手,而对于整体来说,制度要解决的首先是最需要和最紧迫的那部分,也就是救济"短板"。因此,相对于全团,高校团组织比较特殊,相对于全部高校,一些内部改革力度较大的高校也是比较特殊的,这就导致高校党建带团建在制度内容上,从整体来看,依然还是以保障型为主。二是党组织领导人思维惯性导致。虽然在那些改革力度较大的高校中,人们更多关注于具体改革内容以及涉及的重点内容,而对可能由此导致的学生群体的生存形态变化等,在党组织领导认识中并未成为重点,再加上党团工作的传统思维影响,党建带团建的新内容就很难被提出,更多只是遵照上级文件办事。三是团干部现实行动逻辑导致。对于团干部来说,强调干部配备和资源支持以及党团行动一致性等内容,对于团干部发展和具体工作开展都是有利的,既然党组织对团组织所要求的只是正常工作能够完成即可,而组织形态创新却需要冒风险,那么按部就班,多搞些活动,对于团干部来说,也就在情理之中了。

三、促进共青团组织形态发展与创新型党建带团建:高校的方向

虽然各种因素导致高校党建带团建更多停留在保障性阶段,但是高校改革进程和学生生存形态变化却并不会因此而放慢脚步,社会对高校团学工作的批评和压力也不会因此而减少。如果高校共青团组织形态不能有较大创新和发展,虽然高校共青团依然还是存在着,但是在现实中,大学生们却开始"用脚投票",使团组织陷入"边缘化"境地,或是形式化存在着,或影响力严重下降,而与团组织密切相关的既有的官方学生组织,如班级、学生会等也相应出现了功能衰减和凝聚力下降等现象。这就意味着共青团必须在组织权力、组织结构、组织运行和组织价值等方面,即整个组织形态都应

该进行较大幅度的创新。基于党团关系的政治逻辑与行动逻辑，共青团的上述创新，不仅要得到党组织的支持，甚至还要党组织予以大力推动才有可能实现。因此，我们认为支持和推动共青团组织形态创新是下一步高校党建带团建的工作重点。相对于以保证团组织正常工作落实为内容的保障型党建带团建，我们可以将以支持和推动共青团组织形态创新的党建带团建称为创新型党建带团建。由此，我们认为创新型党建带团建是高校党建带团建的发展方向。

四、在保障型与创新型之间：高校党建带团建的辩证法

如果对党建带团建提出至今所强调内容以及所希望达到的目的进行分析，我们可以将党建带团建分为救济型、保障型和创新型三种类型。当然，我们也可以将救济型和保障型合并起来统称保障型，这就意味着保障型有狭义的和广义之分，由此党建带团建也可以简单分为保障型和创新型两种类型。虽然在高校中也有一些民办高校存在着救济型的党建带团建问题，但是由于高校的特殊性使这种现象更多是在这类高校建立初期时的较短时间内存在，对于绝大部分高校来说，更多是处于保障型阶段。正如上文的分析，创新型应该是大部分高校的党建带团建的发展方向，那么是否意味着，高校党建带团建就不需要保障型的内容了？当然不是。我们认为保障型内容和创新型内容对于未来高校党建带团建来说是两个同样重要的内容，但是在具体对策上，不是将旧的内容加上新的内容，而是要根据创新型要求来改造既有的保障型内容，使保障型内容也因此而"创新"。

结　语

党建带团建是市场经济体制建立之后，党团关系建构在社会基层层面的一个制度性安排。基于在不同领域和不同时期的作用，党建带团建可以划分为救济型、保障型和创新型三种类型。政治作用、组织性质和成员特点导

致高校的党建带团建从整体上来看处于保障型阶段。随着高校内部改革的深入，学生群体生存形态变化使共青团组织形态已经越来越不适应新的发展要求，然而高校共青团发展的政治逻辑与共青团权责差异都要求共青团组织形态创新必须得到党组织认同和支持，这就意味着支持和推动共青团组织形态创新成为了新时期高校党建带团建的工作重点，从而也预示着高校党建带团建将由以保证团组织正常工作落实为内容的保障型阶段，向以支持和推动共青团组织形态创新的创新型阶段发展。

第三十九章　重建政治理想者的塑造空间

——高校学生团支部功能虚化问题及其出路[*]

共青团和青年工作是党的工作的重要组成部分,如何更好地整合青年、教育青年和服务青年,是新时期共青团工作的重要使命。高校是知识青年的聚集之地,青年人数比较集中,被称为共青团工作阵地的"最后堡垒"。然而随着社会转型和高等教育改革的推进,这一"堡垒"特别是高校基层团组织工作的空间被挤压,功能趋于虚化,成为了"边缘化"和形式化的存在。高校团组织特别是基层学生团支部,还有没有现实的功能,还需不需要继续存在就成为一个极其重要的课题。从高校学生生存状态和政治成长来说,大学作为青年教育最重要的时间和空间,在现有教育和组织体系中缺失了政治社会化功能,而这一功能正是党组织对于共青团的最初定位。因此,回归政治社会化功能以激活高校基层团组织就成为高校团建的未来发展思路。

第一节　消失的空间:
高校学生团支部工作的困境

高校是培养知识青年的地方,青年人数比较集中,同时也是青年思想最为活跃的场所,党历来十分重视高校青年的政治工作,将高校作为青年政治工作的重要阵地,高校青年工作因而在中国政治建设中具有相当特殊的地位。共青团作为政党的青年组织和外围组织,其定位和职责就是联系和服务

---

　　*　与复旦大学马克思主义学院李威利博士合作完成,刊载于《思想理论教育》,2015年第2期。

青年,因此共青团被纳入高校政工系统,备受重视。而另一方面,市场经济兴起以后,相较于其他传统领域和新兴社会组织中的基层团建而言,高校团组织建设也有着得天独厚的优势,数量集中、年龄相近的青年形成的学习和生活共同体,成为高校团建工作发展的重要基础,因此高校团建工作中基层组织较为健全、开展活动有声有色、青年学生对团组织的认同度较高,被称为共青团工作阵地的"最后堡垒"。

然而不容忽视的是,高校基层团组织特别是基层学生团支部的建设也存在着并不乐观的形势。共青团在高校的基层组织——学生团支部的工作空间遭到多重挤压:第一,对以开展活动作为重要工作内容的团组织来说,随着高校社团的蓬勃发展,其开展活动的空间逐渐被社团挤压。第二,对于作为在班级层面上的重要学生组织来说,团支部参与班级日常事务管理的空间被班委、辅导员挤压。第三,作为高校青年政治工作和政治教育的基层政治组织来说,团支部的政治先进性空间被党组织挤压。

从高校的工作体系来看,大学中的各类组织主要承担政治教育、专业教育、学生管理和生活构建等功能。在政治教育层面,目前大学中主要由党组织承担各类政治性功能事务,包括思政教育、学生入党等各个方面;在专业教育层面,大学主要以教师为核心,以学院和班级为单位开展;在学生事务管理层面,高校主要通过学工部门、辅导员及辅导员直接指导下的班干部开展工作;在生活构建层面,高校主要通过各类活动丰富学生生活并构建生活共同体,在此方面,高校学生会、学生社团和各类学生自治组织的表现更有活力和效率,开展的活动更加丰富,对青年学生的吸引和凝聚力更强。因此,无论在哪一个空间内,高校共青团特别是基层团支部都难以找到自己的定位。

在活动空间受到挤压的情况下,高校基层团组织所面临的最主要问题表现为团组织的功能虚化。主要表现在:第一,共青团变成"娱乐团"。高校团组织都把开展活动作为主要工作,内容主要是"学生娱乐"性质的活动。在校学生对团的认识也发生了偏差,有的学生甚至认为团组织就是"搞活动的部门"。第二,基层团组织变为形式化的存在。高校团组织在基层主要是以班级为单位形成,总体看高校团支部的绝对数量是不少的,但是许多团组织长期不开展活动,团干部也成为协助辅导员承担行政事务的学生干部,团支部成为一种形式。第三,党组织对团组织的期待下降。在实际工作中,甚至党组织也逐渐形成了思维惯性,认为团组织理所当然应该多搞活动,从而把大量的学生活动工作分配给团组织承担,同时在其他方面对团组织的期待越来越低。例如,有的高校将减少基层团支部数量和党团组织合一作为工作创新;在学生入党程序方面,有的党组织负责人认为团组织推优入党的推荐材料"可有可无"或是先确定入党对象后再由团组织补充相应材料。

更重要的是,高校基层团组织空间的消失和功能的虚化正在随着新时期大学生生存形态的变化日趋严重。随着高校教育改革深化,特别是学分制的实行,原有以班级为基础的学业共同体功能开始解体,班级只剩下生活共同体的功能。同时,更为丰富的学生校园文化生活的组织载体的学生社团也开始在高校校园中蓬勃发展起来,甚至数量上在许多学校已超过班级数,因此班级作为生活共同体功能的一部分内容也被社团所替代。近年来,一些高校尝试推行书院制教育模式,如复旦大学(2005年)、西安交通大学(2006)、汕头大学(2008)、肇庆学院(2009)、暨南大学(2010)、苏州大学(2011)、南方科技大学(2012)等。[①]书院制的主要特点是打破学科专业界限,以学生通识教育为中心,培养全面发展的创新型人才,以复旦为例,每年入学新生无论何种专业,第一年都必须进入书院接受综合教育、文理基础、专业基础三大课程板块的通识教育,第二年再回到院系进行专业学习。单纯从教书育人的角度看,书院制打破专业学科界限,以学生为中心,有利于学生能力全面发展。而另一方面,由于书院制也改变了大学生学习和活动的方式,从而对传统的以班级为基础的团建模式带来挑战。

大专业、跨学科、通识教育等试点改革使学生从入学开始,在生活上,就从过去的以"学院—班级"为基础安排宿舍,改为打乱学院、专业和班级,随机安排宿舍,建立书院。这样,班级作为基本的生活共同体的功能就进一步被削弱了。新中国成立以来,高校基层团组织就以党组织"支部建在连上"为模板,将团支部建在班级上,形成了"团组织—班组织"的同构性结构,而随

---

① 郭俊:《书院制教育模式的兴起及其发展思考》,《高等教育研究》,2013年8月。

着新时期学生生存形态的变迁和班级共同体的逐步解构，原有嵌入班级的团组织开始变得无所依附，使得原本就形式化的基层团组织的功能进一步虚化。

第二节 回归政治社会化：高校学生团支部功能的重新定位

面对高校共青团空间消失和功能虚化的问题，我们必须对高校团组织的定位和功能进行重新思考。高校学生团支部还有没有存在的必要？如果共青团在高校中已经没有了功能，那自然就没有了存在的必要。如果还有功能，其功能是什么？是原有功能还是要开发新功能？在大学生生存形态社团化、书院化的环境下，共青团如何发挥这些功能？

事实上，在高校的实践，共青团组织的功能一直存在着某种程度的错位。作为"中国共产党—共青团—青年"组织体系中的一环，高校团组织一直主要承担着开展学生活动，通过活动载体聚集和影响学生的功能；同时团组织也协助党组织对团员进行思政教育；在有些情况下，团组织也协助党组织承担一定的学生管理事务。但无论是学生管理、思政教育还是开展活动，团组织都不是无可替代的，在高校党的组织体系中，党都可以通过其他组织来完成这些任务。因此，团组织就出现了前述的工作空间被挤压的趋势，也出现了高校共青团"是否还有存在必要"的疑问。要解决这一疑问，必须重新回归党对于共青团的定位，回归团组织在高校中的独特优势和不可替代性来重新进行功能定位。

共青团是 1922 年由中国共产党创建的，在历史发展中，共青团定位和功能也由党给予了明确规定。团章中明确提出，共青团是党的助手和后备军。作为党的外围政治组织，共青团工作的根本任务就是通过团组织和团的工作来组织青年、引导青年、服务青年、维护青年权益，从而为党在不同历史时期奠定青年基础，同时为党和国家培养建设者和接班人。总的来说，对青年的政治引领是共青团基础的最重要的政治功能之一。

目前,高校政治教育主要是由党组织主导的学生思政教育,即强调政治理论学习,强调政治信仰和正确的政治观念。然而思政教育不等于政治教育,而只是政治教育的一个方面,实践中单纯的思政教育的效果也屡遭诟病。从理论上讲,所谓政治教育应该包含理论和实践两个取向:在理论层面,政治教育不仅意味着政治信仰和政治观念的形成,而且意味着政治意识、政治态度、政治心理、政治人格等现代政治文化的养成;在实践层面,政治教育意味着要在实际政治生活中通过参与、协商和互动来自我组织、自我训练、自我团结,从而逐渐养成适应现代政治的政治习惯和政治行为方式。

从中国现代政治发展的实践来说,新时期的中国也需要全面发展的、更理性的、更具有现代政治文化的现代公民,因此现代政治教育尤为迫切。新时期政治教育的内容就不单单是要培养形成社会主义的政治观念,而是还要形成适应现代国家和现代政治运行的政治意识、政治心理、政治技能和政治人格;新时期的政治教育的形式不单单是思政教育,而要教育与实践并重,教育与参与并重。从这一层面讲,高校政治教育的真实功能就是推动高校青年的政治社会化。

政治社会化是政治体系通过一定形式的政治教育,传播政治知识和进行价值训练的过程,是社会个体通过政治学习和政治实践习得政治态度和行为模式的过程,同时也是政治文化的维持、传承和变迁的过程。[1]实现政治社会化的载体是多样的,可以是家庭、学校、同辈团体、大众传媒等多种形式,其中学校是政治社会化的最重要载体,高校的政治社会化的载体和渠道较为正式、有效,具有较高层次也更为系统。

在高校中,大学生年龄绝大多数在18~25岁之间,这个时期的学生正处于离开家庭保护的第一阶段,也是初步迈入社会开始独立生活的第一阶段,这一阶段既是他们世界观、人生观、价值观形成的重要时期,也是他们政治观念形成和政治行为习得的重要时期。大学阶段的政治社会化不仅关系着高校青年的政治思想、政治规范、政治信仰、政治观念、政治标准,而且关系着高校青年的政治态度、政治情感和行为模式,因此高校的政治社会化同时

---

① ［美］阿尔蒙德、小鲍威尔:《比较政治学:体系、过程和政策》,曹沛霖等译,上海译文出版社,1987年,第44页。

也关系着政治体系的稳定和社会政治的发展。因此,大学时期是青年学生政治社会化的最重要时间,高校是青年学生政治社会化最重要的空间。

在这一时间和空间中,共青团有着承担政治社会化功能的得天独厚的基础和优势。第一,大学生特别是本科生中党员比例并不高,绝大多数是团员,而学生团支部在历史建设过程中已以嵌入班级的方式对学生班级进行全覆盖,有着独特的组织优势;第二,高校学生管理和思政教育一直由党组织来主导,相较于党组织来说,学生团组织更容易摆脱长期以来形成的"灌输式"思政教育的工作惯性和思维定势,新的功能更容易被激活和开发;第三,长期以来团组织在活动中积累了大量的经验,在与青年学生的交往和互动中可以更为贴近和"更加专业"。第四,在随着班级功能弱化的过程中,通过团支部的活动可以使植根于人们观念中的班级共同体得到重新凝聚,进而为团组织嵌入提供心理基础。

因此,高校共青团不是要"取消",而是要更好地存在和发挥作用,以承担起青年学生的政治社会化功能。对于高校团组织来说,回归政治社会化功能是基层团组织激活的重要前提,政治社会化功能的发挥需要学生团支部青年发挥覆盖面广、组织体系完善的独特优势。在这一意义上,高校团组织既不是承担单纯学生管理的日常事务的组织,也不是负责搞活动的组织,而是以推动学生参与政治实践为特征的政治社会化功能的组织。共青团十七大指出,要"针对学校共青团在全团的基础性战略地位,以班级团支部为重点加强高校团组织建设"。同时,"基层团组织要因地制宜地设计工作内容和工作项目,使青年乐于参与、便于参与。要尊重团员的主体地位,激发团员青年的主动性、创造性,积极发展团内基层民主,使之成为提升基层团组织活力的重要途径"[1]。政治教育和青年学生政治社会化意味着团组织必然不能再单纯依靠强势的组织体系来推进,而需要通过更加民主的、平等的、参与的、互动的政治形式来开展。因此,共青团需要逐步淡化其传统政治组织的控制性特征而开发其民主性和社会性的特征。

---

① 秦宜智:《高举团旗跟党走　奋力实现中国梦——在中国共产主义青年团第十七次全国代表大会上的报告》,中青网,http://www.scgqt.org.cn/Special/2013/17d/NewsShow.asp?ID=8903。

第三节　重塑政治理想者：
高校学生团支部工作的发展方向

在共青团活动空间消失、功能虚化的背景下，高校团组织需要调整定位、激发基层团组织活力，重新回归其政治社会化功能。事实上，随着市场经济改革和社会转型的深入，社会中个体的政治社会化面临着巨大的挑战，出现了许多党团员的政治信仰缺失、社会价值观念混乱、个体政治行为逐利化等一系列越来越严重的问题。从一个方面来说，这些问题的出现正意味着社会层面政治社会化机制的缺失和效能的低下。而政治社会化就是要通过政治教育和实践习得来重建价值、重塑政治行为、培养"政治理想者"。

所谓"政治理想者"，是指有一定政治信念、有理性的政治行为、有参与的政治文化，能够适应现代政治组织生活，对政治体系有较高的认同感，有积极的政治情感和态度，有高度政治责任感和社会责任心，有良好的社会修养，能够将传统的政治文化和现代政治生活相对接的政治行为者。大学阶段是青年政治观念和政治行为的形成时期，大学生政治教育的成败关系着培养什么样的社会主义事业的接班人的问题。因此，越是在物质化利益和多元价值观的冲击下，在高校的时间和空间内，就越要利用好高校教育的资源和平台、利用高校成熟的党团组织体系，完成政治社会化，在高校内重建一个塑造"政治理想者"的政治空间。从这个意义上说，在原有活动空间被逐渐挤压消失的情况下，必须转变团建工作思维，对高校团组织重新激活和重新开发，使团组织成为青年学生之间平等交流、参与、协商的互动平台，并在互动的政治实践中完成自身的政治社会化。具体如何构建平等交流、参与和协商的互动平台，这就需要既利用好高校团建的既有资源，又要开发其新的功能：

1."党建带团建"推动高校团组织工作重心转变

"党建带团建"是在市场经济条件下共青团工作面临挑战的情况下提出的。2000年，在地方探索基础上，团中央与中央组织部联合召开了全国基层

"党建带团建"工作座谈会,将党建带团建上升为全国性基层党团建设中的一项制度。党建带团建的核心内容主要围绕组织体系、干部配备、资源支持和党团工作同步性展开,即主要是保障型的党建带团建。由于高校青年工作的独特优势,共青团的组织存在问题在高校不成问题,我们认为,高校党建带团建的核心内容应该由保障型转化为创新型。①也就是说,高校落实党建带团建的内容主要不是资源和组织保障,而是推动基层团组织工作的思维和职能转变,推动基层团组织工作机制创新。这意味着,基层团组织特别是学生团支部要在党组织的工作指导和政策支持下, 实现工作机制创新和工作内容的转变,使团组织成为青年学生之间平等交流、参与、协商的互动平台,并承担起青年政治社会化的功能。

2."三会一课"是青年政治社会化的重要平台

在党组织主导的政治教育中,"三会一课"是其中最为重要的政治形式。事实上,团组织也有"三会一课",只是在学生团支部功能虚化的情况下长时间没有正常开展。团组织如果要承担起政治社会化功能,学生团支部就要重新回归"三会一课",通过"团员大会""支部委员会""小组会"方式,构建平等交流、参与和协商的互动平台。在这个平台上,要特别注意不是传统的思政和"两课"的纯理论教育,而是要构建实践性和训练性,构建平等性、协商性、民主性、参与性的有机的政治生活共同体。这就要求党团组织要对团组织的"三会一课"认真设计,既要选择合适的议题,又要特别注重过程中的协商和参与的议事方式。在支部团小组的设置上,在有条件的地方还可以采取自由组合方式,以体现民主性。

3.推优入党是团组织政治功能强化的重要抓手

在承担政治社会化功能过程中, 团组织仍然需要通过一定的强势功能来形成组织优势。只有形成一定的组织优势才能吸引广大青年,在学生中产生认同感。这就需要党团衔接,充分利用党的组织优势来加强团的组织吸引力。在实践工作中,团组织在与党组织工作衔接中有入党推荐的政治功能。通过入党推优程序, 党组织在对青年学生吸引的同时也增加了团组织的吸

---

① 郑长忠:《建构共青团组织创新的体制内政治支持》,《复旦教育论坛》,2013年第11卷第3期。

引力。目前,许多高校中要求积极入党的学生已经占到学生总数的三分之一以上,但由于在实践工作中,入党推优程序往往被省略或忽略,使团组织没有利用好这一抓手以增强自身的吸引力。因此,为改变团组织形象并重新激活基层团组织的功能,需要在党组织支持下严格执行团组织推优的组织程序,使这一程序成为团基层组织功能发挥的重要依托。通过这一抓手,团支部可以尽可能地将青年学生团结在自己周围,在对青年学生形成政治激励的同时完成政治社会化功能。

4.团干部是政治社会化功能开发的重要依靠

"三会一课"的形式是老形式,但政治社会化的功能是新功能。因此,功能的发挥关键不在于形式的改变,而在于团干部工作观念和工作方式的转变。团支部政治社会化功能的发挥需要一批能转变工作观念,具有先进意识的团干部。在政治社会化功能的发挥中,其决定因素既不是组织也不是制度,而是团干部观念、能力和表现。因此,在目前高校基层团干部多为兼职的情况下,特别需要加强针对基层团干部的教育和培训。不过,基层团干部的教育和培训必须突破以往的工作培训的范畴,在培训内容上,不应该单纯地局限于行政事务的培训,而应是政治能力和政治业务的培训,具体来说就是要使基层团干部学会从青年实际需要出发,能团结和激励青年,能有平等、协商、参与的政治意识,能选好"三会一课"议题,能发动好、调动好、组织好团支部政治生活等。

结　语

高校是知识青年聚集之处,从政党领导角度来说,强化高校共青团作用具有十分重要的战略意义。随着社会转型和高等教育改革的深入,当前大学生的生存状态发生了巨大变化,逐步由班级化为主的生存状态逐渐转向社团化的生存状态,班级作为原有的学生学习和生活的共同体逐渐消解。在此形势下,高校基层团组织面临着空间消失和功能虚化的窘境。但是这并不意味着高校基层团支部"可有可无",恰恰相反,高校基层团组织的工作不是应该被削弱而是应该加强。事实上,在高校的实践,共青团组织的功能一直存在着某种程度的错位,高校团组织一直主要承担着开展学生活动、进行思政教育和一定的学生管理事务。但无论是学生管理、思政教育还是开展活动,团组织都不是无可替代的。因此,加强高校共青团工作的核心是明确其职能定位,高校基层团支部应该承担起青年学生政治社会化的功能。重点是必须转变团建工作思维,对高校团组织重新激活和重新开发,使团组织成为青年学生之间平等交流、参与、协商的互动平台,并使青年学生在互动的政治实践中完成自身的政治社会化。具体来说,加强高校基层团支部工作既需要党组织给予体制内的政治支持,又必须在高校团建的既有资源基础上开发出新的功能。

第四十章　重建整体性的组织逻辑：
团属社会组织发展*

改革开放以来，我国经济社会结构经历了一个由单位制到多元社会的转型过程。在这一过程中，国家与社会之间的联系和互动方式发生了根本变化，以政党为核心的政治组织体系的组织和活动方式也面临着转型。作为中国共产党的青年组织，中国共青团从20世纪90年代起就已经意识到青年生存形态发生变化带来的挑战和随之而来的基层团组织"边缘化"问题，开始提出通过社会化组织方式来加强与青年和社会的联系。在这一背景下，共青团上海市委特别重视对团属社会组织的培育和建设，基本构建了覆盖范围较广、功能较为完善的团属社会组织网络。但随着市场经济发展的深入和网络社会的兴起，青年群体的多元化和分化组合的速率加快，呈现出许多新的特点。面对这一变化，共青团需进一步推进组织形态的转型，团属社会组织的定位、功能和作用发挥也需要作出相应调整和升级。为此，在对上海市全部18家团市委直属社会组织进行访谈调研的基础上，我们对新时期团属社会组织的建设和未来发展进行了一些思考，并在此基础上提出了相应对策，以供参考。

---

　　*　该文系与李威利博士合作完成的，刊载于《中国青年研究》，2015年第3期。

第一节　以社会化方式"延伸工作手臂"：
共青团机关与团属社会组织

随着我国社会结构从单位制走向社会化的重大转型，共青团的组织方式也经历了从高度组织化走向逐步社会化的过程，其最典型的表现，就是开始建立起"共青团核心—团属社会组织—青年自组织"的同心圆模式。在这一模式中，团属社会组织是从组织化的共青团核心走向社会化的青年自组织的关键过渡，成为共青团的"工作手臂延伸"。但"工作手臂延伸"的具体内涵是什么？应该发挥哪些功能？目前运转的实际情况怎么样？这些问题都需要进一步研究和思考。

一、走向社会化：市场经济体制建立后共青团工作方式的转型

20世纪80年代以来，我国开始了由计划经济体制向市场经济体制转型的过程。在这一过程中，以单位制为核心的原有社会基层生活共同体开始解体，社会结构开始由总体型社会向分化型社会转型。由此相伴随而来的是，新的角色群体大量涌现；社会利益分化迅速；个人行为模式趋于多元；社会流动加速。对于社会上最活跃的青年群体来说，其社会化特征更加明显：一是青年群体快速分化重组；二是青年身份日益复杂；三是价值取向日益多元；四是青年需求日益多样。这一背景下，以系统和单位为主线、以组织权力运行为核心、以运动式动员为特征的传统共青团工作方式开始难以适应社会的快速变化，不再能够发挥有效作用。

20世纪90年代起，共青团组织已经开始探索新的青年组织、动员方式，即社会化的组织、动员方式。1993年12月，团的十二届一中全会制定了《建立社会主义市场经济体制进程中我国青年工作战略发展规划》，这标志着共青团开始遵循现代国家、现代社会建设和运行的规律来推动自身组织形态和

工作方法的转型。新的社会化组织、动员方式的特征主要表现为：影响对象上，从强调组织成员到开始强调青年个体；实现手段上，从强调团对青年的直接影响到借助党、国家和社会多方面力量；功能实现上，从强调单纯政治功能到强调政治、社会功能并重；相互关系上，从强调领导与被领导到平等、互助和合作。

二、建立团属社会组织与延伸团的工作手臂：团的工作方式社会化的组织逻辑

20世纪末，在适应市场经济转型背景下，共青团就如何逐步建立团的工作社会化结构作出了积极探索，如启动"两新"组织团建、推出青年志愿者行动等。通过这些方式，共青团组织试图改变传统的单向控制方式，重新沟通团组织和社会青年之间的关系，按照主体平等、注重沟通和合作的原则建立新型的团青关系。

进入21世纪，随着市场经济体制改革的深化，社会结构进入快速变迁的时代，特别是网络社会的兴起，使各类社会群体扩散和聚合的速度大幅度加快。随之带来青年群体分化和多元，青年分散流动趋势越来越明显，同时青年组织化的需求爆发式增长，青年自组织数量越来越多，覆盖青年的范围越来越大。在2003年、2004年前后，社会上青年自组织数量就出现过一个时间段内集中的大幅度增长。在这一形势下，共青团开始在原有少量团属社团的基础上，大力加强团属社会组织的体系建设，进一步推进共青团工作方式的社会化。如果说前一时期的团属社团还有明显的政治组织和行政化特征的话，那么2000年以后则更加强调团属社团建设的社会组织属性，强调团属社会组织作为团的"工作手臂延伸"功能，延伸到社会中，以社会化的方式存在，以社会化方式组织青年、引导青年、服务青年和维护青年合法权益。

团属社会组织的建设使青年组织工作基本形成了由"政党组织—共青团组织—团属社会组织—青年自组织/社会青年"的延伸结构。团的十五届六中全会将这一延伸性的组织体系总结为"党领导下，以共青团为核心，以青联、学联、少先队为骨干，以团属青年社团为外围，以青年自组织为延伸"的

同心圆结构。在这一同心圆结构中,团属社会组织的作用至关重要。从结构上看,团属社会组织一边联系着以"政党—团组织"为核心的政治组织化建构,另一边联系着以"青年自组织"为载体的社会组织化建构。从功能上看,数量有限的团属社会组织必须承担起联络和整合总数庞大、特征多元的社会组织和青年群体的功能。

三、并非只是"工作手臂延伸":团属社会组织与共青团组织形态发展

随着社会多元化速度的加快和共青团工作方式社会化实践的发展,我们对现代社会青年群体生存形态的认识也在不断深化。从宏观的历史趋势看,我国社会结构经历了从单位制到社会化的转型过程,与此相适应,青年群体的生存状态也总体上经历了由单位化青年向原子化青年的变化。同时,随着市场经济的发展和网络社会的生成,大量原子化青年开始通过传统的人际方式或网络途径进行自我组织,从而出现了以社会组织形态存在的青年群体,即自组织化的青年。因此,从宏观趋势看,青年群体的生存状态经历了"单位化青年—原子化青年—自组织化青年"的发展过程;但从社会现实看,我们认识到,单位化青年、原子化青年和自组织化青年在社会中是同时并存的,甚至三种状态在一人身上同时存在。

在青年群体复杂多元的存在形态下,共青团组织体系对青年社会的整合就不可能仅仅采用单一模式,而必须通过多种手段和形式同时实现对三种类型青年对象的整合,从而构建起复合型的团青关系。

复合型团青关系要得到有效建立,就必须建构与之相适应的共青团组织形态。我们认为,面对复杂多元的青年群体存在形态,共青团需要进一步从同心圆型组织形态向枢纽型组织形态转变。在枢纽型组织形态中,共青团不以支配性为诉求,而以引领性为诉求;权力结构不是单维的、平面化的,而是多维的、立体化的;组织关系不是单向直属的,而是互动的;资源关系不是单向供给的,而是互补的。

在枢纽型的共青团组织形态中,团属社会组织的形态就不能仅仅是延

伸型组织,而应是平台型组织,其发挥的功能就不仅仅是传递和沟通功能,而是整合和辐射功能。正因为团属社会组织的辐射性平台作用,同心圆结构在新的社会形势下才更是一个整合功能强大的立体网状结构,从而最终实现整合多元社会的政治功能。

第二节 组织功能实现的"光谱化"呈现:团属社会组织的运行状况

共青团上海市委对于团属社会组织的建设在许多方面都进行了前瞻性的探索和实践,基本形成了较为合理的社会组织网络,产生了一批有一定社会影响的品牌项目,先行先试建设青年自组织联络平台。但是从功能发挥的角度看,不同社会组织的发展显示出不平衡性和差异性。

一、组建历史和基本情况:上海团市委机关的团属社会组织

共青团上海市委团属社会组织的建设始于20世纪80年代末90年代初。作为共青团组织方式社会化的初步探索,共青团上海市委根据团中央的统一部署和当时共青团工作实际的紧迫需要,建立了少量承担较强政治性功能的社会组织,如建立于1979年的少先队工作学会是上海市最早的团属社会组织,于1994年前后建立的青少年发展基金会和志愿者协会分别承担着推进希望工程和大规模组织志愿者活动的重要政治功能。

进入21世纪,随着网络社会发展和青年群体的急剧分化,共青团上海市委开始重视成立一系列联络性社会组织,增强对社会青年的沟通和联络。2004年以后,随着青年社会自组织的急剧增多,共青团上海市委开展了一系列社会组织建设探索,真正形成了一批以社会化方式运作的团属社会组织,许多探索在国内都属于改革的前沿。如2004年成立的阳光社区青少年服务中心,真正采用社会运作的方式推进社会服务;2006年成立的青年家园,作

为整合社会青年自组织的平台组织，其运作方式在全国都具有创新意义；2011年成立的青春在线，运用各种新的电信和网络技术手段开展青少年公共服务。上海各区县也在团市委的指导下成立了一系列的团属社会组织。目前，上海市共有各类团属社会组织64家，其中由区县团委主管的社会组织46家，由共青团上海市委直属的社会组织18家。

根据国家关于社会组织性质的分类，社会组织应分为社会团体、民办非企业单位和基金会三大类。在18家市级团属社会组织中，有基金会2家，民办非政府组织4家，社会团体12家。总体而言，基金会的比较单一，数量最少；社会团体涉及面广，组织形式较为多元；民非组织发展较快，社会服务能力较强。

一是基金会。基金会是指对国内外社会团体和其他组织以及个人自愿捐赠资金进行管理的民间非营利性组织。团属基金会的主要对象是青少年，关注领域集中于教育、就业等。目前，上海市主要有上海市青少年发展基金会和上海市青年创业就业基金会。

二是民办非企业单位。民办非企业单位是指企业事业单位、社会团体和其他社会力量以及公民个人利用非国有资产举办的，从事非营利性社会服务活动的社会组织，其主要特征在于它的民间性、非营利性、社会性、独立性和实体性。团属民非单位主要集中在青少年创业、矫正等公共服务领域，比如上海零点青年公益创业发展中心、上海市阳光社区青少年事务中心、上海青春在线青少年公共服务中心等。

三是各类社会团体。社会团体是由公民或企事业单位自愿组成、按章程开展活动的社会组织，包括行业性社团、学术性社团、专业性社团和联合性社团。根据目前团属社会组织的性质，大致可以分为两类，一类是针对特定工作对象的社团，比如杰出青年协会、市青年企业家协会；另一类是开展特定工作内容的社团，比如市少先队工作学会、市青年创业就业促进会。

二、团属社会组织的基本类型与功能实现：基于功能性的分类

从社会组织的实际运作情况看，不同的团属社会组织发挥的实际功能不同。基于功能发挥的视角，团属社会组织又可以分为以下四类：

一是功能型组织。所有社会组织在某种程度上都发挥着一定功能。但在团属社会组织中，有一类组织是基于共青团的特定工作而成立的，与共青团组织保持着紧密联系，得到共青团组织的大力支持，承担的工作得到社会较高程度的认可。我们将这类功能性较强的组织称为功能型组织。如上海青年志愿者协会，承担了大量有影响的项目活动，在青年中组织力量较强，社会影响较大，受共青团资源支持较多，类似的社会组织还有上海市阳光社区青少年事务中心等。

二是资源型组织。广义上讲，任何社会组织或多或少都拥有着一定的资源。但是不同的社会组织，其资源拥有量是不同的。有的社会组织由于参与人员或工作内容的特殊性而掌握着大量的人脉、资金或项目资源，有着鲜明的资源丰富型特征。从这个意义上，我们可以称之为资源型组织。举例来说，青少年发展基金会拥有较多的资金资源；市青年企业家协会拥有更多的人脉资源；还有一些社会组织如社区青少年事务中心等拥有一定的项目资源。这一类组织均可以被称为资源型组织。

三是平台型组织。有的社会组织主要以沟通联络其他社会组织、团体和个人为工作特征，并且通过各种形式的项目活动起到了较好的整合作用，因此可以称之为平台型组织。如上海青年家园是青年自组织联络和整合的平台；上海青春在线青少年公共服务中心是青少年发表各类意见、反映沟通的平台。

四是交往型组织。还有一类社会组织虽然也拥有平台型组织形态，但在具体运作中发挥作为整合平台的功能较弱，而是发挥着一般的青年（主要是杰出青年代表）交往联络的功能，因此可以称之为交往型组织。如上海市青年体育联合会、上海市建设和交通青年人才协会等。

需要指出的是,有的社会组织实际上兼具多种特征,如市杰出青年协会既是交往型组织,同时也是资源型组织;青少年发展基金会既是资源型组织,同时也可以被看作强功能型的组织。

三、团属社会组织功能实现的"光谱化"分布:基于组织理论的视角

在青年社会化、青年自组织化的背景下,团属社会组织是共青团组织青年、引导青年、服务青年和维护青年合法权益的重要载体。实现青年社会的整合,是团属社会组织的根本政治功能。在社会整合的根本功能下,我们认为,比较成熟的、功能完善的团属社会组织应该发挥好三方面的具体功能:

一是政治性功能。即团属社会组织要能够根据共青团工作的总要求组织和团结青年,沟通和联系其他青年组织,开展相应的政治性活动,根据团的要求整合一定社会力量完成相应的工作项目。

二是社会性功能。即团属社会组织要能够了解个体化青年和自组织化青年的社会需求,并能够以社会化的运作方式服务这些需求、满足这些需求。

三是支持性功能。即团属社会组织还要发挥贴近社会、联系面广的优势,反映青年群体诉求,开展青年问题调研,为共青团工作的决策和开展提供重要参考和意见建议。

但从调研的实际情况看,能够同时发挥这三方面功能的社会组织数量很少。团属社会组织在实现这些功能的实际运作中表现有好有坏,功能有强有弱,总体上呈"光谱化"分布:有的社会组织特别是近年来社会重点关注、共青团重点支持的组织表现出强功能性的特点,如青年志愿者协会。有的社会组织在组织形态上基本具有平台型特征,承担了很好的政治性和社会性功能,如青年家园。还有的社会组织承担着一定的支持性功能,形成了一批可供决策参考的研究成果,如青少年教育协会等。但也有少部分社会组织功能退化,仅能承担单一的交往型功能,甚至个别社会组织长期不开展活动,处于休眠状态。从上海市团属社会组织功能发挥的总体情况看,从能发挥支持性和社会性功能、到只能发挥政治性功能、再到仅能发挥交往性功能,团

属社会组织的成长性和功能性越来越弱。

为何会出现这样的"光谱化"现象？团属社会组织在发展过程中究竟面临什么样的发展困难？本次调研对18个市级团属社会组织逐一进行了访谈。访谈发现，如果从团属社会组织负责人和工作者的最直接的感受及反应看，团属社会组织在现实发展中主要面临三方面的难题：

一是资源不足。团属社会组织面临的首要困难就是缺资金、缺项目，但缺项目的根本原因还是缺资金。用团属社会组织自己的话说是："巧妇难为无米之炊。"事实上，团属社会组织一直在想方设法解决资金难题，如请主管部门支持、申请政府项目、向社会企业化缘等。但所得到的多是临时性、一次性的资金支持，难以解决团属社会组织的长远发展问题。

二是动力不足。团属社会组织也存在发展动力不足的问题，表现在：团属社会组织职能定位模糊、团的机关对某些团属社会组织不够重视、团属社会组织工作人员的积极性不高等。从工作队伍看，团属社会组织工作人员以专兼职结合为主，兼职工作人员认为工作担子重，精力不足；专职工作人员认为工作困难多，工作待遇、培训和个人发展前景有限。对于主管单位和指导单位来说，团属社会组织如果没有日常性工作项目，似乎就可有可无。

三是对社会的吸引力不足。在团属社会组织有品牌性或常规性项目，或者开展日常的交往联系活动的时候，往往又会遇到另一个难题，即社会青年、社会组织参与的积极性不高，团属社会组织对社会的吸引力有限，参与者主要局限在一部分积极分子，参与的范围和广度有限。

因此，团属社会组织从外部获得的资源支持不足、自身动力不足、吸引和整合的社会主体不足，这三方面构成了团属社会组织发展的主要障碍。

第三节　在碎片化与未分化之间：
团属社会组织的基本困境

究竟是什么原因造成了上述障碍？有哪些主观因素和客观因素？哪些是社会组织自身的原因，哪些是外部因素，哪些又是系统因素？要解决这些问题,我们还需要从组织的"结构—功能"关系的角度切入进行探讨。从结构功能主义的视角看,某一组织功能弱化,其原因首先应该是在结构层面。

一、碎片化:团属社会组织发展的整体困境

从整体结构层面看,团属社会组织的发展困难首先来自于组织整体发展方面的原因。表面上看,团属社会组织发展面临的普遍难题是资源不足,特别是缺资金、缺项目、缺人员,严重制约团属社会组织的工作创新、功能发挥和未来发展。但调研同时发现,在一部分团属社会组织努力寻求资源支持的同时,另一部分团属社会组织却在为现有资源(资金或是项目)如何进一步落实发愁,出现了"有资金没项目""有项目没人做"的情况。比如,上海青少年发展基金会拥有一定的社会捐赠资金,但苦于如何设计和寻找既符合团建工作需要又贴合社会需求的可实施项目;上海零点青年公益创业发展中心等民非组织则有着一定的项目设计能力,但缺乏资金和人员支持;而上海市青年家园作为青年自组织的聚合平台,旗下吸引了近200家青年社会自组织,偏偏又苦于"去哪找资金、去哪找项目,没有项目运作联系,青年自组织与青年家园之间的联系就薄弱了"的问题。由此看出,在某种情况下,不同团属社会组织拥有的资源具有一定互补性,可以更好地整合利用。对于每一个团属社会组织来说,在寻求外部资源支持时,都同时面临着思考自有资源如何获得充分利用、外部资源如何进行整合的问题。因此,我们认为,不能简单地将团属社会组织的资源不足等同于资源总量不足,而是系统内资源的整合效应未充分发挥,从而造成了资源的相对不足。某种程度上说,各类资源在团属社会组织系统中目前呈"碎片化"分布状态,在工作中的主要表现是:

一是团属社会组织之间缺乏信息沟通。有的团属社会组织负责人指出:"过去的一年几乎没有和其他社会组织负责人交流过","他们做些什么不清楚"。对于座谈交流中发现的资源互补效应,许多团属社会组织工作人员都显得很新奇,但也很振奋。

二是工作开展依靠"单兵作战"。至于团属社会组织之间共同开展工作,调研显示,多半社会组织都是在指导单位(团的机关)的直接指导下开展工

作,很少与其他团属社会组织合作开展工作。遇到工作困难时,团属社会组织工作人员的第一反应是找主管的指导单位,其次是找企业等其他社会力量"化缘",也有人表示"做不成不做了",很少或基本没有寻求过其他团属社会组织的支持。

二、未分化:团属社会组织发展的个体困境

从团属社会组织自身的微观结构看,团属社会组织本身也面临着一定的发展困境。在青年社会化的背景下,作为共青团组织的工作手臂延伸,团属社会组织的主要功能为整合社会和服务青年。换言之,团属社会组织必须作为社会化的存在,面对社会,服务社会,最终整合社会。因此,从性质和定位看,团属社会组织与共青团组织不同,作为共青团的工作手臂延伸,它有一定的政治属性,但作为社会化建构体系中的组织,它有着更强的社会属性,它不再以传统的组织化的方式运作,而是必须适应社会分化和发展的要求,以社会化的方式运作。

然而从目前团属社会组织的资源整合、工作方式、工作内容和工作效果来看,团属社会组织对团的机关依赖性仍然相对较重,组织主体性生成不足,组织形态呈现出一定的"未分化"特征。主要表现在:

一是资源获取依赖主管部门。目前,团属社会组织开展工作所需的资金、项目等资源仍然在相当程度上依赖于主管部门的"输血"。通过社会化手段开发、整合和利用资源的能力较差,"造血"功能不足。在座谈中,几乎全部的团属社会组织都表示希望主管部门给予资金或项目的支持。部分有一定"造血"功能的团属社会组织,可以通过自身组织与社会联系进行一定筹款,但也多为一次性募捐、一次性项目等,合作的方式较为单一,缺乏连续性和后续性。

二是组织方式的行政化倾向。上海团属社会组织在工作人员构成上,以专兼职结合为主,其中团机关工作人员兼职社会组织工作人员的占相当比例。有些社团的负责人和工作人员甚至全部由团机关工作人员兼职构成。在工作人员考核方面,兼职人员一般也主要以团内考核为主,社团考核为辅。

因此,在上述因素叠加效应影响下,不可避免地产生社团行政化的倾向。

三是工作方式的格式化倾向。在社团行政化倾向影响下,团属社会组织的活动主要以"品牌项目+联谊活动"为主要方式,发挥政治宣传的功能强,发挥社会整合的功能弱。调研发现,即便是功能发挥最弱的团属社团,也有一个或几个品牌项目或定期举办的标志性活动,但从吸引力和参与度来看,活动效果有好有坏。

四是工作内容的合一化倾向。在社团行政化倾向影响下,有些社团工作与团的工作合一,有的团属社团还承担一部分团的工作,更像是团的机关延伸组织和直接的延伸工作部门,而不是深入社会的手臂延伸。

事实上,由于对团属社会组织工作的高度重视,在社会组织遇到困难时,团机关在多数情况下也是尽可能地给予支持。上海团属社会组织近十年来的发展成绩随处可以体现出团的机关大力支持的痕迹。但是团机关的支持同时带来的负面效应是社会组织对团机关的依赖程度上升,导致团机关在面对不断增长的社会多元需求时感到负担越来越重,而团属社会组织面对资源需求的增长又感到团机关的支持越来越少。二者之间形成了一个怪圈:即"团机关越重视—社会组织越依赖—团机关负担越重—社会组织认为团机关的支持减弱—社会组织活力和动力不足"。

三、碎片化与未分化的相互叠加:团属社会组织发展困境的内在机理

在现实的运作中,碎片化和未分化两种困境在团属社会组织身上是同时存在的。一方面,正是由于对主管部门的过度依赖,才使团属社会组织的视野、工作资源、工作内容局限在较小范围内。由于主管部门对团属社会组织影响过强,因此团机关内部各工作部门之间的分割性也直接造成了团属社会组织之间的疏离。另一方面,团属社会组织在共青团系统内的分散存在也直接影响了社会组织自身的发展、成长和壮大。因此,未分化导致碎片化,碎片化又妨碍了组织进一步分化,二者之间相互叠加就构成了团属社会组织发展的基本困境。

在碎片化和未分化相互叠加的状态下，现实中的团属社会组织在青年社会化带来的挑战面前就显得能力不足，特别是资源整合的能力不足、项目运作的能力不足、吸引社会的能力不足。

第四节　在观念与能力之间：
团的机关在推动社会组织发展中的角色和作用

在社会组织的发展中，团的机关作为主管单位起着不容忽视的作用。从组织发展的过程看，团属社会组织的建立是由团的机关直接推动的，组织成立后，团的机关仍然作为具体工作的指导单位与社会组织发生着十分紧密的联系，二者之间体现出鲜明的"直属"特征。从基本定位和功能看，团属社会组织是作为共青团组织在社会中的手臂延伸，与共青团组织一起承担着整合多元社会的功能。因此，团的机关与团属社会组织之间存在着不可分割的联系，探讨团属社会组织结构分化、成长和转型，首先必须探讨团的机关对团属社会组织的影响，明确团的机关在推动社会组织发展转型中的角色和作用。

前文已提到，目前团的机关与团属社会组织之间存在着"依赖—负担"的关系。某种程度上讲，这是由于团机关和团属社会组织的双重工作惯性形成的。团的机关在指导社会组织工作时，总是习惯性地将组织化的运作方式延伸到社会组织中；而团属社会组织在开展工作时，也总是习惯性地依赖于团的机关。可以说，这种双重惯性，是团属社会组织发展困难的直接原因。

因此，要解决团属社会组织的发展困境，必须首先要纠正团机关在指导社会组织发展中的工作惯性。我们认为，团的机关在推动团属社会组织发展转型方面既可能发挥积极作用又可能起到阻碍作用。团的机关在团属社会组织发展过程中发挥什么作用、如何发挥作用，成为我们必须首先面对的课题。

一、团的机关对社会组织发展的观念需转变：在转变中明确角色定位

为适应青年群体社会化、多元化的发展趋势，团的机关首先要转变对团属社会组织的认识观念：

一是功能认识上，从覆盖青年向有机整合转变。为了适应社会转型带来的挑战，团中央提出了全覆盖的团建思路。在这一思路影响下，团的机关指导团属社会组织，在发展上尽可能通过多种形式吸纳和覆盖更多的青年或青年组织。但是在强调组织覆盖的同时，不能忘记背后大的目标是实现社会的有机整合。

二是定位认识上，从工作部门向整合平台转变。现实中，团属社会组织往往承担一部分团机关的外围工作，有行政化倾向。但要实现对社会的有机整合，团属社会组织就必须深入社会，按照社会化方式运作。因此，团属社会组织不是简单的工作手臂延伸，不应是共青团系统的工作部门，而是整合社会资源和力量的枢纽平台。形象点说，就是要筑巢引凤，使团属社会组织成为吸引商家入驻的"大超市"，而不是自产自营的"小卖部"。

三是对象认识上，从重点服务个体化青年向兼具服务个体青年和青年组织转变。随着市场经济的发展，青年组织化的需求越来越强烈，出现了数量、类型众多的青年自组织。青年自组织逐渐成为青年存在的主要方式。团属社会组织作为肩负整合多元社会功能的组织，必须充分意识到青年自组织的存在，认识到青年自组织作为群体化的社会存在，进行整合的作用更大、成本更低、范围更广泛。面对当前原子化青年和青年自组织同时存在的青年存在状态，团属社会组织必须同时肩负起服务个体青年和青年组织的任务。

四是结构认识上，从单一组织向组织体系转变。要整合社会，团属社会组织必须能够发挥整体性和系统性作用。因此，团的机关部门不能仅关注自己部门指导下的单一社会组织，而且要认识到团属社会组织是一个整体的组织体系，要发挥系统性、整体性的功能。

二、团的机关对社会组织运作方式的转变：在转变中提升运作能力

团属社会组织的进一步发展转型，离不开团机关的指导和支持。因此，团的机关在转变观念的基础上，还必须进一步提升对社会组织的运作能力，转变对团属社会组织的运作方式。具体来说包括三个方面：

一是组织建设上，从建设组织向建设服务平台转变。团属社会组织的重要功能之一就是服务青年。过去团组织服务青年最重要的做法，就是通过自己的组织直接服务。而当前，在青年社会化背景下，团属社会组织对社会青年的服务不能再采用直接服务的形式，而是要通过各类社会组织、社会资源集散的平台，让青年广泛参与，自己发挥作用，自己服务自己。因此，团的机关对团属社会组织指导和运作必须适应这一转变，即重视社会组织作为枢纽平台的建设、重视社会组织吸引整合作用的发挥。

二是资源供给上，从"政治供销"向"政治营销"转变。单位体制下，党团工作在资源配置方面呈现出明显的居高临下的"供销"方式。随着市场经济体制建立和单位体制衰微，资源获取的渠道不再是单一垄断的，而是多元市场的。因此，团的机关对社会组织的运作要改变直接支持的"供销"模式，而要通过政治影响力等各种有利条件吸引资源、整合资源，向"政治营销"方式转变。也只有如此，团属社会组织才能获得青年和青年社会组织的认同与支持。

三是管理方式上，从紧密指导向培育引导转变。由于团属社会组织的上述定位，团机关在指导社会组织工作方面的角色就应该是组织培育而非直接领导，具体来说就要适当下放权力，给团属社会组织留出活动和发展的空间。

第五节　整体性重建与共青团组织形态创新：
团属社会组织的发展战略

除了团的机关作为社会组织的指导力量所需要的观念和运作方式的转变外，从根本上面对和解决团属社会组织系统面临的"碎片化"和"未分化"问题，还必须从共青团整个系统的组织形态转型和团属社会组织自身成长出发来解决问题。

一、重建组织的整体性与构建枢纽型组织形态：共青团发展的方向

在新的社会形势下，共青团需要依托"共青团—团属社会组织—青年自组织/社会青年"的基本结构，构建枢纽型的组织形态。我们认为，要构建枢纽型组织形态，首先就需要改变共青团组织系统内资源的碎片化分布，重建共青团组织的整体性。

结构功能主义理论认为，系统的整体并不能简单地等于各个部分之和，而是作为一个整体存在承担着整体性的功能；同时，系统整体性功能的实现也影响着每个子系统功能的实现程度。对于共青团及其团属社会组织来说，作为一个整体性的政治系统，它承担着联络社会、整合社会、吸纳社会、服务社会的整体性政治功能。首先，只有作为整体性存在，团属社会组织的上述政治功能才有可能最终得以实现；其次，每个团属社会组织自身的发展都受共青团组织系统整体性存在的影响和制约。

在整体性重建的艰巨任务中，面对团属社会组织的"碎片化"存在现状，我们认为，必须首先重视团属社会组织的整体性建设，使团属社会组织由简单的同时性存在转变为整体性存在，进一步激活其整体性功能，同时使各个团属社会组织通过与共青团的整体性联系实现相互支持、相互给予和相互带动，最终共同发展。那么如何重建团属社会组织的整体性？总的来说，就是

充分发挥共青团系统点多、线长、面广的优势,在团属社会组织背靠共青团、面向多元社会的整体性安排中,形成以团属社会组织为平台的网状结构。

对团的机关来说,重建组织的整体性,要从以下方面加强团属社会组织的建设:

一是加强团属社会组织之间的工作联系。调研中发现,目前不同团属社会组织之间的联系非常少或是基本没有,团属社会组织负责人基本不清楚别的社会组织有哪些资源、在做哪些事情。这种组织间的相互疏离和资源碎片化分布,降低了资源使用效率,某种意义上说造成了资源浪费。建议由团市委某一部门牵头,定期召开团属社会组织负责人联席会或开展联谊类活动,加强团属社会组织之间的沟通和联系。

二是鼓励团属社会组织之间的带动发展。由于种种原因,不同团属社会组织之间的发展十分不平衡,有一些是强功能型组织,资源获取、社会整合的能力都比较强,但也有一些仅仅发挥联谊交往型功能。建议团的机关鼓励强功能型组织(如青年志愿者协会)与功能发挥偏弱的组织开展合作,通过合作用强功能型组织的运转激活弱功能型组织。在这一过程中,弱功能组织的资源也可以在相互带动中得到利用。

在重建组织整体性的过程中,团属社会组织自身应努力建设成为具有沟通、辐射和整合能力的平台型组织:

一是上下沟通的平台。团属社会组织应该成为共青团政治组织和多元社会之间的桥梁,实现信息的上下传递和沟通。这就要求团属社会组织要有与不同组织做好双向沟通的能力,包括与共青团组织做好沟通,与其他团属社会组织做好沟通,与社会自组织和社会青年做好沟通。

二是资源集散的平台。在拥有和利用资源方面,团属社会组织不应该是"亲历亲为"的主体,而应该发挥中介性作用,成为资源集散和整合的平台,并通过推动资源的整合利用实现特定的政治和设计功能。

三是需求整合的平台。团属社会组织应通过枢纽型活动研判、反映、整合和引导社会组织和青年的多元需求。

二、在重建整体性中推动组织的主体性生成：团属社会组织发展的重点

从组织理论的视角看，整体性组织包括两种类型，一种是机械性的整体组织，表现为整体组织由分组织简单分工和相互叠加构成；另一种是有机性的整体组织，表现为每一个分组织都能单独构成一个子系统，都有一定的自运转能力，组织的活力增强，同时分组织之间能够根据整体的需要形成有机联系，相互之间具有很强的互补性。对于团属社会组织来说，要努力构建有机性整体组织，就必须在构成整体和工作运转的过程中加强自身建设。

长期以来，团属社会组织一般由团的机关成立，以团的机关为主管部门，接受团的机关的领导，许多团属社会组织在成立初期还由团的机关负责运作，因此对团的机关有着相当程度的依赖性。但是团属社会组织在性质定位上与团的机关组织不同，共青团机关组织作为政党的外围组织，是国家政治体系建构的重要组成部分，主要功能是组织领导和传达决策；而团属社会组织是社会组织，是国家社会体系建构的重要组成，主要功能是社会整合。因此，对于每一个团属社会组织来说，都必须经历一个培育、"断奶"、走向社会的成长过程，培育组织的主体性，减少对主管部门的过度依赖，增强组织活力和自运转能力。

在重建整体性的过程中推动组织的主体性形成，对团的机关来说，要重点从三个层面着手：

第一，加强组织建设和支持培育。主管部门培育社会组织主体性形成，这意味着在社会组织转型成长的初期，主管部门要通过多种渠道尽可能地给予各方面支持。同时，主管部门还要适当下放财权、人权、事权，给社会组织充分的发展空间，培育社会组织的自运转能力。

第二，鼓励社会组织广泛地与社会联系。要鼓励社会组织与各种社会力量，特别是社会自组织产生广泛联系。对于团属社团来说，联系、吸引、整合的社会自组织数量越多，其自身活动的灵活性和主体性就越强。

第三，重点加强社会组织队伍建设。一方面要控制兼职工作人员的比

例,形成一定的专职工作队伍;另一方面要加强社团专职工作人员的培训,加强社团工作考核,形成专职工作人员发展晋升通道。此外,还可以招募优秀的青年自组织负责人来担任团属社会组织工作负责人,利用其能力和经验推进团属社团建设。

要成为主体性组织,对于团属社会组织自身来说,必须要实现"一个构建、三个提升":

一要构建平台型的组织形态。要能够吸引、聚合和联系尽可能多的青年个体和青年社会组织。要能够沟通和联络更为广泛的社会关系。要能够发挥好中介作用,为好的社会组织找到好的项目,为好的项目寻求资金支持,将已有的资金落实到可以运作的社会组织和项目上。

二要提升整合系统资源的能力。在团属社会组织需要的资源方面,要由单纯依赖主管部门"输血"为主转变为资源整合为主,即由简单向团组织要资金要项目转变为主动面向广泛的各类各级社会组织寻求支持。这意味着既要整合团组织系统的小系统资源,也要整合社会大系统的资源。

三要提升引领社会组织的能力。在开展工作的方法方面,目前团属社会组织主要以自己申报、自己运作和自己实施项目为主,今后要逐步转变为借助本组织外力量特别是借助社会力量完成工作。因此,申报成功的项目可以通过"招标"或"分包"形式由其他社会组织来运作,不成熟的项目也可以由其他社会组织来设计和完善。在这一联络、沟通和合作的过程中,团属社会组织可以充分利用自己的政治地位和资源集散能力来实现对社会力量的整合与引领。

四要提升服务青年需求的能力。由于在组织形态和工作方法方面的局限,除个别强功能型组织以外,当前团属社会组织仍然以申请政府项目和承接团组织下达政治任务为主要工作内容。今后要逐步转变为有分析和研判社会趋势和青年需求的能力,根据社会需求(包括青年社会组织和青年个体的需求)开展工作,通过服务青年实现对青年的整合和引领。

三、在推动团属社会组织发展中服务团的政治目的：团属社会组织发展辩证法

在重建整体性和推动主体性形成的过程中，我们还必须进一步加深对团属社会组织发展的认识。作为共青团组织的手臂延伸，团属社会组织既要接受团的领导、执行团的决策，又要面对多元社会需求实行社会化运作。可以说，前者是政治性的、后者是社会性的。因其有政治性的层面，我们认为，有可能也很有必要重建一个整体性的资源支持系统，更好地支持团属社会组织的发展；因其有社会性的层面，我们认为，团属社会组织不应该是依赖性的，而应该是有一定自运转能力的主体，因此必须适应社会组织构建和运转的规则，进一步推动团属社会组织的主体性形成。在重建整体性和主体性的过程中，我们需进一步认识到，团属社会组织的政治性层面和社会性层面不应该呈现矛盾和紧张的关系，而应该是辩证和双赢的关系。

从理论层面讲，团属社会组织的政治性层面和社会性层面是辩证统一的。接受团的领导、执行团的决策意味着团属社会组织成立的目的和实现的功能是政治性的。面对多元社会需求，实行社会化运作意味着团属社会组织的运作方式是社会性的。因此，团属社会组织的总体任务是，通过社会化运作方式实现共青团组织深入社会、整合社会、引领社会的总体政治功能。

但是从实践层面看，推动团属社会组织的主体性形成并不天然地促进团组织系统和团属社会组织的政治联系。相反，某种程度上，主体性社会组织的形成往往可能带来一定的离心力，疏远了其与团组织的关系。调研中也可以看出，个别社会运作能力强、功能发育较为成熟、组织较为健全的团属社会组织，虽然服务社会需求的能力很强，但协助团组织开展工作的意识和能力偏弱。因此，我们认为，在推动团属社会组织主体性形成的过程中，必须同时注意紧密团组织与团属社会组织的关系。要认识到，团属社团既不是行政部门，也不是纯粹的NGO组织。要通过一定的途径实现团属社会组织主体性构建和加强与团组织的紧密联系之间的辩证统一，使团属社会组织与团的机关组织之间既不是"遥控型"关系，也不是"离散型"关系，而是"飞碟型"

关系,既可以飞出去,也可以飞回来。

构建团机关和团属社会组织的"飞碟型"关系,从具体的实现方法来看,应特别注重以下四方面的途径:

一是加强政治和业务指导。共青团组织要加强对团属社会组织的政治指导,特别是要指导团属社会组织形成明确的功能定位和发展战略。同时,共青团组织还要积极创造各方面条件,加强对团属社会组织的业务能力支持,特别是要用好团的资源,加强对团属社会组织的培育和支持。

二是注重项目联系。当前,项目运作是社会组织工作开展的主要方式。共青团组织要注意利用好政府项目、公共项目等项目资源,通过项目加强对团属社会组织的领导,而不是进行直接的行政领导。

三是加强建团工作。要通过团属社会组织的延伸性加强共青团在青年社会自组织中的建团工作,通过建团,充分发挥团属社团在社会整合方面的功能,加强社会组织与共青团组织的紧密联系。

四是服务政治决策。团属社会组织的功能中,非常重要的一项就是支持性功能。即团属社团通过其与社会紧密联系,了解社会青年存在状态,集中反映青年需求,为团组织工作开展和作出决策提供参考。团组织可以通过特定的项目支持这一功能的发挥。

结　语

任何组织,无论是政治组织还是社会组织,都必须适应社会发展的变化、适应发展中的社会需求,在适应和服务需求的过程中实现自身组织的发展。对于团属社会组织来说,它的存在,正是产生于共青团适应社会发展变化、满足社会发展需求、服务和整合社会自主力量的需要。通过存在于社会、服务于社会而最终实现整合社会,是团属社会组织发展的本质内涵。因此,在团组织和社会之间,团属社会组织要融入社会和拥抱社会,并通过与共青团组织紧密联系,实现政治领导和整合。同时,在组织化建构和社会化建构之间,团属社会组织要通过社会化的工作方式实现与组织化建构的沟通统一。从理论层面讲,我们必须认识到二者之间是辩证的、统一的;从实践层面讲,我们又必须注意解决二者之间可能存在的紧张关系。

这种紧张关系,从产生上说,是由于团组织的工作惯性和与对团属社会组织"工作手臂延伸"定位的简单理解相结合而产生的,需要团组织在观念上和实际运作层面发生转变和提升;从根本上说,是由于团属社会组织资源分布的碎片化和主体的内卷化(即"未分化")而产生的,因此需要组织形态的根本转型。我们认为,这种组织形态的根本转型包括四个要点:第一,新的社会形势下,共青团首先要构建整体性组织网络,团属社会组织是这一整体性组织网络中的重要一环;第二,团属社会组织自身的问题是社会化不足,主体性不足;第三,团属社会组织与团机关之间的关系应该是"飞碟型"关系;第四,通过重建枢纽型组织形态和"飞碟型"关系,共青团组织和若干团属社会组织在同心圆结构的基础上进一步形成枢纽型组织结构,从而实现对社会的整合。

第四十一章　共青团要网聚青少年，网播正能量[*]

社会与政治的发展，使共青团既有组织形态与运行方式都存在着许多不适应之处，而网络社会的到来，所导致的青少年交往方式与生存形态的变化，是其中最重要原因之一，因此共青团需要全面深化改革，而适应网络社会，是其中最重要内容之一。

第一节　共青团要积极适应网络社会

改革开放以来，中国社会经历了两次社会结构转型：第一次是1992年以来，随着社会主义市场经济体制建立，中国社会发生了深刻变化，即从计划经济体制为基础的社会，向以社会主义市场经济体制为基础的社会转型。第二次是2000年以来，随着互联网宽带的普及，中国社会再次发生了深刻变化，即从工业化为基础的社会，开始向以网络化为基础的社会转型。

诚然，前者已经为中国社会带来了巨大变化，然而毕竟是基于制度改革所带来的社会变化。相对于前者，后者却是基于技术革命而导致的，因此从根本上来看，后者的影响将更为剧烈。并且，由于我们进入网络社会与西方发达国家几乎是同步的，所面临的挑战是相同的，因此我们也同样走到了时代最前沿，无先例可循。

作为中国共产党的先进青年组织，中国共青团在中国共产党建立之初

---

[*] 刊载于《中国青年报》，2015年10月12日。

就诞生了,因此中国共青团也经历了中国现代政治建构的绝大部分过程。新中国成立后,为了克服现代化建设对组织化诉求与中国传统社会一盘散沙特征之间的矛盾,我们建立了计划经济体制与单位社会体制,中国共产党与国家政权成为组织社会的主导力量,共青团也成为其中组织体系的一个组成部分,由此,在组织形态和运行机制上,也适应了这一社会结构。

随着市场经济发展与单位社会衰微,共青团运行的社会环境开始发生变化,从1993年团的十三届二中全会起,共青团就开始不断探索与市场经济相适应的组织形态和运行形态。然而进入21世纪后,随着网络社会的到来,共青团运行的社会环境进一步发生变化,而且这种变化的严重程度远远超过市场经济所带来的影响,同时,市场经济与网络社会影响的相互激荡,进一步被放大了。这就意味着,当前共青团必须在组织形态与运行形态上进行全方位创新与发展。

因此,在国家治理现代化背景下,对于共青团来说,全面深化改革的根本目的,就是要通过重塑共青团组织形态与运行形态,以适应在网络社会背景下,全球化、市场化与网络化带来的变化,以实现党在新时期可持续的领导与执政。

第二节　网聚青少年:共青团组织发展新命题

互联网技术的出现,对于人类社会来说,有两方面内容是最为根本的:一是创设了人类生存的新空间;二是改变了人的交往方式。

前者导致了以互联网为基础的虚拟空间的出现,从而使人类生存空间由单一的物理空间,发展为两个空间:物理空间与虚拟空间,并通过两个空间之间的相互激荡,使物理空间也因此发生了巨大变化。

随着网络虚拟空间的出现,人们就可以克服空间与时间的阻碍,实现跨地域与高速度地建立联系,并且其去中心化特点还导致人们可以自主实现关系连接与信息沟通,从而使在市场经济条件下的个体主体性与自主性的充分发展有了进一步技术支持。

网络社会上述两方面特征对青少年影响最大，特别是在网络时代出生的所谓网络社会"原住民"，更是犹如呼吸空气一样，适应着网络社会的特征。在社会成员之中，青少年最习惯于在网络空间中生存，物理空间与虚拟空间的融合成为他们的一种生存方式，同时，网络社会特征使社会权力开始向青少年转移，或者说青少年在社会中的影响力开始大大增加，从而使社会呈现出青年化倾向。青少年在网络中生存，一方面既强化了其个体的主体性与自主性，另一方面网络社会特征也使他们基于利益、价值和兴趣而快速组织化，由此形成了基于个体主体性基础上的组织化特征，改变了之前社会中的组织方式与组织形态。

　　对于中国来说，不仅社会已经进入了网络社会，而且国家也在各类政策上加大了促进这一进程的力度，因此在"互联网"的背景下，我们可以预见，网络社会的迭代化发展将进一步加速。面对这种现状与趋势，对于政党青年组织与青年政治组织的共青团来说，快速适应网络社会背景下的社会特征与青少年特征，推动自身转型创新就成为一项十分急迫的任务。

　　任何政治运作，都需要通过价值、制度与组织三个机制性要素予以支持。同样，共青团组织转型，也需要推动这三个要素转型与发展。不过，在初期，以适应网络社会的共青团转型，最重要的还是在价值与组织的机制上进行创新，以实现共青团有效整合青少年的目的。

　　从组织角度来说，其目的就在于通过推动组织形态创新，以实现对青少年的有效联系与整合，也就是要做到网聚青年。在网络社会背景下，要创新组织形态，实现网聚青少年，不是工具化地简单运用网络技术手段的问题，而是要根据网络社会内在逻辑与网络社会背景下的青少年交往特征，一方面在工具上运用相应网络技术来推动组织内部流程再造，调整内部运行机制；另一方面在机制上需要与发展了的各类基于网络而形成的不同生存形态的青少年以及其他新型力量建立新型关系。即通过打造生态型组织形态，以构建具有内在有机化的复合型团青关系。

第三节　网播正能量：共青团工作发展新任务

共青团要有效实现对青少年的整合与影响，不仅要在组织机制上，通过推动组织形态创新，以实现网聚青少年，而且还要通过在价值机制层面上，通过网播正能量，以实现对青少年的影响。

互联网的出现是一场信息革命，首先影响的是信息传播方式，特别是每个参与主体都可以成为信息的发布源，由此导致两方面后果：一是信息量巨大，二是信息内容良莠不齐。由于青少年是参与网络活动的主要力量，因此如何使青少年能够接收正能量，而不受负面信息干扰，就成为互联网背景下网络传播中的一项重要任务。

作为政党青年组织与青年政治组织，共青团不仅要服务于整体社会秩序建构，而且还要维护青少年权益，因此推动网络正能量的传播就成为其重要职责之一。

要实现这一目的，共青团必须在两方面推动：一是自身必须有效参与组织网络正能量的工作；二是要推动整个社会来为青少年获得正面信息与反对负面信息而努力工作。

这就意味着，共青团必须在技术上、组织上、制度上和政策上，根据网络信息传播工作，进行全方位创新与发展。

第四十二章　走向积极维权：
国家治理现代化与共青团权益工作发展*

　　党的十八届三中全会提出全面深化改革，推动国家治理体系和治理能力现代化。根本目的是实现国家和社会的"善治"，从而保证党的长期执政、永久执政，进而领导中国人民实现中华民族伟大复兴的中国梦。而在这一历史进程中，青年无疑是实现"善治"的未来中坚力量。党能否在深化改革和实现国家治理现代化的进程中顺利推进，有赖于党凝聚青年力量的能力。共青团作为党的青年组织，其根本使命就是服务于党的长期领导和执政。而作为党与青年直接沟通的桥梁和纽带，共青团需要在具体工作中构建青年的政党认同。在新形势下，青年政党认同有效构建的基础就是青年权益的维护和保障。然而随着市场化、网络化、城镇化等社会发展形势的急剧变化，青年的生存形态、观念形态、需求形态都随之发生了巨大的变化。共青团传统的维权工作视野、维权工作方式、维权工作策略都需要以推进国家治理现代化为契机，促进共青团权益工作在继改革开放之后新的重大历史节点上有新发展。因此，下文将立足于通过做好青年维权工作巩固党的执政基础的大局，围绕国家治理现代化背景下共青团权益工作的发展这一主题进行研究，以对共青团维权工作的进一步发展提供一些战略性的定位和思考。

---

* 该文是与复旦大学马克思主义学院孙鹏博士合作完成，刊载于《中国青年研究》，2015年第3期。

第一节　实现党的领导与维护青年权益：
共青团组织特性的政治逻辑

作为中国共产党的青年组织，以及党与青年沟通的桥梁和纽带，共青团具有明显的双重属性，即在政党视域下的"政党的青年组织"和在青年视域下的"青年的政治组织"。因此，实现党对青年的有效领导和构建青年对党团的政治认同，就成为共青团组织的两大政治使命。而政治认同构建的基础是共青团对青年利益的代表和青年意志的表达。

一、团青关系的有效构建：实现政党对青年领导的政治逻辑

"政党是一定社会集体中有着共同政治意愿的人们自愿结合在一起、以取得政治权力为首要目标的政治组织。"①它是现代社会的产物，政治权力主要来自国家，政党出现的目的就是为了联系国家与社会，从而推动国家和社会之间的有机互动。而在社会这个空间中，其主体是指"人"，包括个体状态的人，也包括人的群体，例如民族共同体、阶级或阶层、利益集团等。这些群体在当代中国政治语境下称为"群众"。而群众与政党之间的有机互动构成了"党群关系"。这一直深刻地影响着自政党在中国产生以来的近现代中国政治的走向与发展。"党群关系"是政党筑牢执政基础过程中所需要把握的核心关系，是政党执政的命脉所在。

青年群体作为社会群体中推动国家发展最为活跃的力量，以及未来国家建设的中坚力量，是"群众"的有机组成部分。因此，政党妥善处理好"党群关系"就必须处理好"党青关系"，从而实现政党对青年群体的领导，巩固执政基础，积蓄执政力量与资源。但是政党从成员构成上看，是由党员干部和

---

① 王长江：《政党政治原理》，中共中央党校出版社，2009年，第52页。

普通党员共同组成的政治团体,并不与广大的青年群体直接发生关系。

根据政党政治的运作逻辑,政党联系社会空间中的"群众",除了依靠自身力量外,还需通过建立相应的组织体系,推动其外围政治性组织与相应群体建立密切关系来实现。而中国共青团作为中国共产党领导的先进青年的群众组织,是中国共产党联系青年群众的桥梁和纽带,中国共产党是中国共青团最根本的权力来源,共青团存在的最根本目的就是服务于中国共产党的长期领导和执政,青年则是中国共青团所需要影响的主要对象。因此,密切联系青年并与各类青年建立紧密的关系,就成为共青团实现其政治使命的基础和前提。"团青关系"的有效构建也就成为政党实现其对青年有效领导的基本立足点。

二、"青年的政治组织"与政党认同:青年视域下的共青团组织属性

作为政党与青年直接沟通的桥梁和纽带,共青团又具有明显的双重属性,即在政党视域下的"政党的青年组织"和在青年视域下的"青年的政治组织"。正如前面所述:"中国共青团是中国共产党为了实现对青年有效领导以及保持自身可持续发展而建立的,它存在和发展的根本目的就是通过有效影响和整合青年,从而为中国共产党长期和持续的领导和执政奠定青年基础。"[1]这是从"政党的青年组织"这一属性出发对共青团所作的性质界定。但是共青团组织"一体两面"的属性也要求其能够担负其包括"青年的政治组织"在内的双重责任。

从历史上看,中国共产党在建立初期,不仅意识到了需要牢牢把握党与青年群众的关系,而且明显意识到了共青团需要代表青年利益的问题。如在1924年5月,中国共产党在关于《S.Y.工作与C.P.关系决议案》中就表示,共青团需要反映"青年情绪","代表青年本身利益",不能"与青年群众隔离"。[2]但

---

① 郑长忠:《为守护正义而包容自由》,《中国青年研究》,2013年第6期。

② 团中央青运史研究室、中央档案馆:《中共中央青年运动文件选编》,中国青年出版社,1988年,第32页。

长期以来,在中国共产党的历史上,针对共青团的有关话语体系,对"政党的青年组织"这一属性的强调要远远超过对"青年的政治组织"这一属性。这主要是由于时代的限制,当时中国共产党的任务是领导广大人民群众进行革命,从而实现全体民族和人民的解放,从而青年群体的利益要与广大人民群众的根本利益相一致。需要特别强调共青团是"党的青年组织"这一属性,凝聚青年为取得革命的胜利而贡献力量。

但是在当代新的历史条件下,政党要实现对青年的有效影响和整合,则需要构建青年对政党的政治认同,即"政党认同"①。从青年群体心理的角度来看,政党认同的建构既有非理性的依恋需要,也有理性的依靠需要。因此,政党认同既要通过意识形态的化育来实现非理性依恋的建立,也需要通过青年权益的保障来实现理性依靠的确立。而后者则是当前共青团工作中亟待提升的。长期以来,共青团在政党认同的构建方面习惯性地延续着民主革命时期形成的功能定位,即共青团是"党指导下的青年无产阶级的革命的组织,其任务在扩大共产主义的宣传与共产党的意识和政策的影响到广大的革命青年中去,吸收他们在共产主义旗帜之下积极参加共产党所领导的各种斗争"②。这就会片面强调价值认同和个人对组织的服从与奉献,将会导致青年在权益维度上的不平等感和相对剥夺感的产生。而政党及其领导下的共青团组织要有效弱化青年的此类情感,强化对政党的依恋感和依靠感,就必须在自己所把握的各种类型的政治及社会资源的基础上,以多种多样的形式保障和维护青年权益,从而形成青年稳固的政党认同。

---

① "政党认同""被公认为是一种社会心理依恋,它可以定义为'一种心理认同,即对于某一政党或其他政党的依恋之情'"。参见[英]戴维·米勒、韦农·波格丹诺编:《布莱克维尔政治学百科全书》,中国问题研究所等组织翻译,中国政法大学出版社,1992年,第525页。

② 团中央青运史研究室、中央档案馆:《中共中央青年运动文件选编》,中国青年出版社,1988年,第118页。

三、"双向互动、两位一体"的团青关系:表达青年意志与维护青年权益

基于上述认识,可以得出一个基本判断,中国共产党需要共青团来组织和凝聚青年,通过对青年的有效覆盖和价值引导,从而形成青年群体对政党的政治认同。基于此,在共青团组织的双重属性中,传统较多强调"政党的青年组织"的话语表达和行为逻辑就明显有碍于青年的政党认同的形成。

因此,从青年的视域出发看待共青团组织属性的双重性则有助于青年政党认同的形成。这就具体变现为"双向互动、两位一体"的团青关系,即党团之间自下而上的方向上,共青团需要向政党表达青年意志;而在党团之间自上而下的方向上,共青团需要为政党维护青年权益。这两个方面都是青年的利益所在。而在当前共青团工作的理念与实践变现中,可以明显发现共青团表达青年意志和维护青年权益两个维度上都存在较多问题。首先,共青团向青年表达政党的意志要远远超过向政党表达青年的意志。这也导致共青团工作的思想引领,即意识形态工作无法有效深入青年群众的心里,在某种程度上甚至起到了相反的效果。其次,虽然在改革开放之后,尤其是团的十二大之后逐渐开始明确强调维护青年权益,但是"权益"的内涵一直比较狭隘,局限在法律规范所圈定的基本权益范围内。而包括青年意志的表达等更广泛意义上的"权益"没有被纳入到维权的范围中。

因此,政党的政治认同所需要的成熟的现代公民群体就无法得到有效培育,这主要是由于共青团功能实现的片面性导致青年主体性无法得到彰显。因此,更加全面和深刻地理解政党政治语境下"权益"的政治内涵就显得尤为重要。

四、"权益"的政治内涵与青年政党认同的生成

全面和深刻地理解"权益"的政治内涵,首先要从"权益"这个词本身开始。"权益"这个词在政治语境下首先彰显的是其在法律维度的内涵,经常与

"合法"并行,称为"合法权益",这主要是从狭义的角度来理解权益。而"权益"这个词本身,则包括"权"和"益"两个方面。"权"既包括权利,也包括权力。"益"则指利益。首先,"权利"可以作两个方面的解释,第一,从制度主义的角度,指公民符合法律规范并受法律认可的行为,也被称为合法权利。第二,从自由主义的角度,"权利的普遍法则可以表达为:'外在地要这样去行动:你的意志的自由行使,根据一条普遍法则,能够和所有其他人的自由并存'"①。其次,"权力"主要是站在理性主义的角度,指公民享有掌控自己行为以追求特定目的理性。最后,"利益"主要是从物质主义的角度,指公民从社会中获得的对自身具有良性影响的事物。在此三者中,"权利"的实现和"权力"的发挥是"利益"获取的前提。

那么在当前中国的政治生活空间中,"权益"这个词应该作广义的理解,即包含了前面提到的关于"权益"的较为丰富的全部内涵。长期以来,在我国的维权话语体系中,主要是展现"权益"的狭隘面向。这只能从法律规范的角度维护青年群体的基本权益,而无法满足青年在新的历史时期和新的政治、社会生态下逐渐生长的掌控生活的理性需要和多元化的利益诉求,进而无法在完满的意义上建立青年对政党本身及其执掌国家政权的认同。

第二节　在消极维权与积极维权之间: 共青团维护青年权益的维度与内容

共青团组织的双重特性决定了共青团在完成党对青年的领导任务的同时,必须积极维护青年权益,才能实现政党认同,反过来形成政党的支持和支撑力量之基。维护青年权益是青年视域下团青关系得以维护和发展的基本面。而当前对青年权益的理解应该从狭隘的理解走向包含权利、权力、利益等在内的更加丰富完整的内涵。相应地,共青团在维权工作实践中也需要构建完整的工作维度。

---

① [德]康德:《法的形而上学原理——权利的科学》,沈叔平译,商务印书馆,1991年,第41页。

一、共青团维权工作的职能定位与两个维度的探讨

前面对"权益"的政治内涵进行了解释,除此之外,做好共青团维权工作还要对其外延进行充分的解读。从其政治内涵中能够发现,青年权益的外延比较广,可以形成一个序列。而这些权益可以划分为两个维度。第一个层面是基本维度:包括宪法规定的人身与人格权(包括人身自由不受侵犯,人格尊严不受侵犯,住宅不受侵犯,通信自由和通信秘密受法律保护)、社会经济权利(包括劳动权利,劳动者休息权利)、社会文化权利和自由(包括受教育权利),这些是共青团所维护的青年的基本维度的权益。第二个层面是发展维度,这个维度包含的权益往往在青年的需求层次中处于较高的层面,区别于青年的生存和基本生活层面,例如选举权、监督权、表达权、知情权,尤其体现在青年参与公共政治生活的层面上。而且发展维度的权益具有明显的开放性,即在不同的社会和政治生态条件下会生长出新的权益。

然而共青团对青少年权益维护主要是围绕基本维度展开。以团中央维护青少年权益部的工作为例,其主要职能包括:青少年法制建设、法制宣传教育、12355青少年服务台建设、青少年权益问题的理论研究和舆情监测、青少年自护教育、预防青少年违法犯罪工作、重点青少年群体教育帮助、未成年人司法制度、"青少年维权岗"创建活动、青少年事务社工等。[①]

但是随着历史的演进,今天青年对自身权益的认识以及对维权的需要都发生了巨大的变化。从权益的两个维度来看,基本维度的权益可以称为"消极权益",而发展维度的权益可以称为"积极权益"。对于共青团组织而言,对青年消极权益的维护就是消极维权,对青年积极权益的维护就是积极维权。它们二者的界分和关系也是比较明晰的,即消极维权是积极维权有效进行的前提和基础,积极维权是共青团维权工作的发展要求和趋向。

---

① 共青团权益工作网,http://12355.gqt.org.cn/bmsz/201006/t20100629_383693.htm。

二、青年权益维护的基本维度：“消极维权”的内涵界定

前面根据权益内容的两个维度进而提出了共青团维权工作的两个维度，即消极维权和积极维权。但这只是进行了表面上的划分，并没有解释二者在本质上的界限。那么作为共青团维权工作的基本维度，“消极维权”的基本内涵的界定就十分必要。

界定“消极维权”的内涵的前提是明确其所维护的具体权益的内容。当前，共青团维权工作的机构有三个层面，分别是：团的组织体系中设立的青少年权益保护部门、团组织外部建立的群众性维权组织、以政府名义成立的一般由团组织负责协调的青少年保护机构。虽然三类组织的属性不同，但是它们在维权工作方面的属性确是相同的，即从法律的角度构筑青少年保护的权益工作体系。包括和青少年有关的立法、普法教育、法规宣传、法规执行、法律咨询、权益申诉等，间或关注青少年的学习教育、劳动就业、恋爱婚姻等方面，但相对来说处于明显弱势的层面，而且也是从法律的角度来看待这些方面的权益。[①]

从上述内容中明显发现，消极维权的内容主要是为青年法律意义上的权益提供基本保障。因此，对共青团组织的“消极维权”可以作出如下界定，即在保障青年个体在不妨碍他人享有法律规定的基本权益的同时，不受其他人或者团体对其本人的基本权益形成侵害和影响其合法行为的自由权利。“消极维权”强调的是保护青年在其个人生活空间中享有基本权益。从需求层次上看，“消极维权”保障的是青年的生存和生活层面的需求得到满足，而包括追求理想和幸福等更高价值层面的需求则无法予以保证。

---

① 谭杰、陈有志：《共青团维护青少年权益研究》，中山大学出版社，2010年，第7~8页。

三、青年权益维护的发展维度："积极维权"与维权内容新空间的拓展

团的十七大报告明确指出："随着经济社会快速发展，当代青年的追求和梦想更加丰富多彩，需求和利益更加广泛具体，成长和发展需要更多的支持与帮助。共青团只有竭诚服务青年、切实维护青少年合法权益，努力为青年'圆梦'创造条件，才能更好地团结凝聚广大青年。"因此，积极维权就成为共青团维权工作发展的新空间。这也就需要对"积极维权"进行一个清晰的界定。

消极维权，概言之就是青年的基本维度的权益免于侵犯，主要是基于青年作为个体的人的生理需要和基本心理需要。而青年发展维度的权益反映的则是青年更高层次的心理和理性。青年在成长过程中，主体意识逐渐生成，希望能够自己选择和掌控自己的生活，成为自己的主人，以及自己做主人。即"我希望成为我自己意志行动的工具，而不是别人意志的工具；我希望成为主体，而不是他人或者其他团体行为的对象；我希望由我自己的理性，由意识的目的所驱使，而不是出于外来的某种原因"。所以"积极维权"可以这样界定：共青团除了保护青年的基本权益不受外在侵犯，而且要保障青年在合法的前提下能够自主选择行为方式，追求发展维度的权益以及自主选择在社会中扮演的角色。积极维权的核心是保障青年的自主性和主体性，以保障青年在更高的需求层面上自我实现。

总之，共青团维权工作不仅要关注青年权益的消极面，更要关注青年权益的积极面；不仅要关注青年维权本身，而且要关注与青年维权相关的关联性议题。

四、双重维度下的维权向度：构建整体性与凸显积极性

消极维权解决的是青年的基本维度的合法权益免于被侵犯的问题。但是从青年自我实现和自我满足的角度来看，消极维权是必要条件，但不是充

分条件。党的十八大报告中提出了中国共产党在新形势下面临的四大危机和四大考验,作为党联系青年的组织,共青团也存在着精神懈怠危险、能力不足危险、脱离群众危险、消极腐败危险。而其中尤其突出的是能力不足和脱离青年群众危险。维权工作就是联系青年群众、赢得青年群众的重要工作之维。但是当前的维权工作并不能让青年群众满意。基于国内外的实践经验,依赖于单纯的消极维权,缺乏积极维权会具有潜在风险,有可能导致青年维权的集体行动,进而发展为"抗争政治""维权运动",对国家政治和社会秩序构成冲击。因此,共青团组织在"消极维权"的基础上必须突出关注"积极维权",进而实现共青团维权工作整体性的构建。

共青团维权工作构建整体性与凸显积极性不仅仅是共青团维权工作本身发展的要求,而是共青团组织在全面深化改革和推进国家治理现代化的新的背景下提出的要求。

第三节　国家治理现代化与共青团组织发展：共青团维护青年权益的新背景

共青团维权空间的完整构建这一命题的出现是有其特定背景的。改革开放之后,共青团青年维权工作开始提上日程,开始建立一定范围的工作空间。随着市场经济体制的建立、互联网的发展等多项对传统社会、政治、经济结构构成冲击的新因素的持续发酵,青年的生产形态、观念形态、需求形态都发生了巨大变化。因此,对青年权益的理解必须适应新形势。而全面深化改革、推进国家治理现代化这一共青团组织发展的新背景的出现,为维权工作的整体性提升提供了契机。

一、国家治理现代化背景下的共青团发展新趋向

党的十八届三中全会提出的全面深化改革的总目标,就是完善和发展中国特色社会主义制度,推进国家治理体系和治理能力现代化。这是基于中

国国家治理的历史逻辑演进的选择。在中国现代国家治理的历史上,在社会建构的过程中,政党力量直接进入。改革开放之后,国家政治空间中党、政逐渐分开,国家自主性逐渐生成,社会也逐渐自主生长。进而,政党、国家、市场、社会这些结构性要素之间在生成之后开始走向有机化。推动三者有机互动,政党对国家、社会的治理应该起到主导性作用。但应该充分重视社会的发展,进而倒逼政党和国家的转型,走向定型。因此,当前在政党主导下,用国家整体建构社会的过程,就可以称为国家治理体系与治理能力的现代化。这种层次上的治理已经不仅仅是狭隘的管理,而是社会在国家运行过程中所发挥的主体性作用。

对于共青团组织而言,政党、国家、社会关系新的变化趋向要求共青团组织形成新的战略和对策。因为就青年在这个大转折时代的意义而言,他们是社会中最富活力、最具创造性的群体。当社会进一步发生变化和深入发展之后,青年形态也将进一步发生变化,共青团应抓住时机,进一步全面深化改革与创新,与未来工作衔接,突出前瞻性思考,推动共青团工作进入新阶段。具体而言,就是在组织形态、制度体系、价值层面上进行新的建构。

二、社会市场化、网络化、城镇化转型与多元的青年生存形态

社会转型的诱因既包括制度变迁,也包括技术革命。对于中国而言,改革开放之后面临着市场经济、互联网嵌入这两个方面因素的影响。新中国成立之后,为适应当时党领导现代化建设的诉求,中国共产党在宏观上建立了以国际权力为资源配置手段的计划经济体制,在微观上建立了以政党组织为社会建构主体的单位社会体制。在单位社会背景下,青年依附于单位组织和基层党、团组织,这种状态下的青年成为单位化青年。市场经济的建立,使多元所有制开始出现,单位社会体制开始衰微,青年中部分与职业共同体之间处于契约化状态的青年,可称为原子化青年。随后,在信息技术革命的冲击下,网络社会在中国开始生成,主体是青年,而基于网络或在此基础上形成的自组织现象的参与主体也是青年。这种处于自组织状态下的青年可成

为组织化青年。①除了组织维度上青年生存形态的变化之外，随着国家城镇化进程的全面展开，传统在农村空间中生存的青年开始进入城镇，成为城镇化青年。

从纵向来看，改革开放以来，单位化青年、原子化青年、自组织化青年以及城镇化青年这些青年生存状态的类型先后在中国社会出现。从当前横向情况来看，这几种青年状态在社会中同时并存。由于是几种状态并存，因此彼此之间存在着相互影响，甚至在一个青年身上可能同时存在着两种状态。

三、青年主体性凸显与青年化社会趋势

改革开放之后，整个社会都随着党和国家的战略性转向而转移了关注的焦点，即高度关注经济建设和发展。社会主义市场经济促进了社会发展的市场化。然而随着社会空间生成及其向多元化发展，社会问题也越来越多，经济的发展无法有效解决一切社会问题。从国家政治发展的角度看，如果国家战略关注点始终聚焦于经济发展，那么社会问题就会引发"人"的问题，即社会各类群众的问题，从而导致严重政治问题的出现。

互联网时代深刻地改变了人的交往方式的基本形态，中国互联网络信息中心（CNNIC）发布的《第33次中国互联网络发展状况统计报告》显示，截至2013年12月，我国网民规模达6.18亿，手机网民规模达5亿，占总网民数的81.0%。而其中主体就是青年。整个社会的发展呈现青年化的趋势。青年群体对社会的影响力也越发深入。这主要基于互联网的放大效应和时代效应。

在互联网时代，"人"的问题更是被逐渐放大。互联网的作用也主要是把人的本质性东西展现和放大。它提出了关于"人"的新理念，即"用户需求思维"。这个"用户"面向所有的群体，而主体则是青年群体，即所谓的"网络土著"。在早期，青年的整个思维都是被抑制的，随着市场经济的发展，特别是互联网的发展，青年的主体性得到张扬，这带来的变化实际上是交往方式的变化。这就导致原有的东西被解构，原有的各种和青年有关的关系都需要重

---

① 郑长忠：《复合型团青关系：新时期团青关系的实现形态——兼论共青团枢纽型组织形态建构的内在机理》，《中国青年研究》，2010年第10期。

构。目前,所有的困境和问题正处在解构和重构的过程中。

四、新变化对共青团组织发展提出的新要求与新机遇

基于上述认识,我们认为解决市场化和网络化带来的问题,既需要借助市场化和网络化的手段,更要立足"人",即社会群体来破解。对于共青团功能而言,认同与被认同尤其重要。前面提到了共青团完成党所交付的凝聚青年的使命,需要构建政党认同。而形成政党认同的逻辑理路首先需要青年形成团组织认同。因此,共青团在市场化和网络化社会转型背景下应该将解决青年群体的切实问题提升到党和国家政治发展的战略高度上来,以达到形成认同的目的。换一个角度来看,做好了青年群众的工作,社会转型过程中的其他问题便都有了解决的重要基础。

在前互联网时代,共青团逐渐丧失青年,究其根本,有一体两面的原因:一方面,外部环境的变化,尤其是市场经济引起人们价值观的变化,青年的价值诉求更加多元,聚集形态也更加多元;另一方面,共青团组织自身没有适应时代发展,在价值层面固守原有的化育方式,通过价值灌输方式构建的青年对党组织和团组织的认同逐渐瓦解,其方式也逐渐失去吸引力,在组织层面坚持传统的动员模式。青年被各种类型的青年组织所吸引,从而将团组织边缘化。也可以说,共青团组织吸引力的丧失和其他社会组织的增强,导致青年与团组织的疏离。

互联网的出现,改变了团青关系赖以生存的政治、社会环境空间,同时改变了团青关系构建所采取的实践手段和实践方式,以及团青关系实现所依托的共青团组织形态。因此,这些新变化对共青团组织发展提出了新要求,也提供了新机遇。互联网除了提供思维意识层面的价值理念外,还具有明显的工具主义的价值。因为传统的通过人际的组织和制度方式在现代社会无法让共青团组织有效联系青年。

第四节 积极维权功能亟待开发：
共青团维护青年权益的新命题

国家治理现代化背景下共青团面临新的发展机遇，而青年生存形态的变迁则是在市场化、网络化等社会转型背景下形成的。"解铃还需系铃人"，发展中的问题需要用发展中的方式去解决。青年主体性凸显和社会青年化趋势导致青年对权益诉求的强度以及对权益内容要求的广度都需要共青团开发积极维权功能，这是时代新变给共青团提出的新命题。

一、共青团维权的历史向度与维权新命题的现实向度

共青团维权工作在团的历史上经历了一个长期的发展过程，可以将其划分为特征对比鲜明的两大历史时期。主要是以改革开放，尤其是1988年团的十二大明确将"代表和维护青年的具体利益"作为共青团三大社会职能为节点进行划分。

改革开放之前，共青团的维权工作总体上处于"隐性"的状态。可以具体划分为三个阶段。第一阶段是新中国成立之前，如前文所述，中国当时处于新民主主义革命时期，推翻"三座大山"、夺取全国政权、实现人民解放的革命任务高于一切，青年群体的特殊利益要服从全体人民的整体利益。虽然在中国社会主义青年团第一次全国代表大会上形成的《青年工人农人生活状况改良的决议案》中明确提出："我们社会主义青年团是为无产阶级尤其是为无产阶级的青年奋斗的团体，所以我们对于青年工人农人生活状况改良，应该尽最多最大的力量。"①但是当时团的主要特点还需要在党的一大形成的纲领中去把握，即"中国社会主义青年团为中国青年无产阶级的组织，即为完全解放无产阶级而奋斗的组织……中国社会主义青年团，一方面为改

---

① 中国新民主主义青年团中央委员会办公厅：《中国青年运动历史资料（1915—1924）》，1957年，第135页。

良青年工人、农人的生活状况而奋斗,并为青年妇女、青年学生的利益而奋斗;一方面养成青年革命的精神,使向为解放一般无产阶级而奋斗的路上走"①。第二阶段是新中国成立初期,开始提及青年群体的特殊利益,但是并没有得到很好的贯彻落实。中国共产党要求共青团"在最大多数人民的最大利益的基础上,经常地注意和努力为青年群众的特殊利益与切身需要服务"。第三阶段是"大跃进"至"文革"时期,"由于指导思想上'左'的错误的影响,片面强调全体人民的根本利益与青年特殊利益的一致性,使得共青团对代表和维护青少年特殊利益讳莫如深"。②

党的十一届三中全会作出了实行改革开放的决策,共青团的维权工作总体上处于"显性"的状态。党和国家领导人高度重视维护青少年合法权益,以青少年立法工作为起点,共青团的维权工作在这个历史契机中得到有效发展。1988年团的十二大是真正意义上共青团现代维权工作的起点。在团的十二大报告中明确提出了关于共青团的三种主要的社会职能,其中第三种就是"代表和维护青年的具体利益"。提出要"确立青年工作的法律地位","要促成有关青年及青年组织的法律法规的制定和实施,把青年的权利、义务和社会各方面对青年成长所担负的责任……用法律形式确定下来","对有关青年具体利益的各项法规的执行情况,要认真进行民主监督"。在《中国共产主义青年团第十二次全国代表大会关于第十一届中央委员会工作报告的决议》中明确指出:"要通过坚持不懈的努力,把共青团建设成为社会职能和法律地位明确,民主生活健全,基层充满活力,能够代表青年利益,真正赢得青年信任的先进青年的群众团体。"③此后,共青团维权工作进入长足发展时期。

党的十八届三中全会提出全面深化改革,推进国家治理现代化,这将是一个新的历史节点,共青团维权工作总体上应该进入"活跃"和"全面"的状

①　中国新民主主义青年团中央委员会办公厅:《中国青年运动历史资料(1915—1924)》,1957年,第129页。

②　李玉琦:《共青团历史上的100个由来》,中国青年出版社,2012年,第357页。

③　共青团中央办公厅:《党的十一届三中全会以来共青团重要文件汇编》,中国青年出版社,2001年,第132~133页。

态。共青团维权工作要以此为重要契机,要在国家治理现代化背景下重新确立工作定位,以开放的方式进行工作职能的划分,从而打造共青团维权工作的升级版。维权工作进入"活跃"和"全面"的状态,需要更加有效地汇聚和盘活国家、社会力量来共同、全面维护青年权益,反过来进而赢得青年,凝聚青年活力,整合青年力量,共同服务大局。最终使得政党、国家、社会之间产生有序互动。因此,有效汇聚和盘活国家、社会力量就处于十分关键的位置。对于国家力量要以协作和参与的方式进行,对于社会力量,要以吸附其制度性参与政治生活的方式进行。

二、审慎的维权话语表达与传统维权形式的局限

在全面深化改革,推进国家治理现代化的新的历史节点上,要实现共青团维权工作新的飞跃,就要突破传统的维权理念,进而突破传统的维权话语表达和维权形式。

关于维权的话语表达和维权工作的历史阶段划分是基本一致的,经历了萌芽—隐藏—生长—隐藏—提出—发展这样的一个历程。在共青团成立时就提出了共青团组织要代表青年的利益,但是在革命年代维权的话语被隐藏。新中国成立之后维权话语在共青团话语体系中生长,但被紧接着的"大跃进"和"文革"所隐藏和回避。改革开放之后维权的话语表达被正式提出,进入到共青团话语表达体系的主流维度,在此之后进入了长足的发展阶段。但是在前述整个历史进程中,共青团维权的话语表达用一个词概况,就是"审慎"。

即使在维权工作成为共青团工作主流之后,维权工作话语表达依然是"审慎"的。经过对全国共青团工作文件和活动名称的梳理,共青团维权工作的话语表达的"消极维权"面向非常明显。这些关键词包括:"预防违法犯罪""普法自护教育""禁毒宣传""心理服务救援"等。而涉及维权服务形式,除了上述活动的开展,还有设立"服务台(岗)"。其中具有"积极维权"意识和行动的只有"与人大、政协面对面"。可见,传统的维权话语表达限定了维权形式的范围,具有明显的局限性,亟待突破。

三、青年需求差异化引发权益维护差异化的基本逻辑

在互联网时代,互联网技术的发展,使得无论是何种生存状态下的青年都有了自我权利表达和申诉的渠道。基于前文所述当前青年单位化、原子化、自组织化以及城镇化的生成形态和趋势,青年的需求差异化也越来越值得重视。差异化的需要产生了差异化的权益诉求。例如,对于新兴城镇化青年等相对弱势群体来说,他们首先希望基本维度的权益能够得到保障;而对于新兴知识分子阶层,他们基本不会担心基本维度的权益,而是积极寻求发展维度的权益的维护。

基于面对青年明显而且细致具体的差异化诉求,共青团组织在促进维权工作发展过程中需要首先对青年群体进行细致的分类。这个过程可以借助包括大数据技术在内的互联网技术,精准把握各类青年群体的权益诉求,实现共青团维权服务的精准递送。越细分的群体,越小众的投递,其精准度越高,也越能将共青团长期闲置的或者被低效能开发的工作资源实现高效能地开发和利用。

四、共青团"积极维权"新命题亟待破解:紧迫性与价值意义

在前文所述的市场化、网络化社会转型的新形势下,以及国家全面深化改革、促进国家治理现代化的新背景下,传统的不适应时代要求的工作都要转型。而共青团的维权工作基本还在延续改革开放之后的传统维权模式。为了适应变化了的时代背景和社会环境,及其影响下急剧变化的青年形态,共青团维权工作发展的重点必须从在"消极维权"圈子里打转转向构建"积极维权"的工作模式,这是共青团亟待破解的新命题。

由于青年组织形态的多元化,共青团组织并不是青年群体进行组织的唯一选择。从另一个角度看,共青团组织如果无法有效维护青年的权益诉求,青年必将通过其他共青团可能无法有效掌控的渠道进行权益的自我维

护。这也就凸显了共青团维权工作转型的紧迫性。而实现"积极维权"转型所产生的有效性不仅仅能够起到在组织上凝聚青年的作用，而且更能够实现青年对政党的价值认同，从而促进共青团思想引领功能的有效实现。从这个意义上讲，共青团维权工作的转型，破解的不仅仅是如何有效维权本身，而是共青团工作中相关关联的复合型命题。

第五节 积极维权与共青团组织功能开发：共青团维护青年权益的新要求

从共青团维权工作发展的历史中可以发现共青团维权工作与时代发展紧密相连的历史轨迹，也能在维权工作的文件和实践中发现共青团维权工作话语表达的"审慎"和维权形式的局限。因此，积极维权开发这一新命题亟待破解。而该命题的破解需要在具体的工作实践中完成，但是工作实践的有效性需要在理念转变以及由此进行的组织创新、制度创新、价值创新等新战略性要求的指导下进行。

一、从形式到内容：在形式上创新，更要在内容上丰富

共青团维权工作的转型与共青团组织本身的发展趋向是一致的。因此，也需要在制度、组织、价值三个维度上进行。在制度层面，当前共青团维权工作的渠道主要有法律渠道、舆论渠道、参与渠道、信息反馈渠道、社会监督渠道。而在制度框架内，共青团维权工作实践的重点则包括青少年法治建设规划、12355青少年维权行动、青少年维权岗在行动活动、未成年人保护行动、"为了明天——预防青少年违法犯罪工程"。[①]

从上面分析可以得出，这样的制度框架及工作重点存在两个方面的问题：第一，共青团维权工作参与的主体并不是共青团引导下的广大青年，因

---

① 谭杰、陈有志：《共青团维护青少年权益研究》，中山大学出版社，2010年，第9~10页。

此也就不是上下双向互动的,而是从上到下单向发动的,这不符合维权的工作逻辑;第二,这些渠道所维护的青年权益的内容也比较单调,属于基本维度的消极权益。以保障青年的政治参与权利这一发展维度为例,保障政治参与权不是通过"参与"维护基本权益,而是在基本权益得到保障的基础之上,拓展包括政治参与在内的发展性权益。因此,共青团维权工作在制度层面需要创新,在内容上需要丰富。

二、青年新生权益的基本形态与积极意志表达诉求

前文中提到了青年在发展维度的权益具有开放性,会随着社会的发展和演进而生成新的权益。因此,发展维度的权益包含两类,即传统权益中未被有效保障的发展性权益,以及新时代条件下生成的新生权益。

第一,传统权益中未被有效保障的发展性权益主要包括选举权和被选举权、监督权、知情权、参与权、表达权。青年作为公民的一部分,同样享有上述这些权利。但是这些权利在以往的社会条件下是未被有效保障的。而网络社会的生成以及网络技术工具的普及,使得这些权利具有了有效表达的渠道。

第二,新时代条件下生成的新生权益,既包括传统权益衍生的新形态,也包括传统社会形态中未出现的因素所诱发的新权益形态。例如,前者包括数字隐私权、网络结社权、网络表决权等,后者包括贞操权、亲吻权、悼念权、恋爱权、眺望权、阳光权等,种类繁多,不一而足。

根据马斯洛的需求层次理论,青年的基本维度的权益处于生理需求、安全需求的层次,而发展维度的权益处于社交需求、尊重需求、自我实现需求的层次。长期以来,共青团维权工作表达的主要是青年的消极意志,而在社交、尊重、自我实现等青年更高层次的积极意志长期处于被压抑的状态。而共青团也没有有效开发和表达此类积极意志。因此,这也成为新形势下共青团维权工作新的成长点。

三、有效表达与反映青年新生权益：共青团组织功能开发的新趋向

共青团维权工作转型的第二个着力方面就是组织。在明确了青年的新生权益之后，共青团组织作为青年群众的组织，需要对其进行有效表达。这就涉及了共青团维权工作的具体操作层面。以往单向度的自上而下的维权活动并没有透彻了解青年的具体需求，因此实际效果大打折扣。共青团维权工作实现有效表达青年新生权益的前提是清楚地把握青年权益需求。前文提到互联网除了为共青团提供了思维层面的启发，同时也提供了技术上的支撑工作。共青团也需要对互联网工具进行有效开发。例如，在对青年权益需求进行深入调研的过程中，可以将大数据的调查跟踪整合运用，并且不断积累自己的青年权益需求数据库。同时，整合青年人较多聚集的社会组织力量，以及和青年人相关的各类平台资源库，推动数据库的完善。在精准把握和抓取青年需求之后，满足各种单位化、原子化、组织化的青年个体和群落，与共青团组织的政策营销一起，实现共青团工作的增量。

四、检验维权工作品质的关键指标：价值追求的实现

共青团维权工作转型的第三个维度，也是具有工作引领性的就是价值层面的转型。从另一个角度看，也可以说价值层面的指标是检验共青团维权工作品质的试金石。组织转型与价值转型同步，价值转型更为根本，更能回应深层次的问题。而在现实工作中，检验共青团维权工作品质的话语权应该在青年群体那里，他们是被服务的对象。青年群体的价值追求是多元的，但也是具体的，所有的具体价值追求最终都要指向自我实现，也就是自我生命体验的满足。因此，共青团组织的价值引领要能够建立在青年自我实现和自我满足的基础之上。以此为目标来引领维权各项具体工作的转向。

第六节　积极维权与共青团组织形态发展：
共青团维护青年权益的转型机制

维权工作本身就是一个综合治理的工程,需要政党、国家以及全社会力量共同协作。但是政府的工作是有边界的,社会的力量是缺乏秩序的,而政党的工作空间没有边界。共青团作为党的青年组织,在青年维权工作中需要走出自我划限的小局,在维权内容和维权空间上谋划大局。在社会空间中作中枢运转,在国家与社会之间作桥梁运行,在机制性协作方面实现深度关联,从而保证青年维权工作资源和制度供给源源不断。

一、从"小"到"大"的理念转移:维权内容从消极维权拓展到整体维权

制度规范实践,价值规范精神,但必须有物质性的内容来推动制度和价值的实现和运作,即组织。就共青团维权组织形态的转型而言,不仅要反映新趋向,同样不能忽视工作的传统维度,要实现整体转型,而首先要实现理念上的转变。

当前,共青团权益工作的视野相对比较狭隘。从改革开放之初共青团权益工作提出到现在,共青团权益工作在不断发展建设的过程中也在不断拓展工作空间,例如从强调社会对青年的保护到强调青年的自我保护,从权益受到侵害后的补偿到预防意识的加强等。但是这些举措和思考始终没有在理念上取得突破,都属于"小维权"的范畴。而共青团维权工作要在全面深化改革和国家治理现代化背景下实现质的发展,就要建立新的工作视野,从"小维权"走向"大维权",在理念上取得突破。在巩固好消极维权工作的同时,探索积极维权的工作路径,从而实现共青团维权工作谱系的完整,实现整体维权。

二、建构维权结构中枢:共青团主导下的多元维权合作

长期以来，共青团维权工作在探索整合社会资源方面形成了一定的成果,从而不断促进维权资源社会化转型,探索创新和建立开放的资源整合机制。"团的工作资源主要有三个渠道:党政、团内和社会,其中社会资源最丰富。要善于把市场法则与组织优势结合,多渠道、多形式、全方位获取社会资源,高效益使用社会资源,通过社会化的方式强化青年维权工作资源支撑优势。"①这样的思路是正确的。但是这样的理念的落实需要有一个有效运转的工作实体。

在国家治理现代化背景下，除了需要盘活包括社会资源在内的各类资源之外,更需要建立一个科学有效的维权工作结构。这样的结构应该改变共青团单一发力的工作管理模式，而应使各类和青年维权工作有关的主体都加入到维权工作的开放性框架中来。传统的从上到下的命令要求管理的结构要转变为多元发力、合作联动的中枢运转模式。在这类模式中,共青团组织处于运转的中枢位置,发挥的是轴心的作用。

一方面,在这个结构模式中,共青团的消极维权工作可以作分销处理,能够由其他主体承担的,共青团提供组织化支持,采取"分销"的形式,即以合作的形式进行服务外包，这一点在共青团既往的维权工作中作了比较好的处理。还需要进一步在积极维权的维度上拓展。而积极维权的工作更需要共青团作积极的"营销",即开拓市场。另一方面,共青团要做组织嵌入的工作,把团组织嵌入到国家、社会空间中,在工作的增量上作提升,从国家和社会内部发力。

---

① 团十七大文件起草组:《共青团十七大报告学习辅导读本》,中国文联出版社,2013年,第300页。

三、开发政治制度空间：共青团在既有政治结构与社会之间实现多元互动

当前，共青团维权工作还是以依靠共青团的组织力量为主，没有达到有效利用国家政治制度空间的程度。在政治制度空间的开发上需要着力从两个方面进行。第一，用足国家政治制度空间。以前共青团工作只注重在党和青年之间建立逻辑关系，而习惯性地回避或忽视国家的空间。但实际上，共青团要汇聚各方力量，既有的政治结构中的力量是需要特别重视的，包括人大、政协的制度，以及政府进行社会治理的结构。第二，更进一步使国家与社会互动。共青团要汇聚社会各层面的力量，不仅自身要与国家政治制度结构互动，更需要破解一个命题，就是通过共青团建立的平台使得国家与社会有机互动起来。实现共青团、国家、社会的多元互动。

可见，前者实现的是制度性的关联，后者实现的是组织性的关联，组织与制度的转型与创新需要在共青团维权工作发展过程中同步推进。在多元互动和协商民主的基础上实现"协商维权"，让国家与社会各自的作用在维权工作中凸显，共青团则是实现国家与社会协商的渠道。这个"国家"的范畴不仅限于教育、劳动与社会保障、民政、工商等部门，以及法院、检察院、司法局、公安等司法检查机关，更要突出人大、政协以及未被开发的和积极维权紧密关联的机构，例如信息安全部门、政策研究部门等。"社会"的范畴也不限于律师协会、公益组织等，还要突出青联、学联、工会等政治学群众组织以及未被开发的各类新兴青年社会组织。

四、实现维权触角的有效覆盖：通过开发和培育精细制度拓展维权工作深度

前面强调了在共青团维权工作中，共青团既要做社会维权资源的枢纽，也要开发国家政治制度维权资源，同时更要着力促进社会组织与国家制度之间的关联互动。这些是从相对宏观和中观逻辑上来提升共青团维权工作

的站位。在微观的具体逻辑层面,共青团维权工作要特别注重细小制度的开发和利用,以拓展维权工作深度延伸,从而实现对维权工作多元主体的有效覆盖。

实现有效覆盖的具体方式就是与各类社会青年组织实现深度关联。既往主要是与它们在形式上的主体工作相关联,即形式上的合作,以"做活动"的方式进行,活动过程中接触较多,活动结束后的工作关联性很小。这样的效果就是维权工作的深度不足。而破解的路径就是与社会组织的细小制度进行关联,打通制度壁垒,形成畅通的沟通合作机制,从而增强维权工作体系的稳定性和流畅性。更进一步,共青团可以与社会组织针对特定维权议题,进行运行模式和平台的共同开发。议题的设置要双方协商,优先进行与积极维权相关的议题的开发,凸显前瞻性,完善整体性。

实现制度深度关联和共有机制平台的构建之后,共青团维权工作可以真正实现各类社会力量持续性的吸纳,保证共青团组织维权资源持续不断地供给。

结　语

通过共青团联系青年,进而实现青年对党团的政治认同,是党实现对青年有效凝聚和领导的根本路径,这也是共青团组织属性的本质所在。而政治认同的构建需要建立在青年对共青团长期工作实践有效性认同的基础上完成,共青团维权工作因此就成为了其中的关键环节。改革开放以来的维权工作取得了一定程度的发展,但是在核心理念上亟待突破,进而维权工作的实效具有很大的局限性。国家全面深化改革和推进治理现代化则为共青团维权工作的发展提供了历史性机遇。共青团要在市场化、网络化社会转型的新形势下把握青年的新形态、新要求,促进维权工作组织、制度、价值的转型,在宏观、中观、微观的不同逻辑层面,在国家政治制度空间、国家与社会互动空间以及多元合作空间中开发、利用和培育新型维权工作机制,从而保障共青团组织积极且完整地维护青年群体的权益,从而牢固构筑党执政的青年基础。

第四十三章　网络重塑组织

——"青年之声"建设与共青团发展[*]

在现代社会条件下,科层制已经成为一种基本组织方式,而中国共青团作为现代政治性群众组织,科层制也就成为其基本形态。然而随着市场经济发展与网络社会生成,作为适应工业化的科层制组织形态的不足也逐渐凸显出来,于是,重塑组织形态以适应网络社会,就成为共青团发展的一个战略性命题。"青年之声"就是在这一背景下,为了实现这一目的,共青团努力的结果之一。"青年之声"充分利用网络技术的优势,围绕着青年需求与意见的表达、互动,从一个方面重新定义了"基层",使共青团组织得到了一定程度的重塑。然而作为重塑共青团组织形态的重要举措之一,"青年之声"工作毕竟还刚刚处于起步阶段,还有许多工作需要进一步完善。下文就是对"青年之声"与共青团组织形态重塑之间关系的逻辑以及进一步完善相关工作的内容进行的研究,以期对现实工作提供一些理论思考与建议。

第一节　工业化社会、科层制逻辑与现代政治组织:共青团历史基础

科层制是在工业化社会大生产中应运而生的,不仅成为现代企业等经济组织的基本组织形态,而且也被现代政治组织广泛应用。在中国,作为党的助手与后备军以及政治体系的重要组成部分,共青团成为中国现代政治

---

[*]　该文与沈大伟、许莞璐、赵晓惠、李心怡共同写作完成的,2017年4月。

发展逻辑演绎结果之一，也在顺应现代政治与现代社会建设过程中被打上深刻的科层制烙印。

一、科层制与现代政治组织：工业化社会的逻辑

经济生产的工业化方式与社会成员的原子化形态，是现代文明生成的两个重要基础。进入现代社会之后，工业化所带来的生产力迅速发展，社会分工日益细化，社会成员原子化日益严重，越来越多大型而复杂的组织涌现，必须由一种与之相适应的高效的组织形式来完成日益繁重的组织目标，一方面能够做到在大规模范围内实现与工业化相适应的有效组织，另一方面能够实现对原子化社会成员的有效整合。

这种正式、高效的组织形式就是科层制。科层制解决的是在大规模社会内实现有效组织所需要的信息传递困难以及管理控制与理性有限之间的冲突。因此，在马克斯·韦伯看来，科层制是适应工业化的现代社会的一个基本组织形态。科层制，作为现代组织的管理手段，它既是城市化、工业化和劳动分工的产物，也在工业革命的推动下带来了其自身组织结构的快速发展和普遍化。马歇尔·梅耶在《现代社会中的科层制》中断言："科层制已成为主导性的组织制度，并在事实上成了现代性的缩影。"[1]

韦伯认为，任何一种合乎需要的统治都有着合理性基础。既然科层制能够在工业化社会稳定地运作，并且呈现出等级制的权力矩阵关系，它必然也是以某种合理性作为其实现前提的。政党等现代政治组织也是工业化背景下产生的。作为特定权力的施用和服从关系的体现，科层制也就成为了现代政治组织的基本组织方式。

二、中国政治发展与中国共青团诞生：组织重塑青年

鸦片战争爆发标志着现代化浪潮对中国的袭击，导致了古典政治文明

---

① ［美］梅耶等：《现代社会中的科层制》，马戎、时宪明、邱泽奇译，学林出版社，2001年。

逐渐走向崩溃。辛亥革命之后，中国选择了以政党领导人民建立现代国家的党建国家路径来构建现代政治文明形态。经过历史与人民选择，中国共产党承担起了这一历史使命。在革命年代，在马列主义指导下，中国共产党凭借着"统一战线、武装斗争与党的建设"的"三大法宝"有效地将人民组织起来，取得革命胜利。其中，党的建设包括两方面：一是中国共产党自身力量建设，二是政党建立的群众组织（其中最重要的就是工青妇组织）。统一战线力量也包括两部分：一是各民主党派的力量，二是其他支持或认同中国共产党的政治或社会组织。后发国家发展的历史逻辑与党建国家的政治逻辑，使组织要素成为了中国特色社会主义民主政治中最重要的支持性机制。在中国政治发展逻辑作用下，群团组织成为了中国共产党有效领导和整合社会的组织体系中的重要组成部分，由此就使党的群团组织成为了中国特色社会主义民主政治的最重要的组织化基础之一，中国共青团就是其中一个重要的群团组织。

1922年团的一大召开标志着中国共青团的创立。中国共产党早期组织在建立过程中就开始思考组织青年和建立党的后备军问题。正是基于此，在党的早期组织和随后中国共产党领导和推动下，青年团得以建立。中国共青团，作为党的外围组织，是中国共产党为了实现对青年有效领导以及保持自身可持续发展而建立的，它存在和发展的根本目的就是通过有效影响和整合青年，从而为中国共产党长期和持续的领导与执政奠定青年基础。正是在这个意义上，中国共青团被称为中国共产党的助手和后备军。

现代化进程所导致的原子化社会的出现，使青年从古代共同体的依附结构中剥离出来，并开始流动。在古代虽然存在着生理意义上的青年，但是尚未出现社会意义上的青年。青年尽管也有零散地、自发地参与各类社会组织，但总体上尚未成为社会历史发展的独立的推动力量。青年作为被组织者参与相关革命任务后，又将回归到既有共同体当中。然而作为现代政治发展的产物之一，在辛亥革命之后，青年群体开始成为社会当中的一个独立的推动力量。在这一过程中，除了现代革命因素之外，各类现代社会、经济与政治组织的建构，是其中很重要的原因，这些组织既组织了青年，又塑造了青年，使青年群体由原来的生理性青年，走向了社会性青年，进而成为革命的主力军，一个完整的青年概念诞生了，而共青团就是其中最重要的政治组织之一，并在其中起到了重要作用。

三、中国共青团与科层制：现代化的逻辑

中国共产党是中国人民选择的，作为领导中华民族伟大复兴与实现社会主义现代化的领导核心与政治组织，其组织的逻辑既与政治使命相适应，也与时代特征相适应。共青团作为中国共产党的青年组织，同时也是中国现代政治体系最重要的组成部分之一，其组织形态与运行方式也同样是以政治使命和时代特征为基础而逐渐形成的。因此，在很长一段时期内，科层制就成为了中国共青团组织形态的一个基本特征。

在此期间，共青团作为现代政治组织其本身所具备的科层制属性，以及新中国成立之后实行的计划经济和单位体制的影响，都使得共青团的科层制进一步得到加强。韦伯认为，科层组织中会呈现出等级制的权力矩阵关系。制度化的等级制是科层制的一个重要特征。然而等级化导致了基层资源禀赋不足，还导致组织体系内每一层级的信息传递和汇总成本激增，甚至会出现信息梗阻的情况。就团组织而言，科层制和等级化的组织形态导致基层团组织服务青年的能力下降，进而产生了基层团组织活力不足，以及团组织的行政化、机关化等问题，团组织与青年之间的距离逐渐拉大。

一方面，现代政治组织都要求反对官僚主义，从而使组织在满足民众需求、实现自身价值、实行有效管理等方面保持活力；另一方面，在现代化不断深入的过程中，基层组织变得越发重要，因为无论是满足群众的实际需求、提供利益诉求的表达渠道，还是组织群众、引导群众的任务，都需要基层组织来完成。长期以来，共青团无论是加强基层组织建设，还是群团改革都围绕着这两方面的问题而展开。如今，网络社会的生成又使得团组织的建设与发展处在一个全新的社会环境中，共青团如何运用网络这一青年的新型聚合方式，打破科层制带来的组织区隔，建立有活力、有动力、有魅力的共青团组织，亟待组织形态的创新予以应对。

第二节　网络重塑组织与重新定义基层：
"青年之声"的创新逻辑

随着改革开放后市场经济体制的嵌入，以及互联网技术的迅猛发展，中国不仅进入了市场化社会而且还进入到网络化社会。社会组织形态和青年生活方式的变革要求共青团组织必须作出及时的回应，才能保持团组织的活力和影响力。尤其是对于基层组织而言，单个的、固化的基层团组织由于动员能力和资源禀赋的制约，越来越难以满足网络社会中服务青年、塑造青年的需要。因此，当前团青关系的构建也应当引入互联网思维，而"青年之声"网络社交平台就是推动网络社会背景下共青团组织创新的重要实践之一。

一、网络社会生成与青年生存形态变迁：共青团面临的现实

改革开放以来，尤其是21世纪以来，中国的社会组织形态和青年的生存与交往方式经历了一系列重大的转型，这主要表现在以下两个方面：一方面，随着我国社会主义市场经济体制的建立和完善，市场的逻辑逐渐嵌入社会领域，包括劳动力在内的生产要素开始遵循市场的调节而在地区之间和行业之间流动，原先的"单位制"逐渐解体，青年群体和其他人群一样，从"单位"中的成员转变为原子化的社会成员，再围绕新的生产方式重新组合，形成新的社会组织网络。另一方面，随着互联网技术的迅猛发展和普及，中国快速进入了网络社会。由工业社会向网络社会的转型对社会组织形态最重要的影响在于，它在原有的物理社交空间之外又形成了基于网络的虚拟社交空间，这大大增强了原子化的社会成员的个体主体性，并在网络社交平台上形成了"自我组织化"的社交方式。这一点在青年群体身上表现得尤为明显，他们作为最早接触到互联网和新媒体的群体，具有更强的意愿和能力参

与到"自我组织化"的网络社交中。

网络社会的生成与青年生存形态的新变化使共青团原有的科层制组织方式面临着多方面的挑战：

首先，基于行政区划和单位制的科层制组织管理方式越来越难以应对人员自由流动的现实，尤其是对于共青团的基层组织而言，"找不到青年、抓不住青年"成为普遍存在的问题。

其次，科层制下的基层团组织由于资源禀赋的制约，越来越难以满足原子化的个体青年的多方面需求，这势必导致服务能力和组织聚合能力的下降，从而导致共青团组织无法充分发挥引导青年的政治功能和服务青年的治理功能。

最后，网络社会所形成的网络虚拟空间也需要团组织的嵌入，青年对网络空间的依赖和网络空间对青年的影响都日益增强，网络空间中的团组织建设也愈加重要；团组织只有结合了青年在网络空间中的社交方式，才能实现对青年的聚合。

为应对网络社会带来的挑战，团中央和各级团组织也都采取过不少积极的举措，包括建立门户网站、开通微博、微信等新媒体平台等，但这些网络平台都主要以信息传递为主，尚未充分结合青年在网络中的交往方式，也没有完全融入到团组织动员青年、塑造青年的整体工作体系中。

二、网络重塑组织与新型团青关系构建："青年之声"的组织逻辑

2015年7月，团中央印发了《关于在全团推进"青年之声"互动社交平台建设的通知》，"青年之声"成为共青团在网络社会中实现组织创新的重要实践载体。[①]"青年之声"不仅是一个信息发布平台，更是一个网上交互平台，从而应对网络社会生成给现有的团组织结构和工作方式带来的挑战，实现网络重塑组织和新型团青关系的构建。

---

① 团中央办公厅：《关于在全团推进"青年之声"互动社交平台建设的通知》，2015年7月。

首先，"青年之声"以服务青年为首要目标，通过价值引导和互动平台的建立在网络空间中重新聚合青年。要增强团组织的吸引力，固然要通过适当的组织方式，但关键还是在于能否满足青年的多方面需要，其中既包括在学习成长、就业创业过程中的现实需要，也包括通过社交寻求共同兴趣爱好和情感认同的需要。因此，"青年之声"不再将重点置于信息发布，而是以服务青年为首要目标，通过在线问答功能，吸引多元主体共同参与，尤其是针对青年群体的学习就业、创业创新等现实需求，各类经济组织和社会组织都可以接入这一平台，为青年群体提供一站式、全方位的服务平台。同时，"青年之声"又是一个互动社交平台，包括青年参与者之间的互动、青年与后台团组织之间的互动，以及青年与其他社会主体之间的在线互动。在聚合青年的基础上，"青年之声"得以通过宣传引导积累正能量，增强互动社交平台的组织内聚力。

其次，"青年之声"通过与共青团现有的组织架构和工作方式相融合，促进了"复合型"团组织的建设。在线上互动中，"青年之声"可以促使具有共同职业、兴趣等特点的青年聚集起来，并集中回应这些特定群体的需求。同时，互动社交的信息又形成了青年参与网络空间的大数据，为科学决策提供了支持。此外，后台团组织既可以直接通过线上平台与青年参与者互动，也可以通过实体性团组织在物理空间内联系特定青年群体，使得团组织在整体上具有更高的工作效益，实现通过网络重新塑造团组织和团青关系。

三、网络重新定义基层与共青团深化改革："青年之声"的运行机理

如前所述，在工业社会向网络社会转型的过程中，基层团组织由于资源禀赋的制约，一方面难以应对由于人员流动带来的物理空间内的组织困难，另一方面也越来越难以满足青年多方面的需求，尤其难以满足不同特点的青年群体的差异化需求。而"青年之声"则通过网络实现新的群体性聚集，即青年在互动中形成的基于不同群体特点的聚集，从而团组织可以在宏观层面上重新整合资源，使得基层团组织不再是单一的、相对独立的行动主体。

而"青年之声"的出现,使网络重新定义了基层团组织,主要表现在以下两个方面:

一是"青年之声"的运行使每一个基层团组织真正成为整体团组织的一个端口。"青年之声"是在全团范围内推进的互动社交平台,以往各级团组织建立的各类网站和新媒体平台依然是科层制组织形态在网络空间内的延伸,依然只是服务于特定的青年群体,尤其是按照行政区划切分的青年群体,而"青年之声"则能实现整体青年群体的同类聚合,从而以全网的资源解决基层团组织的实际问题。

二是在团青互动方面,"青年之声"为个体青年提供了一种意见表达、民主协商、多元参与的新渠道,互动信息形成的大数据又可以作为决策的依据,从而帮助基层团组织促进决策的科学化、民主化。

基层是团组织面向团员的窗口,其工作能力直接决定着团青关系的紧密程度,而通过网络重新定义基层,使基层团组织具有了更强的服务青年、塑造青年的能力,既有助于克服资源禀赋的制约,也有助于克服机关化、行政化、贵族化、娱乐化的问题。

第三节 组织重塑逻辑与双重空间中的组织发展："青年之声"的功能定位

作为现代政治组织,科层制也成为了共青团的基本组织形态,而网络社会下,青年生存形态发生了根本性变化,传统的组织形态已难以适应,亟待变革。在此背景下,"青年之声"作为组织重塑的重要举措,一方面开创了网上共青团的工作格局,一方面强化了网下共青团的实体建设,成为了共青团全面深化改革的重要内容之一。

一、在政治与治理之间:"青年之声"的双重功能

中国共产党是中华民族伟大复兴事业的坚强领导,其领导核心地位主

要体现在中国共产党发挥着对国家和社会的政治领导以及治理服务的双重功能上。中国共产主义青年团作为中国共产党的助手和后备军，也是国家治理体系的一部分，因此同样拥有政治和治理这两方面功能。

其中，政治功能一方面是围绕公共权力而展开的思政工作、政策宣传等上情下达的事务，另一方面是由下往上的青年利益表达、利益协商等工作。

治理功能则是要求共青团服务青年和青年所在的共同体，让青年在其共同体中发挥作用，同时整合不同青年群体之间的需求。

由此可见，政治功能和治理功能相辅相成，政治功能寓于治理功能之中，治理功能体现政治功能。只有强化政治功能，才能更好地发挥治理功能；只有强化治理功能，才能使政治功能发挥得更充分有力。没有脱离治理功能的政治功能，也没有脱离政治功能的治理功能，二者共同统一于共青团建设的具体实践之中。

"青年之声"作为新型互动社交平台，顺应了网络时代对共青团改革的呼声，使共青团在政治和治理两方面的功能可以得到有效开发。

"青年之声"使青年可以通过网络发声，并真正做到信息不拖拉、不过滤、不回避、不设障地垂直输入到团中央，不会因为传统科层制的屏蔽使青年变成"沉默的大多数"，"青年之声"便可真正成为青年的声音。

同时，在做到对青年需求有求必应的基础上，还能将团中央声音直达基层，并在青年群体之间快速引爆，通过前期的服务基础，贴近青年、团结青年、引导青年、赢得青年，最终实现在网络社会背景下保持并增强团组织的吸引力和凝聚力。

此外，"青年之声"还将借助大数据的优势，对青年群体进行划分，通过后台的实时开放，对青年在线反馈的声音进行数据监控，依托大数据分析技术，形成青年思想动态舆情分析专报，为制定整个青年领域的政策，提供公共决策的依据。

"青年之声"还担负着共青团服务青年的重任。其一，通过全方位覆盖青年成长的必须项，"网住"最大多数青年，满足其基本利益需求；其二，通过线上线下开展针对青年学习生活的活动，满足其群体之间差异性的需求，有利于青年身心健康发展；其三，通过"青年之声"在共青团全网的有效整合，满足青年在本单位中发挥作用的渴求,提高其服务本团体的能力,解决了青年共同体之间的内部治理问题;其四,通过"青年之声"的多元化网络社交平台,使不同青年主体间加强了相互联系及交流,推动青年之间跨地域、跨领域的复合相互依存形态的生成。

"互联网+共青团"的工作格局,是将"青年之声"线上平台与"青年之家"等线下服务阵地深度融合,与共青团日常工作紧密对接,把共青团各项工作和活动融入"青年之声"链条,把团干的工作思维理念、方式方法推向互联网时代,为普惠青年创造最优环境。

二、"青年之声"与网上共青团建设:共青团功能实现的网络空间组织基础

"青年之声"互动社交平台,是面向全团的统一网络系统,承载着团组织与各界青年上情下达和下情上传的重要使命。目前,平台由信息发布、留言审核、综合办公管理和调查统计四大系统组成,下设青音朗朗、回声嘹亮、面对面、微观察、同声同心、活动公告六大栏目,聚焦青年声音,把青年留言、团中央回复、专家深入交流、实时调研分析、活动推送有机统一,成为串联领导、团干、专家、青年的主线。

同时,为了进一步提升服务青年能力,做到回复的专业、有效、针对性,"青年之声"还筹建了八大服务联盟,覆盖与青年切实相关的成长、创业、公益、维权、婚恋、心理、健康等核心领域。"青年之声"建构了一个连接全国的有机组织形态网络,为新时期网上共青团建设奠定了基础。

"青年之声"的创立,为网上共青团更好地发挥政治功能提供了组织基础。"青年之声"积极适应青年的交往方式,通过网络社交平台的建立,在聚拢青年的同时进行思想引导和新闻宣传,激发了青年参与线上交流的热情。例如,贵州在举办贵阳生态文明国际论坛之际,借助"青年之声"广泛调动青年参与。通过"青年之声·六盘水"互动社交平台发布"青年与生态"征文公告,探讨青年与生态、扶贫、改革的关系,研究资源型城市的快速可持续发展和农村扶贫精准化问题。论坛当天,"青年之声"平台进行了图文直播,吸引

了大批青年的关注和参与,青年声音得到了整合,也将汇总成为制定生态扶贫政策坚实的参考依据。

"青年之声"的创立,也为网上共青团更好地发挥治理功能提供了组织基础。由于形成了多元主体共同参与青年工作的格局,各类经济组织和社会组织的资讯都能接入"青年之声"平台,这大大增强了网上共青团服务青年的能力,也增强了团组织的吸引力。例如,中铁集团启动"青年创新创效百人攻坚组"活动,集中攻关国家重点铁路建设难点。在"青年之声"的推广下,中铁集团建立了参与该活动的微邦组织群,将原先分散在不同地区、不同单位中的青年攻坚组成员汇聚起来,大大提高了成员之间的沟通效率,网上共青团的服务能力也得到了提高。

三、"青年之声"与网下共青团改造:共青团功能实现的物理空间组织基础

"青年之声"的平台建设,改造了网下共青团的整体组织框架。传统共青团建设,在科层制的机制下,部门间各自为政,区隔严重。"青年之声"的建设,打破了原有的屏蔽,使得共青团作为一个整体,以平台性的工作融合青年声音。

此外,各地团组织也不再囿于本地团建,而是与全国各级各机构团组织相互关联,从而团组织得以作为一个整体服务于各基层单位。基层作为共青团的端口和重要一环,是组织的神经末梢,发挥着极其重要的作用。过去,基层资源禀赋不足,上层资源惠及不到最底端,基层要想获得资源,一方面要靠自己争取,一方面只能依靠上级的供给,时常带来精准性缺乏和滞后性严重的问题。同时,资源处在相对固定的模式,难以跨域流动,给满足青年的物质和精神需求带来难度。通过有效整合社会资源、团内资源,"青年之声"的互动平台让游离在团组织之外的社会力量面向基层"进网入格",改变了传统工作模式的低效局面。

"青年之声"平台,为线下共青团发挥政治功能的表达创造了新的条件。青年的需求是组织关注的重点,青年的声音也该直达组织的核心。依托"青

年之声"的平台,使青年的诉求得以表达,得到倾听,也帮助基层团组织增强了吸引力和影响力。例如,浙江省灵岩古庄园是一座百年老宅院,有青年创客想用"互联网+旅游"的发展模式打造乡村旅游品牌,通过"青年之声"平台,创客团队表达了希望得到地方政府支持的意愿,浙江省团组织了解到这一情况,主动帮助青年创客团队与当地政府签订旅游发展战略协议。

可见,网上共青团的建设不是对网下共青团的否定,通过组织创新的方式改造了团组织在传统物理空间内的工作模式,使实体的团组织真正成为青年的引导者和代言人。

"青年之声"平台,为线下共青团凝聚服务青年的治理需求提供了新的可能。例如,南开大学在开学伊始,推出了"青年之声"迎新专区,通过分析新生在网上的提问和讨论,学校团组织得以设计并提供更具针对性的服务和活动内容,让青年从步入校园起就围绕在团组织周围。在此基础上,该校的"青年之声"平台又将服务范围从入学阶段的新生延伸至即将离校的毕业生,通过学生在网上互动中形成的同类聚合效应,线下团组织可以准确地"抓住"各类学生群体,从而更加有效地利用组织资源。

"青年之声"是共青团整体组织体系中的一部分,它通过发挥网上组织平台的优势,建构起青年对组织的身份认同。通过网上和网下团组织的衔接,"青年之声"不仅促使共青团作为一个整体更好地发挥了政治功能和治理功能,也在引领网络社会背景下共青团的组织创新。

第四节　在重新定义基层过程中重塑共青团组织："青年之声"的发展空间

尽管身处网络社会中的青年群体越来越依赖于网络空间中的互动社交,但物理空间和网络空间仍然是同等重要的,二者的交互关系决定了"青年之声"的发展必须与共青团现有的组织架构和工作方式相融合,即团中央提出的"四个融合",尤其是与基层团组织的融合。

一、走向"合题"的共青团:"青年之声"与网络时代共青团组织形态生成

工业化时代造就的科层制组织形态越来越不适应网络时代的发展,但是这不代表工业化时代的成果就应该被简单地否定。事实上,工业化时代催生的组织形态在今天依旧有其重要而不可忽视的作用。从辩证法的角度来看,工业化时代生成的"正题"与网络化时代带来的"反题",必须通过融合的方式走向"合题",才是发展网络时代各类组织的正确道路。因此,针对网络化时代带给组织形态的挑战,不能通过简单地否定工业化组织形态来解决,应当遵循网络化时代的逻辑,扬弃和超越工业化组织形态。尤其对于大步向前的中国政治而言,这样的扬弃和超越是必要而迫切的,工业时代成果和网络时代新生成的挑战需要在物理空间和网络虚拟空间相融合,从而推进政治组织形态进一步发展。这一逻辑也同样适合于共青团组织的发展。

团中央"青年之声"平台以互动社交作为其主要业务,通过向试点省份的省级团委、地市级和县级团委、基层团组织依次推进,实现对各领域青年的广泛覆盖。作为社交平台的"青年之声"主要强调信息资源问答,使各级团组织结合自身实际和各类青年需求不断完善服务能力。在提高自身工作效能的同时,加强建构网络组织形态,建设高效有序的运行机制,将不同领域青年的声音纳入到团组织的工作体系中,使"青年之声"成为各界青年多元融合的平台,这是改造共青团组织,力争将组织形态发展推向"合题"的重大尝试。

在这样的尝试中,为打造多元融合的平台,必须重视基层团组织的建设。超越工业化时代的组织形态,需要将网络时代组织发展与工业化时代的组织形态进行融合,而两者的"合题"离不开基层团组织的发展。基层团组织是联系青年的直接桥梁,上级共青团组织可以通过网络向基层团组织提供有效的政治资源,也可以吸收来自基层青年的不同声音,更好地服务各界青年,让共青团组织更加具有凝聚力与吸引力。

二、实现"四个融合"与网络时代共青团组织形态生成:"青年之声"的方向

为打造更加高效、服务,具有吸引力的青年平台,必须实现"四个融合",即实现"青年之声"与共青团工作全面融合,实现"青年之声"与"青年之家"全面融合,实现团内团外全面融合,实现机关和基层全面融合。"四个融合"的主要内容体现了网络化时代共青团组织与各界青年全面融合,各级共青团组织间的有效互动。

秦宜智也在团的十七届五中全会上指出,推进"青年之声""四个融合"工作,关系到团的吸引力和凝聚力,关系团的工作有效覆盖面,关系党执政的青年群众基础。①这为网络时代的共青团组织走向"合题"提供了明确的实践方向。

网络时代的共青团组织需要从理论和实践两个层面实现共青团组织建设,"合题"为共青团组织的发展提供了理论的基石,"四个融合"则为共青团组织在网络时代的建设提供了可操作的实践战略。"四个融合"的实践战略需要全团的关注与配合,它强调的不仅是共青团中某部门与网络时代逻辑的融合,而且是纵向结构的各级共青团组织在网络中拉近距离,缩小资源差距的整体融合,是共青团内外各界青年的多元融合。

这种全方位的融合涵盖了共青团组织的政治功能与治理功能。网络时代的共青团组织不仅承担着自上而下的核心价值观的宣传功能,而且也提供了青年自下而上的利益表达通道。但是从"四个融合"中可以发现,网络化时代的共青团组织并不仅限于其传统的政治功能,还通过多部门合作,逐步实现其治理功能,满足各界青年多元化的需求。治理功能很大程度上体现了共青团组织的主体性与能动性,为构建多元的、服务的网络共青团组织提供强大推动力。

---

① 秦宜智:《在团十七届五中全会上的讲话》,2013年6月21日。

三、坚持多赢原则与实现"四个融合"："青年之声"发展的着力点

"合题"与"四个融合"为网络共青团组织的建设提供了理论基础与实践方向。在实际操作过程中，为贯彻理论与实践指导必须找准"青年之声"发展的着力点，坚持多赢原则。

"青年之声"的功能不仅在于单纯的知识问答与信息搜集，还承载着对重塑共青团组织形态的功能。因此，"青年之声"下一步发展必须将两方面逻辑有机结合起来，即网络社区建设逻辑与共青团组织形态重塑逻辑。二者相辅相成，相互增益。共青团组织可以通过物理空间的现实组织为网络社区建设服务，同时，网络社区建设也可以为现实组织发展提供有效的帮助。

在践行"四个融合"的过程中，有以下四个方面需要注意：

首先，对现实组织进行动员的过程中必须遵循双赢的逻辑，而非利用行政化方式进行任务分派，这是运用网络社会逻辑改造现实组织的重要一环。网络社会呈现扁平化的、多点连接的特点，这能够极大地帮助共青团组织实现各级团组织之间的联络互助，遵循网络社会的逻辑解决不同层级间各共青团组织的资源禀赋差异。

其次，要充分利用大数据技术甚至人工智能手段实现信息整合与资源调配。现代信息技术能够有效帮助共青团组织积极吸取青年意见，时刻了解青年心声，整合不同群体的青年诉求，为共青团组织决策提供有力的民意参考。另外，网络化时代共青团组织应当善于充分运用先进的技术手段，提高各级团组织间资源流通能力，统筹不同层级共青团组织资源差异。

再次，建设"青年之声"既要利用共青团自我建设的网站数据，还要充分利用开放性社会网络数据，实现在开放条件下推进"青年之声"建设与共青团组织形态重塑。来自社会与市场的网络数据能够扩展共青团组织包容的面向，为"青年之声"提供更多信息数据，帮助共青团组织积极解决青年问题，为共青团组织建设更加完备的数据收集系统，完善共青团组织的内部建设。

最后，全团都要有意识将"青年之声"建设与群团改革以及组织重塑结

合起来。通过重新定义基层,改善基层资源禀赋,以及重新定义共青团服务青年方式,建设共青团自身主体性,强化能动性,倾听青年心声,发动各级团组织解决青年问题,在赢得青年信任与合作的基础上,实现共青团组织的政治使命。

结　语

在中国从传统社会向现代社会转型的过程中,共青团通过建立完备的基层组织和科层制组织体系,实现了对青年群体的组织与塑造,使青年成为现代国家建构中的重要力量。但改革开放以来,随着市场经济逻辑的嵌入和网络社会的生成,原有的适应工业社会的科层制组织形式,在物理空间和网络空间方面都越来越不适应青年的生存交往形态,尤其是基层团组织由于资源禀赋的制约,在组织青年、服务青年等方面面临着多重挑战。"青年之声"作为一个在全团范围内推广的综合性互动社交平台,一方面通过在线服务、线上互动等功能,在增强网上服务能力的同时,使青年在互动中形成同类聚合,另一方面通过线上平台与现有组织架构和工作方式的融合,尤其是与基层团组织的融合,使基层团组织得到了全网资源的支持。以"青年之声"为代表的组织创新,既适应了网络时代青年交往方式的新变化,也适应了网络空间和物理空间彼此交互的现实,将推动以网络重新塑造团组织,为网络社会中的团组织建设和新型团青关系的构建注入新的动力。当然,"青年之声"毕竟是刚刚推出的一项举措,还有许多内容与做法需要在实践过程中不断完善与发展。

后　记

人们说,要看清楚一件事情,需要保持一定距离。这一距离,既包括时间距离,又包括空间距离。前者使你可以反思,后者使你可以客观。我对共青团的认识也印证了这一观点。

从1990年大学毕业到2002年辞职到复旦大学读博士,我从事专职共青团干部的时间长达12年,并且经历了基层和团省委的多个岗位,也算是一位有一定经验的老团干了。但是正所谓"熟知不等于是真知",从现在来看,我真正理解共青团,不是在从事专职团干部期间,而是在离开专职团干部岗位之后。

2002年我到复旦大学国际关系与公共事务学院师从林尚立教授攻读政治学博士学位,在选择博士论文研究方向时,林老师建议我将方向定在共青团研究上,因为他认为当时国内关于共青团方面的研究文献较少,同时我本人长期从事共青团工作,对共青团有较丰富的感性认识,有利于把握研究对象的发展逻辑。为了撰写博士论文,根据导师要求,我花了一年多时间将建团以来团中央的主要文件进行了全景式阅读,并作了大量笔记,同时还对数十位各层次的专职团干部进行访谈,在此基础上写作了博士论文——《组织资本与政党延续——中国共青团政治功能的一个考察视角》。从一定意义上说,博士论文的写作是我第一次对共青团本质进行审视,并将之上升到理论高度予以认识的过程。这一审视既是对共青团的本质进行把握,又是对我自己过去从事共青团工作经验的反思。

2005年博士毕业留在复旦大学工作之后,我继续以共青团作为我的重要研究对象。如果说博士论文解决的是党团关系以及共青团在中国共产党发展中的作用,那么自博士毕业之后,我所关心的是团青关系以及共青团组织形态创新问题，因为市场经济建设与网络社会生成使青年的交往方式和生存形态发生了巨大变化，这就需要重建团青关系并创新共青团组织形态。本书就是这些年来我对共青团发展的根本问题和具体对策的一些思考的成果汇编。

由于是对从2005年到党的十九大之前的研究共青团发展问题的系列论文汇编加工后形成的著作，因此本书有以下三方面特点：一是基于论文写作需要，因此在叙述上，部分章节内容可能存在着一定程度的重复之处；二是由于本书内容是不断生成的，因此对一些问题的认识也有相应的发展，在具体表述上可能存在着一些差异；三是作为对共青团问题的持续思考的成果汇编，本书在整体结构上，虽然能够做到内在逻辑一致性，但是毕竟不能像一开始就是以专著形式进行写作那样可以先搭建体系后填充内容，做到体系和内容的完整性。

之所以不想像博士论文那样一开始就搭建一个完整体系来写作，而且也不想再对这些问题按照专著方式进行重新写作，主要基于以下思考：一是这些年来，我不断对共青团问题进行思考，虽然对一些根本问题有着基本判断，但是对一些具体问题和方法的认识也是逐渐深化的过程，而不是已经形成了定论，因此我不希望用一个体系将这种认识固化、封闭起来，而是形成一种与实践进行对话的状态和形式。二是社会剧烈变迁和共青团快速发展，使人们的认识必须保持一种开放和流动状态，这就要求我们必须与实践进行对话，并在对话过程中进行思考。三是对共青团一些具体领域的创新和发展尚未提出相应建议，还需要对此进行不断研究。因此，不论是从本质上说，还是从内容上看，本书都是一部未完成的书稿。也许这就是以发展中的实践作为研究对象的研究著作的一种宿命。

正是以与实践对话作为研究的一种基本方式，因此本书的大部分内容是在团中央、中国青少年研究中心、上海团市委、福建团省委和复旦大学团委以及共青团其他相关组织的领导和同志们的支持和帮助下才得以完成的。这种支持和帮助，既有以提供研究经费方式予以支持，也有以提供调研机会方式给予帮助；既有以课题合作方式予以支持，也有以提供交流平台方式给予帮助。这里要特别感谢上海团市委，从一定意义上说，我的许多具有前沿性的理论思考的灵感是来源于上海共青团在贯彻团中央统一部署时所做的创新性实践。因为作为受社会转型和全球化影响最深的城市之一，上海青年的交往方式和生存形态变化情况具有典型性意义，由此上海共青团所面临的挑战和创新的压力也就具有较强的典型性。另外，还需要说明的是，本书许多内容曾经以论文形式在《中国青年研究》《当代青年研究》和《中国青年政治学院学报》等刊物上发表过，同时一些重要观点也在中国青少年研究会和中国青少年研究中心主办的"中国青少年发展论坛"上发布过，特此对这些杂志和机构表示感谢，其中要特别向中国青少年研究中心原主任郗杰英先生致谢，是他不断鼓励与提供机会，使我能够不断坚持对共青团工作的研究，并使我的成果可以得到更多人的了解。

虽然直接以发展着的共青团实践为对象的研究著作注定是一部永远无法完成的书稿，但是正如黑格尔所谓"密纳发的猫头鹰要等黄昏到来才会起飞"，对历史规律还是可以用一个体系对其作一整体性的把握。对于共青团来说，它的存在和发展是受党团关系和团青关系两个权力关系逻辑支配的，如何从历史发展的过程中，整体把握共青团在这两个权力关系形成的关系空间中的运行逻辑，对于共青团进一步发展具有十分重要的政治意义。因此，在写作本书时，我就开始思考这一命题，并作了一些前期准备，也形成了一些基本观点，今后除了继续对共青团具体实践问题进行研究外，我将围绕这一命题进行研究。如果从个人关于共青团的研究史来看，博士论文是以党团关系为主题，本书是以团青关系为主题，那么接下来的研究将从整体和系统角度将党团关系和团青关系以及它们对共青团组织形态发展影响的规律进行把握，从一定意义上说，也算是具有一定辩证意义的三部曲。当然，这一认识成果的辩证法和体系性还是来源于共青团自身的辩证法，从这一角度来说，这也正是研究者与共青团实践之所以能够对话的原因所在。

任何政治问题都可以作为政治学者的研究对象，共青团作为中国共产党的青年组织，当然可以作为政治学的一个研究对象。我选择共青团作为自己一个长期跟踪的研究对象的原因之一，不排除是自己对共青团的情况比较熟悉，存在着研究上的"路径依赖"。但是任何一个社会科学研究对象的选择，不可能只是单纯的工具理性在起作用，其背后必然包含有一定的价值理性。

对我来说,这种价值理性,既包含对个体生命过程意义的追问,也有着对中国政治发展规律的理解。我从15岁开始就担任福建省重点中学之一的福清一中的学生会主席,大学毕业后的21岁到33岁从事专职团干,个人发展最美好的青春时期以及自己世界观和人生观的形成都与共青团组织有着密切关系,基于这重关系,我对共青团有着十分深厚的情感,主动将共青团作为我学术生涯中很重要的研究对象,使我能够做到对共青团不断进行思考,以探寻自身生命之价值。读博士之后,对中国政治的深入研究使我深刻认识到中国共产党在中国政治中的使命,同时也认识到了共青团作为中国共产党自我发展和联系青年的一个制度性安排,对中国共产党发展具有十分重要的意义。从一定意义上说,我选择共青团发展作为研究对象就超越了个人生命价值所限,而是扩展到基于对整个国家和政党发展的关注上。

然而作为个人来说,价值追求诚然可以由自身学习和思考获得,但在此过程中,总是与师长和亲友的教诲和帮助分不开的。因此,每每在回顾自己从事共青团工作和研究发展历程时,总能使我想到许多人对我的帮助,其中,有三位先生是我要特别感谢的,一位是已故的仰恩大学主持党委工作原副书记吴炳奎先生,一位是福建团省委原书记李敏忠先生,还有一位是我的导师林尚立先生。吴先生领我走上从政之路,并使我知道做人为官的基本道理;李先生使我了解了专职团干应该如何作为,并使我知道淡泊名利是人生自由的关键所在;林先生教我理解了共青团本质是什么,并使我知道人类政治归根结底是向善的。

从第一本书开始,我就是与天津人民出版社现任副总编王康老师合作,每次出版,都是在她的推动与督促之下才能交稿。同样这本书也是如此,没有她的推动,可能这些成果也就永远散落在各类刊物与网络上;没有她的督促,这本书也就可能永远停留在汇总加工之路上。因此,我非常感谢王康老师以及本书编辑郑玥老师。

最后,我还要感谢我的夫人卢华博士,她不仅是我的生活伴侣,而且还是我的思想和事业的同道,本书许多观点是在与她的交流中形成的,甚至一些篇目,她还亲自执笔修改。

本书出版得到了我所在的学院复旦大学国际关系与公共事务学院出版经费的支持。其实,学院对我的帮助远不止于比,我的学术和思想的成长都是在这个大家庭里获得的,真心感谢复旦大学和我的学院。

郑长忠

2019年1月20日于复旦大学